T0274961

Las mujeres que luchan se encuentran

Catalina Ruiz-Navarro

Las mujeres que luchan se encuentran

Manual de feminismo pop latinoamericano

Ilustraciones de
Luisa Castellanos

Grijalbo

Las mujeres que luchan se encuentran
Manual de feminismo pop latinoamericano

Primera edición en Colombia: marzo, 2019
Primera edición en México: octubre, 2019

D. R. © 2019, Catalina Ruiz-Navarro

D. R. © 2019, de la presente edición en castellano para todo el mundo:
Penguin Random House Grupo Editorial, S. A. S.
Cra 5A No 34A – 09, Bogotá – Colombia
PBX: (57-1) 743-0700
www.megustaleer.com.co

D. R. © 2019, derechos de edición mundiales en lengua castellana:
Penguin Random House Grupo Editorial, S. A. de C. V.
Blvd. Miguel de Cervantes Saavedra núm. 301, 1er piso,
colonia Granada, delegación Miguel Hidalgo, C. P. 11520,
Ciudad de México

www.megustaleer.mx

D. R. © Ilustraciones de cubierta y páginas interiores: Luisa Castellanos
Diseño de páginas interiores: Patricia Martínez Linares

ISBN: 978-607-318-404-5

Impreso en México – *Printed in Mexico*

El papel utilizado para la impresión de este libro ha sido fabricado a partir de madera
procedente de bosques y plantaciones gestionadas con los más altos estándares ambientales,
garantizando una explotación de los recursos sostenible con el medio ambiente y beneficiosa para las personas.

Penguin
Random House
Grupo Editorial

A mis amigas.

"Somos volcanes. Cuando nosotras las mujeres ofrecemos nuestra experiencia como nuestra verdad, como la verdad humana, cambian todos los mapas. Aparecen nuevas montañas"[1].

Ursula K. Le Guin

---

1   La escritora de ficción y feminista estadounidense Ursula K. Le Guin dijo estas palabras en el discurso inaugural del Bryn Mawr College en 1986. El discurso fue publicado por primera vez en la antología *Dancing at the Edge of the World: Thoughts on Words, Women, Places*. La cita original es: *"I know that many men and even women are afraid and angry when women do speak, because in this barbaric society, when women speak truly they speak subversively – they can't help it: if you're underneath, if you're kept down, you break out, you subvert. We are volcanoes. When we women offer our experience as our truth, as human truth, all the maps change. There are new mountains. That's what I want – to hear you erupting. You young Mount St. Helenses who don't know the power in you – I want to hear you"* (Le Guin, 1989).

Contenido

Prólogo

En los 90, la década en la que me pegó la adolescencia, existía una serie de televisión de la cadena Nickelodeon que se llamaba *Clarissa lo explica todo*. Para los estándares de la época era muy chida, porque la protagonista era una chava con ropa extravagante que rompía con la norma de niña perfecta, modosita y bien portada. Y que, como su nombre indica, ¡explicaba cosas, desde el pop! Que es precisamente lo que necesitas cuando estás descubriendo el mundo.

Hoy, en plena cuarta ola del feminismo, el programa nos parecería demasiado ñoño, heteronormativo y blanco, además de que nos daría desconfianza que estuviera escrito por un señor. Tendrían que hacer un *remake* mucho más filoso, con puras mujeres y personas no binarias detrás de cámaras, y situarlo fuera de Estados Unidos. Yo sugeriría Latinoamérica y que se llamara *Catalina lo explica todo*. Sí, la Catalina autora de este libro. Les cuento por qué. Cada vez que me hacen una pregunta de feminismo cuya respuesta no conozco, le digo a mi interlocutor: "Catalina sabe". Y sí, siempre sabe. Anoto la duda y, la siguiente vez que la veo, ella responde con enorme elocuencia. Es como si tuviera un botón de "play" que, al presionarlo, trajera precargada una Ted Talk de todos los temas relacionados con género, raza, clase, marcas de vino blanco barato, brujería y reguetón.

Conocí a Catalina hace unos cuatro años. Primero en internet, donde sus columnas me hicieron palomitas de maíz el cerebro por tanta sabiduría que explotaba al leer cada línea. Luego nos encontramos en persona en un bar. Todavía tengo cruda de los incontables martinis que nos tomamos aquella noche mientras nos contábamos nuestras vidas. Y, sobre todo, sigo con guayabo de tanto pensar, porque entre tragos aprendí más sobre feminismo que en toda una vida de tenerle pánico a la palabra. Ahí empezó una amistad basada en la fiesta y la música y los perritos y los perreos y, al mismo tiempo, en el intercambio de reflexiones, de lecturas y en la construcción de proyectos para hablar de "the F word" con más mujeres.

Por eso me encanta que se publique este libro. Es tener a la mano todas esas respuestas a dudas cotidianas, ya no sólo para mí y nuestro círculo cercano, ¡sino para un montón de lectoras! Y lectores, que buena falta les hace. También porque plantea muchas preguntas que quedan abiertas, y es lo más importante de este proceso colectivo: cuestionar absolutamente todo.

No les voy a mentir: los feminismos pueden ser abrumadores. El debut editorial de Catalina es una forma de poner orden a las nociones, emociones e intuiciones que seguramente las lectoras ya traían. Es un constante "Ah, ¡claro!". Es nombrar y desmenuzar una serie de experiencias que a las mujeres en Latinoamérica nos son comunes.

Y no, Catalina no descubre el hilo negro (ni pretende hacerlo), pero sí lo desenmaraña y, lo más importante, lo presenta junto con hilos de otros colores para que cada lectura tome los que más resuenen en su vida y los siga hasta encontrar nuevos entramados de autoras, pensamientos y reflexiones. Porque el feminismo es perderte en caminos bibliográficos maravillosos. Estas páginas son un mapa general, al que se le puede hacer zoom al gusto y en el que se comparten generosamente fragmentos e ideas de autoras de todo el planeta.

Estoy segura de que este será uno de los libros de cabecera de la nueva generación de feministas de la región. Que, para muchas, será la puerta de entrada a un universo de conocimiento con el que planearán la destrucción del patriarcado; para otras, una herramienta para correr la voz. Y que muy, muy pronto, ya no necesitaremos Clarissas ni Catalinas, porque ellas, las más jóvenes, serán quienes nos lo expliquen todo a nosotras.

Tamara de Anda
Escritora, periodista y bloguera feminista

Introducción

La idea de este libro sale de un TEDx Talk que di en Bogotá, Colombia, en noviembre de 2016 sobre feminismos. Llevo varios años trabajando en el tema: cómo hacer que esas grandes ideas del feminismo, tan liberadoras y tan sensatas, sean vistas por encima de una densa capa de prejuicios que se ha construido a su alrededor a través de los años, para que puedan ser apropiadas por más mujeres y personas.

Para hacerlo presento una serie de ideas y argumentos que espero sean una carta de navegación sobre algunos de los debates contemporáneos que me parecen claves sobre los feminismos, pensados desde una perspectiva latinoamericana. La pretensión es que sean un punto de partida para que cada uno profundice en lo que más le interesa, pero también que sea una sistematización de mi camino personal en el feminismo, las preguntas que me he hecho y las respuestas que he encontrado. Cabe anotar también que "feminismo" es un término sombrilla que cubre muchas praxis y teorías con un punto común; cuando uso el singular es para hacer énfasis en esa convergencia, y cuando uso el plural es para hacer énfasis en su inmensa y cambiante diversidad.

Unos seis meses luego del TEDx Talk, Martín Rodríguez Pellercer, director y fundador del medio independiente guatemalteco *Nómada*, me buscó para proponerme que fuera la editora de una revista feminista latinoamericana que sería un micrositio de *Nómada*. La idea de la revista fue de la subdirectora institucional de *Nómada*, Andrea K'om, y el nombre de la revista, *Volcánica*, se le ocurrió a la diseñadora de *Nómada*, Loren Giordano, y en seguida nos gustó a todas, pues queríamos algo que claramente hiciera referencia a las mujeres latinoamericanas sin tener que usar esas palabras de forma directa. La fuerza de los múltiples feminismos latinoamericanos corre bajo tierra a través de esas cadenas montañosas que son las redes feministas, hasta que se concentra en un punto, o en muchos puntos, y explota.

El paso siguiente fue conformar un equipo de columnistas feministas que pudiesen hablar de todos esos debates contemporáneos que se están dando en la región, para empezar a plantear conversaciones regionales. Entre noviembre de 2017 y noviembre de 2018 en *Volcánica* publicaron Tamara de Anda, Andrea Bolívar Ivich, Tania Tagle, María José Evia, Cynthia Hijar, Marion Reimers, Siobhan Guerrero Mc Manus, Rosa Marina Flores Cruz, Jessica Marjane, Chantal Flores, Mariel García, Gabriela Nava y Marisol Armenta, y Mariana Díaz, de México; María del Mar Ramón, Andrea Sañudo Taborda, Juliana Abaunza, Sher Herrera y Natalia Mera, de Colombia; Mariana Iácono, Florencia Alcaraz y Georgina Orellano, de Argentia; Virginia Lemus, de El Salvador; Andrea Ixchíu, de Guatemala; Manoela Miklos, de Brasil; Diana Michelle García, de Perú; María Fernanda Ampuero, de Ecuador; y Florencia Goldsman, de Uruguay. Hemos hablado de temas tan variados como las relaciones con nuestros cuerpos, la maternidad, el maquillaje, el humor, los deportes, la tecnología, el aborto, el periodismo feminista, el trabajo sexual, los derechos de las mujeres que viven con discapacidad, los derechos de las personas con VIH, maternidades feministas, transfeminismos, afrofeminismo, feminismos indígenas, los derechos de la diversidad sexual, la violencia de género y la violencia sexual. Son discursos que se nutren de la teoría pero que parten de la experiencia personal de cada una de las columnistas. Editarlas a todas ha marcado de forma irreversible mi práctica y mi comprensión del feminismo y este libro no habría sido posible sin el trabajo de todas ellas.

Decir que lo personal es político significa decir que nuestras experiencias personales y nuestra vida privada no son vivencias aisladas sino parte de un sistema político. Esta guía de feminismo es un ir y venir entre mi experiencia (sesgada, subjetiva, limitada, vivida desde un cuerpo particular) y las teorías feministas que he estudiado durante mi carrera profesional, y que también tienen limitaciones, especialmente para llegar a las personas ajenas a la academia o al activismo. También se nutre de diez años escribiendo en caliente sobre feminismo para los medios de comunicación. Por eso, muchos de los capítulos de este libro se inspiran en columnas que, aunque ya fueron publicadas, han venido creciendo, cambiando, y ahora echan raíces en estas páginas para dar cuenta de la conversación entre la Catalina de ayer y la de hoy. Es decir, en este libro hay muchos debates internos que considero inacabados. Este libro también trata de aterrizar algunos de los conceptos teóricos que durante años mujeres brillantes han construido desde el feminismo, y todas esas conversaciones que hemos tenido con tantas amigas en los últimos años, en la vida práctica y cotidiana de las mujeres jóvenes urbanas latinoamericanas.

Esta guía está dividida en seis capítulos: Cuerpo, Poder, Violencia, Sexo, Amor y Activismo, y también cuenta con once retratos de un panteón de heroínas latinoamericanas (una lista que fue muy difícil de delimitar) realizados por la ilustradora feminista Luisa Castellanos. Además de mi editora en Penguin Random House Colombia, Laura Gómez, me gustaría agradecerles a todas las amigas feministas (mi mamá incluida) que leyeron y comentaron el manuscrito y me retaron a mejorarlo (son muchas, entre ellas Virginia, Andrea, Diana, Marcela, Matilde, María del Mar y Leonor). También le agradezco a mi esposo Ricardo, y a mis animalas de compañía, Policarpa, Odisea y Cumbia, por su apoyo y compañía en el largo trabajo que ha sido escribir este libro y, por supuesto, a mi mamá, Marta Beatriz Navarro, por la paciencia y la fe que ha puesto en mí desde siempre, y por darme la libertad, el impulso y las condiciones materiales para que yo me dedicara a un oficio tan poco práctico como la escritura.

Las mujeres que luchan se encuentran es un libro inspirado por mis ancestras: mi bisabuela Carlota García y mi abuela Martha Restrepo de Navarro, quienes me dieron un ejemplo de fortaleza y me sembraron la idea de ser feminista; y está dedicado puntualmente a las hijas de mis amigas: Noha, Priscila, Antonia y Malika, y en general a las feministas latinoamericanas más jóvenes, pues ellas, ustedes, son el futuro de esta revolución.

Las mujeres que luchan se encuentran es una apuesta política a favor de los derechos humanos, de la diversidad de género y de la diversidad sexual, a favor del derecho de todas las personas a elegir sobre sus cuerpos, a favor del reconocimiento del aborto como un derecho, del reconocimiento del trabajo sexual como un trabajo. Es consciente de que el racismo es un legado colonial que está vivo y que nos impide ver nuestra realidad regional, y tiene la intención deliberada de pensarnos latinoamericanas. Ser feminista no es sencillo, implica muchas batallas y contradicciones internas y externas, pero yo estoy convencida de que es la mejor carta de navegación en un mundo desigual e injusto, pues plantea unas preguntas que nos ayudan a todos y todas a ser mejores personas. Ser feminista es muy difícil, porque implica darnos cuenta de que el patriarcado se expresa en todo, pero también es fácil: es entender y defender que todas, todos y todes somos iguales.

¡Hablemos de feminismos![2]

Si ustedes me buscan en internet, me van a encontrar como @Catalinapordios. El nombre viene de un regaño repetido por años y años desde que era una niña. ¿Qué era eso tan raro, o tan rebelde, o tan disruptivo que yo hacía para que me regañaran?

---

2   Esta introducción está basada en la charla TEDx que di en Bogotá en noviembre de 2016, pero tiene cambios, actualizaciones y correcciones, no es la transcripción literal.

En realidad, nada.

Fui criada por tres mujeres autónomas e independientes[3]; cada una de ellas empujó un poquito su techo de cristal. Yo las creía capaces de hacer todo y nunca me imaginé que hubiese algo que yo no pudiera hacer. Me dejaban hablar y opinar, valoraban mis comentarios. Pero todo cambiaba cuando yo salía de la casa. Cuando opinaba, si interrumpía, si corría, si me subía a los árboles o me ensuciaba la ropa, me ganaba un "¡Catalina, por Dios!". Y me demoré mucho en entender que esto tenía que ver con el género, porque el "Catalinapordiós" aparecía cuando yo hacía cosas que no eran "de una señorita" o de una niña "dócil" o "buena". Y es una cuestión de género porque si hubiese sido un niño me habrían dicho "¡Catalino, qué asertivo!", "¡Catalino, qué líder!", "¡Catalino, qué atractiva rebeldía!". Ese "Por Dios" que solía acompañar mi nombre me dejó claros los límites de lo que podía hacer y decir y lo que no. A punta de repetición y palmaditas en la mano (cuando no son golpes) aprendemos a ser mujeres.

Para mí, el feminismo, los feminismos, han sido un lente que me ha dado muchas respuestas y me ha ayudado a desprogramar muchos comportamientos que además de ser nocivos para mí, fomentan una desigualdad que nos afecta a todos, pero especialmente a todas. El feminismo puede ser algo tan sencillo (o profundo) como una lucha social para que todas las personas tengamos derechos humanos. Es importante recordar eso: no todas las personas tienen garantizados todos los derechos, a veces por su género, o por su raza, o por su orientación sexual o por todas juntas. Por eso también hay muchos feminismos: no todas las mujeres tienen las mismas necesidades, decir "derechos para todas" siempre implica una multiplicidad de

---

3   ¿Autónomas e independientes con respecto a quién? A los hombres, puntualmente, pues nadie es del todo autónomo y en realidad eran interdependientes entre ellas.

realidades y puntos de vista –que no siempre ni necesariamente congenian entre sí–.

Pero, muchas veces, los privilegios que tenemos nos hacen pensar que esa desigualdad no existe. Es que el mundo alrededor está hecho para que no nos demos cuenta de unas injusticias y normalicemos otras. Por eso (a las mujeres mestizas de apariencia blanca y clase media) nos parece "normal" que cualquiera comente nuestro cuerpo o nos diga qué hacer con nuestras vidas, o llegamos a pensar que los derechos que tenemos, como el derecho a la propiedad, al voto, a la autonomía reproductiva, son obvios, normales, de toda la vida. Y no.

Mi mayor influencia en la vida ha sido mi bisabuela, que nació en 1900 en una pequeña finca cafetera. Ella se dio cuenta de que su lugar en el mundo era parir trabajadores para la finca y luego hacerles de comer. Nunca iba a heredar, ni le iban a enseñar a leer y escribir. Así que se escapó a Medellín, en donde trabajó como obrera en una fábrica de telas y participó en una de las primeras huelgas de mujeres. En 1919, lo que exigían eran que las dejaran ir a trabajar calzadas. Mi bisabuela también militó con las sufragistas y, así liberal[4], con sus ideas políticas encendidas, se tuvo que atragantar el voto hasta los 57 años, porque solo hasta 1957 las mujeres en Colombia pudimos votar. Han pasado apenas 61 años. Esto me lo recordaba cuando me llevaba con ella a acompañarla a votar. Entre las audacias de mi bisabuela estuvo aprender a leer y escribir de manera autodidacta con el periódico local de Medellín, *El Espectador*. Y tres generaciones después yo tengo una columna en ese mismo periódico con el que ella aprendió a leer.

---

4   En Colombia, durante gran parte de su historia, hubo dos partidos políticos, el Liberal, que eran los progresistas que defendían los derechos individuales y el Estado laico, y el Conservador, compuesto por terratenientes aliados con la Iglesia católica. Hoy estos partidos existen, pero no representan las ideas que les dieron nombre. En paralelo, la palabra "liberal" no significa lo mismo en cada país latinoamericano, y en su uso común, hoy en día, suele significar la postura económica y política del neoliberalismo capitalista.

Si hoy las mujeres –y no todas– podemos ejercer una ciudadanía completa, es gracias al esfuerzo y las luchas de muchas mujeres antes que nosotras. Para mí es un orgullo llamarme feminista, porque es un reconocimiento al trabajo de todas estas mujeres. Cada derecho que se da por sentado hoy es una prueba de la eficacia del feminismo.

El feminismo muchas veces es un tema difícil porque denuncia cosas como la explotación y la violencia, y porque aún nos queda mucho camino por delante. Pero a pesar de eso, a mí el feminismo me llena de esperanza, porque hemos logrado tanto en tan poco tiempo. El feminismo es la revolución social más eficiente y eficaz de todo el siglo XX, y a comienzos del siglo XXI vive un poderoso renacimiento (a la vez que una igualmente poderosa reacción contraria).

Y, si el feminismo nos ha dado tanto, ¿por qué nos produce tanta resistencia? Una razón es que la desigualdad está tan naturalizada que no la vemos. Naturalizado quiere decir que una idea es tan popular que nos parece "natural". Para ahorrar tiempo, nuestro cerebro se vale de asociaciones, ideas, imágenes y conceptos. Así que hagamos un ejercicio sobre cómo funcionan nuestras ideas, nuestras asociaciones y nuestros prejuicios.

Les voy a dar una palabra y ustedes observen cuál es la imagen que primero les viene a la mente. No tienen que quedar bien, sean honestos con ustedes mismos.

La palabra es:

HUMANO

¿Qué se imaginaron? Voy a hacer un truco de prestidigitadora y voy a adivinar que la mayoría de ustedes se imaginó un cuerpo de un hombre, de piel blanca, de pelo relativamente corto. ¿No?

Pero los hombres son menos de la mitad de las personas en el mundo y los hombres blancos son hasta una minoría. ¿Y qué quiere decir esto? Que cuando decimos una palabra como "humano", que debería incluir a todas las personas, en realidad solo pensamos en un tipo de cuerpo muy (muy) específico. Y ¿por qué? Porque se cree que los hombres blancos históricamente han producido todo el conocimiento (habrá que problematizar luego quién decide qué es el conocimiento y por qué), pues han tenido el monopolio de la creación de información y de su distribución. Desde ahí hemos construido el mundo. Un mundo que está hecho para un cuerpo muy específico. Y esto crea desigualdades reales.

Por ejemplo, los hombres pueden ir a todas partes sin miedo de que los acosen en la calle. En Bogotá, y en muchas zonas de Latinoamérica, las mujeres no tenemos espacio público después de las 10 de la noche. En 2017, el conductor de un Cabify en Puebla, México, asesinó a su clienta, María Fernanda Castilla Miranda. La prensa y el feminicida dijeron que ella se había puesto en riesgo por montarse al carro borracha. En general todos y todas tenemos esta percepción: que si una mujer se emborracha, está en riesgo. ¿Riesgo de qué? De manoseo, de violación, de feminicidio. Con frecuencia, tanto en México como en Colombia, yo veo hombres borrachos tirados durmiendo en la calle. Cuando camino junto a ellos, no se me pasa por la cabeza desvestirlos o tocarlos y muchísimo menos violarlos. Es más, me da miedo que de repente se despierten mientras paso junto a ellos. Incluso inconscientes en la madrugada, los hombres están más seguros en el espacio público que las mujeres.

Otro ejemplo: los horarios de trabajo están todos hechos para personas que no tienen que cuidar a hijos o hijas o adultos mayores. Los niños llegan del colegio a las 4 de la tarde (por tarde) y esto quiere decir que alguien debe estar en la casa. Y ese alguien suele ser una mujer. Y las que tenemos el privilegio de no hacer estas labores de cuidado las delegamos en otras mujeres. Porque además nos han dicho que no hay una desigualdad, sino que las mujeres somos "diferentes" a los hombres: más sensibles, más maternales, más suaves, más sumisas.

Y con ese cuento nos tienen haciendo labores de cuidado, procreación, crianza y trabajo emocional, sin reconocer que estas actividades son trabajo. Según datos de 2016 de la Encuesta Nacional de Usos del Tiempo (ENUT) en Colombia, "las mujeres en promedio realizan siete horas diarias de cuidado doméstico no remunerado y los hombres apenas alcanzan 2,9"[5]. Esto es 49 horas a la semana versus 20,3. Mientras las mujeres trabajan, los hombres trabajan, descansan ¡y hasta duermen! Porque esta idea de que somos diferentes luego se traduce en que como somos diferentes tendremos diferentes obligaciones, oportunidades y derechos. Pero es mentira.

Qué tal ese cuento de que los hombres son fuertes. No todos los hombres son fuertes, y hay mujeres que son más fuertes que muchos hombres. Como María Isabel Urrutia, la pesista colombiana que ganó la medalla de oro en los Juegos Olímpicos de Sídney en el año 2000, entre otros múltiples logros deportivos. Lo que pasa es que estos estereotipos sirven para que modifiquemos nuestros comportamientos. En las mujeres está mal visto ser fuertes porque "no es femenino", así que muchas de nosotras lo pensaremos dos veces antes de querer convertirnos en pesistas (lo cual, claro, no nos exime de cargar leña, bolsas de mercado, o niños de todas las edades). Si siempre nos celebran cuando somos suaves, ¿cómo se nos va a ocurrir mostrar que somos fuertes?

Piensen en cómo a los niños les decimos que son valientes y a las niñas que son hermosas. Desde pequeñas nos están diciendo que valemos por nuestra apariencia física. Recuerdo una entrevista

---

5   Primera Encuesta Nacional de Uso del Tiempo (ENUT), "aplicada en más de 43.000 hogares de zonas rurales y urbanas. La Encuesta fue aplicada por el DANE durante el segundo semestre de 2012 y el primer semestre de 2013, consultó a más de 145.000 personas y sirvió para analizar cómo hacen uso del tiempo y cómo son distribuidas las actividades remuneradas y no remuneradas, en este caso el trabajo doméstico" ("Familias colombianas dedican más de 13 horas al trabajo doméstico", 2016).

publicada en *El Espectador* a la hermana de Nairo Quintana, talentoso ciclista colombiano, Leidy, quien cuenta que cuando su padre se enteraba de que ambos montaban en bicicleta (bicicletas que unos vecinos les prestaban a cambio de fruta), a ella la "regañaban con mayor vehemencia, por hacer cosas que no eran de una señorita, como por ejemplo montar bicicleta. De hecho, me decía que las mujeres podían perder la virginidad con el sillín"[6]. Quizás Leidy Quintana tenía tanto talento para el ciclismo como su hermano –de hecho, el hermano menor de ambos, Dayer Quintana, también es ciclista profesional–, pero nunca lo sabremos, porque montar en bicicleta no era cosa de señoritas.

Y entre las muchas cosas que nos dicen que no hagamos está ser feministas.

Porque nos dicen que si somos feministas vamos a ser feas, indeseables, difíciles y nos vamos a quedar solas. Esta es una amenaza durísima, no tiene nada de superficial. Porque si a mí me dicen que tengo que escoger entre que me quieran y tener derechos, yo escojo que me quieran. Somos seres sociales, el amor no es algo superfluo, ser amados es necesario para nuestra supervivencia. Lo peor es que es mentira: no tenemos que escoger entre el amor y los derechos.

Si algo me ha dado a mí el feminismo es amor, y del bueno, es decir, en condiciones de igualdad. Y también me ha dado una comunidad, amigas, gente que me quiere y que está dispuesta a apoyarme, escucharme, decirme que cuando me quejo por una injusticia no estoy siendo hipersensible, exagerada, loca[7] o la peor de todas: histérica.

Yo creo profundamente en la conversación, creo que conversar es construir conocimiento y que cambia las maneras en que perci-

---

6   Amaya, 2016.

7   "Loca" es una palabra que debería dejar de usarse como insulto, porque estigmatiza a todas las personas neuro diversas. Por ejemplo, es de los primeros calificativos usados cuando una persona oprimida se levanta o rebela contra el sistema que la oprime.

bimos el mundo. Y esto es más que importante, porque podemos pasar muchas leyes para proteger a las mujeres o garantizar la igualdad, pero mientras nuestra cultura sea machista, estas leyes no van a hacerse realidad. Por eso el cambio tiene que ser cultural. Y los cambios culturales se dan con la conversación. Además, el mundo contemporáneo presenta en internet un espacio –con problemas, pero sin precedentes– para que estas conversaciones sean potenciadas. Las luchas sociales son primero luchas de ideas.

Por eso es necesario que *feminismo* deje de ser una "mala palabra". Es importante que sea algo aspiracional e inspirador para las nuevas generaciones que tienen que continuar con el trabajo que muchas valientes mujeres y algunos hombres llevan haciendo desde hace décadas.

Lo que leerán a continuación está necesariamente limitado por mi experiencia y mi identidad: latinoamericana, caribeña, cisgénero, heterosexual, migrante, feminista y todas esas categorías que para bien o para mal suscribo. Es curioso, porque al listarlas así, se siente como encuerarse. Por encima de todo, este libro es una invitación a que todas hagamos parte de la conversación de los feminismos, porque son múltiples, como las experiencias de las mujeres, y en permanente disenso, que es lo más emocionante, porque el disenso es lo que mantiene vital la conversación.

Por eso, ¡hablemos de feminismos!

Diana Sacayán,
Argentina

Amancay Diana Sacayán, a quien le gustaba presentarse como "trava sudaka originaria", es una de las más reconocidas activistas latinoamericanas por la inclusión social de personas trans y travestis en Argentina, aunque su trabajo fue un ejemplo para toda la región. Nació en Tucumán en 1975 y luego de una niñez en la pobreza junto a sus quince hermanos, Diana asumió su identidad travesti a los 17 años y la vivió con orgullo durante toda su vida. En ese entonces estaba vigente en Buenos Aires una ley que criminalizaba la homosexualidad y el travestismo. Diana fue perseguida por la Policía y encarcelada en varias ocasiones, y por eso se convirtió en una fuerte crítica del sistema policial y penitenciario. En la cárcel se acercó al partido comunista y empezó a hacer trabajo político.

Diana creó el Movimiento Antidiscriminatorio de Liberación, M.A.L., una ONG que lucha contra la discriminación contra personas lesbianas, gays, bisexuales, travestis, trans e intersex. Como presidenta de M.A.L., fue responsable del proyecto de políticas no discriminatorias en las instituciones de salud del Partido de La Matanza (localidad de Buenos Aires), orientado a la inclusión de personas trans al sistema de salud. Colaboró en la elaboración del programa de inclusión al sistema educativo de travestis y transexuales, de pueblos originarios y de población carcelaria en el marco del programa

"Dignidad, Trabajo y Justicia", e impulsó la normativa para el reconocimiento por parte del Estado de las identidades de género autopercibidas, la cual fue el precedente principal de la Ley Nacional de Identidad de Género[1]. Cuando la ley fue aprobada, recibió su nueva identificación o DNI de manos de la presidenta Cristina Fernández de Kirchner.

Junto a Futuro Trans creó *El Teje*, el primer periódico escrito por travestis en toda Latinoamérica, proyecto apoyado por la Universidad de Buenos Aires. También fue redactora del suplemento *Soy* del diario *Página/12*, en el cual hablaba sobre la realidad del colectivo travesti en las periferias urbanas[2]. En 2012 fue la primera persona travesti en postularse como candidata a Defensora del Pueblo en La Matanza; su campaña logró ingresar a la terna final y obtuvo un número significativo de votos afirmativos. En 2014 fue elegida como secretaria trans alterna del Consejo de ILGA (Asociación Internacional de Lesbianas, Gays, Bisexuales, Trans e Intersex) en la Conferencia Mundial de esa organización en la Ciudad de México.

En octubre de 2015 Diana fue brutalmente asesinada. El juicio por el crimen dio origen a la primera condena por travesticidio en toda la región, en junio de 2018. La condena fue un hito en el avance de los derechos de la comunidad LGBTIQ, pero las activistas argentinas recuerdan a Diana amorosamente por lo que les enseñó en vida: "Hasta que no vivamos en la piel del otro o de la otra, no podemos pensar en un cambio verdadero y profundo. Hay que hacerlo con el que falta, con el que ya no está. No lo podés hacer solx, porque no hay construcción posible en soledad"[3].

---

1   Latitud Gay, 2018. Ver: https://latitudgay.wordpress.com.
2   Latitud Gay, 2018. Ver: https://latitudgay.wordpress.com.
3   Carrasco, 2018.

Prudencia Ayala,
El Salvador

P rudencia Ayala fue la primera mujer en intentar ser candidata presidencial en Latinoamérica. Prudencia fue una escritora y activista salvadoreña de ascendencia indígena. Trabajaba como costurera y aseguraba que tenía la capacidad de predecir el futuro mediante revelaciones de "voces misteriosas". Sus predicciones fueron publicadas en los periódicos de Santa Ana, donde la empezaron a llamar "la Sibila santaneca" y dijeron que en 1914 pronosticó la caída de Hitler[1]. A partir de 1913 comenzó a publicar artículos de opinión en *Diario de Occidente*, donde se manifestó partidaria del antiimperialismo, el feminismo y el unionismo centroamericano, además de expresar su rechazo a la invasión norteamericana de Nicaragua. En 1919 fue encarcelada por criticar al alcalde de Atiquizaya y luego, en Guatemala, fue encarcelada varios meses por acusaciones de colaborar con la planificación de un golpe de Estado al gobierno dictatorial de Manuel Estrada Cabrera.

En 1930 Ayala anunció su candidatura a la presidencia de El Salvador en el periódico *Redención femenina*. Su programa de gobierno señalaba su compromiso con la lucha por la equidad de derechos de las mujeres: "El elemento femenino obtendrá de hecho el derecho político para identificar la soberanía de la

---

1   Hurtado, 2015.

Nación en los dos sexos, en desarrollo de la política cívico social que instruya al ciudadano"[2]. El 25 de octubre dictó una conferencia sobre Derechos Políticos de la Mujer en un parque de Santa Tecla. En el texto, que apareció publicado cuatro días después en *Diario del Salvador*, Prudencia decía que era una gran oportunidad para que la nación salvadoreña mostrara "al mundo civilizado sus capacidades cívicas en la política de armonía social que acredite a la nación por su cultura, ya que el gobernante ha mostrado su valor cívico garantizando la libertad ciudadana en las elecciones"[3].

Sin embargo, Prudencia nunca logró inscribir su candidatura, pues, según la Corte Suprema, "por el hecho del matrimonio quedaba sujeta a la potestad marital; y no obstante lo mucho que se ha legislado en su favor, todavía rigen disposiciones legales que la mantienen en situación jurídica inferior a la del hombre, como las de que no puede ser procurador ni testigo en instrumento público". En respuesta hizo una carta pública a los y las salvadoreñas, en la que decía: "Los políticos que me han ridiculizado quedan perdonados con todo corazón, para que ellos perdonen mis entusiasmos cívicos si con ellos les ofendo. Los que me calumnien, los perdono con solo que me manden los periódicos donde echan los sapos y gatos para ver si es verdad lo que digan, para desmentir o rectificar. Así en esta moralidad e inteligencia queda firme en el combate vuestra obsecuente y S. S."[4]. Prudencia murió el 11 de julio de 1936, aparentemente alejada de la política, pero siempre cerca del trabajo de masas y movimientos sociales, y se rumora que colaboró con el levantamiento campesino de 1932.

---

2   Monzón, 2017.

3   Ibíd.

4   Ibíd.

CAPÍTULO 1

Cuerpo

¿Territorio político?

Hay dos ideas sobre los cuerpos profundamente arraigadas en nuestra cultura que quiero poner bajo sospecha en este capítulo:

¶ Que la mente y el cuerpo son entidades separadas que no se tocan, física y metafísica.

¶ Que nuestros cuerpos, nuestra biología, son un destino irremediable que marca nuestro lugar en la sociedad.

Primero: la mente solo puede existir en y desde un cuerpo.

Nuestro cuerpo es todo lo que tenemos para relacionarnos con el mundo. Todo lo que sabemos, y todo lo que entendemos, está filtrado por las condiciones de percepción de ese cuerpo alto o bajo, ágil o torpe: nuestro cuerpo es todo lo que hay.

Pero pensar la mente y el cuerpo como una sola cosa, en vez de escindidos, es contrario a las bases del pensamiento europeo. La separación entre la mente y el cuerpo es una idea que está en la base del pensamiento de Platón, Descartes, Plotino, San Agustín, mejor dicho, de los fundadores de lo que hoy llamamos "pensamiento Occidental"[8]. Aún hoy pensamos en "la mente" como algo ajeno a nuestro cuerpo, como si nuestro cerebro no fuera un órgano tan amarrado por las leyes de la física como cualquier otra cosa tangible. Esta dicotomía, mente-cuerpo, es una de muchas dicotomías conceptuales que hacen parte de nuestro pensamiento binario: civilización-naturaleza, educado-salvaje, hombre-mujer. En todas hay un dominante y un dominado, porque son categorías que se han planteado para poder dominar. Será más claro cómo sucede esto a medida que avance este libro; por ahora, pongamos todos los binarismos bajo sospecha.

Segundo: todo lo que sabemos y decimos sobre nuestro cuerpo se ve afectado por nuestras construcciones culturales.

Este cuerpo que tenemos no solo es nuestra única manera de existir en el mundo, también es como un lienzo en el que la sociedad proyecta una serie de símbolos y conceptos, antes de que nosotros podamos decidir si nos gustan o no. Antes de que podamos reconocernos en un espejo, nuestro cuerpo ya carga con significados. Literalmente: cuando las mujeres están embarazadas y se enteran del sexo del feto, ahí comienzan los estereotipos. Para cuando tenemos edad para entender qué carajos es un estereotipo, ya los hemos interiorizado.

En las narrativas que hacemos sobre nuestros cuerpos está la historia de nuestra cultura. Es difícil verla, porque nos han dicho que

---

8   En 1978, el crítico Edward Said (دراودإ ودي‌ع سعيد) publicó el libro *Orientalismo*, en donde dice que Oriente es casi una invención hecha por Europa, la cual se ha servido de la idea de Oriente para definirse por oposición. Nuestra idea de "Occidente" también es una construcción europea. Gracias a la colonización, el pensamiento europeo y luego anglosajón fue impuesto como canon de la cultura y de la educación en el mundo. Said acuña el término "orientalismo" para explicar ese fenómeno por medio del cual Europa ve a su Otro, es decir, a Oriente, desdibujado, bárbaro, romántico, salvaje, exótico, y para explicar cómo en estas narrativas hay una hegemonía de poder. El mismo fenómeno sucede con las narrativas imperialistas (blancas, masculinas, europeas o norteamericanas) sobre Asia, Latinoamérica y el Caribe, y con los discursos dominantes sobre grupos estigmatizados o vulnerables. Del problema de la colonización se trata con más detalle en el segundo capítulo de este libro.

es al contrario: que son los cuerpos los que determinan la cultura y no la cultura la que determina los cuerpos. Es más fácil verlo en esta idea de que el género es primordialmente una marca genital, una diferencia biológica a la que hombres y mujeres estamos amarrados.

Una de las ideas base del feminismo es que la biología no es destino. Es decir, nuestro lugar en el mundo, nuestros derechos, no deberían depender de las diferencias y particularidades de nuestros cuerpos. Cuando Simone de Beauvoir dice que las mujeres no "nacemos", sino que por el contrario "llegamos a ser mujeres", está diciendo que nuestro género es algo que se aprende y se reitera cada día.

Parece que la diferencia para determinar el sexo es biológica, pero los mismos límites biológicos no son tan claros. Nuestros genitales, eso que tenemos entre las piernas y que usualmente se usa para diagnosticar si somos hembra o macho, no siempre son una marca precisa, porque los genitales externos no necesariamente coinciden con nuestros órganos reproductivos internos, o con nuestra composición cromosómica. La naturaleza no delimita los sexos tan claramente como nuestra cultura, pues esas diferencias binarias son poco "naturales". Hay personas que tienen vulva pero no tienen útero, hay personas que tienen pene y tienen útero, e incluso hay personas con una composición cromosómica XXY. Si bien no son casos frecuentes, el solo hecho de que existan basta para poner en duda nuestras categorías para determinar el género.

Sin embargo, esta información no cuenta realmente: cuando vemos a una mujer, no tenemos que levantarle la falda, hacerle rayos X o analizar su ADN para saber que es una mujer. Entonces, ¿cómo sabemos que una persona es mujer? ¿Por su corte de pelo? No. ¿Por si lleva falda o pantalón? No. Lo sabemos o, mejor dicho, lo inferimos a partir de una serie de símbolos, de movimientos, que expresan una personalidad que tiene predilección por un género. A esto es a lo que se refiere la filósofa Judith Butler cuando dice que el género es un "*performance*", una repetición de acciones y símbolos a lo largo de nuestras vidas.

Y entonces descubrimos que los cuerpos no son tan definitivos, que son, de hecho, maleables, y con cada día aprenden una manera de moverse, de verse, y ganan o pierden alguna habilidad. Ese *performance* que hacemos a diario, que llamamos identidad, tiene una incidencia en nuestros cuerpos, es algo así como cuando a punta de golpes diarios, el mar va tallando las rocas. Eso que hacemos a diario depende de nuestras ideas, de nuestras aspiraciones, deseos y prejuicios. Eso que hacemos a diario se suma para que seamos mujeres u hombres o personas no binarias, o la identidad que hayamos decidido asumir. Esa decisión modifica nuestras acciones, que a su vez modifican nuestro cuerpo.

Cuando tenía 8 años, decidí dejar las clases de natación por las clases de pintura. Esa decisión modificó mi cuerpo, y aunque cuando niña tenía potencial para ser buena nadadora, hoy tengo unos bracitos flacos como ramas de Matarratón, que se llevaría cualquier corriente. Intervenimos nuestro cuerpo de otras maneras, nos teñimos el pelo, usamos frenillos; sin embargo, ante estas intervenciones nadie se acerca a decirnos "acéptate como eres". En realidad, nadie se acepta como es, todos intervenimos nuestro cuerpo para que se parezca *a lo que soñamos ser,* pero hay unas intervenciones en nuestro cuerpo que son aceptadas, incluso desde la defensa de lo "natural", y otras que no (como las que están vinculadas a las transiciones de género).

Sin embargo, nos han hecho creer que esas diferencias entre lo masculino y lo femenino son "naturales".

Hago una pausa aquí para advertir que debe sospecharse de todos los argumentos que se apoyan en "lo natural", pues los seres humanos somos unos animales cuya cultura ha modificado todo lo que hacemos. "Natural" sería andar desnudos, no construir casas o edificios, mucho menos usar tecnología como internet o el alfabeto. Empezamos a ser humanos en el momento en que dejamos de ser "naturales" y empezamos a ser "culturales". Continuemos entonces bajo el acuerdo de que nada en el mundo humano es "natural", sino más bien "naturalizado" es decir, tan común en nuestras culturas que parece previo a las mismas.

Ese argumento de "lo natural" es lo que se llama "esencialismo biológico", es decir, que el cuerpo con el que naces es tu destino. Esto no es cierto, pues nuestro cuerpo cambia gracias a nuestras decisiones a lo largo de nuestras vidas.

Nuestro género no está en nuestros genitales, está en nuestro cerebro, y puede ser masculino o femenino o no binario. No se diagnostica de forma externa, lo determina y define cada persona. Debería ser tan sencillo como que cada persona tenga la libertad y la autonomía para autodefinirse, pero no es así, la mayoría de las veces termina siendo una imposición social. Una imposición que resulta ser muy violenta cuando no coincide con quien eres. Por eso ser cisgénero (cis quiere decir "lo mismo", es decir, que eres del mismo género que al nacer te designó el doctor o la doctora) es un privilegio: a mí nadie me cuestiona si soy una mujer, me creen sin tener que mirar qué traigo entre las piernas.

Para el pensamiento feminista, los cuerpos, antes que ser un asunto biológico, son un territorio político. De hecho, todos esos discursos planteados en lenguaje científico sobre nuestros cuerpos para reafirmar la idea de que "somos diferentes" ya se usaron (y se usan) para justificar el racismo y para naturalizar el sexismo. Es decir, esos discursos son proyectos políticos.

¿De Marte o de Venus?

Los hombres son de Marte, las mujeres son de Venus[9] fue el *best seller* que uno se encontraba en todas partes en mi adolescencia. El libro fue escrito por el terapista estadounidense John Gray y publicado en 1992. Fue quizás el libro de "no ficción" más leído de los noventa, además de convertirse en un hito de la cultura pop del que salieron obras de Broadway, seminarios, series de televisión, perfumes, lo que se pue-

---

9   El libro fue publicado en 1992 y hasta la fecha se siguen imprimiendo nuevas ediciones.

dan imaginar. La premisa del libro es la siguiente: hombres y mujeres somos radicalmente diferentes, tanto que parece que viniéramos de dos planetas distintos; hay una brecha inmensa en la comprensión mutua de ambos géneros, y este libro daba las claves para subsanarla.

"Los marcianos valoran el poder, la competencia, la eficiencia y la realización. Siempre están haciendo cosas para poder probarse a sí mismos y desarrollar su poder y sus habilidades. Su sentido de la personalidad se define a través de su capacidad para alcanzar resultados. Experimentan la realización fundamentalmente a través del éxito y el logro"[10]. Y luego: "Las venusinas tienen valores diferentes. Valoran el amor, la comunicación, la belleza y las relaciones. Dedican mucho tiempo a respaldarse, ayudarse y estimularse mutuamente. Su sentido de la personalidad se define a través de sus sentimientos y de la calidad de sus relaciones"[11].

A primera vista, es tentador creerle, conocemos muchos hombres que parecen "marcianos" y mujeres que parecen "venusinas". Pero el libro no considera que las mujeres también somos ambiciosas, orientadas por el logro, también queremos tener éxito, y que los hombres son perfectamente capaces de ayudar, valorar y respaldar. Hacer esta división los exime a ellos de la responsabilidad de ser seres humanos sensibles que viven en sociedad y nos corta a nosotras las ambiciones profesionales. Es perverso que el mismo sistema que nos niega la ambición a las mujeres les niega a los hombres la inteligencia emocional (aunque el sistema es mucho peor con nosotras, no hay punto de comparación). "Mientras las mujeres fantasean con el romance, los hombres fantasean con autos potentes, computadoras más rápidas, artefactos, artilugios y una nueva tecnología más poderosa", dice Gray más adelante. El libro, como suele suceder con muchos textos que defienden la diferencia entre los sexos, se queda en lo meramente descriptivo y no se pregunta por qué las mujeres

---

10   Gray & Tiscornia, 1995, p. 17.
11   Ibíd., p. 18.

parecemos entusiasmadas con el romance y adversas a la tecnología. No se pregunta tampoco por qué hemos sido excluidas de los campos tecnológicos al punto que los sacamos de nuestras fantasías. Además, el tipo en serio no conoce a las mujeres si cree que en todo nuestro día no tenemos más que hacer que "fantasear con el romance". Para el autor, las "venusinas" hemos desarrollado una capacidad para "anticipar las necesidades de los demás" y de esa "capacidad" deriva una obligación de servirlos, por supuesto, mientras los hombres están ocupados fantaseando con cohetes. ¡Qué conveniente!

Los hombres son de Marte, las mujeres de Venus es un libro escrito por un hombre para explicarles a las mujeres sus sentimientos y para excusar la incompetencia emocional y falta de empatía de muchos hombres. Aparentemente los hombres son "una banda elástica": están un rato contigo y luego se aburren y se largan. Lo que Gray recomienda es dejarlos que se vayan y recibirlos sin reproches, sin quejarnos por su desconexión o abandono. Si no lo hacemos, advierte Gray, romperemos "los ciclos" de los hombres y estos nos dejarán. También recomienda todo tipo de tácticas para que les digamos a los hombres, mediante indirectas, que no nos gusta su ropa (seguro que no tendremos nada más importante que decirles), no vaya a ser que le hagamos daño a su frágil masculinidad. A los hombres, en cambio, les dice que nos escuchen en silencio, pero jamás les pide que nos tomen en serio.

Con esta basura se educó a toda una generación, y no solo eso, hubo miles de estudios supuestamente científicos que reafirman esa idea de que la diferencia entre hombres y mujeres es biológica y radical. En 2014, el autor Lewis Wolpert publicó un libro apoyando el panfleto de Gray, afirmando que las diferencias entre hombres y mujeres están claras desde antes de nacer. La revista colombiana *Semana* publicó un artículo al respecto con un titular que seguro se sintió como un pequeño triunfo para los hombres de la redacción: "Los hombres sí son de Marte y las mujeres de Venus"[12]. Dice *Sema-*

---

12 "Los hombres sí son de Marte y las mujeres de Venus", 2014.

na, citando a Wolpert: "Por ejemplo, ellas pueden observar un rostro detenidamente 40 horas después del parto, mientras que a ellos les cuesta más y se distraen con cualquier objeto que se mueva. Entre el primero y el segundo año de vida ya es evidente que los varones prefieren jugar con carros y las niñas con muñecas"[13]. Pero estas diferencias son creadas, a las niñas les gusta jugar con muñecas a punta de que esos son los juguetes que les regalan y les celebran, y lo mismo con los niños. Wolpert llega a ser más abiertamente sexista, dice *Semana*: "Señala en su libro que otra diferencia notoria es el criterio para elegir pareja, pues al hombre todo le entra por los ojos y se fija en una mujer según su atractivo físico, mientras que ellas valoran más el estatus y la riqueza para conseguir marido"[14]. Wolpert no se pregunta qué harían estas mujeres si la sociedad les diera la oportunidad de conseguir estatus y riqueza por ellas mismas, sin tener que pasar por un marido. Wolpert también dice que la testosterona hace a los hombres "agresivos, arriesgados y fuertes", como si las mujeres no produjéramos testosterona o no tuviéramos esos rasgos de personalidad, y como si hubiera un límite claro en la cantidad de testosterona que necesitas para ser "un hombre".

Otro hombre (¡qué sorpresa!) con amplias credenciales, Simon Baron-Cohen, sacó un estudio diciendo que "el cerebro femenino está cableado para sentir empatía mientras que el masculino para sistematizar, es decir, para planear u organizar cosas. Por eso no es raro que el 80% de los ingenieros en el mundo sean hombres y que haya más trabajadoras sociales y comunicadoras". Primero, nuestro cerebro no tiene "cables", y segundo, esta afirmación se hace sin entender que es más bien un estereotipo lo que no deja que las mujeres estudien ingenierías.

Sé que la idea de que hombres y mujeres seamos "complementarios" es muy atractiva, porque a los seres humanos nos encanta ver

---

13   Ibíd.
14   Ibíd.

patrones (esa es la gracia evolutiva de nuestro cerebro) incluso cuando no los hay. Pero atención, que hay una falsa complementariedad, que de manera recurrente nos ubica a las mujeres en una situación de subordinación, en oficios de cuidado y comunicación (que por estar feminizados suelen ser, además, mal pagados), y a ellos en todas las posiciones de poder. Eso es desigual, no complementario. Además, ignora, abiertamente, a todas esas mujeres y hombres que no son como y no quieren coincidir con el estereotipo. Ah, pero ¿y la ciencia? La ciencia dice algo muy diferente.

Un estudio de 2015 de la universidad de Tel-Aviv[15] escaneó los cerebros de más de 1.400 hombres y mujeres y encontró que, aunque algunas características son más comunes en hombres y otras en mujeres, cada persona tiene un mosaico único de estas características. Esto debería ser obvio en nuestra experiencia interactuando en la vida diaria con las personas de nuestro entorno, pero los estereotipos suelen hacernos alterar o acomodar estas percepciones. La conclusión del estudio es que el sexo sí afecta el cerebro, pero no sabemos exactamente cómo, pues el cerebro, como todos los órganos, va cambiando con el tiempo según su uso. Esto es, que no es que las niñas prefieran las muñecas y los niños los carritos, es que como la cosa está culturalmente tan divida, la mayoría de niñas y niños terminan por resignarse con el juguete que les dieron.

Está ampliamente demostrado que nuestros cuerpos, nuestros cerebros, y hasta nuestros genes, se expresan de forma diferente según el ambiente al que están expuestos y el uso que hacemos de ellos. Esto lo veremos con más detalle en este capítulo, pero lo que dice la neurociencia contemporánea es que, si acaso los cerebros de hombres y mujeres fuesen diferentes, sería porque día a día los usamos de manera diferente, según el guión de género que nos asignaron a partir de nuestros genitales, y ese uso modifica nuestros cuerpos,

---

15   El estudio fue conducido por la investigadora israelí Daphna Joel y fue publicado a finales de 2015 en la revista científica *Proceedings of the National Academy of Science*.

favorece el desarrollo de unas u otras aptitudes en nuestro cerebro. Dichas diferencias no alcanzan a ser lo suficientemente significativas ¡y menos cuando se trata de acceso a derechos!

Además de falso, el esencialismo biológico es poco deseable. Sostener que somos radicalmente diferentes por azar de nuestros genitales sí tiene consecuencias en nuestros derechos. Para empezar, dividir el mundo en dos invisibiliza a toda la comunidad LGBTIQ, a las personas *queer* y transgénero y a las personas de género no binario. La humanidad es diversa, incluso a pesar de nuestro binarismo recalcitrante. Los humanos no somos solo un sistema de engranajes para la reproducción, como enchufes y clavijas; entablamos relaciones mucho más complejas, no entramos "en celo". Nuestro lugar en la sociedad no puede depender de nuestros genitales y su potencial para la reproducción. Cuando decimos que todas las mujeres son de tal manera y los hombres de tal otra, estamos también negando a todos los cuerpos que no se ajustan a este imaginario. Por más que la sociedad insista, las personas no estamos cortadas con un molde.

Una de las consecuencias más odiosas del esencialismo biológico es que suele ser la antesala de una forma de machismo muy aceptada, que es el sexismo benevolente. Esto es, cuando dicen que las mujeres somos buenas, mejores, mejor dicho, impolutas, dignas de adoración. Suena positivo pero no lo es, porque de nuevo asume que nuestro valor como personas emana de algo intrínseco en nuestros cuerpos. Además, si una mujer no es buena, o femenina, o amigable, o generosa en sus cuidados, inmediatamente será considerada "una mujer que no es digna de ese trato que sí merecen las mujeres buenas". Y como las mujeres no somos perfectas, tarde o temprano vamos a caer del pedestal de la Virgen María y perderemos nuestra gracia.

Ese sexismo benevolente también se nota cuando los hombres salen a decir que nos quieren "proteger". Suena muy galante, pero asume que ellos tienen poder sobre nosotras (por eso ellos pueden proteger). Y va uno a ver en la realidad, y sí, hay una seria desigualdad de poder entre hombres y mujeres. Pero lo que nos deja a nosotras vulnerables es esa desigualdad, no que no tengamos a un hombre que nos proteja. Si el mundo fuera justo, sencillamente no tendrían que protegernos como si fuéramos menores de edad.

Algunas personas no tienen que hacer grandes esfuerzos y se sienten cómodas al cumplir con las expectativas de sus géneros, pero esas expectativas son tan rígidas que la gran mayoría ni siquiera encajamos de forma precisa. Nos pasamos la vida corrigiendo nuestros comportamientos para ser femeninas o masculinos según lo que, al nacer y sin preguntarnos, haya designado el doctor, al ver nuestros genitales, y luego la sociedad nos define durante todas nuestras vidas a partir de este criterio veterinario. Quizás es mejor entender que cada persona es una mezcla única entre las características que socialmente consideramos como femeninas y las que consideramos como masculinas.

Pero esto no quiere decir que vamos a borrar el género como categoría de análisis. La categoría de género es necesaria para entender cómo funciona el sexismo, el machismo, la discriminación, los sistemas de poder impuestos por el patriarcado. Y es cierto que no da lo mismo identificarse como hombre que como mujer. Lo que se busca no es "acabar con el género", sino acabar con la desigualdad, y que todas las personas, sin importar su expresión de género, tengan garantizados todos los derechos, como si en vez de extraterrestres de Marte o de Venus, fuéramos todos y todas habitantes de este planeta Tierra.

¿Menstruación o miedo?[16]

Hace unos años estaba yo muy emocionada con un flamante novio nuevo. Llevábamos tres meses, pero por cosas de viajes no nos había tocado estar juntos cuando yo tuviese la regla. Finalmente llegó ese día que siempre llega a toda relación heterosexual, el día en que nos daríamos besos y él bajaría su mano hasta mi entrepierna para

---

16   Este texto fue publicado en su primera versión el 18 de septiembre de 2015 en *Sin Embargo*.

sentir una barrera de algodón y plástico, y tendríamos que hablar al respecto. (Sí, en ese entonces todavía usaba toallas higiénicas, aunque hoy me causen repelús porque son esencialmente un pañal venido a más, pero eso no es relevante para esta historia).

Imagino que en las relaciones lésbicas el tema de la regla es algo más mundano, o al menos, una de las partes no se comporta como si la menstruación fuera una suerte de insondable magia negra. Los hombres cisgénero en relaciones heterosexuales rara vez hacen pregunta alguna sobre la menstruación de su pareja hasta que llega ese momento. Entonces me dijo "Ah, no podemos tirar", y agregó "Pero no importa", como con "consideración", como para que yo no me fuera a sentir rechazada o mal. Yo, que tenía la firme intención de tener sexo según la definición *clintoniana,* abrí los ojos con estupor: "¿Cómo que no podemos?". Luego me contó que a él no le importaba que las mujeres tuvieran la regla (¡ay gracias, qué bueno que no te incomoda!); en sus relaciones pasadas la práctica estándar era que en "esos días" él era "muy paciente" con los cambios de ánimo y al coger hacían "otras cosas", más específicamente, temporada de *blow jobs.*

Se imaginarán mi indignación. Todas las mujeres vivimos la menstruación de manera diferente y a algunas les gusta tener sexo y a otras no. Yo soy de las que sí, porque los orgasmos me alivian los cólicos y el mal humor, que no viene de una "locura hormonal" sino que es el mal genio natural fruto de sentir el cuerpo pesado y con malestar. Además, esto del *blowjob fest* me pareció sumamente desigual. ¿Ellas no tenían orgasmos? No.

Finalmente lo conversamos y llegamos al acuerdo de que sí íbamos a coger. ¡Bien! Entonces el susodicho, con mucha galantería, trajo una toalla del baño, la puso sobre la cama, y me señaló que íbamos a coger ahí "para no manchar las sábanas". ¿Cuál es la diferencia entre manchar unas sábanas y manchar una toalla? Básicamente que en la primera tendríamos un polvo normal, y en la segunda uno constreñido a los límites de la toalla, y en concentración para no manchar nada, es decir, un mal polvo. Porque si para coger nos vamos a poner asquientos, todo mal. Es casi imposible tirar sin manchar las sábanas de algún fluido; hasta ahora esos fluidos habían sido flujo vaginal y semen, ¿por qué con esos no había problema y con la sangre sí? La sangre menstrual es un fluido tan limpio como cualquiera. ¿El problema es que es roja? Pues, hace rato se inventó un método muy efectivo para combatir las manchas en las telas: se llama lavar, y el mercado de detergentes y lavadoras cada vez es más sofisticado.

Toda esta anécdota de alcoba es para decirles que está muy mal que una experiencia tan definitiva de las personas con útero no se discuta, y se mantenga como un tema marginal cuya sola mención parece un conjuro para espantar a los hombres cis. (En serio, inténtenlo: si están hablando con un grupo de mujeres y un hombre llega de metiche a preguntar de qué hablan, contéstenle que hablan de la regla). Y este rechazo a veces es institucional, ¿se acuerdan cuando Instagram censuró la foto de una chica que tenía una mancha menstrual en el pantalón de su pijama? ¿Por qué una foto así ofende a alguien? O hace parte de una estrategia de mercadeo: ¿han visto cómo los comerciales de toallas higiénicas y tampones insisten en que la regla "huele", en que es "incómoda", y en que nos hace sentir "inseguras"? Es comprensible que fluidos como el orín o materias como la mierda sean simbólicamente ofensivas porque son desechos del cuerpo, pero ¿no debería la sangre menstrual entrar en la misma categoría que la saliva, o el flujo vaginal, o la misma sangre cuando brota de otras partes del cuerpo? Y esto es especialmente raro porque cuando la sangre sale de otra parte del cuerpo es una señal de alerta: algo anda mal, hay una herida. La sangre menstrual, en cambio, suele ser una buena noticia.

Es muy triste y cruel construir una relación con el cuerpo de otra persona pero rechazando fluidos o momentos de ese cuerpo. Ahora, esto es aún peor cuando ese rechazo es una práctica sistemática, dentro de las parejas heterosexuales (que son las que conozco) y hacia el cuerpo de las mujeres.

El rechazo simbólico a la menstruación ocurre en casi todas las culturas y tiene un precio muy alto para las mujeres. No hace mucho en Latinoamérica, tener la regla era un mandato de encerrarse en la casa. Y bueno, el prejuicio más dañino y ubicuo de todos: que cuando tenemos la regla las mujeres nos volvemos locas. Y es que la gente se lo cree en serio. Levanten la mano las mujeres en relaciones heterosexuales que han visto caer al piso sus argumentos con el *ad hominem* de "es que estás brava porque tienes la regla".

"Ay, pero es que lo de las hormonas es cierto, es biológico". Antes que nada, todas las mujeres tenemos cuerpos diferentes y tenemos experiencias diferentes de la menstruación. Hay incluso hombres que menstrúan (los hombres trans). Esto no solo cambia de cuerpo a cuerpo, cambia de período a período. Los cuerpos de las personas con útero, para decepción de la publicidad, no son estandarizados, y la experiencia de ser mujer es múltiple. Sí, quizás algunas personas se sienten más emotivas antes de tener la regla, pero más emotiva no significa "incapacitada para hablar o decidir".

Es más, hoy en día y gracias a los avances científicos, menstruar puede ser opcional. La pastilla anticonceptiva se puede tomar diariamente en forma ininterrumpida para evitar la menstruación (volveremos sobre este punto más adelante). Los efectos secundarios son muy similares a los de cualquier anticonceptivo oral, con sus grandes pros y grandes contras. Un método que también puede generar la suspensión del ciclo menstrual es el anillo vaginal, una nueva opción anticonceptiva que existe en el mercado y que consta de un anillo que la mujer introduce manualmente en la vagina. Algo parecido sucede con el dispositivo intrauterino (DIU) cuya eficacia se basa en la sustancia levonorgestrel.

Mi punto es que sí, todos los cuerpos de las mujeres, nuestras hormonas, nuestros cerebros, siempre están cambiando, en mayor o menor medida según cada mujer. Quizás algunas mujeres son más emocionales cuando tienen la regla, o reaccionan a todo de una manera más fuerte que lo normal, pero esto no es necesariamente malo, todos esos cambios nos permiten entender el mundo desde otros puntos de vista, y las emociones, desaforadas o no, suelen estar diciéndonos cosas importantes y muchas veces legítimas.

Además, ¿quién dijo que los hombres no son emocionales? Muy contrario al estereotipo clásico de la masculinidad, los hombres son personas, también con hormonas, cambios y emociones. Ellos también "se ponen regludos" y "hacen dramas" sin justificación hormonal aparente y más de una vez al mes, pero sin el miedo de ser acusados de irracionales por defecto.

Gloria Steinem tiene un ensayo bellísimo que se llama *Si los hombres pudieran menstruar*[17], en el que se burla de Freud y le dice que el poder de parir hace que una "envidia del útero" tenga mucho más sentido. Algunos apartes de texto (la traducción es mía): "Si los hombres pudieran menstruar, alardearían de cuánto y qué tan largos son sus períodos", "Los estudios estadísticos mostrarían que los hombres tienen mejor rendimiento en deportes y ganan más medallas olímpicas cuando tienen sus períodos", "Generales, políticos de derecha y fundamentalistas religiosos dirían que la menstruación es prueba de que solo los hombres pueden servir a Dios y al Estado, ocupar altos cargos, ser sacerdotes, ministros o el mismo Dios, dirían que sin la purga mensual de sus pecados las mujeres solo pueden ser sucias e impuras", "Sin la ventaja biológica de poder medir los ciclos de la luna y los planetas, ¿cómo podría una mujer tener maestría en cualquier disciplina en la que fuera necesario un sentido del tiempo y el espacio?¿cómo podría una mujer hacer religión o filosofía, estando desconectada de los ritmos del universo?".

Una anécdota final: una vez otro novio me dijo en alguna pelea que era que yo estaba muy emocional por la regla. Así que una vez pasó mi período, seguí poniéndome la toalla higiénica todos los días como si nada. Él veía las envolturas en el canasto del baño, y yo de vez en cuando me quejaba de un cólico. Por supuesto me las ingenié para no coger, y él no puso mucha resistencia. Eso sí, durante los

---

17   Steinem, 1995.

quince días de no-regla, siguió diciéndome que mis emociones estaban exaltadas. Yo hacía caras de apapacho y él hasta llegó a jurar que el olor de mi piel había cambiado ("más almizclado" decía –jaja–). En la siguiente pelea dramática, le conté de mi experimento, que comprobó, más allá de toda duda, que puedo ser temperamental todos los días de mi vida.

Menstruar en Latinoamérica

En su libro *Cosas de mujeres*, la argentina Eugenia Tarzibachi, psicóloga y doctora en Ciencias Sociales de la Universidad de Buenos Aires, identifica en su trabajo tres discursos sobre la menstruación: el primero es que el cuerpo menstrual (vamos a decir cuerpo menstrual porque no todas las mujeres tienen cuerpos que menstrúan, sea porque son mujeres trans, o porque son mujeres cis que no tienen útero, o que tienen la menopausia, o porque son hombres que menstrúan, o por otras razones) es un cuerpo con desventajas biológicas y "defectuoso" frente al cuerpo a-menstrual, que es el de la mayoría los hombres cisgénero. La segunda es que además de que la menstruación es algo a esconder y a reparar, es algo sucio y oprimido por su condición menstrual (por eso es que las toallas sanitarias prometen higiene y liberación). El tercer discurso es que es el "paso de niña a mujer", es decir el momento en que tenemos que empezar a vigilar nuestro cuerpo para volverlo "femenino", ahora es un cuerpo sexuado, capaz de maternidad y, por lo tanto, heterosexual.

Tarzibachi muestra que el discurso sobre la menstruación ha hecho énfasis en una feminidad potencialmente monstruosa y patológica, un desorden del cuerpo que debe adaptarse y estar en sociedad. En su largo análisis sobre los discursos alrededor de la gestión menstrual, Tarzibachi encuentra que el momento en que menos se interpretó como una patología fue durante la Segunda Guerra Mundial, pues se necesitaba que las mujeres ocuparan los puestos de trabajo que los hombres habían dejado por estar en batalla. Pero una vez los hombres regresaron, volvió a ser una patología. "La doctora Katharina Dalton acuñó en 1952 el término Síndrome Premenstrual (SPM). Recordemos que el Desorden Disfórico Premenstrual es una categoría más severa de SPM que está integrado al Manual Diagnóstico de Patología Mental que suele regular la práctica de los especialistas del área a nivel mundial"[18]. De ahí que a comienzos de siglo se recomendara reposo y se asumiera que la regla dejaba a las mujeres como temporalmente inválidas, débiles y enfermas. Y si bien es cierto que muchas mujeres experimentan cambios de ánimo que coinciden con los cambios hormonales previos a la menstruación, estos no alcanzan el nivel de enfermedad, trastorno o condición mental. Los hombres también tienen ciclos hormonales que afectan su humor, pero nadie los menciona, mucho menos los presenta como un problema.

La primera menstruación también marca la iniciación a "ser mujer" para muchas mujeres cis. Esto es significativo porque eso de "ser mujer" a partir de la primera regla se convierte en una experiencia de vergüenza y de vigilancia permanente del cuerpo[19]. Luego, cuando las toallas higiénicas empezaron a popularizarse a comienzos del siglo XX, nos vendieron el ideal de un cuerpo a-menstrual impoluto en apariencia, pero a la vez fértil[20].

Tarzibachi cita en su libro una colección de recomendaciones para la "menstruante ideal" basadas en siete cuadernillos educativos de la compañía estadounidense Femcare publicados entre 1959 y 1988.

1. "Debía usar nombres adecuados, científicos, al momento de discutir sobre el ciclo menstrual;

---

18 Tarzibachi, 2013, p. 55.
19 Más adelante hablaremos de cómo la iniciación en la masculinidad se marca con la primera experiencia de sexo (o violación) penetrativo.
20 Tarzibachi, 2013, p. 80.

2. Tenía que discutir asuntos vinculados a la menstruación única-
    mente con otras mujeres o adultos de confianza;

3. Podía no sentirse del mejor modo durante la menstruación, pero
    no usaría esa condición como excusa para comportarse inade-
    cuadamente;

4. Debía mantener la menstruación en secreto;

5. Prevendría una crisis higiénica anticipando su aparición y estando
    siempre preparada;

6. Debía confiar en la medicina occidental y comprender la impor-
    tancia de los médicos;

7. Debía reconocer la importancia de la apariencia personal, a la
    que le dedicaría mucho tiempo;

8. Sería activa y delgada;

9. Debía usar todos los productos de protección femenina men-
    cionados en el material;

10. Sería madre algún día;

11. Practicaría el modo de uso de estos productos antes de la primera
    menstruación".

Aunque hoy en día no son mandatos oficiales, este sigue siendo
el modo en que las menstruantes ideales nos debemos comportar.
"El cuerpo menstrual fue aceptado como normal en tanto índice de
un cuerpo potencialmente reproductivo, y mientras el cuerpo menstrual permaneciera en el closet al momento de la circulación del
cuerpo dentro de una sociedad que sostiene su igualitarismo de género en el ideal corporal masculino como eje de medida"[21]. Aunque
el cuerpo a-menstrual, es decir, el cuerpo del hombre cisgénero, se
presentó como ideal, tener la regla siguió siendo definitivo para que
la mitad de la población se identificara como "mujeres".

"La supresión del sangrado periódico estuvo tecnológicamente
disponible desde el primer diseño de la píldora anticonceptiva creada

---

21   Tarzibachi, 2013, p. 80.

por Gregory Pincus y John Rock en la década del 50. Tan poderosa fue la idea de que las mujeres "normales" sangran todos los meses que, para brindar un aspecto de naturalidad al control anticonceptivo, establecieron los días de 'descanso' o las siete píldoras de placebo por mes que producen un sangrado regular semejante a la menstruación"[22]. Es decir que, durante 15 años de mi vida en los que tomé sagradamente la pastilla anticonceptiva, no era necesario que tuviera la regla. Pero nadie nunca me dio esa opción. No quiere decir que las pastillas anticonceptivas sean la perfecta maravilla, pero sobre eso volveremos más adelante en otro capítulo de este libro. El punto es que la menstruación es dolorosa para muchas mujeres y para otras puede representar un obstáculo en un mundo hecho para los cuerpos de los hombres cisgénero. Cada mujer debería poder tomar decisiones informadas sobre su cuerpo y tener acceso a los avances médicos de su tiempo. La mejor prueba de que eso no se cumple son esas cuatro pastillas de placebo que nos tomamos con las anticonceptivas.

Los métodos de gestión menstrual también han sido todo un tema para las mujeres. Primero se usaban trapos o algodones que las mujeres debían lavar a mano y luego colgar en un lugar de la casa donde no los fueran a ver los hombres. Antes de que hubiera adhesivos, las toallas se sujetaban con alfileres o ganchos. Tomó al menos cinco décadas para que se popularizara el uso del tampón en América Latina, bien porque se cree que les quita la virginidad a las mujeres o porque se sabe que los tampones pueden provocar casos de shock tóxico[23]. Otro problema común, especialmente en las mujeres con

---

22   Ibíd., p. 46.

23   Eugenia Tarzibachi explica que "según una publicación reciente de WebMed (Todd, 2017), el Staphylococcus aureus se encuentra normalmente en la vagina y cómo es que causa SST aún no se sabe con claridad, pero se detectó que se necesitan dos condiciones: 1. La bacteria tóxica y 2. Esa producción tóxica debe ingresar en el torrente sanguíneo. Un tampón saturado de sangre, así como uno compuesto por ciertos productos, produce un medio más adecuado para que la bacteria se reproduzca. El uso de tampones también

menor educación, es que no conocen su aparato reproductivo y eso por supuesto hace que teman el uso del tampón.

Las marcas nos vendieron el uso de toallas higiénicas como la última forma de liberación, pero en realidad toda la industria de toallas y pañales es un negocio millonario. Como toallas y pañales desechables se lanzaron al mismo tiempo, en el imaginario quedó la idea de que una cosa tiene que ver con la otra, y aún hoy se encuentran ambos productos juntos en el supermercado. Las toallas desechables liberaron a las mujeres de un montón de problemas prácticos asociados con la menstruación, pero en muchas partes de América Latina las toallas fueron y son muy caras, así que el uso de trapitos sigue siendo contemporáneo. Algunas mujeres confeccionaban toallas de tela en las que se podía intercambiar un algodón; estas mismas tecnologías se usan hoy y se publicitan como un triunfo del diseño, pero en realidad fueron inventadas y olvidadas en el siglo XX.

Los problemas de las toallas higiénicas no acaban aquí. Otro problema grave son las dioxinas, que, según dice la Organización Mundial de la Salud, citada por Tarzibachi en *Cosas de mujeres*, "tienen elevada toxicidad y pueden provocar problemas de reproducción y desarrollo, afectar el sistema inmunitario, interferir con hormonas y, de ese modo, causar cáncer. Las dioxinas son contaminantes ambientales que pertenecen a la llamada 'docena sucia': un grupo de productos químicos peligrosos que forman parte de los llamados contaminantes orgánicos persistentes (COP)"[24], esto es, que duran en el cuerpo entre 7 y 11 años. Tarzibachi señala que las dioxinas llegan a las toallas y tampones producto de los procesos de blanqueamiento con cloro de las materias primas con las que los producen. Aunque las dioxinas están en muchos

---

produce pequeñas heridas al insertarlo en la vagina, lo que provoca que esas sustancias tóxicas entren al torrente sanguíneo. Los tampones ultra absorbentes pueden resecar la vagina, haciendo que esas pequeñas rupturas de vasos sanguíneos sean más propensas" (Tarzibachi, 2013, p. 271).

24   Tarzibachi, 2013, p. 273.

alimentos, en la carne, el pescado y los mariscos, se absorben más rápidamente por la vagina porque tiene mucosas altamente permeables.

Hay nuevas tecnologías, como la copa menstrual, la cual se asocia con una mirada positiva frente a la menstruación, pero que a veces cabe en concepciones esencialistas, o equipara cuerpos menstruantes con mujeres. Su mayor ventaja es que es mil veces más barata y que no contamina ni enriquece a las multinacionales algodoneras, porque sí, además de caras, las toallas y tampones usados son fuente masiva de basura no biodegradable. Una pausa aquí para decir que las culpables de la contaminación por productos de gestión menstrual no son las mujeres, son las compañías que se están haciendo ricas a costa de nosotras sin responsabilidad ambiental alguna. A diferencia de lo que ocurre con toallitas y tampones, la copa menstrual opera como método de recolección y no de absorción. Si la copa está bien puesta, el cierre es hermético y uno realmente se olvida de que la tiene puesta. Solo tiene tres problemas, en mi opinión. El primero en realidad no es un problema: que nos han enseñado a tenerle asco a nuestro cuerpo y por eso tener que meternos los dedos y luego ver nuestra sangre menstrual nos parece algo terrible y asqueroso, aunque no tenga nada de sucio y sea totalmente normal. El segundo problema es que si uno solo puede cambiarse la copa en un baño público, está jodida. Pero esto no es culpa de las mujeres, es culpa de que no pensamos los espacios públicos para que sean habitados por las mujeres. Nos parece más fácil imaginar que las mujeres tienen la necesidad de cambiar a un bebé en un baño público (aunque lo podrían hacer también los hombres, y aunque no todas las mujeres tengan hijos), pero no podemos imaginar que se necesite una cabina cerrada con lavamanos para poder cambiarse la copa. El tercer problema es que es poco práctica y hasta peligrosa para mujeres que no tienen acceso regular a baños o espacios donde puedan lavar la copa, como las habitantes de calle o en el caso de periodistas o militares durante largos viajes a lugares recónditos. Si la copa no se lava adecuadamente, puede generar una infección. Con todo y todo, sigue siendo, en mi opinión, el mejor método disponible.

También existe el movimiento de "sangrado libre", el cual "en sentido estricto, consiste en no usar ninguna tecnología de contención, eliminación o absorción del sangrado periódico y, en algunos casos, aprender a contener y expulsar la sangre a voluntad. Para las mujeres de países de ingresos altos y medios, esa práctica es una opción disruptiva, pero que las menstruantes eligen. Para muchas mujeres de países de ingresos bajos y medios-bajos, especialmente de áreas rurales, el sangrado libre no es una elección sino algo que se impone cada mes y que deja a muchas niñas sin poder ir a la escuela porque no pueden esconder esa mancha"[25].

El punto es que hasta la fecha nos han dicho que la gestión menstrual es un asunto personal y privado de las mujeres y no es así. La gestión de la menstruación es un tema de salud pública y nuestros Estados tienen que empezar a reconocerlo. La menstruación es un asunto público, no privado. No podemos seguirla tratando como si fuera un secreto milenario. Las personas con útero existimos. Trabajamos. Algunas sufren mensualmente cólicos incapacitantes que justifican un par de días trabajando en casa en vez de tener que fingir que todo está bien a riesgo de "parecer incompetente" por algo tan pedestre como tener la regla.

Por otro lado, es hora de empezar a exigirles a los Estados que se ocupen de proveernos, de manera gratuita, los productos de gestión menstrual que cada mujer decida elegir. Menstruar es un asunto público, entonces ¿por qué tenemos que gestionarlo a costa de nuestros bolsillos? Durante casi cuarenta años de nuestras vidas, las personas que tenemos útero menstruamos más o menos una vez al mes, y nos vemos obligadas a comprar productos para gestionar nuestra menstruación[26]. Es terrible ver como casi todo el mercadeo de estos productos va orientado a que podamos ocultarle al mundo que sangramos una vez al mes. En Colombia, según cifras de 2017, hay 13.295.845

---

25   Tarzibachi, 2013, p. 237.

26   Algunos párrafos de esta sección hacen parte de una de mis columnas, publicada el 10 de diciembre de 2016 en El Heraldo.

niñas y mujeres entre los 10 y los 44 años que pagan anualmente en promedio $95.000 por toallas higiénicas o tampones, lo que significa un gasto anual total por $1,26 billones. A eso sumémosle que, en la mayoría de los países, las toallas higiénicas y tampones tienen impuestos, como si no fueran productos de primera necesidad. Esto es un gasto obligatorio, y no existe nada ni medianamente comparable que aplique a los hombres. No cuenta hablar de condones, pues estos, aunque recomendables, siguen siendo opcionales.

Con cifras como estas, uno se extraña de que no nos hayamos movilizado antes para que las toallas higiénicas y tampones sean gratis. Pero esa es una de las desventajas de que la menstruación sea un tema tabú: de eso no se habla, así que no vemos los problemas estructurales y mucho menos se les habla de esto a las personas que tienen puestos de poder, que obvio, en su mayoría son hombres a quienes jamás en la vida se les pasa por la cabeza lo injusto que es que gastemos tanta plata en algo que no es opcional para la mayoría de las mujeres.

¿Qué es la feminidad?

Por ahora soy una mujer "femenina". No siempre fue tan claro para mí ni tendría que serlo el resto de mi vida. Con mis primeras decisiones sobre mi estilo, creo que tendría cinco años, buscaba literalmente que me confundieran con un niño: pedía el pelo corto, odiaba el color rosa, los vestidos, y solo quería usar shorts y camisetas. No, nada tiene que ver con la experiencia de los hombres trans, yo solo era una niña que había entendido a corta edad que "lo femenino" no era "chévere".

Aunque de muchas maneras yo era una niña con gustos "femeninos", es decir, me encantaban las flores y llevarlas en la cabeza, amaba las faldas amplias de seda del clóset de mi abuela y estaba obsesionada con pintarme los labios de rojo, también me decían que era "masculina", es decir, era brusca, torpe, imprudente e hiperactiva, y sobre todo sentía un rechazo manifiesto por esa exigencia constante que todos me hacían de ser "como una señorita", porque por lo general implicaba muchas restricciones sobre mi cuerpo. De entrada, uno puede ver en esas definiciones que todo lo asociado a la feminidad tenía que ver con cómo se veía uno, y en cambio la masculinidad estaba llena de verbos, tenía que ver con hacer. No era de extrañarse que me sintiera más afín con lo masculino. Y en efecto, los juegos "de niñas" eran aburridísimos, "jugar al té" con muñecas inertes no se comparaba con treparse a los árboles, algo que no podía hacer con vestido (esos vestidos caros y femeninos que tenía que vigilar constantemente –y la mayoría de las veces sin éxito– para que no se mancharan). La idea de que un día tendría que crecer y portarme "como una mujer" me parecía una condena, porque asociaba eso de ser mujer con algo superfluo, cursi y restrictivo. Debo admitir que era una idea extraña: contrastaba con los ejemplos de mujer que tenía más cercanos, mi mamá y mis abuelas, quienes eran asertivas, independientes, autónomas. Pero también es cierto que el guión de la feminidad que me iba a tener que aprender es ante todo y sobre todo de una constante disciplina, pues literal, y figurativamente, la feminidad se trata de tener las rodillas juntas.

La sociedad me había machacado esa misoginia sutil de manera tan persistente que llegué a pensar que todo lo femenino era indeseable. Por eso, en la adolescencia, cuando me decían "tú no eres como las otras chicas", yo me lo tomaba como un cumplido. Muy mal. En ese entonces yo no sabía que "ser como una chica" no tenía nada de malo, y es apenas normal que uno quiera alinearse con la voz que está en el poder.

Paradójicamente, al tiempo que la sociedad me decía que lo femenino era ridículo, me insistía en que "no verme femenina" era lo peor que me podía pasar. Si no me veía femenina, nadie me tomaría en cuenta "como una mujer", es decir, mis posibilidades románticas estaban anuladas, "ningún hombre me querría" porque no me reconocería como una potencial pareja y las otras mujeres me mirarían con desdén (o quizás con deseo, pero eso poco me sirve siendo heterosexual).

Obvio que nadie me lo dijo así de claro, pero esa era la idea. Mi abuela me matriculó en un curso de señoritas para que "aprendiera a caminar con gracia" (sí, nos ponían libros en la cabeza, y no, no aprendí) y mis amigas de bachillerato insistían en hacerme el "*makeover*" que le habían hecho a Tai, el personaje de Brittany Murphy en *Clueless*, que era la película del momento.

Me repetía a diario la idea de que podía hacer esa transformación de la chica fea e inteligente a la chica guapa que todos admiran. Desde que tenía 8 o 7 años y vi la telenovela *Alcanzar una estrella*, en donde "la de lentes, la pasada de moda, la aburrida, la intelectual, la que prefiere una biblioteca a una discoteca, fue la que me conquistó", pero no sin antes convertirse en una exitosa cantante de pop quien, ya sin gafas y en un *spandex* rosa, podía ser un interés romántico para Eduardo Capetillo. Literal mis amigas, las amigas de mis abuelas, me decían "eres como el patito feo". *Alcanzar una estrella* fue mi telenovela favorita de la infancia, y luego en la universidad la novela más popular era *Betty, la fea*. Nadie nos decía que los tales *makeovers* son muy violentos, porque se basan en decirte que tienes que cambiar, porque como eres, estás mal, y que "estar bien" significa cumplir con una serie de códigos y comportamientos muy rígidos y duramente establecidos.

La mayoría de las mujeres crecemos entre estos dos mensajes adversos. Tienes que escoger entre ser "la fea" y ser "la bonita". Si escoges "la fea", no tienes que seguir las reglas, pero es porque te sacan del juego. Si eres "la bonita", esto usualmente implica ejercer todo ese ritual de la feminidad. Un ritual que, hay que decirlo, es demorado, doloroso y costoso. Hacerse la cera, maquillarse, cuidarse el pelo largo, usar un brasier de varilla que promete apuñalarte en cualquier momento, balancearte en tacones, pararte derecha.

No es fácil. La feminidad es siempre una producción.

Entiendo perfectamente si alguien no quiere someterse a todo eso (yo la mayoría de las veces ni quiero, ni tengo tiempo, ni me importa). Aunque también admito que, como muchas mujeres (y hombres, y personas no binarias), encuentro un gran placer en todos estos rituales feminizantes que le vi hacer a las mujeres de mi familia una y otra vez cuando era niña y que hoy, cuando los repito, me hacen sentir conectada con ellas. Tanto trabajo me costó poder hacerlos bien que hoy cada que salgo en una foto bien maquillada y con blusa de *chiffon* pienso en mi abuela, que estaría al tiempo orgullosa y descreída. La respuesta también es que a uno le gusta lo que le gusta, y a mí me gustan las flores y el mango biche tan ácido que hace doler los dientes, ¿por qué? Seguramente habrá una razón que explica cómo ese gusto es influido socialmente, miles de razones, pero la mayoría de las veces yo no sé por qué.

Luego está una amplia variedad de personas que disfrutan de "la feminidad", como ritual, como *performance*, como identidad, como forma de vida, a quienes no se les permite ser femeninas porque no son mujeres cisgénero. Esto incluye por supuesto a las mujeres trans, los y las travestis y *drags*, y también a los hombres homosexuales, bisexuales, a quienes se castiga con exclusión y violencia y mientras los hombres cisgénero sufren burlas inocuas si un día osan ponerse una camisa rosada.

Lo complicado de la feminidad es vivir entre el elogio y el castigo. Si te gustan "demasiado" estos rituales, si la gente se da cuenta de que le inviertes tiempo a tu apariencia, entonces dirán que eres banal, superflua, una mujer sin sustancia. Como resultado, las mujeres que quieren "mostrar sustancia" se ven obligadas a des-feminizarse.

Este falso dilema hace parte de las sofisticadas formas que tiene el patriarcado para dominar los cuerpos de las mujeres. Y todos ayudamos a ejercer estas opresiones cada vez que juzgamos los cuerpos de otras personas o las criticamos por no ajustarse a la norma. ¿Qué nos importa si ella es femenina o no? Por eso el feminismo ha criticado enormemente a todas esas pautas sobre cómo debe ser "lo femenino" o cómo deben portarse "las señoritas". El estilo personal debería jugar con estas dicotomías antes que someterse a ellas. Usualmente estas normas están permeadas de machismo, ¿por qué tengo que ajustar mi apariencia para gustarle a los hombres? Y fue por eso que las feministas de la segunda ola quemaron sus brasieres, dejaron los tacones y la depilación (en realidad no hay evidencia de que las feministas quemaran brasieres, pero para el caso, es una buena metáfora). Aunque parece algo menor, liberarse de esa constreñida feminidad sigue siendo una de las acciones históricas más transgresoras del feminismo. En la primera ola del feminismo, mucha de la propaganda anti-sufragista mostraba a las feministas como hombrunas y masculinizadas. Y eso que dizque esas sufragistas se vestían muy bien, con una mezcla de violeta, verde y blanco, y muchos holanes distinguidos. Pero decirles a las mujeres que el feminismo "las hace menos femeninas" ha sido una de las falacias más efectivas en contra del movimiento, y tiene especial impacto en América Latina. Esto es porque a las mujeres nos meten desde muy niñas en la cabeza que si no somos bellas, no seremos amadas. Y no seremos bellas si no somos femeninas.

El feminismo aspira a que cada mujer (cada persona) pueda decidir sobre su cuerpo y decidir cómo se quiere ver. Aspira a que podamos vivir por fuera de esas dicotomías de ser fea o bonita, masculina o femenina, y de escoger el punto en donde uno quiere pararse en el mundo. Esto aplica también para los hombres (pues los rituales de la masculinidad son también opresores, aunque de otras maneras) y para quienes también se vale "ser femeninos". Sin embargo, no es así de sencillo, no se trata solo de elegir y ya. Siempre tenemos que recordar que poder tomar decisiones sobre nuestra apariencia es un privilegio. Y debemos recordar también que ninguna decisión se toma en el vacío.

No hay una manera correcta para vestirse ni un "estilo feminista". O bueno, estilo feminista es aquel que cada persona elige para afirmar su identidad de manera tan independiente como pueda de las expectativas de los demás y con agencia y conciencia frente al mercado. Pero ojo, esto de elegir cómo queremos ser no es tan fácil como parece. Llevamos años y años de que nos digan cómo debemos ser, así que es difícil saber si me rasuro las piernas por la convención social o porque me gusta la suavidad de la piel después de la cuchilla, o porque la sociedad me ha enseñado que me debe gustar la suavidad y así hasta el infinito. Pero está bien, se vale vivir con la contradicción (siempre y cuando al menos seamos conscientes de que existe).

Quizás nuestra generación no va a poder deslindar sus decisiones de estilo de lo que espera el patriarcado, pero sí podemos hacer dos cosas: tratar de complacernos a nosotras mismas, antes que a nadie —ni siquiera a las tendencias del mercado— (y esto no solo aplica a nuestra apariencia); y dejar de juzgar las decisiones de estilo de las demás. Y no solo eso, celebrar a las más valientes, que son las que escogen salirse de la norma, todas las Lady Gaga, Ellen DeGeneres, Frida Kahlo, Gabourey Sidibe, Iris Apfel, Laverne Cox… Me doy cuenta de que me quedo corta a la hora de poner ejemplos de mujeres latinoamericanas y solo se me ocurre la bióloga colombiana Brigitte Baptiste, quien en una entrevista me dijo que definía su estilo con la palabra "estrafalaria", y la artista mexicana no binaria Jovan Israel (@jovanisrael). La falta de ejemplos habla de lo rígidos que siguen siendo los estándares para la feminidad en nuestras narrativas *mainstream,* pero estoy convencida de que las redes sociales abren espacios para discursos estéticos de la feminidad que cuestionan y juegan con sus códigos. Todas las mujeres que con su estilo y sus cuerpos desafían el deber ser del sistema binario feminidad-masculinidad nos liberan un poquito a todas, así sea solo ampliando el espectro de manera que, desde el estilo, podemos hacer nuestras propias reinterpretaciones de lo que significa la feminidad.

¿Existe el "sexo fuerte"?[27]

Cuentan que existen unas personas que llamamos "hombres" y son de ciertas maneras: altos y fuertes, con hombros anchos y pelo corto, son

---

27   Algunos párrafos de esta sección hacen parte de una columna publicada el 20 de enero de 2016 en *Sin Embargo,* bajo el título "Fuertes".

irascibles o decididos según se los juzgue y en vez de ponerse tristes se ponen bravos. Tienen un poder maravilloso e intransferible, el poder de la fuerza, con este poder pueden cargar cosas y llevarlas a lugares. Las mujeres, en cambio, tienen pelo largo, hablan mucho y no son fuertes. También lloran y les gusta el color rosa. Así hombres y mujeres se completan, ellas no pueden cargar cosas y para eso los tienen a ellos. A cambio, ellas les tienen a sus hijos. Son como el yin y el yang, el sol y la luna, complementarios cual artefacto decorativo de los noventa.

Así de pobre suele ser nuestro relato de los roles de género en la sociedad moderna, o por lo menos, el que está detrás del brillante argumento de que las mujeres son "muy feministas hasta que toca cargar el garrafón". Pero todos sabemos que los cuerpos de las mujeres y los hombres son de formas infinitas. Hay mujeres pesistas y hombres escuálidos. Sin embargo, una y otra vez, ante los reclamos feministas por la igualdad de derechos, hombres y mujeres machistas repiten el argumento de que es que los hombres son fuertes, y por eso dependemos de ellos.

Es un argumento que da un poco de tristeza, pues si la virtud de los hombres queda reducida a cargar garrafones, devienen innecesarios en el mundo contemporáneo. Hay como un tufo a que solo si uno puede cargar un garrafón puede tener autonomía, lo cual parece una locura en el siglo XXI, en la era de la tecnología. Además, la verdad es que millones de mujeres se apañan solas para mover objetos pesados, ancianos y niños, sea haciéndolo ellas mismas o pagando para que alguien lo haga o pidiendo el favor. Si yo no puedo hacer algo, pues busco a alguien más que sí pueda hacerlo. Economía básica. Adam Smith lo llamó la especialización del trabajo, Marx lo llamó división y es característico de la sociedad interdependiente en la que vivimos. Normal necesitar a otras personas. Uno no es menos feminista por eso. Más bien lo pendejísimo es creer que cargar un garrafón resuelve todos los problemas de autonomía de tu vida.

El argumento de la fuerza tiene más caminos desafortunados. Acuérdense de que los hombres blancos europeos lo usaron como argumento para justificar la esclavitud y trata de hombres y mujeres africanas, quienes supuestamente eran más fuertes que cualquiera de sus amos. El patriarcado es un sistema que permite explotar a fuertes y a débiles, los privilegios (más poderosos que la simple "fuerza") los tiene el "hombre cisgénero blanco educado", dizque "civilizado". La fuerza no puede ser un prerrequisito para poder reclamar justicia, o derechos (hasta los que tienen el poder podrían salir perdiendo).

Pero bueno, digamos que el hombre promedio tiene un cuerpo más capacitado para cargar garrafones que el de una mujer promedio. Aplausos. "Los hombres son fuertes". Y aquí me parece escuchar a mi bisabuela —campesina, sufragista— burlarse. Ella a sus noventa y tantos años podaba solita y sin problema las ramas de los árboles de mango del patio con su machete, y siempre le pareció absurdo el cuento de la fuerza, porque las mujeres paren, las mujeres crían, las mujeres trabajan sin quejarse y con cólicos, enfermas, como toque, y además sobreviven a los hombres cuando tienen la suerte de que no las maten y se pueden morir de viejas.

Una mejor, que también me decía mi bisabuela, para complacer a los que gustan de los binarismos y los esencialismos biológicos: los fuertes son los cuerpos de las personas con útero. Resulta que no hay ningún lugar en mi cuerpo en el que alguien pueda darme un golpecito y vencerme, tumbarme a llorar en el piso. Pero los hombres cisgénero tienen testículos. ¡Imagínense! Mi bisabuela no entendía cómo era que esos hombres montaban a caballo, o iban a la guerra, con sus vulnerables órganos reproductivos a merced. Visto así, si algo, los cuerpos de los hombres cisgénero tendrían que ser sinónimo de vulnerabilidad —lo cual está perfectamente bien, respiren, la fragilidad es buena, se lo decimos las mujeres—.

No deja de ser curioso entonces que tengamos tan profundamente metido en nuestro sistema cultural la idea de que "los hombres son fuertes". Una vez le leí a la socióloga Lisa Wade que la regla de no golpearse "debajo del cinturón" (es decir, en los huevos) data desde las luchas grecorromanas. La regla se puso porque si los combatientes se podían pegar en los testículos, las peleas se acababan enseguida, y la gente se pone furiosa cuando michicatean el pan y el circo. Esta regla tácita se mantiene hasta hoy, incluso, según Wade, en peleas en espacios no regulados, donde no se está haciendo un despliegue de técnica ni habilidades y lo que verdaderamente importa es ganar. Wade también señala que parece que esta regla tácita hace parte de los códigos de honor de los hombres y dice que es porque "sirve para proteger los egos de los hombres, además de sus testículos"[28]. Dice en el mismo texto: "¿Cómo se verían estas peleas si se pudiera pegar bajo el cinturón? Para empezar, la mayoría colapsaría. En suma, pasarían menos tiempo viéndose poderosos, y más tiempo viéndose lamentables. Enviaría el mensaje de que los cuerpos de los hombres son vulnerables. No pegar bajo el cinturón protege la idea de que los hombres son máquinas de pelea, protege la masculinidad y la misma idea de que los hombres son grandes y fuertes y resistentes a los impactos, impenetrables como un edificio"[29].

Pero ¿saben? Pueden respirar tranquilos otra vez. Es normal que los cuerpos humanos sean vulnerables. Y aunque sus testículos sean frágiles, las mujeres y las feministas no los [nos] vamos a agarrar de los huevos para decirles que irremediablemente tienen que ser así o asá porque esa es su naturaleza, ni les vamos a inventar que su valor en el mundo emana de sus gónadas. Ustedes, señores hombres (cis), no van a ganar menos ni les van a quitar el derecho al voto en virtud de sus testículos, ni nadie va a asumir que tienen que casarse con una persona de cuerpo fuerte, como digamos, una mujer, para que puedan sobrevivir. Además no es una competencia sobre quién es más fuerte. Aún los queremos. Por su personalidad. Y no importa cuánta fuerza tengan los cuerpos de unos u otras, eso es irrelevante a la hora de reclamar equidad. Todo va a estar bien. De su capacidad de cargar el garrafón no dependen sus derechos.

---

28   Wade, 2015. Traducción de la autora.
29   Ibíd.

¿Penes o falos?[30]

Ya que estamos dedicando un capítulo a hablar de genitales, hablemos de ese misterioso artefacto que llamamos "pene". Hablemos de esa rara obsesión que tienen los hombres cisgénero por sus genitales, que los lleva a dibujarlos compulsivamente en cada superficie posible.

Cuando Trump era candidato a representar al Partido Republicano, en el 2016, su contrincante, Marco Rubio, señaló públicamente a finales de febrero en la Florida que Trump tenía manos pequeñas, con un chiste que sugería que el tamaño del pene de Trump era proporcional a sus manos. Trump, muy ofendido, le contestó en el reciente debate de Fox mostrando sus manos a la audiencia: "Les garantizo que no hay problema". La discusión tiene un subtexto fálico que muchos conocemos muy bien, pero lo voy a explicar para que su estupidez sea más explícita: existe el mito de que el tamaño de las manos es correlativo al del pene y el del pene a la "hombría". El siguiente mito es que la aptitud para ser buen líder, por ejemplo, para ser presidente de los Estados Unidos, depende de esa hombría. Mientras más macho, mejor líder. Así que los y las votantes tuvieron que hacerse la –desagradable– pregunta: ¿quién la tiene más grande, Rubio o Trump?

Como mujer heterosexual, sé muy bien que la respuesta a esta pregunta es difícil y desalentadora. Para empezar, el tamaño del pene de un hombre varía según el clima, la hora del día, la salud y los ánimos. Digamos que el tamaño de un pene es más bien un rango que un número fijo con el que se pueda competir. Siempre me ha sorprendido que los hombres insistan con estas discusiones sin hacer caso a algo tan elemental. Algunos incluso les piden confirmación a sus parejas

---

30   Algunos párrafos de esta sección hacen parte de una columna publicada en su primera versión el 4 de marzo de 2016 en la página web *Univisión*, bajo el título "Cuando el tamaño importa". Ver: https://www.univision.com/noticias/opinion/catalina-ruiz-navarro-cuando-el-tamano-importa.

sexuales, que con mucha frecuencia afirman entusiastas, pero solo para evitar el drama de una respuesta real, que sería algo así como "a veces sí, a veces no". No dejo de sorprenderme de las raras creencias que muchos hombres cisgénero tienen sobre sus cuerpos, y esta de que el tamaño corresponde con la virilidad es una de las más infantiles y curiosas. Si acaso resulta que por virilidad entienden valentía, decisión, independencia, uno no puede sino reírse de que alguien crea que eso es correlativo al tamaño de un pene. Si acaso, un gran pene a veces indica pereza y egocentrismo, pero no porque tales cosas deriven del tamaño, sino porque creer estos mitos ridículos te puede dañar la personalidad. En todo caso, como lo prueban los grandes líderes y lideresas de la historia, de cuyos penes no sabemos nada, el tamaño –o la existencia– de un pene es irrelevante para la profesión política, y no creo que sirva ni como habilidad en LinkedIn. Hay otros casos en los que el tamaño sí importa, pero eso lo dejaré para otra ocasión, a riesgo de que, con tantas desmitificaciones, algunos señores entren en shock.

No estamos acostumbradas a ver imágenes de penes[31]. Estamos acostumbradas a ver objetos fálicos, y a asociar esos objetos con el "poder". Pero pene y falo no son lo mismo. Los penes son un tipo de genital; el falo, en cambio, es una abstracción simbólica del pene, en la que este siempre está erecto y así se convierte en un símbolo de grandeza y dominación. Cristina Molina Petit, en su *Dialéctica feminista de la ilustración*[32], señala que hasta la idea de razón, vertical, recta, justa, encarna ese modelo fálico. Falogocentrismo, le llaman. Por eso, el poder de un Estado se representa en objetos que van desde pistolas hasta obeliscos[33]. Pero estos son penes simbólicos, su forma termina asumiendo el adjetivo "fálico" pero no sabemos los detalles, las venas,

---

31   Partes de esta sección fueron publicadas en su primera versión a manera de introducción para la exposición fotográfica del artista Gilberto Pixeles en Ciudad de México, 2014.

32   Molina Petit, 1994.

33   Esto ha sido señalado por feministas como Andrea Dworkin.

los pelos, las arrugas, de la manera en que lo sabemos de las tetas, o las vulvas, o los culos, con los que convivimos a diario, pues son presentadas en la publicidad, la televisión y el cine, sin necesidad de la distancia de la representación.

El primer pene que vi en mi vida lo vi en la guardería, cuando un niño me vomitó encima y nos tuvieron que bañar a los dos. Entonces tuve la inmensa revelación de que no todas las personas teníamos la misma morfología genital y llegué a preguntarle a mi abuela por qué tenían ellos que cargar con esa rara "trompa de elefante" y si esa era la razón por la que los niños podían usar el pelo corto. El segundo pene que vi en mi vida lo vi en clase de Dibujo III (cuyo tema era "figura humana"). Era el tercer semestre de universidad y estábamos trabajando con modelos reales. El modelo tenía un pene grueso con un aro morado marcado justo antes de la cabeza. Lo recuerdo a la perfección porque tuve que dibujarlo a escala. ¿Qué pensaba yo de ese órgano? ¿Era bonito o feo? ¿Cómo encontrar en ese pedazo alargado de carne una lectura erótica o algo que medianamente pudiera parecerse al deseo? ¿Cómo entender a ese órgano desnudo y frágil, sin sutilezas en sus intenciones, que parece opuesto a todas las narrativas de poder que lo preceden? Estas son las preguntas erótico-estéticas que han quedado pendientes.

En noviembre de 2016 hice una serie de desnudos de mi marido, quien es un hombre cisgénero, con lápices de color, replicando los clásicos encuadres con los que la historia del arte ha mostrado a las mujeres desnudas una y otra vez[34]. Los dibujos eran guiño a los encuadres y tropos del desnudo femenino en la historia del arte, específicamente obras como *La maja desnuda* de Goya, *La Venus dormida* de Giorgione, las *Bañistas* de Manet o Degas, y *El origen del mundo* de Courbet. Pero también incluyen referentes contemporáneos: Titanic y su "Dibújame como a una de tus modelos francesas"; ¿por qué Rose

---

34   Estos dibujos fueron publicados en México en la revista *ID-VICE* en noviembre de 2016.

se ofrece para ser representada como objeto sexual? ¿Por qué es Jack quien dibuja, quien mira, y no Rose? Porque las mujeres accedemos al deseo a través del deseo del otro: no deseamos, hacemos que el otro nos desee, o, como decían las abuelas, "nos hacemos desear". Si yo fuese un artista hombre, sería normal y hasta esperado que en mi obra representase a mi pareja (hombre o mujer) desnuda. Más normal todavía si mi pareja es femenina, o si se identifica como mujer. Es más, sería considerado como un halago (recordemos que así lo piensa Rose). Cuando se invierten los papeles, la reacción del espectador es otra: disgusto, ridículo, o preguntar por la opinión del modelo, ya que el espectador, al ver representado a un hombre, lo asume inmediatamente sujeto: "¿Qué opina él?".

El desnudo, el desnudo femenino, es un tema "clásico" del arte (y toda la producción de imágenes) occidental. Las imágenes de mujeres desnudas, casi siempre imágenes creadas por hombres, han llegado a tal ubicuidad que hasta son decorativas. Y casi invariablemente, ese cuerpo desnudo de las mujeres está sexualizado. En nuestra cultura, la mirada del sujeto sexual ha sido casi que exclusivamente masculina. El *"male gaze"* es una mirada que reserva la agencia para quien mira (los hombres) y convierte en objeto todo lo que ve. Experimentamos los desnudos femeninos y los masculinos de manera diferente. Los desnudos masculinos o bien no están siendo sexualizados, como en las estatuas grecorromanas en donde la desnudez venía al caso para exaltar la perfección de su anatomía y no para que los morboseáramos; o, cuando son representados desnudos, como objetos sexuales, suele ser en imágenes creadas por otros hombres. Mientras los senos o la vulva tienen carácter decorativo, los penes aparecen en nuestro cotidiano representados metafóricamente como objetos de poder, y así devienen pistola, corbata, obelisco, insulto con el dedo medio de la mano. También están los *dick pics* (tantas veces indeseados), o ese *tag* en forma de pene tan persistente en los grafitis y en las paredes de los baños. Todas son representaciones que tienen que ver con la agresividad, la violencia, el control del territorio o el poder. Rara vez vemos un pene representado como algo suave, o vulnerable, y, aunque la flacidez sea el estado más frecuente del pene, se niega sistemáticamente en la representación. Y cuando vemos representaciones manifiestas de penes, la imagen choca, no porque los penes sean "menos estéticos" que las vulvas (los criterios estéticos son una construcción cultural), sino porque estamos acostumbrados a asociar su imagen con el poder, la lujuria y la agresión.

¿Existen otras formas de narrar el pene? ¿Cómo vemos las mujeres cuando lo hacemos en tanto sujetos sexuales? ¿Qué vemos? En un mundo en donde las narrativas sobre sexo han sido mayoritariamente creadas por y para hombres blancos, ¿cómo se representa el deseo de las mujeres? Y también, ¿qué pasa cuando un hombre acepta (porque los hombres pueden escoger) ser objeto sexual de la mirada de una mujer? ¿Por qué siempre musa y nunca muso? ¿Cómo construir un "*female gaze*" que mire, sexualizando, pero sin quitar agencia y sin cosificar impositivamente?

Mentiras sobre los espermatozoides[35]

Cuando salió la película *¡Mira quién habla!* yo tenía 7 años. Se me quedó grabada la memorable escena con la que inicia la película, una animación —muy avanzada para la época— de espermatozoides en una carrera por alcanzar el óvulo de Kirstie Alley. Cuando, años después, me enteré de los básicos de la reproducción humana, esa escena ya estaba conmigo para ayudarme a imaginar cómo era eso de los óvulos y los espermatozoides.

La antropóloga cultural e investigadora en el hospital Johns Hopkins Emily Martin dedicó su vida a estudiar la manera en que usamos metáforas y lenguaje para hablar del cuerpo. Se dio cuenta de que hablábamos de los óvulos como unas células pasivas que "esperan" al

---

35   Esta sección fue publicada en su primera versión en marzo de 2018 en la revista *Cromos*, Colombia.

espermatozoide más rápido y de los espermatozoides como guerreros en una carrera espartana. Desde 1987 Martin siguió a médicos del Johns Hopkins que estudiaban la movilidad del esperma. "Se dieron cuenta de que los espermatozoides eran terribles nadando, sus cabezas rebotaban de lado a lado. Y tiene sentido, si los espermas fueran buenos enterrándose en tejidos terminarían incrustados a lo largo del camino, es más efectivo un esperma que se escape de las cosas", dijo Martin a la revista *Discovery Science*[36] en 1992 luego de que su estudio *The Egg and the Sperm: How Science Has Constructed a Romance Based on Stereotypical Male-Female Roles* (El óvulo y el esperma: cómo la ciencia ha construido un romance basado en los roles estereotípicos de lo masculino y lo femenino) fuera publicado por The University of Chicago Press[37]. Luego el equipo se dio cuenta de que los espermatozoides intentan escapar incluso del óvulo, pero son atrapados por moléculas en la superficie del óvulo que agarran el esperma hasta engullirlo. Lejos de tener un papel pasivo en la reproducción, el óvulo, una célula que es tan grande que puede ser vista por el ojo humano, tiene un papel activo y asertivo. "La ironía", dice Martin, "es que la metáfora de que los espermatozoides compiten uno con otro para llegar al óvulo es totalmente errada. De hecho, a los espermatozoides les cuesta mucho trabajo hacerse camino entre la mucosa, así que toman turnos, como los ciclistas, para avanzar. En este sentido, los espermatozoides 'colaboran' entre sí. El óvulo, en cambio, es un solitario, solo uno madura cada mes y la maduración de uno inhibe la maduración de los demás. La idea de 'macho' aplicada al esperma no solo no nos deja ver bien la realidad, la altera por completo"[38].

Por supuesto, el óvulo no "elige" un espermatozoide de la misma manera que una mujer elige a su pareja. De entrada está mal antropomorfizar de esa manera a una célula, un óvulo no tiene ni sueños,

---

36   Freedman, 1992.
37   Martin, 1991.
38   Ibíd.

ni planes ni proyectos de vida. Pero el ejemplo sirve para mostrar cómo esas metáforas sobre lo masculino y lo femenino, construidas socialmente, alteran lo que entendemos por "natural". Ah, y también muestra lo absurda e irracional que es esa insistencia con que lo femenino es igual a lo pasivo. Nada más alejado de la realidad.

Lo que no deja de asombrarme es que esto es de conocimiento público desde 1991 (curiosamente, apenas dos años después de que se estrenara *Mira quién habla*) y sin embargo lo que nos enseñan sobre la reproducción humana sigue usando el mismo lenguaje de hace tres décadas. La explicación, como veremos una y otra vez, es que nuestras construcciones sociales sobre el género son más rígidas que la biología, que los cuerpos, y que la misma ciencia, en la que nos recostamos para reforzar nuestros prejuicios pero que rechazamos cuando nos dice algo que pueda presentar un reto al orden social.

¿Neurosexismo?

Luego de la fuerza, el argumento que suele seguir para afirmar el esencialismo biológico es que hombres y mujeres tenemos "cerebros diferentes". Sin embargo, mucha de esa información supuestamente científica o no está actualizada, o no cumple mínimos estándares del rigor científico, o termina en los medios porque produce titulares vendedores y no porque sea cierta. Por ejemplo: "los estudios" que en vez de mostrarnos algo nuevo nos confirman nuestros prejuicios son muy fáciles de creer porque no nos obligan a examinar nuestras creencias. Muchos son simples tautologías vestidas en bata blanca, con lenguaje rebuscado que les da un aura de verdad. La divulgación de los avances científicos ha sido difícil desde mucho antes de que el resto del mundo nos diéramos cuenta de que estamos invadidos de noticias falsas, muchas de las cuales son presentadas como verdaderas usando el lenguaje de la ciencia.

Cordelia Fine, profesora asociada de Historia y Filosofía de la Ciencia en la Universidad de Melbourne en Australia, publicó en 2010 el libro *Delusions of Gender* o *Engaños del género: cómo nuestras mentes, la sociedad y el neurosexismo crean la diferencia.* El libro repasa todas esas ideas "científicas" sobre el género que inundan nuestra cultura y revisa si tienen verdaderas bases científicas. La respuesta, resumida, es: no, las diferencias se originan en la cultura. Pero quiero presentar aquí algunos de los argumentos de Fine, pues la idea de que el género es algo biológico es de los prejuicios más difíciles de desmontar.

Fine explica que el "yo" no es una entidad unívoca e inmutable, de hecho, está en cambio permanente y depende del contexto. "Cuando comparamos la 'mente femenina' y la 'mente masculina' pensamos que hay algo estable –la mente– dentro de la cabeza de la persona. [...] Cuando el entorno remarca la categoría de género, las expectativas sociales pueden cambiar la autopercepción, cambiar los intereses, debilitar o fortalecer una habilidad, y detonar discriminación involuntaria. En otras palabras: el contexto social influencia quiénes somos, cómo pensamos y qué hacemos. Y estos pensamientos, actitudes y comportamientos se convierten a su vez en parte del contexto social"[39]. Por eso no somos exactamente las mismas personas en el trabajo que en la intimidad de nuestra familia, que de fiesta, que cuando estamos deprimidos. Las barreras del "yo" también son permeables a las identidades de otras personas, especialmente a eso que creemos que otras personas, a quienes querámoslo o no nos vemos forzados a agradar o complacer, piensan y quieren de nosotros. De la misma manera, el solo gesto de imaginarnos a nosotros mismos de una manera tiene un efecto real en quienes somos.

Fine explica que los seres humanos tenemos una gran habilidad, desde que somos bebés, para aprender a jugar el papel que la gente espera de nosotros. Cuando eso que se espera de nosotros es que tengamos un mal desempeño (así como se espera que las mujeres manejen mal), es más probable que la profecía se cumpla, pues la persona bajo el estereotipo negativo deja de enfocarse en hacer

---

39   Fine, 2010, p. xxvi.

las cosas bien, y empieza a ocuparse de no hacer las cosas mal, lo cual es el doble de trabajo. Esta paradoja, llamada "la amenaza del estereotipo", hace que mientras más hostil sea un campo para las mujeres, más difícil será que nos destaquemos, también porque no debemos subestimar el deseo de todas las personas de sentir que pertenecen a un lugar.

Sapna Cheryan, psicóloga de la Universidad de Washington, citada en *Delusions of Gender*, descubrió que uno de los obstáculos para que las mujeres entren a estudiar ciencias es el estereotipo del nerdo, el *geek*. En los primeros días de la computación, el estereotipo favorecía a las mujeres: "Programar requiere mucha paciencia, persistencia y una capacidad para el detalle que tienen muchas chicas" decía una guía de 1967 citada por Fine[40]. Cheryan explica que el estereotipo cambió en los 80 con personajes como Bill Gates o el ficcional Steve Urkel y terminó de consagrarse en series como *The Big Bang Theory*. Cheryan y sus colegas mostraron que el interés de las mujeres por la programación aumentaba cuando eran entrevistadas en habitaciones decoradas de manera neutra y decrecía en habitaciones que parecían soñadas por Sheldon Cooper. Y esto sucede en todas las profesiones que típicamente se entienden como masculinas. Fine cita a la filósofa Sally Haslanger, quien dice que en la carrera de Filosofía es "muy difícil encontrar un lugar que no sea activamente hostil contra las mujeres y las minorías, o que al menos asuma cómo es que un filósofo exitoso se debe ver, esto es, como un hombre blanco"[41].

Las personas que no logran adaptarse a este ideal (las que no logran blanquearse ni masculinizarse) terminan excluidas de entrada y la cosa se convierte en un círculo vicioso porque también sucede que nos gustan más esas cosas en las que nos dicen que somos buenos. "No es que las mujeres a quienes les gusta pintarse los labios de rojo y sueñen con tener hijos no estén interesadas en las matemáticas, es que

---

40   Ibíd., p. 45.

41   Ibíd., p. 48.

si quieres ser exitosa en un campo como las matemáticas, te toca dejar de pintarte los labios y dejar de soñar con tener hijos, pues todos te recuerdan cada día que las matemáticas no son compatibles con esas cosas 'de mujeres'"[42]. Un estudio de Emily Pronin en la Universidad de Stanford mostró que mujeres en campos como las Matemáticas o la Filosofía dejan de usar esas cosas (maquillaje, joyas, faldas) que las identifican como mujeres y hasta asumen comportamientos tradicionalmente entendidos como masculinos.

Fine cita una gran cantidad de estudios para mostrar que más que un problema "de fábrica", estos prejuicios hacen que las mujeres sean percibidas, tanto por otros como por sí mismas, como con menos capacidad. Ben Barres, un profesor de neurobiología en la Universidad de Stanford, que además es un hombre trans, contó en un artículo de la revista *Nature* que "luego de mi cambio de sexo, un miembro de la facultad comentó a algunos colegas que 'Ben Barres dio un excelente seminario hoy, su trabajo es mucho mejor que el de su hermana'"[43], esto como ejemplo para mostrar que la gente evalúa de manera diferente las capacidades de una persona dependiendo de si la considera un hombre o una mujer. Otros estudios[44] enviaron hojas de vida idénticas de postulantes ficticios, Karen o Brian Miller, y, por supuesto, le fue mil veces mejor a la hoja de vida con nombre masculino. Y estos estereotipos de género se recrudecen con las mujeres ambiciosas, pues, como se asume que la ambición es algo masculino, las mujeres ambiciosas son castigadas por esa "traición a su rol de género" y con frecuencia se las tacha de "arpías" o "rompehuevos". Si además son madres, hay un prejuicio en contra de la maternidad que juega en su contra: las mujeres madres en carreras tradicionalmente masculinas suelen ser percibidas como personas con buenas habilidades interpersonales pero incompetentes.

---

42   Ibíd., p. 50.
43   El ejemplo es citado por Cordelia Fine en *Delusions of Gender*, p. 54.
44   Steinpress, Anders & Rtzke, 1999.

Fine cita un estudio similar llevado a cabo en la Universidad de Yale, en donde también se pidió evaluar hojas de vida iguales (esta vez de Michael y de Michelle), mostrando que los evaluadores que estaban más convencidos de su propia objetividad discriminaban más. "Mientras el reporte voluntario de apoyo a actitudes sexistas no predijo un prejuicio al contratar, la objetividad autopercibida sí fue un indicador de que las decisiones estarían influidas por prejuicios"[45]. Esto se llama *"implicit bias"* o "prejuicio implícito", y es una de las razones por las cuales en la academia se firman los ensayos solo con la inicial del nombre de pila para no indicar el género. Básicamente se trata de un punto ciego en nuestra autopercepción; si estamos dispuestos a considerar que podemos ser afectados por prejuicios, seremos más capaces de identificarlos.

En este punto es muy probable que nos digan que muy bonito todo pero que todo cambia porque las mujeres "podemos ser mamás", y cuando esto sucede los "efectos de las hormonas" son irremediables. Primero es importante señalar que no todas las mujeres pueden o quieren ser mamás, y que parir un bebé tampoco te convierte, necesariamente, en mamá. Segundo, recordar que en todos los cuerpos humanos (de hombres y mujeres) las hormonas reaccionan y responden a la vida que llevamos. Así que no son solo las hormonas de las madres las que cambian, las de los padres también. Por ejemplo, parece que los niveles de testosterona se suprimen alrededor del tiempo del parto, y la prolactina, que tiene que ver con la lactancia, aumenta también en los padres[46]. Fine nos propone pensar en las ratas macho, que "en circunstancias normales nunca participan en el cuidado de las ratitas, pero si les pones una ratita bebé en la jaula, después de un par de días la estarán cuidando como si fueran su madre"[47]. Si una rata macho es capaz de cuidar, ¿por qué un hombre no?

---

45   Fine, 2010, p. 61.
46   Ibíd., p. 87.
47   Ibíd., p. 88.

Pero esta es una falacia que ella misma señala: de entrada, todos los estudios que extrapolan el comportamiento de las ratas a la psicología humana deberían estar bajo sospecha. Fine también advierte en contra de esos estudios que simplifican las funciones del cerebro como hemisferio izquierdo = racional y hemisferio derecho = intuición, o esos que dicen que los hemisferios de los cerebros de las mujeres están mejor conectados (curiosamente esto nos sirve para hacer varias cosas a la vez, es decir, para cumplir una exigencia social que solo se aplica a las mujeres). Cuando los estudios son hechos en personas, como niños y niñas, las diferencias no suelen ser estadísticamente significativas, y de todas formas es imposible hacer pruebas con personas que no hayan sido afectadas por la estructura binaria del género en nuestra sociedad.

Fine anticipa el próximo argumento: muchos padres que están convencidos de que están dando una educación neutra a sus hijos o hijas afirman que, a pesar de esta neutralidad, los niños o niñas muestran una predilección "natural" por su género asignado. El problema es que educar con género neutro, en nuestra sociedad, es imposible: desde que se conoce el sexo del feto durante el embarazo empiezan a operar unos mecanismos culturales de género binarios. "En 2004, investigadores de la Universidad McGill analizaron alrededor de cuatrocientos anuncios de nacimiento en dos periódicos canadienses y notaron que cuando anunciaban un niño, los padres expresaban más veces 'orgullo', y con las niñas expresaban 'alegría'. Los autores sugieren que el nacimiento de una niña genera sentimientos de apego afectivo mientras que el mayor orgullo en tener un niño puede tener que ver con la creencia inconsciente de que un varón se destacará públicamente"[48]. Otro estudio mostró que las madres interactuaban más con las bebés niñas que con los varones. Otro presentaba una rampa a bebés gateadores de 11 meses, y mostró que las madres sobreestimaban la rapidez de sus bebés varones y subestimaban la de

---

48   Ibíd., p. 194.

las niñas. También se ha visto que los niños, especialmente los más pequeños, son muy buenos leyendo el lenguaje corporal de las personas, que muchas veces delata prejuicios que verbal y conscientemente se niegan. Fine cuenta que, por ejemplo, esos padres que –con la mejor intención– pretenden educar de manera neutra, celebran a las niñas cuando corren, saltan, juegan con carritos o hacen actividades tradicionalmente entendidas como masculinas. Pero esos mismos padres trazarán el límite cuando su hijo varón quiera jugar con una Barbie. Los niños que tienen comportamientos femeninos también son objeto de burla por otros niños que ya han aprendido que todo lo femenino "está mal".

Hoy nos parece que vestir a niños y niñas de acuerdo a su género es lo más normal del mundo, pero la práctica es relativamente reciente. Según la socióloga Jo Paoletti, cuando se empezaron a usar telas de colores para vestir a los bebés, se usó el rosa para los niños (era un color más "fuerte y decidido") y el azul (pasivo, delicado y asociado con la Virgen María) era el color de las niñas. Esta historia ya es bastante conocida, pero lo más interesante es el porqué. A finales del siglo XIX, los psicólogos se dieron cuenta de cuán sensibles eran los niños a sus entornos, y por eso descubrieron que el género podía enseñarse y no solo eso, recomendaron que se enseñara[49]. Hoy el estricto señalamiento de los sexos sigue cumpliendo la misma función. Fine pone un ejemplo excelente: imaginemos que nuestra sociedad está dividida entre zurdos y diestros, que a unos y a otros los vestimos distinto, les hablamos diferente; "en el parque de juegos los niños y niñas podrían escuchar comentarios como 'a los zurdos les encanta dibujar' o que alguien le dice a una mujer embarazada '¿esperas tener un diestro esta vez?', o los padres diciendo orgullosos tengo tres hijos, dos diestros y un zurdo"[50], y sobre todo, una sociedad así les mandaría a los niños y niñas el mensaje de que hay algo fundamen-

---

49   Ibíd., p. 209.
50   Ibíd., p. 210.

talmente importante sobre ser diestro o ser zurdo, más importante
que cualquier otra característica física.

Aunque esta explicación sobre las diferencias de género tiene
todo el sentido del mundo, la gente prefiere esos estudios que "demuestran" que hay una diferencia entre los géneros, y son especialmente peligrosos porque, poco a poco, no se trata de que nuestras
sociedades discriminen a las mujeres sino de que, como somos tan
distintas, naturalmente distintas, estructuralmente distintas, pues por
eso tenemos lugares distintos en la sociedad. No sería la primera
vez que se usan discursos con lenguaje científico para justificar la
opresión de un grupo social (ya lo hemos dicho, el mejor ejemplo
es la esclavitud).

El lenguaje científico se usa tanto para discriminar como para
vendernos cosas. "Una vez compré un juguete que prometía estimular
el nervio auditivo de mi hijo. Es decir, el juguete hacía ruido"[51] dice
Fine para probar su último punto. Nos emocionamos mucho con el
lenguaje de la neurociencia porque nos han enseñado que la ciencia
es un argumento de autoridad, objetivo, casi que suprahumano, pero
esto no garantiza que todo lo que asuma el lenguaje de la ciencia
sea cierto. "Supongamos, por ejemplo, que leemos un estudio en
donde los investigadores encuentran que los hombres se desempe-
ñaban mejor que las mujeres en ejercicios de pensamiento espacial.
¿Estaríamos satisfechos con la respuesta 'el peor desempeño de las
mujeres en esta prueba de razonamiento espacial explica por qué las
mujeres son peores que los hombres en pensamiento espacial'?"[52].
Probablemente no, es una tautología, un razonamiento circular, que
no nos dice lo importante: por qué las mujeres se desempeñaron
peor. Lastimosamente, como los titulares que afirman que un "nuevo"
estudio científico descubrió que "hay diferencias en los cerebros de
hombres y mujeres" (¿en dónde se van a mostrar las diferencias de dos

---

51   Ibíd., p. 167.
52   Ibíd., p. 171.

tipos de educación y socialización diametralmente distintos si no es en el cerebro?) son muy vendedores, mientras que los que muestran que no rara vez mojan prensa. Si algo nos han enseñado los últimos años es que a las personas nos gusta consumir acríticamente las noticias que reafirman nuestras creencias previas.

Nuestros cerebros están en permanente cambio y se ven afectados por nuestro entorno, educación, decisiones, pensamiento y vida social. Nuestros cuerpos no son independientes del mundo exterior, sino que están en permanente interdependencia. "La nueva perspectiva constructivista sobre el desarrollo del cerebro enfatiza la permanente interacción entre los genes, el cerebro y el entorno. Sí, la expresión de los genes permite las estructuras neurales y el material genético no depende de la influencia externa. Cuando se trata de genes, nos toca lo que nos toca. Pero los genes no son inmutables e inertes: los genes se activan o apagan dependiendo de qué está sucediendo. Nuestro entorno, nuestro comportamiento y hasta nuestros pensamientos pueden cambiar cuáles genes son expresados y cuáles no. 'Y pensar, aprender, sentir, todas estas cosas cambian la estructura neural de forma directa'"[53]. Aquí Fine cita al científico Bruce Wexler, quien ha dicho que una de las grandes ventajas de la neuroplasticidad es que no estamos atorados con el cerebro obsoleto de nuestros ancestros: "Además de tener el período más largo de crecimiento en el cerebro de todas las especies, este crecimiento lento permite que nuestro cerebro sea afectado por el entorno de una forma sin precedentes en otros animales. Esta habilidad para cambiar el entorno, que además nos permite formar nuestro cerebro, es lo que ha permitido la adaptabilidad humana y la capacidad para desarrollarnos mucho más rápido de lo que se podría a través de la alteración del código genético. Estos cambios transgeneracionales en el cerebro son ocasionados por la cultura"[54]. Fine explica que los

---

53   Ibíd., p. 177.
54   Wexler, 2006, citado en: Fine, 2010, p. 177.

genes no determinan nuestros cerebros, pero sí los constriñen. No es que las posibilidades de cambio sean infinitas en una persona, ni somos infinitamente maleables en las manos del entorno. De lo que se trata es de entender la biología como un punto de partida, como potencial y capacidad, y no como un punto final.

Manual para ir al baño

Las personas tenemos una extraña aversión a hablar de esas funciones corporales, como cagar o mear, que a pesar de ser funciones transversales y vitales para todos los cuerpos humanos permanecen silenciadas en nuestras narrativas sobre nosotros mismos. Ir al baño es algo que damos por sentado, aunque el acceso a un lugar digno y salubre para las funciones básicas de nuestro cuerpo no es algo dado para todas las personas del mundo. Son muchas las comunidades que no tienen un acueducto, ni la infraestructura para un manejo óptimo de las aguas negras. En un asunto tan sencillo como tener que ir al baño se descubren los privilegios y las vulnerabilidades de una persona.

Por ejemplo, las mujeres en las ciudades tenemos un serio problema para poder ir al baño. A diferencia de los hombres cisgénero que orinan de pie sea en un baño o en el espacio público, las mujeres tenemos que sentarnos en el inodoro o tener muslos de acero para sostenernos justo arriba de la taza. Hay todo tipo de trucos que se pasan de mujer a mujer para abordar estos problemas, como poner papel higiénico en la taza o hacer una maroma conocida como "la araña". También está el drama de que no suele haber papel, y que la gestión menstrual puede ser un verdadero desastre ya sea usando copa menstrual o una toalla higiénica. A veces ir a la playa o a un festival significa que no podemos tomarnos ni una cerveza ni un vaso con agua, pues sabemos que las condiciones para ir al baño serán entre difíciles e inexistentes. Y luego están las larguísimas filas del baño de mujeres. Siempre están llenos porque no solo hacemos las mujeres más cosas en los baños, sino que estas cosas nos toman más tiempo. Aunque este es un problema observable por cualquiera y con una fácil solución (hacer más baños para mujeres), en los espacios públicos se siguen construyendo un igual número de baños para los hombres y para las mujeres. Es uno de esos ejemplos en los que "tratarnos como iguales" crea una desigualdad. A pesar de que es evidente que el sistema de baños públicos segregados no funciona para las mujeres, nadie ha planteado cambiar el sistema, al contrario, las mujeres vemos cómo nos acomodamos.

O bueno, nadie había retado el sistema hasta que llegaron las mujeres trans. A medida que las personas trans se empezaron a hacer visibles y a ocupar el espacio público, se hizo evidente un problema: si entran al baño que corresponde al género que les asignaron a la fuerza, no solo están forzadas a aceptar esa identidad de manera violenta sino que, dentro del baño, serán mal vistas porque no son cisgénero. Esto es especialmente problemático para las mujeres trans, pues nuestra cultura tiene un tabú muy fuerte en contra de que "los hombres" entren a los baños "de mujeres". A muchas las han sacado de los baños con una doble violencia: la de no aceptar su identidad de género y la de creerlas potenciales agresoras. Y es que, de una extraña manera, los baños de mujeres son quizás el único espacio público segregado que los hombres no intentan invadir. Pero hay que recordar dos cosas: la primera es que las mujeres trans son mujeres, la segunda es que nuestra neurosis por la segregación en los baños merece una mirada más atenta.

En 2016, la abogada y activista colombiana Matilda González logró que el secretario general de la OEA, Luis Almagro, instalara baños neutros en el edificio de la OEA en Washington. "En un mundo libre de transfobia, no serían necesarios los baños mixtos", dijo González a *El Espectador*. "Los baños son lugares de discriminación y esta iniciativa pone sobre la mesa la discusión de cómo hacerlos seguros. Hay que pensar en baños con diseño universal, que no generen violencia para nadie y garanticen el acceso a las personas en discapacidad: una rampa para entrar, espejos con todos los ángulos, una baranda que les permita llegar al sanitario". González es abogada de la Universidad de los Andes, tiene una maestría en la American University en Washington y hoy en Colombia es una de las caras más visibles del transfeminismo, además de ser la presentadora de un exitoso proyecto de YouTube para *El Espectador* llamado La Prohibida. En la entrevista de 2016 dijo al periódico: "En la OEA comencé a ver que ir al baño influía en pensar mi identidad. Ahí me pregunté si iba a tomar hormonas o hacer transformaciones corporales. Una vez tuve títulos, empezaron las intervenciones. Antes no: en la universidad me rechazarían"[55].

Los baños privados son un invento de la era victoriana. Antes la gente simplemente cagaba y meaba en la calle. No la gente, los hombres, porque las mujeres se mantenían en los espacios privados de las casas. Según Sheila Cavanagh, socióloga de la Universidad de York en Canadá y autora del libro *Queering Bathrooms: Gender, Sexuality, and the Hygienic*[56], el primer baño segregado tuvo lugar en un baile de la corte de Francia en París en 1739, como una novedad excéntrica para divertir a los asistentes. El puritanismo del siglo XIX coincidió con que las mujeres empezaron a habitar espacios públicos y si no alcanzaban a regresar a tiempo a sus casas tenían que poner un balde bajo sus faldas —elegantemente llamado *urinette*— para orinar discretamente pero en público.

Cuando las mujeres empezaron a trabajar en las fábricas, se comenzaron a construir baños segregados. En Massachusetts se pasó una ley en 1887 pidiendo dicha segregación y para 1920 ya era lo normal. Los baños segregados se construyen, supuestamente, para "proteger a las mujeres", pero no a todas, específicamente a las mujeres blancas, pues en muchos países por ley o por costumbre hubo también una segregación racial para los baños. La regla se mantiene

---

55   Martínez, 2016.
56   Cavanagh, 2010, citado en: Pappas, 2016.

de manera tácita, en una empresa por ejemplo que el jefe tenga un baño privado en su oficina marca una jerarquía.

Aunque todos y todas estamos acostumbrados a usar baños neutros en los espacios privados, nuestros prejuicios de género no nos permiten aceptarlos en los espacios públicos. En los últimos años las personas trans han reclamado que los baños públicos sean neutros y tienen toda la razón. Así nos quitamos de tajo el problema de que la categoría "género" se haya vuelto un absurdo impedimento para mear y cagar. Pero sobre todo, nos ahorramos la vergüenza de tener que atacar la dignidad de una persona y humillarla públicamente por una necesidad tan común y universal como ir al baño.

¿Los derechos dependen de nuestra entrepierna? [57]

Tras la portada de Caitlyn Jenner en *Vanity Fair*, que cuenta la historia de la transformación de su cuerpo para asumir su nueva identidad como mujer, Laverne Cox, actriz de *Orange is the New Black* y también transgénero, comentó en un post de Tumblr que los comentarios sobre Jenner estaban todos enfocados en su cuerpo y su belleza[58]. Para Cox, lo verdaderamente bello estaba en la valentía de pasar por esta transformación frente al ojo público y en la posibilidad de usar sus privilegios para mejorar las condiciones de vida de otras personas transgénero en Estados Unidos. El comediante Jon Stewart llamó la atención sobre cuán rápido habíamos empezado a "tratarla como una mujer", es decir, valorarla por su físico, hablar de lo que se pone antes de lo que dice, recordarle que la vejez es peor que la muerte. "Bienvenida a ser una mujer en América"[59], le dijo Jon Stewart.

---

57   Algunos párrafos de este texto hacen parte de una columna publicada el 9 de junio de 2015 en *Sin Embargo* bajo el título "Manual para ir al baño".

58   Cox, 2015.

59   Stewart lo dijo en su programa del 2 de junio de 2015.

La historia de Caitlyn Jenner (y la de todas las personas transgénero) sirve para cuestionar y pensar lo que significa "ser mujer". Sin duda, lo que señala Stewart es cierto: la experiencia de ser mujer pasa por una serie de abusos y violencias del cotidiano que rara vez enfrentan los hombres. Pero ¿por qué decimos que Jenner *ahora* es una mujer? ¿Porque usa maquillaje? ¿Porque sus genitales cambiaron y ahora son una vulva y una vagina? ¿Porque ahora usa la puerta marcada con el dibujo rosa cuando va al baño? Ahora, gracias a una serie de símbolos y declaraciones públicas, nosotras sabemos que Jenner es una mujer, pero lo realmente importante es que ella siempre lo supo. Jenner dice en su entrevista que "su cerebro siempre fue el de una mujer", entonces ¿por qué no podemos admitirle que siempre fue una mujer? Notemos que aquí, la afirmación de Jenner sobre "lo que su cerebro siempre fue" no es una afirmación científica sino una experiencia de vida sobre su propio cuerpo. No debería ser tan difícil de aceptar.

"No se nace mujer, se llega a serlo" es la frase iniciática de Simone de Beauvoir[60] que desemboca en que Judith Butler dijera en los noventa que el género es performativo: es decir, que se es mujer a punta de repetir ese *performance* de ser mujer cada minuto de todos los días, no porque sea un destino biológico. Algunas dirán que Jenner no se ha ganado a pulso eso de ser mujer, haciendo y viviendo a diario el *performance* de ser mujer desde la más temprana infancia. Lo que no podemos olvidar es que la única razón por la que Jenner no pudo vivir el *performance* de su identidad de mujer desde la niñez es porque la sociedad, es decir nosotras, nunca le permitimos explorar su género. No podemos culpar a Jenner por no presentarse como mujer desde el día uno, porque la culpa es nuestra.

Elinor Burkett muestra el problema que tienen estas afirmaciones en su artículo "*What Makes a Woman?*"[61] ("¿Qué hace a una mujer?"),

---

60   Es la idea principal de su libro *El segundo sexo*, publicado por primera vez en 1949.

61   Burkett, 2015.

publicado en el *New York Times*. Burkett señala que el feminismo lleva años tratando de mostrar que el género es una construcción cultural, no biológica. Que las diferencias que hay entre el cerebro genérico de los hombres y el genérico de las mujeres son tan mínimas que no vale la pena tomarlas en cuenta y que no se puede definir a un hombre o una mujer reduciéndose a su genitalidad, de la misma manera que no se pueden definir las aptitudes de una persona a partir de su color de piel. Sin embargo, el texto de Burkett tiene un problema (frecuente cuando las mujeres cisgénero tocamos el tema de lo trans): dice que Jenner tiene una suerte de fortuna porque, hasta ahora, no había tenido la experiencia de ser mujer, no había estado expuesta a la discriminación y a la violencia sistémica, no le habían pagado menos, no habían menospreciado sus palabras por estarle mirando las tetas, hasta ahora, porque hasta ahora vivió con la experiencia de que la sociedad la tratara como un hombre, aunque ella no se sintiera así. Eso es discriminación pura y simple, no es un privilegio. Y quizás Jenner no ha tenido la misma experiencia de Burkett, pero eso no quiere decir que la experiencia de Jenner de ser mujer, mujer trans, no ha estado llena de otro tipo de opresiones, peores de hecho, que para las mujeres cisgénero son inimaginables. No hay privilegio alguno cuando la sociedad malinterpreta tu identidad. Jenner tiene muchísimos privilegios (su blancura, su plata, su espacio en los medios), pero ninguno de esos privilegios es "ser hombre", porque en realidad nunca lo ha sido.

Un caso casi opuesto es el de Caleb LoSchiavo, un hombre que estudió en una universidad estadounidense de solo mujeres porque cuando comenzó su carrera era entendido socialmente como una mujer. En el camino se asumió como una persona trans, y para cuando se graduó era el único y primer hombre de todo el plantel. Lo que presenta una pregunta: ¿ahora que era hombre, debía estar en una universidad de solo mujeres? ¿Puede ocupar ese lugar ahora que es "parte del privilegio"? Sin embargo, LoSchiavo señalaba que ser un hombre trans quizás te lleva a disfrutar de ciertos privilegios masculinos, pero solo si y hasta que la gente alrededor se da cuenta de que ese hombre es una persona trans. LoSchiavo sabe, sin duda, lo que significa la experiencia de ser percibido como mujer, pues el mundo lo vio así mucho tiempo, e inició una exitosa campaña para cambiar las políticas de admisión de la universidad de manera que fueran flexibles con los aplicantes trans. "Necesitamos universidades de solo mujeres porque, aunque las cifras de admisión entre hombres y mujeres son iguales, todo lo demás es aún desigual. Y, a pesar de que estas fuerzas afectan negativamente a todas las personas, podrían afectar a las personas trans, especialmente a las mujeres trans, más fuerte que a los demás"[62] dice LoSchiavo. El "privilegio masculino" no logra sobrevivir a la identidad trans.

Cada vez que una mujer "usa pantalones", toma actitudes de liderazgo, se apropia del espacio público, está haciendo pequeños cuestionamientos a esas rígidas líneas de la identidad de género que serán castigados. Si bien la categoría "mujer" hoy es políticamente necesaria para que alcancemos plenitud de derechos, somos tan diversas que no hay nada que esencialmente nos defina como mujeres más que ese *performance*, alimentado con decisiones diarias y una serie de injusticias sistematizadas que vienen con nuestro lugar en el mundo. La identidad de género es un *performance* político, no biológico. Si a hombres y mujeres se les tratara con igual dignidad, oportunidades, derechos y acceso a la justicia, estas categorías serían innecesarias en la defensa de derechos y podrían pasar a ser una más de las diversas formas en que expresamos nuestra personalidad.

Un mes antes de la portada de Caitlyn Jenner en *Vanity Fair*, hubo una gran polémica en Estados Unidos porque se descubrió que una mujer blanca llamada Rachel Dolezal (quien luego cambió su nombre a Nkechi Amare Diallo) llevaba una década haciéndose pasar por una mujer negra. Según sus padres biológicos, Dolezal o Diallo comenzó a presentarse como una mujer negra en 2006, cuando los Dolezal adoptaron a cuatro niños negros. Dolezal comenzó a identificarse como parcialmente afroamericana, diciendo en sus

---

62   LoSchiavo, 2015.

solicitudes de empleo que hacía parte de una minoría. De esta forma, aunque mujer blanca, podía aprovechar los espacios de acción afirmativa para las mujeres negras en las universidades. Se convirtió en profesora adjunta de estudios afroamericanos en la Universidad de Eastern Washington, donde impartió varias clases, entre ellas una titulada "La lucha de la mujer negra en América". Luego de que fuese descubierta, Dolezal se presentó al mundo como "transracial", pero esta afirmación es a la vez racista y transfóbica y les hace mucho daño a las mujeres negras y trans.

Lisa Marie Rollins, quien es una mujer negra que fue adoptada por una familia blanca, explica en el blog *The Lost Daughters*, en la entrada del 14 de junio de 2015 titulada "*Rachel Dolezal and the Privilege of Racial Manipulation*" ("Rachel Dolezal y el privilegio de la manipulación racial"), que el término "transracial" ya existe y está siendo mal usado: "Para quienes no lo sepan, y claramente son muchas, el término 'transracial' ya existe en la academia y se usa para esas personas que fuimos adoptadas por familias de otra raza. [...] El término transracial nunca significó para mí que mi raza cambiara. Significa que soy una chica negra multiracial adoptada por una familia blanca. Significa que yo fui extraída sin mi consentimiento de un hogar, un lugar de origen, y fui puesta en el seno de otra familia, con otra cultura, otra raza, una que no me pertenecía. Tuve que aprender cómo navegar mi ser negra y mi ser mujer en un contexto racista, religioso, violento y rígido, como es el mundo de los blancos. Significa que viví en una casa y una comunidad que al tiempo que me borraba, me racializaba y me veía como un *token*. ¿Pero saben qué no significa? Nunca significó poder cambiar mi raza. Ni siquiera con todos los privilegios de mi familia blanca, ni siquiera con toda la educación y una vida de clase media, acampar, pescar, cazar, ninguna de estas cosas me hizo blanca. [...] Yo soy una defensora de que es necesario destruir nuestras nociones de 'autenticidad'. Yo no crecí en un hogar con las ideas *mainstream* sobre lo que es ser 'auténticamente negra'. ¿Significa que si no tuve acceso a la cultura negra o filipina dejo de ser negra y filipina? No.

Díganle a la policía de la autenticidad que vaya a hablarle a mi yo de 14 años, sentada con mi novio en la puerta de la casa, teniendo que lidiar con los policías que pasaban y paraban para preguntarme qué hacía yo ahí"[63].

Decir que el género y la raza son construcciones culturales no quiere decir que ambos sean electivos de manera absoluta ni que nuestros cuerpos no importan. Las personas trans no "eligen ser trans" de la manera en que las mujeres cis elegimos una mañana entre ponernos un pantalón o una falda para ir a la oficina; la identidad es más profunda que la ropa que usamos. Todas las personas autodeterminamos nuestra identidad; que nuestra identidad sea autodeterminada no la hace ni falsa ni optativa, todas las personas sabemos que mentir sobre "quiénes somos" es doloroso, por eso existe el derecho al libre desarrollo de la personalidad. Si yo le digo a alguien "te amo", la única persona que puede saber si esa afirmación es cierta soy yo; hay aspectos de la experiencia humana como la identidad de género y como el amor que solo cada sujeto puede determinar su verdad.

La condición biológica de tener un útero no te hace mujer, porque la experiencia de ser una mujer es una respuesta de cada persona a nuestro sistema binario del género, que se reafirma a través de un *performance* constante (ojo, que *performance* no es actuación o simulación). Tener un útero saludable a lo sumo te hace ser una persona con capacidad gestante (lo cual no equivale a "ser mujer"). Pero yo no puedo saber, con tan solo ver a una persona, cómo son sus genitales externos (usualmente cubiertos por la ropa), ni mucho menos cómo son sus órganos reproductores internos. Esas características biológicas que, según nuestra cultura, definen el género en realidad no son tan definitivas pues ni siquiera son observables. Inferimos el género de las personas a partir del uso de una serie de símbolos que asociamos con un género u otro. Pero el color de piel es una característica biológica inocultable, siempre expuesta. Tanto el género como la raza se imponen sobre

---

63   Rollins, 2015.

las personas, pero el color de piel es hereditario y los genitales no. La expresión de género "mujer" varía tremendamente de mujer a mujer, unas tenemos pelo largo, otras corto, hay unas rubias, unas pelinegras, hay mujeres obreras, burguesas, indígenas con experiencias de ser mujer tan variadas que no se puede hablar de nosotras como una "clase social" medianamente homogénea, ni siquiera tenemos una historia común. En cambio, todas las personas de piel oscura son catalogadas como negras, y la piel no se puede aclarar. Todas las personas catalogadas como negras tienen una historia común de despojo, colonialismo y trata de personas, incluso si ni siquiera hablan la misma lengua.

El 15 de julio la feminista Kat Blaque, una mujer negra y tras, explicó por qué las historias de Caitlyn Jenner y Rachel Dolezal no son comparables: "Si me levantara mañana y les dijera que soy blanca, ¿me creerían? La supuesta transición de una raza a otra es algo que solo está disponible para ciertas personas. Rachel Dolezal tiene un bronceado y una permanente. Y al parecer fue capaz de engañar a la gente durante aproximadamente una década. Me doy cuenta de que para muchas personas cis ignorantes no hay diferencia entre eso y yo usando un poco de maquillaje. La diferencia es que, mientras mi género ha cambiado, mi raza siempre seguirá siendo la misma. Ella puede irse a casa y lavar su autobronceador, y lavar su permanente. Yo no puedo lavar mi género, y eso es algo que no está definido por mi maquillaje. La gente hace esta comparación entre Rachel y Caitlyn porque creen que las personas trans son, a fin de cuentas, unas embaucadoras. [...] Como mujer trans, no me gusta que me comparen con alguien que es una mentirosa. No estoy siendo deshonesta por ser quien soy hoy. Quien soy hoy es la encarnación más sincera de mí misma. La transición implica un ejercicio de honestidad. La transición me llevó a aceptarme por lo que soy y a no seguir fingiendo ser alguien que no era. Estoy viviendo mi verdad, Rachel está viviendo una mentira. Mi transición no me trae beneficios. Mi transición me ha alejado del curso de lo que quería hacer con mi vida. He tenido que abandonar tantos sueños, simplemente para poder ser yo misma. Las

personas trans todavía estamos luchando para poder ir al baño. [...]
Para Dolezal, presentarse a sí misma como una mujer negra vino con
beneficios. Sobre todo porque fue percibida como una mujer negra
con piel clara. Le pagaron dinero para dar clases y dar discursos sobre
lo que es la experiencia de una mujer negra en Estados Unidos"[64].

Esta idea de que las personas trans "nos engañan" no es una opinión
inocente, es, de hecho, una afirmación bastante peligrosa porque se usa
para justificar la violencia contra la comunidad trans. Hasta este punto
he hablado solo de personas trans estadounidenses, cuyas experiencias
no necesariamente corresponden a las realidades latinoamericanas, en
donde, en promedio, las personas trans no superan los 35 años. *35 años.*
La comunidad trans latinoamericana recuerda con dolor el asesinato de
la argentina Diana Sacayán, cuyo asesino, Gabriel Marino, condenado
por homicidio agravado por odio de identidad de género, le dio trece
puñaladas en octubre de 2015. El caso de Sacayán es excepcional porque tuvo un fallo condenatorio, la mayoría de violencias en contra de
las personas trans se quedan en la impunidad. El asesinato de Sacayán
debe ponernos a pensar en lo difícil que es construir liderazgos desde la
comunidad trans, en donde la expectativa de vida es tan corta

Los travesticidios y transfeminicidios (se usan ambos términos
en la región) son apenas unas de las muchas violencias a las que se
enfrentan las personas trans. En octubre de 2014 murió en Cartagena
Luisa Toscano[65], mujer trans de 20 años y virreina de la Diversidad
Sexual, como consecuencia de asistir a un centro estético "irregu-
lar" que les ofrecía cirugías a mujeres trans que quieren intervenir
su cuerpo (y que espero esté siendo investigado por las autoridades
competentes). "En menos de tres horas ya le habían dado de alta. No
hubo consulta previa ni un tratamiento posterior al procedimiento

---

64   Blaque, 2015.

65   Algunos de los párrafos siguientes fueron publicados en su primera versión
     en la columna titulada "Auténtica" publicada el 8 de noviembre de 2014 en
     El Heraldo.

estético", dijo a *El Heraldo* Wilson Castañeda, director de Caribe Afirmativo, una corporación que defiende y promueve los derechos de la comunidad LGBTIQ. Al día siguiente de la intervención, el 31 de octubre, Toscano empezó a experimentar parálisis en su cuerpo y murió en un centro médico cercano después de varias horas de lucha contra una infección severa. En la Sentencia T-918 de 2012, la Corte Constitucional colombiana habla del derecho a la identidad sexual y del derecho a la salud de las personas 'trans'. La Corte dice que "la identidad sexual de la persona refiere directamente a lo que ella considera en su fuero interior y a lo que pretende exteriorizar hacia sus semejantes", o parafraseando al personaje La Agrado, de Almodóvar: uno es más auténtico cuando se parece a lo que quiere ser. En esta sentencia, la Corte también dice que "la salud no se limita al hecho de no estar enfermo, sino que comprende todos los elementos psíquicos, mentales y sociales que influyen en la calidad de vida de una persona".

La Corte responde a una tutela interpuesta por la ciudadana "Loreta" (así se refiere a ella la tutela para guardar su identidad), una mujer trans a quien la EPS Aliansalud le negó varias intervenciones necesarias para su reafirmación de sexo argumentando que eran cirugías cosméticas. La Corte defendió en esta sentencia el derecho de las personas trans al libre desarrollo de la personalidad, la dignidad y la vida, y le ordenó a la EPS llevar a cabo todas las cirugías necesarias y un cambio de sexo en su cédula y registro civil. La muerte de Luisa Toscano es un ejemplo perfecto de los problemas que enfrentan las personas trans para el acceso a la salud. Dice la Corte: "Precisamente, diversos estudios han encontrado que estas personas, ante la dificultad de recibir las prestaciones de salud que requieren y la desesperación por lograr su bienestar, deciden no recibir atención médica a sus problemas o buscar alternativas al sistema de seguridad social formal. Esta última opción genera consecuencias perversas puesto que lleva a que los pacientes consuman altos niveles de hormonas sin supervisión o se practiquen cirugías en clínicas informales. Se considera que las autoridades no le han dado importancia a la protección del derecho a la salud de las personas 'trans', que requieren prestaciones específicas". Para una mujer trans, las cirugías que para otras mujeres son consideradas cosméticas, como los implantes de silicona, no son algo menor, tienen que ver directamente con su bienestar y son tan importantes que muchas están dispuestas a arriesgar su vida. A Toscano han debido atenderla en una EPS para que llevara a cabo su procedimiento de manera digna y segura, con médicos tratantes que, a su vez, acompañaran un tratamiento hormonal. Debe quedar claro que su muerte no es culpa de su "terco deseo" por "tener un culo más grande", es culpa de un sistema de salud que no atiende las sentencias de la Corte y que no reconoce los derechos y necesidades específicas de la población LGBTIQ y que abusa de la situación de vulnerabilidad y discriminación en que viven todos los días. La salud y la vida no pueden ser daños colaterales de la libre expresión de nuestra identidad de género.

Una de las compañeras de activismo de Sacayán en Argentina es Marlene Wayar, quien en octubre de 2018 publicó el libro *Travesti, una teoría lo suficientemente buena* con la Editorial Muchas Nueces. Wayar también es directora de *El Teje* –el primer periódico travesti de América Latina– y fundadora de la cooperativa textil Nadia Echazú. En su libro cuestiona nuestra necesidad de construir identidades absolutamente fijas: "Nos estamos construyendo, cada día estoy siendo la mejor versión de mí misma. Somos un gerundio constante: estoy siendo travesti, no te puedo decir a ciencia cierta qué soy"[66]. Wayar también afirma: "Es trans aquella persona que no se conforma, que es capaz de perder privilegios por estar en otro lugar"[67].

El gran problema es que categorías como identidad de género y orientación sexual son usadas para negar el acceso a derechos fundamentales. La idea de que ser cisgénero y ser heterosexual es ser

---

66   Wayar, 2018.
67   Ibíd.

"normal" es un régimen biopolítico que también se conoce como la "heteronorma": un mandato social de binariedad que pretende borrar la diversidad humana (ver capítulo 4). Las personas trans nos resultan amenazantes porque cuestionan ese orden establecido que se ha vuelto nuestra muleta para entender el mundo y también develan la absurda ansiedad de nuestra cultura con los genitales de las personas.

Algunas facciones feministas conocidas como TERF (*Trans Exclusionary Radical Feminist* o feminista radical trans exclusionaria) rechazan la idea de que las mujeres trans son mujeres. Sin embargo, nadie les pidió su opinión. No somos las mujeres cisgénero quienes podemos definir las identidades trans. Años lleva el feminismo exigiendo que no se impongan narrativas sobre los cuerpos de las mujeres y mal haríamos en decirles a las personas trans quiénes son y quiénes no pueden ser. Afirmar que las mujeres trans no son mujeres es violento, especialmente cuando viene por parte de quienes tenemos más poder social, como las mujeres cisgénero. Las feministas llevamos generaciones tratando de combatir esta idea de que de nuestra biología emanan nuestros derechos y nuestro rol en la sociedad, y sería verdaderamente hipócrita no apoyar la causa de las personas trans, cuyas vidas están en riesgo por autodeterminarse y no aceptar las imposiciones a su identidad que vienen desde afuera. Que no se nos olvide nunca que mientras nosotras, las cis, dilucidamos sobre los límites y las características de los roles de género, las personas trans ponen el cuerpo. Les debemos apoyo, protección y todo nuestro agradecimiento

¿Qué son los transfeminismos?

Para entender de qué se tratan los transfeminismos, hablé con dos activistas por los derechos de las personas trans y feministas en Ciudad de México: Jessica Marjane y Siobhan Guerrero. Jessica Marjane tiene 25 años, es originaria de la comunidad hñähñu del Valle del Mezquital, en Hidalgo, México, defensora de derechos humanos y estudiante de Derecho de la UNAM. En 2014 fundó la Red de Juventudes Trans México. Siobhan Guerrero Mc Manus es bióloga y filósofa, e investigadora en el Departamento de Información y Documentación del Centro de Investigaciones Interdisciplinarias en Ciencias y Humanidades (CEIICH) de la UNAM. Ambas son columnistas de la revista *Volcánica*.

Catalina: ¿Qué es el transfeminismo?

Siobhan: Feminismos, no es un singular, eso es importante porque estos movimientos se van a construir distinto.

Jessica: Los transfeminismos, además de criticar lo que critican los feminismos, un sistema patriarcal, machista, racista, los transfeminismos hacen una crítica a la cisnormatividad, que es una cuestión de Occidente que se ha heredado con esas categorías "hombre" y "mujer". Históricamente, las personas cisgénero han catalogado los marcos de la normalidad y conforme a eso han construido estas categorías y las han convertido en patología y llevado a la medicalización, patología y violencia. La palabra "trans" vino con una politización de lo trans, pero las personas trans siempre hemos existido.

Catalina: Sin embargo, algunas personas dicen que las luchas de las personas trans no caben dentro de los feminismos.

Siobhan: En estos días he estado pensando mucho qué onda con el transfeminismo, si su tarea principal es de definición o una batalla semántica. El transfeminismo tiene que articular un diagnóstico y esbozar estrategias de acción, pues antes que cualquier cuestión semántica, el transfeminismo se ocupa de una tremenda injusticia social.

El transfeminismo primero es político, luego es ético y al final, si quieres, es epistemológico. Empieza siendo político porque es en defensa de la vida. Luego es ético, porque te hace decir: a ver, si tú tienes una diferencia con alguien, tienes de todas maneras que articular un discurso que no ponga en jaque su vida. Y eso es algo que tendría que hacer todo feminismo. Ético es manejar nuestros desacuerdos sin vulnerar a nadie. Y ya después, si quieres, viene toda una pregunta más teórica que no vamos a poder evitar porque nos regresa a lo político: quién es el sujeto político y quién debe serlo. Si yo me pusiera a definir qué es una mujer y no le pongo atención a que nos matan, estoy olvidando que la prioridad es proteger la vida.

Ahora, sobre la cuestión de la definición de "quién es una mujer", desafortunadamente es una discusión inescapable, pues existe la necesidad de buscar fronteras para los sujetos políticos, especialmente si están siendo atacados. No es la mejor estrategia, pues una definición en sentido estricto es que enumere una serie de condiciones suficientes y necesarias que no le van a hacer justicia ni a las mujeres cisgénero. Definir es establecer un borde brutal y genera una paradoja. ¿Y si en tu definición excluyes al 1% de las mujeres? ¿Qué importa? Yo creo que si un feminismo dice eso, es perverso, no puedes desestimar los efectos políticos en una minoría porque te parece marginal.

Algo que es necesario hacer dentro de los feminismos es activar la empatía. No vamos a coincidir en todo, pero vamos a acordar que nos necesitamos.

Catalina: ¿Cómo llegaron al transfeminismo?

Jessica: Cuando estaba a punto de entrar a la universidad a los 17 años, el movimiento 132 detonó en 2012 en México y yo estaba en mi transición personal y el país en un régimen de volver al priismo[68]. Yo estaba luchando contra otro régimen que yo llamo "el régimen de la testosterona" y contra cómo se desarrollaba mi cuerpo.

---

68   "Priismo" se refiere a la doctrina y movimiento político del Partido Revolucionario Institucional que ha gobernado por más de 70 años en México.

A mí me choqueó mucho cuando empieza esta metamorfosis del cuerpo, eso que llaman adolescencia. Mientras yo veía el desarrollo de mis compañeras, mi desarrollo iba del lado que menos me gustaba. Mientras a mí me empezaba a salir la barba, yo pensaba, por qué esos weyes entran en una asimilación de lo que pasa y ocurre en su cuerpo, ¡y yo la quiero detener! Me quiero esconder, quiero quitármela, arrancármela. Quiero modificar mi cuerpo como yo quiera.

Al feminismo llegué por mujeres lesbianas cis, yo estaba en un coro de mujeres lesbianas y trans y fue una experiencia que recuerdo con mucho cariño, para las mujeres trans esto de la voz es todo un tema, ¿sabes? En ese coro, al llegar al feminismo, me di cuenta de que el mundo no está preparado para que las mujeres alcemos la voz, pero no vamos a esperar a que el mundo esté preparado.

Siobhan: Llegué al feminismo por la epistemología feminista, a los 23 años. Mi director de tesis de maestría me dijo que leyera un texto de epistemología feminista de Helen Longino, quien se ha dedicado toda la vida a biología de la sexualidad y luego me recomendó a Joan Roughgarden. Y debo decir que al transfeminismo llegué por Jessica. La escuché hablar en una conferencia y me movió cosas. También tengo una amiga, Leah, ella me buscó después de ser mi alumna y empezó a preguntarme: "¿Tú has tenido estas fantasías? ¿Has sentido esto?". Era una dinámica en espejo en donde yo dije "Oh, creo que eres trans". Y me quedé como "Mmmm... ¿y esta respuesta qué significa para mí?". La sacudida que fue Leah fue como decir: "Bueno, basta de llevar esto en la cabeza, ¡vamos a hacer algo!". Yo necesitaba una sacudida porque si no me iba a quedar en mi cubículo 50 años pensando. Pasé 12 años jugando videojuegos y lo que me gustaba era que estaba en otro mundo con otra corporeidad, la corporeidad del avatar.

Catalina: ¿Qué es la feminidad?

Jessica: ¡Cariño! ¿Qué no me estás viendo?

Catalina: Y ¿por qué alguien querría pasar por todos esos procesos de feminización que son tan incómodos, a veces dolorosos y, para muchas, opresivos?

Jessica: Tu lógica es que hay un mundo que crea significados de lo que es correspondiente a la feminidad y lo que corresponde a la masculinidad, y luego quien decide agenciar de forma disruptiva eso no puede hacerlo porque toda feminidad es opresión. ¿La sociedad se inventa estos significados pero el castigo es para nosotras?

Una cosa es la conciencia que tenemos sobre nuestra feminidad, la elección, el disfrute, el goce. Porque aparte es como ¿wey, me ves sufriendo? Lo disfruto, lo gozo, lo que me afecta es el castigo. Lo que deprime son las voces que todo el tiempo te están diciendo qué tienes que hacer, cómo tienes que hacerlo, y si es válido o no para ti y tu cuerpo y el cuerpo que habitas.

Inevitablemente, al ser socializadas, el otro tiene un papel, no el papel de poner las condiciones. Cuando uno dice: "¡Me encanta maquillarme!", a veces no, a veces tengo una conciliación. El punto es que lo importante es tu voz, no la del otro. Y aceptar esa voz interna es una lucha para las personas trans porque muchas veces, en vez de esa voz interna, se vuelven más importantes las voces de afuera. Viene la voz de afuera y te dice: "Te ves ridícula". Sí, wey, pero esa voz no era mi voz, esa es la voz de la tía o de la prima culera.

Siobhan: Por un lado, la feminidad es la mezcla de dos mecanismos en operación, uno negativo y uno positivo. Lo negativo son los roles sexuales opresivos que igualan lo femenino con la abnegación materna, el sacrificio. Pero también hay un mecanismo positivo: un horizonte de deseo que es una posición de deseo que se ocupa y una que tiene que ver con cómo se habita el mundo. A las mujeres trans nos dicen: ustedes reifican los roles sexistas y los convierten en identidad.

Una vez me encontré a una chica trans que me dijo: "Ya empecé mi transición y ahora mis cortinas son rosas, mi ropa es rosa, hay muñecos rosas en mi cuarto...". Parecía más una transición al rosa. Es una historia interesante porque me dijo: "Yo fui albañil". Entonces aventarse una transición implicaba que lo único que iba a poder hacer, ya que no podía hacer albañilería, era trabajar en una estética.

Es una tragedia que no solo les pasa a mujeres trans, sino a todo tipo de mujeres que encuentran un punto de validación en habitar los roles opresivos. Pero, si la feminidad es consustancial a lo opresivo, parece que todo es opresión. Y muchas cosas lo son. ¿Hay algo en el hecho de ser mujer que no esté jodido? Cuando quitas todo lo que es ese aparato de opresión, ¿qué queda de lo femenino? ¿Hay algo que yo pueda decir: esto me gusta, lo reivindico, me permite mirar el mundo desde un punto de vista diferente? Nosotras decimos: sí.

Catalina: Algunas personas dicen que ser trans es una patología, la consecuencia de un trauma o incluso una enfermedad mental antes que una identidad, ¿qué opinan de eso?

Jessica: Todo el estándar psiquiátrico a mí me llevó al feminismo, porque el feminismo plantea muchas respuestas para lo que la psiquiatría no me explicaba.

Ese diagnóstico psiquiátrico que me dieron estaba basado en todos los estereotipos de lo que es ser mujer y de lo que es actuar conforme a la feminidad, obviamente una concepción limitada subordinada de la feminidad. Mi primera estrategia subversiva ante la psiquiatría fue darme cuenta de que no era la mujer que ellos esperaban. Pero también veía cómo condicionaban que yo accediera a mi tratamiento hormonal a este diagnóstico. Ellos querían escuchar algo conforme a su estandarización de lo que es ser mujer. Entonces me hacían preguntas como: "Si estás cuidando un bebé y suena el teléfono y estás haciendo de comer, ¿cuál es tu reacción?", o me acuerdo de una que decía: "Si estás en un restaurante, ¿sabes cuál es el Norte?". Y supuestamente a partir de esas preguntas sabrían si yo era hombre o era mujer.

Algo que aprendí al ser sobreviviente de abusos sexuales en la infancia, la adolescencia y la juventud por parte de familiares, exparejas y terceras personas es que el victimario no puede ser el que va a reparar el daño. Yo aprendí a encontrar mi propia capacidad de reconstruirme a mí misma en un proceso súper lento, con mucha paciencia y amor. Aprendí a tener una memoria descolocada del dolor y del sufrimiento y que ese episodio no me definía. Es importante saber qué me corresponde a mí, qué le corresponde al otro, qué es estructural.

Siobhan: Aunque yo viví abusos, no me gusta ser leída como una subjetividad que emerge del trauma. Si yo quisiera transmitir una idea al público, es que si quien lee esto es una persona trans, que sepa que no es un sujeto del trauma, y si es una persona que convive con una persona trans, que sepa que no es un sujeto del trauma.

Catalina: En junio de 2018 en México, los magistrados de la Sala Superior del Tribunal Electoral del Poder Judicial de la Federación cancelaron quince candidaturas de diferentes municipios en Oaxaca en donde fueron elegidos hombres disfrazados de mujeres trans que pretendían ocupar los espacios reservados a mujeres para preservar la paridad de género. En la sentencia dijeron: "Por ello, las autoridades electorales deben hacerse cargo de la posibilidad de un mal uso de la autoadscripción, para no permitir que una reivindicación tan importante como la identidad trans se utilice de manera engañosa para cumplir con el principio constitucional de paridad". Desde entonces este ejemplo, excepcional, ha sido usado para atacar las identidades trans como una forma de engañar o burlar al sistema. ¿Ustedes qué opinan?

Siobhan: No se puede saber si esto es una burla al sistema o a las personas trans, pero una persona trans que está en la posición de privilegio de poder lanzarse a una candidatura como persona trans probablemente es porque ha podido vivir públicamente su identidad. Es imposible crear un método de "verificación de la identidad trans" infalible. Lo que sí hay que reconocer es que la inmensa mayoría de personas trans no se viven como personas trans en la privacidad de su cabeza porque es una orientación fenomenológica hacia su cuerpo y hacia el mundo. Las pocas personas trans que pueden vivir como personas trans (porque a algunas las matan) lo viven públicamente.

Con el caso de Oaxaca nos dijeron: "Esto es su culpa, porque ustedes han reducido ser mujer a un sentimiento". Y no. Solo la primera persona, solo el "yo" sabe cómo desea y a quiénes desea y esto es importante en orientación sexual y en identidad de género. Pero esto es una cuestión de cómo lo sé, no quiere decir que ser mujer sea solo un sentimiento, ser mujer es hoy por hoy ocupar una serie de roles, e incluso sin esos roles, es una orientación en el ámbito del deseo hacia el propio cuerpo y hacia otros cuerpos.

Catalina: La gente insiste en que hay que "demostrar" que la identidad trans es "real".

Jessica: Usamos la palabra "trans" como identidad política. Algunas personas quieren dividirnos entre "travestis, transgénero y transexuales" y esto es violento porque volvemos a depender de cómo son nuestros genitales y entonces si no hay una operación (que es costosa y no puede ser pagada por todas), nuestra identidad "es falsa" y no es así.

Siobhan: Mucha gente quiere que lo trans implique una fijeza. Hay una lectura de que si alguien se vive así y luego cambia de opinión, entonces la identidad es falsa. Pero hay personas con géneros oscilantes –distinto a géneros fluidos o no binarios–. Los géneros oscilantes existen a pesar de que todo el sistema político lo tenemos construido para géneros fijos. La pregunta es cómo generar mecanismos que le hagan justicia a todas las personas, incluso esas personas cuyo género se mueve. ¿Vamos a considerarlos una bola de farsantes que quieren parecer interesantes y arriesgarnos a cometer contra ellos un acto de violencia tremenda?

Catalina: Dirán entonces que el género fijo es necesario por un asunto de seguridad…

Siobhan: Tenemos unas tecnologías de biovigilancia que son mucho más sofisticadas, tienes la retina, las huellas digitales y el ADN, los mecanismos que se usaban en el siglo XIX son obsoletos. La paradoja es que el cambio de identidad es un logro de los movimientos trans, pero también se hace posible porque los Estados tienen otras formas de vigilancia.

Catalina: Parece que el problema es que creemos que para que una identidad sea real el sujeto tiene que ser estático.

Siobhan: Nadie tiene acceso a su cuerpo de una manera no mediada por la cultura. No es una cosa exclusiva del sujeto trans querer transformar su cuerpo, eso lo desea todo ser humano vivo. Si hay una naturaleza humana es la incompletud del sujeto. Siempre hay algo que te falta, que buscas, que te mueve, porque si un sujeto está completo, es un sujeto que se puede sentar y se muere, que ya está acabado. Hay una relación con el cuerpo que implica ir habitando e ir transformándolo para habitarlo de maneras que te hacen más dichosa, y hacer eso entraña un reconocimiento de que somos un sujeto inacabado.

Catalina: ¿Qué opinan de la situación de otras identidades trans como hombres o infancias trans en nuestra sociedad?

Siobhan: Algunos hombres trans tienen una tradición muy fuerte y prefieren no revelarlo porque es un suicidio social, y si tú puedes no revelarlo pues no lo vas a hacer. En las mujeres trans es más evidente, a menos que hagas la transición muy joven, pero apenas la gente sabe te empieza a examinar el cuerpo, en el momento en que nace la sospecha comienza un proceso de inspección de tu cuerpo, miran tus manos, miran la altura.

Jessica: El problema con las infancias trans son los padres y madres que no necesariamente permiten que les niñes trans se autodescriban como trans, y esto es un problema porque por lo que estamos luchando es por tener agencia.

Catalina: En 2018 una mujer trans, Ángela Ponce, concursó en Miss Universo representando a España, y esto nos ha regresado al debate sobre qué espacios ocupan las personas trans. De repente parece como si la participación en un evento tan patriarcal como un reinado de belleza es una reivindicación. ¿Qué opinan?

Siobhan: La aspiración debería ser que los espacios opresivos (pensando en el ejército o los reinados de belleza) dejen de existir, pero mientras existan, si esos espacios hacen una narrativa que distingue entre personas de primera y de segunda, tendremos que hacer que esa narrativa caiga. Mientras existan estos espacios opresivos, no podemos permitir que vehiculen esta narrativa que nos vulnera y excluye, pero lo ideal es que no existan.

Catalina: En Latinoamérica estamos viviendo un auge de movimientos de ultraderecha que están llegando a los gobiernos de la región con agendas abiertamente transfóbicas, ¿qué opinan al respecto?

Siobhan: A mí me va a costar la autonomía corporal para hacer una transición y a una mujer cis le va a costar que no se pueda practicar un aborto, es un problema transversal de autonomía del cuerpo y eso nos afecta a todas.

Catalina: El promedio de vida de las mujeres trans en América Latina es 35 años, ¿cómo vivir y luchar desde esa situación de vulnerabilidad?

Jessica: Lohana Berkins decía: "Nuestra venganza será llegar a viejas". Lo decía porque las mujeres trans en Latinoamérica tenemos una expectativa de vida muy corta. Pero además se nos ha negado como sujetas de fe, como sujetas con una vida que pueda celebrarse, que pueda reivindicarse, que tienen la capacidad de ser amadas. Nuestra idea de amor parte de la lógica de que ciertos sujetos son los que merecen ser amados, de acuerdo a ciertas historias, a ciertos sujetos. La descentralización de esa idea de amor es necesaria, y es algo que he aprendido de las trabajadoras sexuales: algo que decía Alessa Flores, activista trans y trabajadora sexual asesinada en 2016, quien hacía parte de la Red de Jóvenes Trans: "Cuando una puta muere, no la recuerdan más que otras putas, cuando una puta muere la recuerdan las amigas, las compañeras". Lo decía porque muchas veces en la intimidad, como mujer trans, se vive violencia. Que un hombre cis llegue y que eyacule y tú seas como un receptáculo para eyacular y después se va. Pero cuando te asesinan no está en tu entierro. ¿Dónde están todos esos weyes que nos usan para satisfacer su hipocresía sexual? Ellos son los últimos en llorar nuestra muerte. Como si fuéramos personas que existen en un instante y luego se evaporan.

El tema de ser deseada, de ser vista, de ser amada, es un tema que a las mujeres trans nos ocupa la mente. ¿Quién lo va a hacer? Porque el amor parece que se construyó para ciertos sujetos y creo que una idea radical es amarnos entre nosotras, descentralizar el amor, el deseo, la mirada.

Leila González,
Brasil

La feminista y filósofa brasileña Leila González es una de las líderes y teóricas del feminismo negro en Suramérica y una de las primeras feministas en hablar de raza e interseccionalidad en la región. Nació en Belo Horizonte en 1935, hija de un obrero del ferrocarril y una empleada doméstica de ascendencia indígena. Fue la penúltima entre dieciocho hermanos. Estudió Historia y Filosofía en Río de Janeiro y luego hizo una maestría en comunicación social y un doctorado en antropología política.

En su trabajo, Leila se alimenta del psicoanálisis y del candomblé para enunciar políticamente su identidad como mujer negra. Acuñó el término "amerifricanidad" para hablar de las mujeres de la afrodiáspora en América, cuestionando el uso de la palabra "latinoamericanas" para hablar de estas identidades, pues el marcador geográfico "latino" es eurocéntrico e insuficiente para hablar de la diversidad de las mujeres de la región, especialmente de las mujeres indígenas y negras. Leila aportó otros conceptos como "pretoguês", "que no es más que la marca de africanización del portugués hablado en Brasil"[1]. Dijo en "Racismo y sexismo en la cultura brasileña": "Llaman a la gente de ignorante diciendo que la gente habla mal cuando no es más que la marca lingüística de una lengua africana, en la que el sonido de la letra l es inexistente. ¿Quién

---

1   González, 1988.

es el ignorante?"[2]. También explicó en "La categoría político-cultural de amerifricanidad" que "el objeto por excelencia de la cultura brasileña es el culo [bunda] (ese término proviene del quimbundo que, a su vez y junto con el abundo, proviene de un tronco lingüístico bantú). [...] De repente el culo es lengua, es lenguaje, es sentido, es cosa. De repente percibimos que el discurso de la conciencia, el discurso del poder dominante, quiere hacer creer que toda la gente brasileña es de ascendencia europea, muy civilizada"[3].

Fue profesora de Cultura Brasileña en la Pontificia Universidad Católica de Río de Janeiro y llegó a ser la directora del departamento de Sociología y Política. Sus clases de filosofía en la secundaria Fernando Rodrigues da Silveira durante la dictadura fueron un espacio de resistencia. Ayudó a fundar instituciones como el Movimiento Negro Unificado (MNU), el Instituto de Investigación de las Culturas Negras (IPCN), el Colectivo de Mujeres Negras N'Zinga y el grupo Olodum. Entre 1985 y 1989 trabajó en el Consejo Nacional de Derechos de la Mujer.

Leila González murió en 1994 por problemas cardiorespiratorios. Su trabajo fue un parteaguas para las luchas de las mujeres negras en Brasil al llevar su experiencia de vida y su pasión a la academia y la política.

2   González, 1983.
3   Ibíd.

Berta Cáceres, Honduras

B erta Cáceres fue una de las ambientalistas y defensoras de la tierra y el territorio más importantes de la región. Nació a comienzos de la década de los 70 en Honduras en el seno de una familia indígena lenca. Su madre, Austra Bertha Flores, era partera y enfermera y llegó a ser alcaldesa. Desde su cargo les dio amparo a refugiados de El Salvador durante la guerra civil y logró que Honduras firmara el convenio 169 de la Organización International del Trabajo sobre los pueblos indígenas y tribales, y fue una gran opositora de la militarización. Fue secuestrada en 1992 por un coronel egresado de la Escuela de las Américas. Berta creció en un contexto de lucha social y comprometida con su pueblo.

En 1993 fundó el Consejo Cívico de Organizaciones Populares e Indígenas de Honduras (COPINH) para la defensa del medio ambiente y la protección de la cultura lenca. Berta se dedicó a hacerles frente a empresas mineras y madereras y a proyectos de presas hidroeléctricas de multinacionales, y encabezó las protestas contra el golpe de Estado de 2009. Varias multinacionales (Sinohydro, la Corporación Financiera International, CFI) y la compañía hondureña Desarrollos Energéticos S.A. (DESA) construyeron la represa de Agua Zarca en el río Gualcarque sin consultar al pueblo lenca, que se organizó para denunciar a las multinacionales ante la Comisión Interamericana de Derechos Humanos (CIDH) y bloquear el acceso a la construcción por más de un año. En 2013 los militares hondureños abrieron fuego contra la protesta pacífica, matando a uno de los activistas y dejando a tres heridos. Durante el 2014 hubo dos asesinatos y tres atentados más. Berta, junto a otras dirigentes indígenas, fue acusada de usurpación, coacción y daños continuados en perjuicio de DESA, pero la comunidad internacional intervino para que se retiraran los cargos y Sinohydro y CFI abandonaron el proyecto. Desde el COPINH, Berta también se enfrentó a diecisiete proyectos multinacionales, entre ellos un proyecto eólico en La Esperanza. También denunció el intervencionismo de Estados Unidos en Honduras, el uso del país como laboratorio, y el entrenamiento de paramilitares que de día trabajan como militares y de noche como mercenarios.

Berta fue objeto de acoso sexual y telefónico y recibió amenazas de un excoronel de la fuerza aérea y del jefe de seguridad de DESA. En marzo de 2016, hombres armados llegaron a su casa en La Esperanza y la asesinaron. Sus hijas encabezaron una marcha por toda la ciudad en la que reclamaron justicia y denunciaron la impunidad de los asesinatos de líderes ambientalistas en Honduras. Las autoridades trataron de señalar el asesinato como un "crimen pasional", lo cual detonó protestas en el país y en toda la región, pues fue un crimen político. En 2018, siete hombres fueron hallados culpables del asesinato de Berta, y la Corte declaró que el asesinato fue encargado por ejecutivos de DESA, pero los autores intelectuales del crimen siguen libres.

Unos años antes de ser asesinada, Berta recibió el Premio Medioambiental Goldman, el máximo reconocimiento mundial para activistas de medio ambiente. En su discurso dijo: "En nuestras cosmovisiones somos seres surgidos de la tierra, el agua y el maíz. De los ríos, somos custodios ancestrales, el pueblo lenca, resguardados además por los espíritus de las niñas que nos enseñan que dar la vida de múltiples formas por la defensa de los ríos es dar la vida por el bien de la humanidad y de este planeta"[1].

---

1   El discurso fue pronunciado el 20 de abril del 2015 en San Francisco, California, y se puede consultar en http://www.radiomundial.com.ve/article/discurso-de-berta-c%C3%A1ceres-al-recibir-premio-ambiental-goldman.

CAPÍTULO 2

Poder

¿El empoderamiento es una trampa?

Si bien es cierto que una de las cosas que busca el feminismo es que todas las mujeres podamos elegir sobre nuestras vidas y sobre nuestros cuerpos, esto no quiere decir que cada elección que haga cada mujer sea inherentemente feminista. De hecho, esta idea de que "estar empoderada es poder elegir" ha sido usada por el comercio muy efectivamente para vendernos cosas, y al final, entiende de manera muy simplista lo que significa "poder elegir". Seguro que Ivanka Trump puede elegir lo que se le dé la gana, pero, a la fecha, ninguna de sus elecciones ha servido para cambiar los problemas estructurales que impiden que la mayoría de las mujeres (las que no son multimillonarias hijas-madre-pareja del presidente de los Estados Unidos, etcétera, etcétera) tengan acceso a los derechos más básicos. Cuando Ivanka "elige" se beneficia de las luchas históricas de los movimientos de mujeres, pero sus elecciones no benefician a otras mujeres. Puede elegir, también, porque encarna un cúmulo de privilegios; incluso en los tiempos más restrictivos para las mujeres había algunas con suficiente poder, dinero, tierras, influencia, para que pudieran saltarse las reglas.

Ninguna elección individual por sí misma cambia problemas estructurales, pues estos solo se pueden cambiar desde el trabajo colectivo. Creer que un solo gesto aislado va a cambiar el sistema es arrogancia pura. Cuando yo digo que "elegí" ser femenina, lo digo a sabiendas de que el abanico de posibilidades nunca fue tan amplio, y sospechando los castigos que se avecinaban si elegía lo contrario. Mi feminidad es una elección, sí, pero no es una feminidad trasgresora, no cuestiona el *statu quo* y, al contrario, me trae privilegios. Muchas de las elecciones que hacemos las mujeres son simplemente lo mejor que pudimos hacer en un contexto adverso, y eso poco tiene de libertad. No es tan sencillo declarar cosas como que los estándares hegemónicos de belleza son opresores y que no los vamos a seguir. Todas tenemos que negociar entre el cuerpo y la vida que tenemos, el cuerpo y la vida que queremos y el cuerpo y la vida que la sociedad exige que tengamos.

Lo que no es feminista es que estas elecciones sean castigadas o limitadas por la construcción social del género. Casarse no es feminista, pero quedarse soltera tampoco. Y quizás ahora las mujeres podemos "elegir" entre trabajar (y, ojo, pagarle a otra mujer para que cuide a nuestros hijos) o quedarnos en la casa a criar a nuestros hijos, pero el trabajo de cuidar y criar a los hijos sigue siendo un asunto de mujeres y eso es un problema de discriminación estructural. Que algunas mujeres privilegiadas y otras mujeres obreras reciban un salario por su trabajo no ha servido para acabar con la explotación de las mujeres. Pero si esas mujeres obreras se sindicalizan, si esas mujeres con poder escuchan las necesidades laborales de las mujeres obreras, esa es una acción política.

Es por esto que no todas nuestras elecciones de estilo son necesariamente una bandera política. Ponerse tetas de silicona no es inherentemente feminista, pero tampoco cortarse el pelo y usar camisas de leñador es inherentemente feminista, ni siquiera ponerse una camiseta que diga "feminista" es inherentemente feminista. Son simplemente maneras de expresar la personalidad, pero si queremos afiliarnos a un proyecto de igualdad toca hacer más que ponerse camisetas. ¿Sirve esa camiseta para empezar a tener conversaciones que cuestionen los discursos hegemónicos con la gente a tu alrededor? Esa es la acción política, no la camiseta por sí sola.

Sí, es feminista que las mujeres puedan elegir. Pero las decisiones que importan son las que cuestionan, las que trasgreden, las que confrontan, las que tienen un impacto político. La comodidad suele ser lo opuesto a la liberación. Entre las muchas opciones que tenemos, muchas mujeres eligen apoyar al patriarcado. Y quizás no podemos juzgarlas, cada una hace lo que puede con lo que tiene en un contexto adverso, pero no podemos llamarlas feministas solo porque pudieron "elegir".

Otro de los problemas que vienen con poner tanto peso en las "elecciones" de las mujeres es que de repente si una mujer una vez en su vida elige algo que "no es feminista", entonces ya queda marcada por siempre como una "mala feminista". Esto es lo que dice Roxane Gay en su famoso ensayo "Mala feminista". ¿Puede Gay ser feminista y disfrutar una canción de hip hop con letras misóginas? Sí. ¿Es ético seguir gastando plata en ver las películas de Woody Allen? Pues quizás no, pero en ese caso la discusión no es si pagar un tiquete o no, es si ser considerado "un genio" te puede excusar de ser un violador.

Ese imposible estándar moral de la "buena feminista" es una trampa que muchas llamamos el "feministómetro", es decir, la acción de hacer juicios *ad hominem* sobre una persona declarada feminista para, falazmente, quitarles peso a sus argumentos. Pero esto es una de las falacias argumentativas más antiguas: yo puedo ser una alcohólica y a la vez decirles que tomar demasiado trago está mal, sin que mi alcoholismo desmienta la verdad de lo que acabo de decir. El feministómetro obliga a que definamos qué es una "buena feminista", y la verdad es que un "modelo ideal" de feminista, o de lo que sea, no puede salvarse de ser hegemónico, y como la mayoría de los feminismos intentan ser contrahegemónicos, pues ahí ya tenemos un grave problema. El feministómetro también sirve para tomar los errores o virtudes de una feminista en lo individual y a partir de eso generalizar sobre la postura de todas las feministas (esto también sucede con otros grupos oprimidos como los indígenas o los afro). Invariablemente, el truco del feministómetro termina en un absurdo: toca decidir si esta feminista es o no es una "verdadera feminista", y como no hay un congreso intergaláctico de feministas muy al estilo de la RAE que se dedique a expedir o renovar un carnet para pertenecer al movimiento, la pregunta no puede ser sino estúpida.

La misoginia tiene maneras perversas de filtrarse en todo, y a las mujeres desde niñas nos han enseñado que debemos ser perfectas: perfectas madres, perfectas trabajadoras, perfectas feministas, perfectas en todo. Y por eso nos cuesta mucho trabajo, como sociedad, pasarles los errores a las mujeres, así sean mínimos, mientras los hombres mediocres pasan agachados. Y la realidad es que ninguna de nosotras es perfecta. Todas la vamos a cagar en algún momento como mujeres y como feministas y en todos los ámbitos de nuestras vidas. Una mala elección no es el fin, no nos hace malas, y no nos deja marcadas para siempre. El feminismo se trata menos de nuestras decisiones individuales y más del trabajo que hacemos juntas para cambiar un sistema que nos tiene jodidas a todas de una u otra manera, a todas. Ese cuento de héroe solitario e iluminado que de forma individual puede cambiarlo todo es un invento de los machos. ¿Cuántas mujeres trabajan en la sombra para que esos héroes individuales puedan salvar el mundo? Ahí donde alguien se ufana de su autonomía y autosuficiencia hay trabajo invisibilizado, pues nada sucede en la humanidad sin interdependencia. La forma feminista de hacer visible esta interdependencia es poniendo en el centro el trabajo colectivo.

Aún así, nuestro sistema capitalista de publicidad neoliberal ha encontrado en la palabra "empoderar" la solución perfecta para vendernos cosas con la idea de que esto nos está "liberando". Es una palabra que ha sido lavada de toda connotación política y que juega con una ilusión muy cruel: que al consumir X o Y cosa te "empoderas", cuando en realidad el poder real, que es el poder político, económico, el poder de elegir libremente, de tener una voz, de poseer tierra, se mantiene esquivo. ¿Qué poder va a adquirir una oficinista que trabaja trece horas diarias por un sueldo mínimo al comprarse ese nuevo desodorante? Ninguno. Y mientras nos sigan haciendo pensar que tener poder es "oler rico" o usar algún tipo de ropa o comer en aquel restaurante, las estructuras de poder opresivas del *statu quo* se mantendrán incuestionadas.

¿La belleza es un sistema de poder?

Todo el mundo nos dice que lo que importa es "lo de adentro", como queriendo decir que preocuparse por la belleza es una cosa superficial y hasta meliflua. Este es un discurso que todos y todas repetimos, y que suena muy bien, especialmente para quienes nos criamos en culturas católicas. Pero al mismo tiempo nos están diciendo el mensaje contrario: que nuestra apariencia es todo. Y no es solo la publicidad, es la manera en que vemos que unas personas hablan de otras, son los medios, son las redes sociales, son todas las Navidades cuando llegas a la casa y cada miembro de tu familia comenta tu peso.

Vivir en medio de estos mensajes encontrados es especialmente difícil para las mujeres, porque todavía los hombres pueden "destacar por su personalidad" y eso los hará ser atractivos. Pero cuando alguien nos dice que una mujer "destaca por su personalidad", inmediatamente nos imaginamos que es fea. La sociedad nos exige ser bellas: "hermosa", "princesa", "linda", "divina" son las palabras que usan amistades y conocidos por igual para celebrarnos desde que somos unas bebés hasta que somos adultas. "No ser atractiva" suena como el peor fracaso en una cultura como la nuestra. Significa estar por fuera del canon hegemónico: ni femenina, ni blanca, ni flaca, ni de clase alta. Cuando uno lo enumera así, se hace evidente que la belleza es un sistema de poder. Pero ser "bonita" tampoco es fácil, porque entonces las expectativas son más altas, y "la personalidad" importa aún menos, y ni qué decir de cómo parece que el acoso sexual se vuelve trato estándar y aceptado para todos los hombres a tu alrededor.

Solo que nunca serás lo suficientemente bonita. Y mientras insistes en esa meta esquiva, te vas haciendo vieja, y eso para las mujeres significa que "se empieza a mostrar tu obsolescencia". Pero además, si te preocupas demasiado por ser bella, te dirán vanidosa y superficial. Si no te preocupas, te dirán, sencillamente, "fea" o descuidada o fodonga. Te dirán que te ames a ti misma, y luego te venderán una crema contra la celulitis. No hay forma de ganar en el juego de la belleza. Y mucho menos cuando eres mujer, porque está socialmente aceptado que nuestros cuerpos sean temas de discusión y fiscalización pública, y por eso todos se sienten con derecho a tener una opinión –que seguro van a querer decirnos– sobre nuestra apariencia.

America's Next Top Model (ANTM) es un *reality* estadounidense que en el 2018 llevaba 24 temporadas[69]. Fue lanzada en 2003 por la supermodelo y empresaria Tyra Banks y su premisa es sencilla: un grupo de chicas (en algunas temporadas ha habido chicos y mujeres trans) concursan semana tras semana con pruebas que les enseñan un poco sobre el oficio de ser modelos. Siempre hay una ganadora y una perdedora, que es eliminada, y así poco a poco el grupo se va decantando. El *reality* sigue siendo un éxito a pesar de que la fórmula ha cambiado muy poco, y Tyra, que es una grandiosa *performer*, se presenta como la benévola –y a veces estricta– maestra y guía por el camino hacia el modelaje. Tyra nos dirá que con su programa ha retado las concepciones de belleza tradicionales de la industria del modelaje, ya que en el programa ha habido concursantes *"plus size"*, o con vitiligo, o con algún rasgo físico que les avergüenza. Tyra entonces les enseña a "sacar el mejor partido" de ese "defecto" para lograr "venderse como únicas". Si uno se descuida un poquito y se deja atrapar por el poderosísimo *"smize"* (el concepto de sonreír con los ojos) de Tyra puede hasta llegar a creerse el cuento de que *America's Next Top Model* tiene una agenda feminista.

---

69   Algunos párrafos de esta sección hacen parte de una columna publicada en su primera versión en julio de 2018 en la revista *Cromos*.

Ni Tyra ni las modelos son en sí unas víctimas, al contrario, Tyra es una empresaria exitosa que ha hecho carrera a partir de nuestra misoginia. Estamos entrenados culturalmente para disfrutar al ver a las mujeres "bellas" competir. Esto de examinar y criticar a las mujeres es un ritual que tenemos anidado en lo más profundo de nuestra cultura, las mujeres desfilan para ser examinadas, unos jueces que hacen las veces de autoridad las critican de manera pública y las comparan entre sí. En este sentido, ANTM nos descubre de la manera más cruda dos mitos sobre la belleza: que no tiene nada de natural, la belleza es un proceso extenso y muchas veces doloroso de producción de la apariencia, y que más que una forma tiene que ver con un comportamiento y una actitud: la docilidad.

Prueba tras prueba las concursantes tienen que aceptar que la mirada de otros (principalmente de Tyra) se imponga sobre ellas. Quizás el momento más dramático es el de los *"makeovers"*, en donde las concursantes se tienen que someter a muchas intervenciones no pedidas sobre sus cuerpos y si reviran o se quejan, o rechazan su "nuevo *look*", son castigadas en la competencia. Lo mismo sucede con aquellas que en las fotos no "ponen de su parte", que es otro de los eufemismos usados para "obedecer". Y ni hablar de si se atreven a contrariar a uno de los jueces. Por YouTube ronda un video en el que Tyra le grita a una concursante porque "quiere lo mejor para ella" y la concursante se ha negado a aceptar las condiciones del juego.

America's Next Top Model termina siendo una caricatura de lo que cada mujer vive al enfrentarse al *performance* de la belleza. Está el camino de la obediencia, muy celebrado pero muy doloroso, en donde el control de la voluntad y la disciplina son más estrictos que en el ejército, o el camino de retar los modelos y recibir el castigo social por apartarse del rebaño. La mayoría de las mujeres pasamos nuestros días en una negociación entre uno y otro, un trabajo mental que no es menor, y que la mayoría de las veces implica también plata y tiempo. Tendríamos que empezar a construir, entre todas, formas de belleza que celebren lo particular sin partir de la comparación salvaje, en donde todas no seamos víctimas y cómplices del castigo y la vigilancia. Y sí, que las marcas que hacen productos de belleza reconozcan la diversidad de nuestros cuerpos no las hará "buenas" (y menos si la estrategia para vendernos cosas sigue siendo explotar nuestras inseguridades), tan solo las hace justas. Lo que necesitamos no es pasar de un estándar de belleza a otro, es que la belleza deje de estar estandarizada. Mientras la belleza sea una imposición, los procesos de embellecimiento serán prácticas de obediencia. Mientras tanto, la "fealdad" seguirá siendo una forma de resistencia y rebeldía.

Una opción es declarar la belleza un mecanismo opresor (lo es) y mandar al diablo todos los estándares estéticos de nuestro entorno. El problema es que casi nadie puede hacer eso. Vivimos en un mundo que nos enseña unos prejuicios que cuesta mucho trabajo desmontar y que nos dicen que ser bella es una garantía de amor y admiración (aunque no lo sea) y una oportunidad de movilidad social y de éxito profesional (esto sí es cierto en algunos contextos).

Esto presenta muchos problemas. El primero es que los estándares de belleza cambian con el tiempo y según el contexto. En tiempos de hambruna, lo bello era ser rolliza y voluptuosa. En tiempos en que la pobreza se nota en la gordura, resulta que es bello ser flaco. La mayoría de las veces, la belleza es cuestión de suerte. Pero admitir que los ideales de belleza cambian según el contexto es importante, porque nos dice que la belleza es una construcción social. Los discursos de poder en una sociedad se suelen traducir en lo que entendemos por bello o por bueno. No es como que todos tengamos una conversación entre iguales sobre "qué es lo bello", no, lo que se entiende por bello lo definen las personas que tienen el poder para hacerlo (poder monárquico, como cuando Catalina II de Rusia puso de moda las pelucas porque le dieron piojos, o poder mediático, que es la monarquía de nuestros días). Es mentira que la belleza está en los ojos de quien la mira. Si bien la belleza hasta cierto punto es subjetiva, en gran medida está influenciada por los discursos de poder de nuestro medio.

Un ensayo clásico sobre el tema es "El mito de la belleza", por Naomi Wolf, publicado en 1991 en pleno auge de la *"career woman"* noventera, cuando parecía que por fin las mujeres –las blancas, en Estados Unidos– trabajaban parejo con los hombres (las mujeres pobres y racializadas siempre han hecho parte de la fuerza laboral). Un momento en que las mujeres de clase media de Occidente habían logrado ganar más poder material. Era también el auge de un tipo de belleza que exigía (¿exige?) a las mujeres ser ultra delgadas, y entonces Wolf preguntó célebremente: ¿cómo se gana una revolución si estamos muertas de hambre? "Cuando a un grupo de personas se les niega la comida o se les obliga a vomitar con regularidad o son cortadas y cosidas sin mayor motivo médico, eso es tortura. ¿Somos las mujeres menos hambrientas o sangrientas al actuar como nuestras propias torturadoras?"[70] pregunta Wolf y añade: "Para muchas mujeres, luchar por ser bellas es como luchar por nuestras vidas, porque nos venden que es la única manera de existir y tener amor"[71]. Esto es muy real. Pienso en cuántas veces ha resonado esa amenaza popular en mi cabeza que reza que "no importa cuán bella sea una mujer, siempre habrá un hombre aburrido de acostarse con ella"[72]. ¡Es un pensamiento tan cruel!

Lo que dice Wolf en su ensayo es que el mito de la belleza cuenta una historia: "Esta cualidad, llamada 'belleza', existe de manera objetiva y universal. Las mujeres debemos querer encarnar la belleza y los hombres deben querer poseer a las mujeres que la encarnan. Esta encarnación es un imperativo para las mujeres, no para los hombres", y añade que "la belleza es una moneda, como en todo sistema económico está determinada por sistemas políticos, en nuestro caso, un

---

70   Wolf, 2015, p. 78.

71   Ibíd.

72   De hecho, así comienza un video de Maluma, "Felices los cuatro", en donde Wilder Valderrama, el actor de la comedia *That 70's Show*, le dice esas mismas palabras a Maluma, que hace de barman.

sistema que mantiene la dominación masculina intacta". Para Wolf, el mito de la belleza pone a competir a las mujeres en una jerarquía inventada por unos recursos "de los cuales los hombres se han apropiado por completo"[73]. Si eres bella, tendrás un abanico más amplio de pretendientes y podrás escoger, y tendrás dinero y poder a través de tu esposo. Mientras el poder esté concentrado en los hombres, agradar a los hombres será una forma de acceder a ese poder. Es la premisa de *Sin tetas no hay paraíso*.

Y el mito da para todo, en realidad la belleza no se refiere a una apariencia sino a un comportamiento que deben seguir las mujeres. Comportamientos como vigilar todo lo que comes o creer que te "deprecias" con la vejez. Ese truco es especialmente bueno porque es en la edad madura cuando las mujeres ganan más poder, aplomo, control sobre sus vidas, pero para entonces ya están viejas y el mercado les dice todos los días que sus cuerpos viejos son inadmisibles. También sirve para ponernos a competir entre generaciones, "porque van a cambiar a la mujer vieja por la joven", cuando lo que tendríamos que hacer es aliarnos y ayudarnos.

Dice Wolf que cuando somos niñas nos dicen que las vidas emocionantes y las aventuras les ocurren a las mujeres hermosas[74]. Y en muchos de nuestros contextos latinoamericanos, la belleza es lo único que te puede dar movilidad social. Además, el sistema cultural nos enseña a ver siempre nuestros cuerpos desde afuera, a vernos a nosotras mismas como objetos sexuales. Wolf decía que, en tiempos de los avances médicos y los analgésicos, las prácticas de belleza nos mantuvieron dentro de la práctica del dolor.

Afortunadamente Wolf deja una salida: "Al mito de la belleza no le importa cómo se vean las mujeres siempre y cuando las mujeres nos sintamos feas, y por eso tendríamos que entender que no importa cómo nos veamos las mujeres siempre y cuando nos sintamos her-

---

73   Wolf, 2015, p. 5.
74   Ibíd., p. 34.

mosas"[75]. Lo que esto quiere decir es que no tenemos que renunciar al placer estético humano: "El glamur no es más que la demostración de la capacidad humana para encantar y dejarse encantar. No es autodestructivo. Lo necesitamos, pero redefinido. No podemos acabar con una religión explotadora con el ascetismo o la mala poesía con ninguna poesía. El placer doloroso se combate con el placer placentero". Redefinir la belleza también es redefinir los sistemas de poder.

Esto dicho, no podemos hablar del tema de la belleza en Latinoamérica sin hablar de la raza y la clase. Hace unos años se hizo viral un video de dos mujeres del Caribe colombiano que se peleaban en la calle. Se gritaban, sí, pero en vez de mechonearse, una perseguía a la otra con un vaso de agua y se lo echaba en la cabeza. La agredida chillaba "¡Me dañaste el *blower*!". ¿Por qué "dañarle el *blower*" era una agresión? Porque millones de mujeres en Colombia, especialmente aquellas con ascendencia afro, gastan montones de dinero a la semana para alisarse el cabello. Y no solo eso. Para blanquearse la piel, angostarse la nariz, aclararse los ojos con lentes de contacto o reducir el grosor de sus labios con el delineador. Hace poco hablábamos de cómo afecta el mito de la belleza a las mujeres, pero la cosa es mucho peor con las mujeres que no son blancas. Casi todos los tratamientos de belleza del mundo apuntan al blanqueamiento. Porque al final la belleza, más que un problema estético, es un problema de clase, y de raza.

Es bello ser cisgénero, mientras más binario y reconocible tu género, mejor (ergo las tetas de silicona con las que se reafirma la virilidad de muchos machos colombianos), no debes tener ninguna discapacidad visible (a Betty la Fea de vaina la dejaron tener gafas, pero ¿se imaginan que hubiese estado en silla de ruedas?). Y sí, mucha gente dice que "las personas de raza negra son muy bellas", pero con "bello" en realidad quieren decir "exótico" o "bello para su raza", o se admite el color de piel oscuro siempre y cuando los rasgos sean blancos.

---

75   Ibíd., p. 85.

Cuando una persona es reconocida como bella por su contexto, también se cree que es más bondadosa, más confiable, más capaz, porque las ficciones humanas nos han enseñado a asociar la belleza física con la calidad moral. A esto se suman cosas como el color de piel (Latinoamérica entera vive en una pigmentocracia) y otros marcadores de clase que tienen que ver con el estilo y hasta con los movimientos del cuerpo. También está el peso: la gente cree que las personas delgadas somos más saludables (es mentira) y las gordas no solo se juzgan como enfermas sino también como flojas. Nada más injusto o lejano a la realidad. La mayoría de las personas tienen la contextura que tienen debido a la genética y no debido a sus elecciones morales, falta o exceso de disciplina. Pero todos estos prejuicios se entrecruzan para mantener a las mismas personas en la cúspide de la estructura de poder.

Siempre que algo "nos guste porque sí" sospechemos de ese juicio. La mayoría de las veces en eso que juzgamos bello o bueno se esconden estructuras de poder. Y quizás verlas no romperá el hechizo de la belleza, pero sí nos permitirá prevenir que nuestros prejuicios tengan consecuencias.

Claro que todas las colombianas somos diferentes y tenemos diferencias en nuestras preferencias sartoriales, pero también es cierto que en el mundo hay algo que se conoce como "el estilo de la colombiana", que no viene de nuestros exitosos diseñadores y diseñadoras de moda, sino que emana de la ropa del común, vistosa, escotada, ajustada al cuerpo, la preferida para mostrar sus curvas por miles de colombianas[76]. Y es cierto que a muchas colombianas nos gusta mostrar piel. Esto es especialmente cierto para las mujeres de provincia, como yo, que soy barranquillera, pero también es la moda en clases medias y bajas. Nos gusta la falda un centímetro más corta y el escote un poquito más abajo. Luz Lancheros, editora de moda de

---

76   La primera versión de esta columna fue publicada en *Univisión* el 6 de julio de 2018.

Metro World News, Publimetro, explica que "nos han tratado de imponer lo sexy según el estándar europeo, pero eso no funciona para las
mujeres colombianas, quienes quieren destacarse por sus atributos y
no necesariamente por su 'elegancia'. Después de todo, esas ocasiones
'elegantes' son poco frecuentes, y menos para las 'mujeres de a pie'".

Con frecuencia se critica ese estilo tan voluptuoso, tan colombiano, aludiendo a cómo hace eco de la estética del narcotráfico en
la que los cuerpos de las mujeres eran una forma en que los capos
demostraban su poder. Es una influencia innegable y es parte de
nuestra historia. Pero también es cierto que la voluptuosidad ha sido
celebrada en Latinoamérica desde mucho antes del narcotráfico. Dice
Lancheros: "Seguimos pensando que la moda es lo europeo y eso
hace que no reconozcamos las curvas como una forma de validar-
nos. Hay una pelea colonialista y machista entre asociar la curva y la
exuberancia como algo de pueblos inferiores y esto sigue viéndose en
las imágenes culturales que vemos en Hollywood y en la disyuntiva
Kardashian como un símbolo de mal gusto. Salma Hayek o Sofía
Vergara, cuando son mostradas como bombas sexy latinas pierden
seriedad, porque sus curvas contradicen los estándares de disciplina
y cero-curvas de los europeos. Cuerpos que se privan de los placeres
del sexo y de la comida, que son placeres tan latinos".

En un mundo que, por su sexismo, racismo y clasismo, subestima
y exotiza a las mujeres con curvas, llevarlas con orgullo es en ciertos
contextos una forma de resistencia (quizás no una resistencia frente al
patriarcado, pero sí frente al clasismo y colonialismo). Aunque quizás
no por mucho tiempo, porque, aunque muchos critiquen a las belda-
des colombianas fotografiadas en los estadios de fútbol, también hay
miles de personas en el mundo que quieren parecerse a ellas. No en
vano la prenda de moda colombiana que más se vende en el exterior,
que arrasa en Japón y en México, es el "*jean* colombiano" o "*jean* sin
bolsillo", conocido coloquialmente como "sinbol" (un apelativo que
llegó desde el clasismo). Mientras el mundo se muere por usar estos
pantalones que se ajustan como una segunda piel, en Colombia se

asocian con el "mal gusto", con el "arribismo", y hasta provocan juicios sobre nuestra moral sexual. Es que las mujeres debemos ser unas mamacitas, sí, pero que no se note que lo sabemos, no vayamos a ostentarlo porque nos pierden el respeto. Es que nada produce más pánico que una mujer que se siente cómoda con su cuerpo.

El discurso sobre el buen gusto será hegemónico en algunos espacios, pero la oferta de la ropa popular dice otra cosa. Basta ver la oferta infinita de "ropa sexy" que venden en los San Andresitos para maravillarse con la creatividad de nuestra estética popular. Celebremos entonces su atrevimiento, su picada de ojo consciente del lente de la cámara es su forma de decirnos que se vistieron para ellas y no para nosotros.

La gran mayoría de los modelos de belleza esconden agendas de poder o nos hablan de los valores y las prioridades de una cultura. El problema no es "la belleza" en abstracto, el problema es que se ha usado la idea de la belleza para imponer un régimen de género, clase, raza, capacitismo y falsa normalidad. El problema es que "la belleza" en vez de celebrar la diversidad de los cuerpos los corrige, los disciplina, los castiga, los estandariza y de esa manera también merma su capacidad política.

¿Qué es el giro decolonial?

Estudié artes visuales y plásticas durante 5 años[77]. En cada uno de los diez semestres tuvimos una clase sobre historia del arte. Se llamaba Historia del Arte, así a secas, hasta que en el último semestre vimos la clase de Historia del Arte Latinoamericano y entonces se hizo evidente que no era historia del arte lo que habíamos estudiado antes, sino historia del arte europeo.

---

77   Los primeros párrafos de esta sección hicieron parte del *key note speech* que hice para el lanzamiento del Centre For Feminist Foreign Policy en Berlín el 20 de octubre de 2018. El discurso fue leído originalmente en inglés.

Mi trabajo de tesis de grado consistía en una serie de apropiaciones de cuadros icónicos de la tradición para hablar sobre el agnosticismo. Uno de esos cuadros era *La anunciación* de Fra Angelico, una obra especialmente bella por su uso del color, la proporción y perspectiva. Quería copiar el cuadro en un formato de 1 x 1,5 metros, pero en ese entonces, en 2004, no tenía internet en mi casa y encontrar imágenes de buena calidad era difícil. Para acceder al cuadro yo tenía que ir a la biblioteca de la universidad para sacar fotocopias a color, agrandando algunos de los detalles que yo estudiaba con detenimiento y luego copiaba al óleo. El tiempo pasó, dejé las artes para ser periodista y no fue sino hasta el año 2012 que fui por primera vez a España y pude ver en el Museo del Prado la pintura original de Fra Angelico. Habían pasado ocho años.

Cuando tuve la pintura real frente a mí, me dieron unas ganas inmensas de llorar: había tantos detalles, tantas pinceladas, que se perdían en las reproducciones, tantas cosas que habría podido aprender solo con poder ver la pintura en vivo. Lloraba en parte por la emoción de por fin ver este cuadro que me gustaba tanto, pero también lloraba porque por primera vez me había dado cuenta de cómo el colonialismo había afectado mi forma de pensar. Yo crecí leyendo libros para niños llenos de cosas misteriosas como nieve, arándanos, lobos, tan ajenos para una niña del Caribe en donde no había nieve, sino arena, no había lobos, sino iguanas. Mi pensamiento estaba todo construido sobre la base de imágenes y símbolos a los que yo no tenía acceso directo, mi lenguaje es el lenguaje de los colonizadores, de los hombres, sus miradas y sus símbolos habitan dentro de mí.

En Latinoamérica nos pasa algo curioso y es que pensamos que hacemos parte de Occidente, aunque en realidad somos países poscoloniales sometidos a la misma mirada orientalista a la que se refiere Edward Said. Nosotros somos el Otro, incluso para nosotros mismos.

No podemos entender la realidad de las mujeres de América Latina y el Caribe sin hablar del saqueo y colonización de América. En la fantasía europea de la colonización, "América misma era una mujer desnuda reclinada que invitaba seductoramente al extranjero blanco que se le acercaba"[78]. En su crítica a Marx, la economista feminista Silvia Federici explica que el capitalismo "no podría siquiera haber despegado sin la anexión de América y sin la 'sangre y sudor' derramados durante dos siglos en las plantaciones en beneficio de Europa. Debemos subrayar esta cuestión en la medida en que nos ayuda a darnos cuenta de hasta qué punto la esclavitud ha sido fundamental para la historia del capitalismo y de por qué, periódica y sistemáticamente cuando el capitalismo se ve amenazado por una gran crisis económica, la clase capitalista tiene que poner en marcha procesos de 'acumulación primitiva', es decir, procesos de colonización y esclavitud a gran escala como los que se presenciaron en aquel momento"[79]. Muchas veces, cuando las latinoamericanas vamos a Europa, nos maravillamos con la arquitectura y el orden, y con la cantidad de puertas chapadas en oro que hay en Madrid. Pero se nos olvida que ese oro de las rejas es nuestro. Es más: durante la colonia, el 60% del oro del mundo que estaba siendo saqueado era oro colombiano.

Federici propone que la división internacional del trabajo surge a partir de la colonización de América, a través de la trata de esclavos y esclavas y de la cacería de brujas, mecanismos violentos que narraban a las mujeres y a las personas afro e indígenas como bestiales e irracionales y, por lo tanto, objeto de explotación. "Se puso en marcha una máquina ideológica que de forma complementaria a la máquina militar retrataba a los colonizados como seres mugrientos y demoníacos que practicaban todo tipo de abominaciones"[80]. Los españoles se escandalizaban por los sacrificios de los aztecas, pero según Cortés masacraron a 100.000 personas solo para conquistar Tenochtitlán.

La filósofa feminista Francesca Gargallo, quien durante décadas ha estudiado los movimientos por los derechos de las mujeres al in-

---

78   Federici, 2010, p. 305.

79   Ibíd., p. 158.

80   Ibíd., p. 292.

terior de las comunidades indígenas de lo que ella y muchas llaman "Nuestra América", publicó en 2015 el libro *Feminismos desde Abya Yala. Ideas y proposiciones de las mujeres de 607 pueblos en nuestra América,* en el que habla de cómo los métodos violentos de conquista dejaron implantado un sistema de poder explotador y opresivo que se mantiene hasta hoy en parte porque en Latinoamérica el sistema del clasismo y el del racismo se cruzan para alimentarse el uno al otro en una suerte de clasirracismo:

"En el siglo XVI, los tacharon de caníbales cuando se resistieron a la conquista […]. Luego los indígenas fueron acusados de flojos, haraganes borrachos y pendencieros, tal y como la nueva burguesía agraria y los legisladores de Europa les decían a los campesinos y artesanos a los que querían convertir en asalariados pobres, proletarios, en los siglos XVII. En el siglo XVIII lograron trazar una frontera racial irremediable para que los blancos pobres no se aliaran con los indígenas, prohibiendo los matrimonios mixtos, castigando las alianzas y, sobre todo, propagado la superioridad de los blancos acompañándola de privilegios laborales. Entonces se empezó a decir que los indígenas eran naturalmente feos, poco sanos, con escasa moral y malos hábitos higiénicos; contra las mujeres indígenas se exageró la propaganda de su debilidad moral, su lascivia y perversión sexual, llegando a afirmar que violarlas no era propiamente un delito sino una costumbre y no había por qué perseguir a los blancos que lo hacían si para los indios era 'normal'"[81].

Las *Crónicas de Indias* parecen hablar de una tierra deshabitada, salvo cuando aparecen gigantes y caníbales, un proyecto de monstrificación de la población local que pervive en el siglo XXI cuando se usa la palabra "indio" como insulto. Estas metáforas que equiparan mujer con territorio, con irracionalidad, con recurso natural, se mantienen vivas en nuestros discursos contemporáneos y le allanan el camino extractivista al capitalismo. No es que haya países del primer mundo y

---

81   Gargallo, 2013, p. 196.

países del tercer mundo, es que hay países explotados y explotadores, y el quién es quién en este binomio trágico se definió hace siglos, en tiempos de la ilustración imperialista europea.

La filósofa feminista decolonial María Lugones habla de cómo las campañas cristianas, supuestamente civilizatorias, eran un proyecto político para imponer unas categorías binarias que servirían para la explotación y la dominación: "La transformación civilizadora justificaba la colonización de la memoria, y por ende de los sentidos de las personas de sí mismas, de la relación intersubjetiva, de su relación con el mundo espiritual, con la tierra, con el mismo tejido de su concepción de la realidad, de su identidad, y de la organización social, ecológica y cosmológica. De esta suerte, a medida que la cristiandad se convertía en el instrumento más poderoso de la misión de transformación, la normatividad que conectaba el género a la civilización se concentraba en borrar prácticas comunitarias ecológicas, saberes de siembra, de tejidos, del cosmos, y no solo en el cambio y control de las prácticas reproductivas y sexuales. [...] la introducción colonial del concepto instrumental moderno de la naturaleza que es central para el capitalismo"[82].

Todo este aparato ideológico sirvió para que los colonizadores estratificaran y dominaran la sociedad. Dice Francesca Gargallo que las clases dominantes inculcaron el miedo a la insubordinación, un miedo que persiste hasta la fecha. Gargallo explica que, para adquirir los privilegios de los blancos, los mestizos debían ratificar su blancura haciendo públicas sus manifestaciones de rechazo a todo lo asociado con lo indígena. "Lo racional, que impulsaba la verdadera ciencia, se identificó con lo blanco y con el progreso, de modo que lo indígena fue no solo símbolo de atraso sino también de irracionalidad. Desde ese momento el mundo cultural indígena, sus ideas, perdió todo valor de verdad y de utilidad"[83].

---

82 Lugones, 2010, p. 108.
83 Gargallo, 2013, p. 198.

Solo desde la conciencia de un proceso sistemático y estructural de colonización podemos pensar los feminismos latinoamericanos. Y por eso es que decimos que los feminismos latinoamericanos, si parten de una mirada crítica a su propia realidad, deben ser decoloniales.

"Descolonización como concepto amplio se refiere a procesos de independencia de pueblos y territorios que habían sido sometidos a la dominación colonial en lo político, económico, social y cultural"[84]. Esta definición es de Rosa Ynés Curiel Pichardo, más conocida como Ochy Curiel, una feminista decolonial de República Dominicana, activista y teórica del feminismo latinoamericano y caribeño, antropóloga social y cantautora. Portavoz del feminismo lésbico antirracista y decolonial. Hoy en día Curiel es docente de la Universidad Nacional de Colombia y de la Javeriana y hace parte de la batucada feminista bogotana La Tremenda Revoltosa.

Una postura feminista decolonial cuestiona que continentes como América, África y Asia se han construido como un Otro frente a la Europa blanca y la Norteamérica blanca que arrogantemente conocemos como "Occidente". El imperialismo y la colonización partieron la geopolítica en dos: los colonizadores y los colonizados, y esto hasta la fecha tiene un impacto en cómo valoramos las ideas y pensamos las naciones. La crítica decolonial al Feminismo, en singular y con mayúscula, se refiere a que durante mucho tiempo se entiende por feminismo solo la liberación de las mujeres blancas europeas de clase alta, las occidentales, como si en otras partes no hubiese procesos de liberación de las mujeres. Los hay, pero han sido invisibilizados. Dice Curiel: "Esta colonialidad ha atravesado también al feminismo, incluso feminismo hegemónico de América Latina y otros países del Tercer Mundo. Lo que ha generado que las mujeres del tercer mundo sean representadas como objeto y no como sujetos de su propia historia y experiencias particulares, lo que ha dado lugar a una autorepresentación discursiva de las feministas del primer

---

84   Curiel, 2009, p. 2.

mundo que sitúa a las feministas no europeas en el 'afuera' y no 'a través' de las estructuras sociales, vistas siempre como víctimas y no como agentes de su propia historia con experiencias importantes de resistencias y luchas y teorizaciones"[85]. Así es como las academias europeas y norteamericanas están llenas de *papers* que nos estudian, a los y las latinoamericanas, como objetos de estudio y no sujetas que podemos estudiarnos a nosotras mismas. Como canta Carmelo Torres & Los Toscos con Edson Velandia, "una cosa es el indio, y otra la antropología".

"A mí me dijo el caballero aquel
que pa' pegar había que ser raizal
Y que por eso él venía 'onde mí
pa' contagiarse de la tradición.
Que aquí en Colombia no es la sensación
pero en Europa sí es apetecida
esa cultura de tribu caníbal
que ellos no entienden cuando es natural"[86].

La descolonización es una posición política que cuestiona nuestros imaginarios, nuestros cuerpos, nuestras sexualidades. Curiel dice que es una suerte de "cimarronaje intelectual" en donde se busca crear pensamiento propio de acuerdo a experiencias concretas. "Descolonizar para las feministas latinoamericanas y caribeñas supondrá superar el binarismo entre teoría y práctica pues le potenciaría para poder generar teorizaciones distintas, particulares, significativas que se han hecho en la región, que mucho puede aportar a realmente descentrar el sujeto euronorcéntrico y la subalternidad que el mismo feminismo latinoamericano reproduce en su interior, si no seguiremos analizando nuestras experiencias con los ojos imperiales, con la con-

---

85   Ibíd., p. 3.
86   "La Antropología", Carmelo Torres & Los Toscos feat. Edson Velandia.

ciencia planetaria Europea y Norteamericana que define al resto del mundo como lo OTRO incivilizado y natural, irracional y no verdadero. Paralelamente el reto ético y político de las feministas europeas y norteamericanas implicará reconocer estas experiencias teóricas y políticas como parte del acervo y la genealogía feminista, pues solo así será posible un feminismo transnacional basado en la complicidad y solidaridad de muchas de las feministas que compartimos los mismos proyectos políticos de emancipación"[87].

Otra figura importante del feminismo decolonial latinoamericano es Yuderkys Espinosa Miñoso, activista, ensayista dominicana afromestiza, comprometida con el desarrollo de un pensamiento feminista crítico, antirracista y decolonial latinoamericano, quien además ha vivido como migrante durante años en Argentina y hoy en Colombia. Su crítica va directo a la forma en que construimos y validamos el conocimiento. El feminismo decolonial es producido desde las márgenes y hace una crítica a nuestro sistema de conocimiento porque es un "sistema instituido a través de la empresa colonizadora y la razón imperial a su servicio"[88]. Dice Espinosa-Miñoso: "La episteme feminista clásica producida por mujeres *blancoburguesas* asentadas en países centrales no pudo reconocer la manera en que su práctica reproducía los mismos problemas que criticaba a la forma de producción de saber de las ciencias. Mientras criticaba el universalismo androcéntrico, produjo la categoría de género y la aplicó universalmente a toda sociedad y a toda cultura, sin siquiera poder dar cuenta de la manera en que el sistema de género es un constructo que surge para explicar la opresión de las mujeres en las sociedades modernas occidentales y, por tanto, le sería sustantivo. Las teorías y las críticas feministas blancas terminan produciendo conceptos y explicaciones ajenas a la actuación histórica del racismo y la colonialidad como algo

---

87   Curiel, 2009, p. 7.
88   Espinosa-Miñoso, 2014.

importante en la opresión de la mayor parte de las mujeres a pesar de que al mismo tiempo reconocen su importancia"[89].

Ser feminista latinoamericana implica cuestionar un sistema de saberes racista y elitista que celebra los modelos europeos y desdeña como "saberes" o "artesanía" el conocimiento y arte producidos de manera local. Es una crítica urgente porque insta al feminismo latinoamericano a salir de la academia y a conectarse con luchas y modelos que se nutren de la historia de nuestro territorio.

Las mujeres que luchan se encuentran[90]

En enero de 2018, las mujeres zapatistas que viven en comunidades autónomas en el estado de Chiapas, México, citaron a las mujeres del mundo al Primer Encuentro Internacional, Político, Artístico, Deportivo y Cultural de Mujeres que Luchan, el 8 de marzo del mismo año. La invitación se hizo a través de la página web del movimiento zapatista y convocó a alrededor de 6.000 mujeres de al menos 40 países, más 2.000 mujeres zapatistas que durante cuatro días acamparon en armonía en el Caracol IV, llamado también "Torbellino de nuestras palabras", dentro de uno de los Municipios Autónomos Rebeldes Zapatistas. Con su poder de convocatoria quedó claro que en estos momentos en América no hay grupo con mayor legitimidad y poder de convocatoria que pueda igualar a las mujeres zapatistas.

El vínculo de las zapatistas con el feminismo no es nuevo. El primer día del encuentro las zapatistas nos contaron que, en los inicios del movimiento, las mujeres no se enteraban de lo que hacían sus maridos cuando acudían a reuniones de la insurgencia. Siguiendo

---

89   Ibíd.

90   Algunos párrafos de esta sección hacen parte de una crónica publicada en su primera versión el 21 de marzo de 2018 en la revista *Volcánica*. Ver: https://nomada.gt/nosotras/volcanica/despertar-juntas-cronica-del-primer-encuentro-internacional-de-mujeres-que-luchan/

los mismos principios zapatistas, las mujeres hicieron una crítica a las estructuras del movimiento y se organizaron, gracias en parte a que conservaban espacios de trabajo colectivos. "Las mujeres trabajamos en la hortaliza, cuidamos gallinas, tenemos conejos y aprendemos a bordar y hacer artesanía. Pero no solo eso, eso solo es el principio. De ahí también tenemos pláticas, reflexionamos sobre la vida que tenemos en la casa. Las más grandes nos van explicando a las jóvenes cómo tenemos que defender nuestros derechos. La autonomía es contra el mal gobierno y también contra los malos hombres que no tratan bien a las mujeres" dijo la insurgenta Aurelia, en el Encuentro de los Pueblos Indígenas con los Pueblos del Mundo, organizado en el mismo Caracol en julio de 2007, según registra la académica Mariana Mora en su ensayo "Repensando la política y la descolonización en minúscula".

Otra figura histórica importante es la Comandanta Ramona, una de las más respetadas líderes del ejército zapatista, quien luchó por más de veinte años como parte del Comité Clandestino Revolucionario Indígena y defendió los derechos a la salud, a la educación, a la participación política y a la vivienda digna de las mujeres indígenas, siempre desde la comprensión de que su discriminación era doble. La Comandanta Ramona murió de cáncer en 2006, a sus 40 años, dejando sentadas las bases para que el pensamiento zapatista entendiera el género de manera transversal.

Un gran acierto del movimiento zapatista ha sido el uso de símbolos y metáforas, tan poderosos como conmovedores. Los discursos que se leyeron en el encuentro son difíciles de olvidar porque al escucharlos se hace un nudo en la garganta. Son metáforas que parecen salir de la misma tierra, una mirada del mundo que de lejos parece idealista pero que en el territorio zapatista se ve materializada. Es una postura política y estética que se extiende a las imágenes: había un mural zapatista en cada pared posible, muchos mostraban a mujeres y hasta insectos con capuchas y traían consignas en contra del capitalismo y el patriarcado. Los murales individualmente parecían hechos con cierta ingenuidad, como si fueran pintados por niños, pero en colectivo daban cuenta de un plan estético sofisticado de usar imágenes sencillas para mensajes poderosos. En el pensamiento zapatista cada símbolo se construye con certeza y esmero, ninguna metáfora se debe a la casualidad.

Transversal a varios movimientos feministas descoloniales latinoamericanos están las que se conocen como las "feministas del Abya Yala". Abya Yala es el nombre original del continente americano según el pueblo Kuna que habita Panamá y Colombia, literalmente significa "tierra en plena madurez" o "tierra de sangre vital". El nombre es aceptado hoy por varios grupos indígenas como el nombre oficial del continente ancestral. Las feministas y mujeres que se identifican con esta línea de pensamiento plantean ideas como la economía comunitaria, el trabajo de reproducción colectivo y el antimilitarismo. En palabras de Franchesca Gargallo, "se sostienen en la resistencia a la privatización de la tierra y desembocan en la crítica a la asimilación de la cultura patriarcal de las repúblicas latinoamericanas y sus leyes, centradas en la defensa del individuo y su derecho a la propiedad privada"[91].

Las feministas del Abya Yala son una fuerza poderosa en Latinoamérica. En el comunicado que se leyó en el Encuentro Nacional de Mujeres en Rosario, Argentina, en octubre de 2016, justo después de perder el plebiscito del acuerdo de paz en Colombia, ofrecen una taxonomía de las feministas más influyentes de nuestra región y nos muestran la vigencia y pertinencia del movimiento, así muchas personas ni siquiera sepan que el movimiento existe.

> "¡Ni una menos! ¡Vivas y libres nos queremos!
> Somos feministas del Abya Yala. Habitamos el territorio de Nuestra América.
> Nuestros sueños y proyectos no reconocen las fronteras geopolíticas impuestas por el coloniaje. Las únicas fronteras que reco-

---

91   Gargallo, 2013, p. 25.

nocemos y asumimos son las que nosotras levantamos frente al patriarcado, al capitalismo y al colonialismo.

[...]

Venimos con nuestras ancestras en la sangre, en la rabia y en la alegría.

Aquí están con nosotras Berta Cáceres, Betty Cariño, Maricela Tombé, Diana Sacayán, Lohana Berkins"[92].

Las mujeres mencionadas en la última línea han sido víctimas de magni-feminicidios por su trabajo como activistas. Berta Cáceres fue asesinada en Honduras en 2016 por su defensa de la tierra y el territorio frente a las multinacionales; Betty Cariño fue asesinada por un grupo paramilitar en México; Marisela Tombé fue una líder campesina del occidente del Cauca asesinada en la zona rural de El Tambo en Colombia; y Diana Sacayán fue víctima de un travesticidio en Argentina.

"Somos feministas del Abya Yala. Feministas compañeras. Decimos y sentimos que si tocan a una, nos tocan a todas. Si hay mujeres presas en El Salvador, en Honduras, o en Argentina, como consecuencia de la ilegalidad del aborto, salimos a las calles y exigimos su libertad. Nos solidarizamos con las mujeres víctimas de los tribunales racistas, revanchistas, misóginos en Argentina y en otros países del continente. Nos solidarizamos con las muchas mujeres defensoras de los derechos de sus pueblos y de la naturaleza que vienen siendo criminalizadas y perseguidas, como Lolita Chávez en Guatemala, y Máxima Acuña en Perú. Nos solidarizamos con todas las mujeres presas políticas en el continente, y nos movilizamos por su inmediata libertad. Exigimos la libertad de Reina Maraz, mujer boliviana,

---

92 Comunicado de las "Feministas del Abya Yala en Resistencia" que se leyó en el Encuentro Nacional de Mujeres en Rosario Argentina, en octubre de 2016.

condenada a cadena perpetua en Argentina, en un juicio plagado de aberraciones racistas y patriarcales"[93].

Y sobre el voto negativo en el plebiscito sobre los acuerdos de paz en Colombia dijeron:

"En el plebiscito en Colombia, quedó claro que el fundamentalismo religioso fue parte de la campaña por el No a la Paz. Lo hicieron para tirar atrás aquellos aspectos de los acuerdos que posibilitaban algún tipo de justicia para las víctimas, y el respeto a los derechos de las mujeres y de las disidencias sexuales. Con los mismos argumentos, en Argentina, buscan arrasar con conquistas como la Ley de Identidad de Género, o de Matrimonio Igualitario"[94].

Y luego de advertir sobre el peligro que representan los avances de gobiernos de derecha en varios países de la región, concluyen con:

"Las feministas populares del Abya Yala seguimos levantando las banderas y las propuestas de revoluciones en las plazas, en las calles, en las casas y en las camas. Hasta derribar al capitalismo, al colonialismo, al patriarcado. Hasta crear desde las raíces del continente un socialismo mestizo, indonegrofeminista, comunitario, popular. Somos las nietas de las brujas que no pudieron quemar. Seguimos en aquelarre. Seguimos en revolución"[95].

Ante manifestaciones como esta uno se da cuenta de que la única razón por la que percibimos el feminismo latinoamericano como una serie de movimientos desarticulados y en disputa es porque nuestro propio prejuicio colonialista no nos deja ver la fuerza de las acciones políticas que están ocurriendo en nuestros países y la sintonía de los proyectos feministas no con una izquierda o una derecha sino con una política que defienda la vida, pero la buena vida, con bienestar, educación, salud y derechos.

---

93 Ibíd.
94 Ibíd.
95 Ibíd.

Feminismos desde el Abya Ayala

Hablar de feminismos indígenas o de comunidades indígenas que luchan por los derechos de las mujeres no es tan simple como cambiar el lugar de enunciación, hay diferencias profundas en las formas de abordar el género que tenemos las mujeres blanco-mestizas y las mujeres indígenas.

En palabras de Francesca Gargallo: "Aún sin percatarnos de ello, la mayoría de las mujeres que nos hemos educado en las ciudades y desde una organización social que hace descender su laicidad de un ordenamiento cristiano del mundo (un acta de nacimiento que se parece a una fe de bautizo, un certificado de matrimonio que garantiza la monogamia heterosexual obligatoria, etcétera), pensamos como fundamentales o básicas la centralidad y la supremacía sobre la naturaleza de un ser humano escindido entre un cuerpo máquina y un alma racional (Descartes), la primacía de lo útil (Locke), la autonomía de la ética individual (Kant), la igualdad intelectual con el hombre (Madame Roland) y la trascendencia existencial mediante la economía, el trabajo y las decisiones individuales (Beauvoir). Por lo tanto, pensar la buena vida, la autonomía, el reconocimiento y la justicia por y para las mujeres desde otros cimientos, implica estar dispuestas a criticar la idea de liberación como acceso a la economía capitalista (aunque sea de soporte del individuo femenino) y el cuestionamiento del cómo nos acercamos, hablamos y escuchamos a las mujeres que provienen de las culturas ajenas a los compromisos metafísicos de Occidente"[96]. Pero no podemos hacer estas críticas si seguimos pensando que nuestros paradigmas del mundo son universales.

El trabajo de Francesca Gargallo es indispensable para entender los feminismos latinoamericanos, pues tiende un puente para que las mujeres urbanas, blanco-mestizas podamos entender de qué se tratan las luchas de las mujeres indígenas y cómo se enmarcan en lo que

---

96   Gargallo, 2013, p. 28.

nosotras llamamos feminismo. Explica Gargallo: "Entre las mujeres indígenas es muy difícil trazar una línea divisoria entre una activista de los derechos humanos de las mujeres y una feminista. [...] Tampoco es fácil trazar una separación entre una feminista y una activista indígena por los derechos comunitarios. El propio feminismo indígena que elabora estrategias comunitarias para el cuidado de las mujeres y la socialización de su trabajo de reproducción de la vida no podría existir si la comunidad desapareciera"[97]. Cita también a la feminista comunitaria aymara Julieta Paredes, "quien afirma que 'toda acción organizada por las mujeres indígenas en beneficio de una buena vida para todas las mujeres se traduce al castellano como feminismo'"[98].

Usar el término "feminismo" para hablar de las luchas de las mujeres indígenas es bastante problemático. Hay una razón política: es un término inventado por un grupo dominante (las mujeres blancas) y defiende la idea de la mujer como individua sujeta de derechos, algo que no tiene sentido en el contexto de las comunidades indígenas donde la comunidad se antepone al individuo. Pero no se necesita usar la palabra feminista para defender los derechos de las mujeres.

Para Francesca Gargallo hay al menos cuatro tipos de posturas frente a la idea de concebirse feminista:

"1. Mujeres indígenas que trabajan a favor de una buena vida para las mujeres a nivel comunitario según su propia cultura, pero que no se llaman feministas porque al indicar la solidaridad entre mujeres y hombres como dualidad constituyente de su ser indígena temen que el término sea cuestionado por los dirigentes masculinos de su comunidad y las demás mujeres se sientan incómodas con ello;

2. Indígenas que se niegan a llamarse feministas porque cuestionan la mirada de las feministas blancas y urbanas sobre su accionar y sus ideas;

---

97   Ibíd., p. 203.
98   Ibíd., p. 34.

3. Indígenas que reflexionan sobre los puntos de contacto entre su trabajo y el trabajo de las feministas blancas y urbanas;

4. Indígenas que se afirman abiertamente feministas desde un pensamiento autónomo; y que elaboran prácticas de encuentro, manifiestan públicamente sus ideas, teorizan desde su lugar de enunciación en permanente crítica y diálogo con los feminismos no indígenas"[99].

Otra diferencia sustancial es que uno de los ejes centrales del feminismo urbano, blanco-mestizo es una crítica radical a nuestro sistema social binario de donde surgen muchas de las opresiones que existen contra las mujeres y otros grupos. Para nosotras, esa división en dos opuestos: hombre/mujer, civilización/naturaleza, razón/emoción, es necesariamente jerárquica, siempre hay una categoría que domina sobre la otra. Sobre las imposturas de estas categorías, dice la filósofa María Lugones: "Los pueblos indígenas de las Américas y los africanos esclavizados se clasificaban como no humanos en su especie –como animales, incontrolablemente sexuales y salvajes–. El hombre moderno europeo, burgués, colonial, se convirtió en sujeto/agente, apto para gobernar, para la vida pública, un ser de civilización, heterosexual, cristiano, un ser de mente y razón. La mujer europea burguesa no era entendida como su complemento, sino como alguien que reproducía la raza y el capital mediante su pureza sexual, su pasividad y su atadura al hogar en servicio al hombre blanco europeo burgués. La imposición de estas categorías dicotómicas quedó entretejida con la historicidad de las relaciones, incluyendo las relaciones íntimas"[100].

Si no somos capaces de descentrarnos del sistema binario blanco-mestizo, no podremos entender que no es lo mismo que el sistema dual del mundo que tienen muchas comunidades indígenas. Gargallo

---

99   Ibíd., p. 210.

100 Lugones, 2010, p. 106.

cita en *Feminismos desde el Abya Yala* la lectura filosófica de Carlos Lenkersdorf, quien convivió durante años en Chiapas, México, con hombres y mujeres tojolabales. Lenkersdorf explica que hay un "sujeto de pensamiento no centrado en el/la individua, un sujeto colectivo, vivencial, fluido: un *tik,* que podría traducirse como 'nosotros/as' siempre y cuando el nosotros comprenda a los animales, el mundo vegetal y el mundo mineral en su devenir. [...] A diferencia del sujeto cartesiano que encara en el individuo moderno occidental –idéntico a sí mismo, central, separado de la naturaleza, inamovible, incapaz de transformación, fijo–, el *tik* tojolabal es un sujeto no esencialista, en devenir, que se postula desde la interdependencia entre personas-sujetos que hacen realidad una comunidad"[101].

En los feminismos del Abya Yala se plantean los sujetos desde lo colectivo y desde la dualidad. Gargallo muestra diferentes formas de pensar "lo que los aymaras llaman el *chachawarmi,* el ser hombre-mujer, el padre-madre de todas las naciones, entendido como complementariedad de distintos, diálogo, las dos partes de un ser que es en cuanto es dos. [...] Si todo es dos, es que dos estaban ahí desde el principio, no hay principio sin dos. Esta idea originaria implica equilibrio, igualdad de valor y/o homogeneidad. Para la generación de cualquier cosa dos son necesarios, porque la generación es dialogal, es un 'ponerse de acuerdo', es construir armonía, mantener un 'balance fluido'. Trasladada a la realidad femenina-masculina, que no es sino una de las múltiples dualidades creadoras, implicaría una importancia igual de las mujeres y los hombres"[102].

La gran diferencia con el sistema binario blanco-mestizo es que lo que nosotros tenemos es una jerarquía en donde hay un explotado y un explotador, dominado y dominador. Pero esa heteronorma rígida que genera problemas de derechos humanos, como la exclusión de la comunidad LGBTIQ en nuestros contextos, no se traduce de la

---

101 Gargallo, 2013, p. 123.
102 Ibíd., p. 142.

misma forma en contextos como el zapoteco. Explica Gargallo: "En cuanto a la dualidad, contiene equilibrio, diálogo, equivalencia. Por supuesto, implica lo propio de las mujeres y lo propio de los hombres como ordenamientos sociales, en todas las culturas indígenas, aun en aquellas que asumen la existencia de géneros no definidos por la genitalidad, como los muxes o transgéneros zapotecas del istmo de Tehuantepec, en México, que nacen con genitales masculinos y son educados como mujeres para asumir un lugar femenino en el ordenamiento colectivo del trabajo. No obstante, la dualidad, en la esfera de las relaciones humanas, no presupone necesariamente jerarquías entre el hombro femenino y el hombro masculino del cuerpo humano"[103]. En nuestro sistema blanco-mestizo la división del trabajo por género resultó en la explotación de las mujeres y las personas feminizadas. Pero desde los feminismos indígenas se puede concebir una división del trabajo sin servidumbre: "Desde esta mirada el trabajo doméstico, de crianza, de reproducción de la vida no es un trabajo invisibilizado y no reconocido sino que es el eje de la supervivencia de una comunidad"[104]. Gargallo concluye que: "Pensar el feminismo desde esta dualidad no antagónica ni excluyente y desde la idea de complementariedad que sobre ella construye los sistemas sociales de relación entre los sexos y en la política, supone que es necesario reducir el valor de la individualidad –de la liberación de la individua mujer– que en el feminismo occidental toma el lugar de un universal incuestionable"[105]. Cuando se pone a la comunidad como prioridad, la idea de familia unitaria capitalista, que se supone que es la base de nuestros estados blanco-mestizos, inmediatamente se muestra muy inconveniente.

En el sistema capitalista las mujeres hacemos un trabajo no reconocido de cuidado, de crianza, trabajo doméstico y de reproduc-

---

103 Ibíd., p. 199.
104 Ibíd.
105 Ibíd., p. 363.

ción de la vida, la idea es que hagamos este trabajo para un varón asalariado que tiene el poder económico y quizás de la propiedad. La devaluación de los trabajos domésticos y de crianza y la presentación de los mismos como un no-trabajo hacen que en nuestro sistema blanco-mestizo sean vistos como una especie de "trabajo menor", menos importante, de baja categoría. Angela Davis en *Mujeres, clase y raza* explica: "En realidad, el lugar de las mujeres siempre había estado en el hogar, pero durante la era preindustrial la propia economía se había centrado en el mismo y en el terreno agrícola aledaño. Mientras los hombres cultivaban la tierra –a menudo ayudados por sus esposas– las mujeres se habían dedicado a la fabricación de tejido, ropa, velas, jabón y prácticamente todo el resto de productos necesarios para la familia. En efecto, el lugar de las mujeres había estado en el hogar, pero esto no se debía, simplemente, al hecho de que ellas dieran a luz y criaran a los niños o a que satisficieran las necesidades de sus maridos. Dentro de la economía doméstica, ellas habían sido trabajadoras productivas y su trabajo no había estado menos respetado que el de sus parejas masculinas. La ideología de la feminidad comenzó a ensalzar los ideales de la esposa y de la madre en el momento en el que la manufactura se desplazó del hogar a la fábrica. Como trabajadoras, las mujeres, al menos, habían disfrutado de la igualdad económica, pero como esposas estaban destinadas a convertirse en apéndices de sus compañeros varones, es decir, en sirvientas de sus maridos. Como madres, serían definidas como vehículos pasivos de la regeneración de la vida humana. La situación del ama de casa blanca estaba repleta de contradicciones. La resistencia era inevitable"[106].

Dice Davis más adelante: "En las sociedades donde los hombres habrían sido los responsables de la caza de animales salvajes y las mujeres, a su vez, de recolectar las verduras y las frutas silvestres, ambos sexos desempeñaron tareas económicas igualmente esenciales para la supervivencia de su comunidad. Dado que en aquellas etapas la comu-

---

106 Davis, 2005, p. 4.

nidad era, esencialmente, una familia extendida, el lugar central de las mujeres en la economía llevaba aparejado que ellas fueran valoradas y respetadas en calidad de miembros productivos de la comunidad. [...] Dentro de la economía nómada y precapitalista de los masai, el trabajo doméstico de las mujeres es tan esencial para la economía como los trabajos de cría de ganado realizados por los hombres. En calidad de productoras, ellas disfrutan de un status social investido de una importancia equivalente a la de ellos. En las sociedades del capitalismo avanzado, la dimensión servil de la función de las amas de casa, que pocas veces pueden producir pruebas palpables de su trabajo, menoscaba el estatus social de las mujeres en general. En resumen, según la ideología burguesa, el ama de casa no es más que la sirvienta vitalicia de su marido"[107].

En este sistema, mujeres urbanas de clase media también fuimos removidas de la vida pública: nos negaron la participación política, nuestros espacios de trabajo colectivo con otras mujeres, nos quitaron toda autoridad posible en las instituciones religiosas y fuimos enclaustradas en las casas para realizar trabajos no reconocidos y no remunerados. Es fácil creer que esta es una experiencia común a todas las mujeres, y en esa medida las luchas para que las mujeres blanco-mestizas pudiésemos trabajar fuera de la casa eran muy necesarias. Pero esta no es una experiencia universal. Davis habla de cómo las mujeres negras (se refiere a Estados Unidos pero aplica para Latinoamérica) siempre trabajaron fuera de la casa: "Una consecuencia directa de su trabajo fuera de la casa —en calidad de mujeres 'libres' no menos que como esclavas— radica en que el trabajo doméstico nunca ha sido el eje central de las vidas de las mujeres negras. Ellas han escapado, en gran medida, al daño psicológico que el capitalismo industrial ha infligido a las amas de casa de clase media, cuyas supuestas virtudes eran la debilidad femenina y la obediencia conyugal. Las mujeres negras difícilmente podían esforzarse por

---

107 Ibíd., p. 224.

ser débiles, tenían que hacerse fuertes puesto que sus familias y su comunidad necesitaban su fortaleza para sobrevivir. La prueba de las fuerzas acumuladas que las mujeres negras han forjado gracias al trabajo, trabajo y más trabajo, se puede encontrar en las contribuciones de las muchas destacadas líderes femeninas que han emergido dentro de la comunidad negra. Harriet Tubman, Sojourner Truth, Ida Wells y Rosa Parks no son tanto mujeres negras excepcionales como arquetipos de la feminidad negra"[108]. Esto no quiere decir que las mujeres negras estuvieran "mejor" que las mujeres blancas, es al contrario: eran doblemente explotadas en el trabajo asalariado y el trabajo del hogar, pero de los dos el primero era, sin duda, mucho más opresivo, y a la vez una reafirmación de las propias capacidades. Las mujeres negras, a diferencia de las amas de casa blanco-mestizas de clase media, nunca se preguntan a sí mismas: ¿seré capaz de *trabajar* (por fuera de la casa)?

Nuestro sistema blanco-mestizo también usa la idea de "progreso" para justificar la explotación de nuestros recursos naturales y de otros seres vivos. En contraste, para las mujeres indígenas la defensa de la vida, de la tierra y el territorio, es indistinta de la lucha por los derechos de las mujeres. Aunque en los cientos de pueblos indígenas de Nuestra América hay diversas aproximaciones al feminismo, Gargallo propone un eje transversal a estos proyectos políticos: "Las ideas de buena vida para las mujeres pensadas en las comunidades indígenas actuales, que son presentes y modernas, incluyen las ideas de economía comunitaria, solidaridad femenina, territorio, cuerpo, trabajo de reproducción colectivo y antimilitarismo, se sostienen en la resistencia a la privatización de la tierra y desembocan en la crítica a la asimilación de la cultura patriarcal de las repúblicas latinoamericanas y sus leyes centradas en la defensa del individuo y su derecho a la propiedad privada"[109].

---

108 Ibíd., p. 228.
109 Gargallo, 2013, p. 42.

Esto no quiere decir que las comunidades indígenas sean perfectas, como nos dice el discurso del racismo benevolente. Como nosotros, las comunidades tienen que luchar con el patriarcado blanco-mestizo impuesto brutalmente con la colonia, y con un probable patriarcado ancestral. Gargallo cita a la feminista comunitaria xinka Lorena Cabnal en Guatemala: "No solo existe un patriarcado occidental en Abya Yala sino también afirmamos la existencia milenaria del patriarcado ancestral originario, el cual ha sido gestado y construido justificándose en principios y valores cosmogónicos que se mezclan con fundamentalismos étnicos y esencialismos. Este patriarcado tiene su propia forma de expresión, manifestación y temporalidad diferenciada del patriarcado occidental. A su vez, fue una condición previa que existía en el momento de la penetración del patriarcado occidental durante la colonización, con lo cual se refuncionaliza, fundiéndose y renovándose, y esto es a lo a lo que desde el feminismo comunitario en Guatemala nombramos como refuncionalización patriarcal, mientras que nuestras hermanas aymaras en Bolivia y en su caso específico, lo oímos directamente de Julieta Paredes, que lo nombraban ya para entonces como *entronque patriarcal*"[110].

A estas dos vertientes patriarcales se suman otras influencias. Gargallo dice más adelante: "También existen apropiaciones de elementos misóginos contra el cuerpo de la mujer que responden a pautas culturales no dirigidas por las iglesias y los estados. Eso es, hay diferentes entronques del patriarcado en las relaciones de género tradicionales. Por ejemplo, la adopción hace menos de un siglo de la escisión del clítoris al nacer de las niñas de una comunidad embera-chamí cercana a Risaralda, en Colombia, de un pueblo amazónico desplazado con el que había tenido un fugaz contacto. Practicada hoy por las partes tradicionales, la 'costumbre' es defendida como si fuera ancestral y algunos ancianos de la comunidad esgrimen argumentos tales como que la escisión clitoridiana sirve para evitar que las mujeres emberas sean violadas por

---

110 Ibíd., p. 35.

militares y paramilitares porque ¡ellos no gozarán!"[111]. Pero creer que en las comunidades indígenas u otras comunidades racializadas hay "más machismo" que en las urbanas, blanco-mestizas, es un error racista que no nos permite entender y valorar la multiplicidad de experiencias de las mujeres americanas. La opresión existe en todas las comunidades, pero de formas diferentes, y muchas veces las mujeres blanco-mesti-zas jugamos el papel del opresor. La única forma de no replicar estos comportamientos es escuchando a otras mujeres, ya que sin sus voces y sus críticas no podemos hacer un verdadero autoexamen de nuestros comportamientos. "Si el feminismo como teoría niega o reduce la fuer-za transformadora que generan las mujeres de los pueblos originarios junto con los hombres de sus nacionalidades, entonces va a incurrir en el mismo reduccionismo que las demás ideologías universalistas en su afán de dominio del resto del mundo"[112].

¿Cómo entender los feminismos indígenas?

Para entender mejor estas posturas y las diferencias filosóficas pro-fundas que las mujeres indígenas americanas tienen con el feminismo urbano, blanco-mestizo, hablé con Rosa Marina Flores Cruz, mujer afro indígena zapoteca del istmo de Tehuantepec, en Oaxaca, México, académica luchadora social feminista; y con Mileydis Polanco Gómez del clan ipuana, mujer indígena wayuu de la comunidad del Cabo de la Vela en la Guajira, Colombia, comunicadora social y defensora de los derechos de su pueblo.

Catalina: ¿Te identificas como feminista o como defensora de los derechos de las mujeres? ¿Por qué?

111 Ibíd., 153.
112 Ibíd., p. 57.

Rosa Marina: Nombrarse feminista es complejo, sobre todo en los espacios rurales y comunitarios, pues a veces se asume el feminismo como una posición únicamente femenina, y cuando estás en un contexto colectivo y comunitario, un elemento principal es la dualidad y la existencia de un ente tanto femenino como masculino. Cuando hablas de una comunidad, es necesario que los hombres asuman prácticas femeninas, así como que las mujeres asuman prácticas masculinas.

Mile: Te voy a decir algo que dijo una amiga wayuu: "Si ser feminista es decir que yo trabajo por los derechos de las mujeres, entonces sí soy feminista". A mí me parece que eso tiene mucha lógica. Hay tantas cosas por hacer dentro de nuestro pueblo, pero yo digo que a todas las mujeres en algún momento de nuestras vidas nos corresponde empezar a mirar cuáles son esos temas de vulneración a las mujeres. Eso fue lo que a mí me pasó, yo con mi trabajo de comunicación y en el entorno donde me empecé a mover, había muchas mujeres que me inspiraron porque hacían más visible el rol de las mujeres en sus comunidades. Estar entre mujeres y escucharnos hacía que mi pensamiento fuera mucho más poderoso. Cuando logras estar en algún grupo de mujeres y ellas ponen esos temas que uno nunca los toca por pena, por vergüenza, entonces uno dice: "Mira, no solo me pasa a mí, sino que le está pasando a muchas más mujeres". Soy feminista en la medida en que busco la participación, generar confianzas entre mujeres, para que dejen de sentir miedo, de no creer en ellas. Estoy en este momento trabajando en potenciar, desde la comunicación, escenarios de participación para las mujeres e impulsando a que mujeres se tengan confianza, mujeres que han sido maltratadas, mujeres que han sufrido violencia.

Catalina: Uno de los ejes centrales del feminismo urbano, blanco-mestizo es una crítica radical a nuestro sistema social binario de donde surgen muchas de las opresiones que existen contra las mujeres y otros grupos. Nos cuesta mucho trabajo entender que nuestro sistema binario, en donde siempre hay un opresor y un oprimido, no es lo mismo que el sistema dual del mundo que tienen muchas comunidades indígenas. ¿Es así con la comunidad wayuu? ¿Qué significa para ti el concepto de dualidad? ¿Cómo son los roles de hombres y mujeres al interior de sus comunidades?

Mile: Esas son las cosas del feminismo alijuna[113] que uno no entiende mucho. Cuando yo te conocí, Cata, yo te dije que había muchas cosas del feminismo que a mí no me cuadraban, porque yo no puedo llegar a decir en comunidad que hay una diferenciación en donde los hombres son más que las mujeres. Para nosotras las wayuu, nosotras no vemos que los hombres sean más que las mujeres, hay un tema de roles al interior de nuestras comunidades, pero nosotras las mujeres somos pieza fundamental en toda la organización social de nuestro pueblo. Primero, porque hay una concepción del territorio que amarra todo: el territorio se concibe como Mmá; Mmá es la tierra y es mujer, está muy asociado a todo el tema de fertilidad a todo el tema espiritual del equilibrio, de sostener a la comunidad, de sostener a una familia, y por eso a nosotras se nos enseña desde niñas que nosotras tenemos que cuidar a nuestros hombres. Pero con equilibrio. La mujer wayuu también se encarga del tema espiritual, garantiza que haya una armonía al interior de la comunidad y esto se hace a través de las Outsü, que son nuestras guías espirituales, y esto está reservado para las mujeres. Estas autoridades espirituales son las que sueñan, las que tienen la relación con la naturaleza, las que saben qué es lo importante para una buena salud y buena vida con la comunidad. Tienen el conocimiento de las plantas y de muchas cosas y ayudan a orientar a los hombres en cómo deben hacer el relacionamiento con otras comunidades para que aquí haya paz. Lo que le interesa al indígena wayuu es poder vivir en armonía y en paz en su territorio y

---

113 La palabra "alijuna" significa "una persona que no es wayuu" y se usa para referirse a las personas blanco-mestizas.

eso lo garantizan hombres que sean respetados, hombres que sean sabios en tomar las decisiones, pero también hombres que respeten el consejo de las mujeres. Sin embargo, te voy a decir que hay muchos hombres que han olvidado ese sentido, rechazan esa orientación que ha sido milenariamente una práctica de nosotros los wayuu.

Rosa Marina: La idea de dualidad es una idea complementaria, no se trata de una cosa o la otra o de un enfrentamiento entre un ser y el otro sino entre dos que se entretejen y se entrelazan, porque para que haya comunidad tiene que haber entrelazamiento y entrecruzamiento y eso atraviesa el sentido de identidad, el sentido de quién eres. Las cosas se construyen cuando se construyen en comunión y con la participación y la entrega de lo mejor de cada quien. Lo mismo pasa cuando hablas de lo femenino y masculino, que son los dos lados de un mismo ser.

Mile: La mujer wayuu con sus acciones, con su pensamiento y con su palabra, con su determinación y conocimiento y atreviéndose a participar en las cosas se va ganando su espacio en la comunidad, pero siempre se trata de trabajo conjunto, hombres, mujeres, niños, porque todos tienen un lugar importante allí. Hay unos escenarios donde hablan los hombres y hay unos escenarios donde hablan las mujeres. En la organización social de nuestro pueblo, nosotras damos nuestro consejo. Pero además el pueblo wayuu es un pueblo territorial y guerrero. Cuando hay luchas y enfrentamientos, los que van son los hombres, no van ni niños, ni mujeres. Claro, los hombres no siempre nos escuchan, yo le digo a mi tío que para tomar decisiones pa' joderse con otros, ahí sí no tienen en cuenta lo que uno dice, y ahí está el error, pero si la voz de la mujer se toma en cuenta, ahí hay una participación y entonces se estaría tomando la decisión en conjunto con todos los que estamos involucrados en la comunidad. Si los hombres toman la decisión solos, es un problema, pero si nos escuchan hay una decisión en comunidad.

Rosa Marina: Una mujer trabaja cocinando en el istmo y vendiendo pescado. Su ingreso es más estable que el ingreso del marido y la familia se sostiene por el trabajo de ambos y se sostiene por ella, porque ella administra el dinero. Hace muchos años, cuando estaba haciendo mi tesis de licenciatura, un compañero me decía: "Ese señor, así como lo ves, él se va a quedar solo". Y yo: "¿Por qué?". Era un señor campesino ya grande de edad, pero grandote, moreno, con un bigote blanco. Y mi compañero me dijo: "Pues, es que él no quiere que las mujeres agarren el dinero, y ya estuvo con dos señoras y no les quería dar el dinero, y así no, así ninguna mujer se va a quedar con él; la mujer, ella es la que tiene que agarrar el dinero, porque si no la familia no va a vivir bien, y si él no se lo quiere dar, ninguna va a querer estar con él".

Catalina: Muchos planteamientos de los feminismos indígenas parece que se distinguen del sistema blanco-mestizo en que ponen primero lo colectivo antes que los intereses individuales. ¿Sucede lo mismo en sus comunidades?

Mile: Es que uno no se piensa individual, es imposible cuando uno es indígena, porque el wayuu y el indígena siempre se van a pensar en colectivo porque a nosotros nos asocia un tema territorial y el tema del territorio no se puede pensar individual. Yo no te puedo hablar solo de Mileydis Polanco y ya, yo me tengo que pensar desde mi comunidad y pensar qué hago por mi comunidad para que mantenga un buen vivir, para que mantenga un respeto hacia sus vecinos, para poder tener tranquilidad.

Catalina: ¿Cómo se conecta la lucha por los derechos de las mujeres indígenas con la defensa del territorio?

Rosa Marina: La defensa del territorio es la lucha por la defensa de un modo de vivir y de reproducir la vida, y quien está allí, de cabeza, de cuerpo entero, defendiendo y reproduciendo esos modos de vida es la mujer, es la madre, es la abuela la que tiene la sabiduría, la que sana. Entonces la defensa y la lucha por la defensa del territorio es imposible sin una lucha comunitaria marcada fuertemente por el trabajo de las mujeres. La reproducción de la vida es donde te tocan más, y no es únicamente en esta perspectiva de criar, de tener al hijo, de verlo crecer, sino del conjunto de lo que es vivir, de lo que es la soberanía alimentaria, de lo que es la salud, de lo que es todo este entramado que nos hace estar vivos. No se puede hablar de vida sin hablar de territorio y no podemos hablar de territorio sin hablar de vida. Cuando les preguntaba a las compañeras: "Oiga, usted, ¿cómo es la lucha que dieron aquí en el territorio?", me dicen: "Pues estuvimos ahí en la barricada, y cuando llegó la policía agarramos los palos y agarramos las piedras, y el resto del tiempo estuvimos cocinando. Cuando los hombres traían el pescado hacíamos el caldo cocinando, porque si nosotros no cocinamos, los hombres no pueden comer".

Mile: Estoy en una edad en que mi familia y mi comunidad requieren que haya unos relevos generacionales de liderazgo y eso ha recaído sobre mí y sobre mis primas, porque somos mujeres y para los wayuu la herencia es por vía matrilineal. Resulta que en el pueblo wayuu es importante que las mujeres tengan hijas mujeres porque estas son las que heredan el territorio, entonces no es que haya un matriarcado, sino que somos matrilineales y en esa línea solo heredan las mujeres. Yo fui a la universidad, estuve más tiempo por fuera que en mi comunidad, pero a mí me hicieron un llamado porque yo tenía que retornar, y tenía que retornar porque el territorio estaba desprotegido. Cuando yo llego acá y veo que todo el mundo anda despatriado, entonces mis tíos dicen: "¿Quién es la que le va a hacer frente a todo el tema territorial aquí, si todos ustedes están por fuera?".

Entonces yo veía a mis primos renegar, no prestarles atención a las mujeres, y no le prestaban atención a lo que decían las viejas con el tema de los sueños. ¿Por qué se iba a dar esa ruptura ahora? No, eso no podía suceder. Empezamos a decir con otras primas mías: "¡Ojo! Este es un tema ancestral de prestarle atención. Entonces nos empezamos a aliar entre nosotras y empecé a escuchar más a mis tías, Cata, escuchar toda su sabiduría y me pasaron cosas maravillosas con plantas que ellas me echaron. Fue una cosa muy bonita, una cosa es decirte, otra cosa es vivirla, y yo decía: "Vea, esto namás lo vive y lo siente uno de mujer wayuu". Entendí entonces por qué te hacen tanto énfasis en el tema espiritual.

Catalina: ¿Por qué es tan importante la espiritualidad?

Rosa Marina: Yo soy atea, pero el ritual se trata de una unión que pasa por un plano espiritual y esas son las cosas que nos hacen comunidad. Han pasado cosas que llegan de fuera que lo nutren. Yo me considero atea, pero cuando tengo que acompañar a mi madre, yo voy a la iglesia y me persigno porque entiendo que es algo más allá que la idea del "dios" que nos presentan. Lo importante de los rituales tiene que ver más con la comunidad que con la metafísica, y nos regresan al principio, a lo que es lo colectivo.

Catalina: Desde el mundo blanco-mestizo, nosotros hemos impuesto una dicotomía entre arte y artesanía, brujería y religión. Nos parece que la religión católica es muy razonable con un señor muerto colgando de una cruz en todas partes, cuya carne y sangre nos comemos simbólicamente los domingos, mientras decimos que los sistemas de creencias indígenas son brujería. ¿Qué opinan ustedes de la imposición de estas dicotomías?

Rosa Marina: Eso es racismo, no hay otra forma de llamarlo. Aparte es como desde una visión enternecedora: lo que hacen *nuestros* indígenas es *tan bonito*, es *tan bello*. Es una visión paternalista de que la mano indígena, el saber indígena, es "una belleza tierna" y dicen "¡Oh, *wow*, es increíble que sean capaces de hacer algo así con sus manos!", cuando le dicen arte a una hoja de papel arrugado que se encuentra en el MUAC (Museo Universitario de Arte Contemporáneo). Y eso sí es Arte.

Además, está esta idea muy riesgosa, la visión de que la religión católica o cristiana es indispensable para la supervivencia de las comunidades indígenas.

Mile: Mis hermanos son católicos, y ellos estaban intentando meter a mi mamá. El ser humano es complejo, sea indio, sea blanco, todos tenemos nuestros rollos internos y hay que ver la gente cómo los soluciona. Hay unos que encuentran paz con el dios de la iglesia, hay unos que no la encontramos ahí, hay unos que preferimos un baño con plantas, irnos a un retiro y estarnos tranquilos... Aprender a escuchar a tu cuerpo, si te estás matando trabajando, pues obvio que tu cuerpo se va a cansar, entonces bájale. Yo le decía a mi mamá: "¿Con qué se siente mejor usted?". Y ella me decía: "¿Pero cómo le digo a tu hermano que no voy a la iglesia?". "¡Pues diciéndole, mamá! Pues, si usted se mete a la iglesia, entonces ¿quién va a ver a la Outsü? ¿Quién va a interpretar los sueños?". Y ahí sí es verdad que nos vamos a acabar, por no estar pendientes de los sueños y de las cosas que nos están avisando, que es lo que históricamente nos ha mantenido en pie.

La historia de cómo se crea el mundo para los wayuu es que Mmá, la tierra, fue fecundada por Juyá, la lluvia. Yo soy hija de la lluvia, la lluvia es mi papá y Mmá es mi mamá. Juyá fecunda a Mmá y todo se va generando para que haya plantas, para que haya animales, y de Mmá salen los wayuu y todos los seres humanos. En cambio Adán y Eva, ellos fueron expulsado porque precisamente la mujer fue y pecó y agarró la manzana, y todo es muy raro. Primero porque para el wayuu no había manzanas[114], eso no pega, y es una historia muy rebuscada de castigo, de destierro. Para mí es mucho más creíble decir que, en

---

114 El pueblo wayuu, en Colombia, habita la península desértica de La Guajira, que linda con el mar Caribe y hasta la entrada del golfo de Maracaibo en Venezuela; una zona cálida, seca y tropical en donde, por supuesto, no se dan manzanas.

verdad, si la lluvia cae sobre la tierra brota vida, si nosotros le debemos todo a esta tierra que es lo que alimenta, donde uno encuentra todo para vivir, entonces para mí decir que yo vengo de la lluvia, que salí de la tierra, tiene más sentido. Sin embargo, hay muchos años donde nos estuvieron diciendo del tema del pecado, el tema del perdón, el tema de la culpa, que es una vaina jodida y solo después, con el tiempo, uno dice: "No, no, uno no puede vivir la vida creyendo que todo es malo".

Catalina: ¿Cómo es la organización social de las comunidades wayuu y cómo se diferencia de nuestro sistema de familias nucleares?

Rosa Marina: Tú vas al istmo y dónde queda este discurso de estos fanáticos religiosos que dicen lo que es y lo que no es la familia, cuando tu familia es tu familia extendida, cuando tu casa se compone de dos o tres casas alrededor, cuando tu tía es tu mamá y tu papá es tu abuelo.

Mile: Tú sabes que aquí se permite que los hombres tengan varias mujeres, y en algunos casos mantienen a todas esas mujeres al mismo tiempo, en otros casos abandonan a la que tienen y se van con otra, pero el territorio es de la mujer y jamás puede sacar a sus hijos de ahí. Entonces por eso los hombres wayuu dicen: "Los hijos son de las mujeres". Porque un hermano, mi hermano, no tiene los mismos derechos que yo en el territorio. Por eso, Cata, los hombres van y vienen. Por ejemplo, como mis hermanos se casaron con otras mujeres wayuu, sus hijos son dueños es del territorio de su mamá. Sin embargo, mis hermanos siempre van a tener derecho a nuestro territorio, pero hasta ellos, los hijos no. Por eso los hijos míos son hijos de mi hermano, su figura paterna es el tío, los Alaulayus, ese es el que siempre tiene que velar por que sus sobrinos estén bien, porque esos son sus hijos de carne y de sangre.

Esa familia nuclear no tiene sentido, porque aquí todos somos familia. Como siempre hablamos de un tema colectivo, entonces es muy importante el tema de tus orígenes. Desde el respeto a los viejos, ahí empieza todo. Una familia está constituida por los abuelos. Uno vale por los viejos que uno tiene. Si ellos son respetados en su comunidad, tú eres respetada en la comunidad. Cuando uno se casa, el papá o la mamá de uno puede decirle: "No quiero que te lleves a mi hija lejos, esta es la tierra de ella, hagan ahí su casa. Entonces uno siempre está al lado de mi mamá, de mi papá, de mis abuelos, de mis tíos, que son los que me representan, los alaulayus. Los hijos de mi tío, por ley wayuu, son mis hermanos entonces, ahí se va extendiendo. No es solo tener papá, mamá y hermanos, tus primos por línea materna son tus hermanos y por eso uno tiene una línea de parentescos grandes, porque al momento de que tú tengas un problema, Cata, una afectación, tú no estás solo con papá, mamá y hermanos, estás con tíos y primos, con abuelos, toda esa gente que va a salir a ayudarte a ti y a dar la cara por ti y ayudarte a salir de ese problema juntos.

Catalina: ¿Qué actitudes o comportamientos machistas existen al interior de sus comunidades y cómo cambiarlos?

Mile: Por ejemplo, eso de que los hijos son de las mujeres hace dentro de mi pueblo que los hombres se aparten de sus responsabilidades como padres y se lo dejen todo achacado a la mujer. El hombre no es que sea flojo, es que el hijo es de la mujer, y ella resuelve porque ese es su hijo. Por otro lado, la mujer wayuu tiene un rol muy importante en la comunidad, pero digamos que ese es el deber ser. Hay muchas mujeres que van y trabajan y traen todo, pero no están con buenos hombres y las cascan, las someten. Otros las apoyan, aquí se da de todo. Desafortunadamente, nosotros no hemos sido ajenos a toda esta falta de valores en la que estamos sumergidos toda la sociedad, porque una cosa de la que yo sí me quejo y sí digo que hay que trabajar más es que no entiendo por qué los hombres se tienen que sentir dueños de las mujeres, y no entiendo por qué, si somos tan importantes dentro de nuestra estructura social, ¿en qué momento se perdió, al punto que los hombres se creen dueños de nosotras? Y empiezan a violentar a esa mujer, que además es la que tiene que velar por los hijos, va y trabaja, y el tipo la casca, y esas que además se aguantan que tenga otra mujer y llega y la casca. Todas las mujeres con las que yo me he encontrado que han superado esa vaina de que el hombre las cascara hoy están trabajando, porque se dieron cuenta. Y fue una cosa dura, porque yo tengo amigas que los maridos las jodieron duro, duro, y "Oye, ¿tú qué estás pensando de la vida?, ¡te va a matar ese *man*!". Y fueron años diciéndoles: "Sepárate, sepárate, sepárate", y ellas con la autoestima por el suelo. Y hoy están apropiadas, dándose la oportunidad, y lo que me parece más bacano es que uno logra que las mujeres no le tengan miedo a estar solas.

Otro problema más político es que uno ve a nivel nacional que nuestras mismas organizaciones indígenas aún tienen muchas cosas que replantearse. Movimientos como Fuerza de Mujeres Wayuu[115], de Jakeline Romero Epieyu y Kármen Ramírez Boscán Epinayu, si no estoy mal, es o la única, o una de las pocas organizaciones indígenas

---

115 Sütsüin Jieyuu Wayuu (Fuerza de Mujeres Wayuu). Ver: http://jieyuuwayuu. blogspot.com/. Según Karmen Ramírez Boscán, "La Fuerza Mujeres Wayuu, con el apoyo del Fondo Global de Mujeres, inició un proceso de fortalecimiento y empoderamiento económico hace más de ocho años en la comunidad wayuu Nouna de Campamento, donde, sin ser el único ni el primer ejercicio de este tipo que se desarrolla en el territorio, 40 mujeres dieron inicio al programa que se basa en el tejido como una estrategia de protección frente al conflicto armado y las violaciones de derechos humanos. El principio fundamental de esta iniciativa ha sido la protección de Wounmainkat – Nuestra Tierra, contra las amenazas de las multinacionales, a la presencia de grupos armados legales e ilegales y la reclamación de justicia. Además procura la obtención por parte de la artista de una remuneración digna por su trabajo, en aras de promover la independencia financiera de las mujeres wayuu que, entre otros factores, enfrentan la barbarie de la guerra. Tristemente, el proceso terminó solo con siete mujeres después de todo este tiempo, pero ellas han sido constantes en sus objetivos y se han comprometido con la defensa de sus derechos, al mismo tiempo que han aprovechado sus conocimientos en el tejido para sacar adelante a sus familias" (Ramírez Boscán, 2015).

que hay en Colombia de mujeres. En las organizaciones hay áreas de trabajo sobre las mujeres, pero eso no es suficiente, además hay una mala práctica que se da al interior de nuestras comunidades, y es que las que van a escenarios internacionales son las que están en la rosca y no las que están haciendo el trabajo.

Rosa Marina: En realidad sería bastante ingenuo creer que las comunidades indígenas están exentas de sexismo. Hay machismo y hay homofobia y hay agresiones fuertísimas y justamente no podemos pensar que las comunidades indígenas están estáticas no intervenidas. Aparte sería absurdo tener una comunidad que no esté vinculada con todos los procesos que están ocurriendo en un sistema en el que se encuentra. Es una comunidad que ya habría desaparecido. En ese ir y venir también han llegado estas prácticas. Cuando estamos trabajando con compañeras o estamos en nuestros espacios, la reflexión no tiene que ser desde arriba, desde "yo lo teorizo, yo leí a tal feminista que dijo que se alcanza la iluminación así". Una parte esencial de trabajar en proceso comunitarios es entender que ahí hay contradicciones. Cuando caemos en la idealización de los procesos, caemos en algo que no se va a poder gestar. Por eso, para enfrentar al patriarcado dentro de las comunidades, tiene que haber una transversalidad de lo que es vivir en el colectivo en la dualidad, que además son comunidades abiertas, comunidades influenciadas que se encuentran en una dinámica de constante cambio.

Catalina: ¿Cómo negociar conservar las tradiciones y con ellas una identidad, con la influencia inevitable del mundo blanco-mestizo?

Mile: A mi vida han llegado muchas mujeres que me han inspirado. Es una vaina muy bacana porque uno se siente respaldado. Yo no me las sé todas en cuestiones de mi pueblo, yo estoy en mora de entender muchas vainas también, porque cuando uno va a la universidad, entonces tú regresas y quieres imponer cosas que aprendiste de afuera, pero te das cuenta de que eso no es, porque entonces nada de lo que te estoy diciendo tendría validez. Si yo no escucho a mi mamá y a mi tía en sus preocupaciones, que ni me lo decían en palabras sino que me lo transmitían en sueños, si yo no creía eso, entonces mi vida no iba a cambiar.

Rosa Marina: Yo creo que las comunidades no pueden estar cerradas, esa maleabilidad ha permitido que se den luchas tan fuertes de resistencia y de defensa del territorio. Que haya claridad dentro de las comunidades respecto a cómo se quiere vivir es lo importante. Una comunidad puede vivir con telefonía celular comunitaria. Se trata de entender que habrá esas ambivalencias con esos dos espacios en constante intercambio, estar abierta a entender que lo que yo estoy construyendo para mí misma en lo individual también forma parte de un colectivo, de un espacio comunitario. A veces un lado mío como que quiere ser esa mujer independiente de los relatos feministas y eso choca mucho con ese lado mío que vive en la comunidad, que adopta dinámicas de cuidado, dinámicas de mujer de roles establecidos. Es un constante estar evaluando, midiendo. Las dos forman parte de mí.

Catalina: ¿Te tratan distinto si vas en huipil o si vas en *jeans*?

Rosa Marina: Depende del espacio en el que estés. En los espacios de denuncia que se trata de diálogos con los otros, con la gente que es de afuera, inmediatamente hay ese sentimiento de folclorización. Te dicen: "Ay, qué bonita se viste con su ropa y está aquí en la ciudad vestida así". Pero también hay un sentimiento de reconocimiento cuando te ves con tu propia ropa con compañeras de otras identidades étnicas, es como un compartir discreto de atravesar todas esas fronteras, todas esas miradas, todos esos acercamientos. Yo creo que casi todas, si nos vestimos de *jeans,* nadie nos mira así. Para mí una ocasión especial, cualquier cuestión que implique esta idea de arreglarse, para mí es en enagua y ponerme mi huipil y yo así me sé arreglar. Pero luego, si me invita una amiga blanca a su boda, no sé. Si voy en enagua son capaces de preguntarme: "¿No te pones ropa formal?". ¿Cuál es la ropa normal?

Catalina: ¿Qué pasa con la apropiación cultural y por qué daña a las comunidades indígenas?

Rosa Marina: El intercambio cultural es importantísimo e inevitable. Usar los elementos de otra cultura es lo que nos ha hecho lo que somos ahora. O sea, los bordados istmeños, perdóname pero no son prehispánicos, las flores son motivos españoles, los encajes son franceses, los hilos son chinos, o sea ya el trasfondo identitario cultural colectivo comunitario que está alrededor de ellos les da otra forma y los conecta de manera distinta. Además, cuando uno dice: "'Estos no son bordados prehispánicos", lo que está diciendo es: "Esto es diseño de moda". No "ropa típica" sino "diseño de moda".

Mile: Como obviamente el pensamiento ha sido que todo lo del indio vale menos, entonces uno se cree el cuento. Y crecimos creyéndonos el cuento de que "el indio es lo que huele feo, no sabe leer, el indio representa atraso". Pero la misma industria de la moda empezó a tomar cosas de nuestro arte indígena y lo volvió famoso. Pero en ese volver famoso, los que ganamos no fuimos nosotros. En este momento las mochilas wayuu se han desvalorizado mucho, para todo el trabajo que es, trabajo a mano. Nosotros lo que reclamamos es el tema de los dibujos, de los kanaas, esto es lo que nosotros reclamamos, porque el croché no es nuestro. Si bien es un bien que está público, es exclusivo del pueblo wayuu.

[La colección primavera-verano 2013 de la diseñadora británica Sophie Anderson fue aclamada por sus diseños "basados en la mochila amerindia". Dice Kármen Ramírez: "A la diseñadora Anderson la califican como 'de ojo particularmente ecléctico', ya que en cada pieza combina lo moderno con lo antiguo, pero lo que más llama la atención de 'su colección' es la vibración de los colores que ella combina en 'sus' diseños, diseños y colores que, valga la pena decir, no son otra cosa distinta a lo que llamamos en wayuunaiki 'kannas', dibujos únicos y exclusivos de las artistas wayuu, los cuales ni siquiera existen en patrones impresos, porque cada una de nosotras los lleva guardados en la memoria. Esta situación es solo comparable con nuevas formas de colonización y de esclavitud, donde las mujeres wayuu han tenido que tejer en materiales de menor calidad que les permitan finalizar en tiempos súper reducidos lo que los alijunas llaman 'productos' con el objetivo de cubrir la alta demanda que es subestimada por los compradores, además de ser mal pagada por los comerciantes"[116]. Más grave aún es el caso de apropiación perpetrado por Tomás y Jerónimo Uribe, hijos del expresidente de ultraderecha militarista Álvaro Uribe Vélez, quienes crearon unas tiendas de artesanías y accesorios colombianos con el condescendiente nombre de "Salvarte", en donde revenden creaciones de mujeres indígenas colombianas, incluidas las mochilas wayuu, a precios exorbitantes, sin beneficiar a las comunidades. En palabras de Kármen Ramírez: "No se puede dejar de mencionar a Sapia c.i. s.a.s., más conocida como Salvarte, exitosa empresa basada en la compra y venta de artesanías, que fue la primera sociedad de propiedad de Tomás y Jerónimo Uribe Moreno, los hijos del actual, e innombrable por mis letras, senador de Colombia. Según información publicada por *El Espectador*, Salvarte, de la cual los hijos del senador dicen que ahora son accionistas minoritarios, hoy cuenta con diez almacenes en Bogotá y exportaciones a distintos países. En 2010 empezó a reportar balances ante la Superintendencia de Sociedades, en los que registraron ingresos operacionales por $6.500 millones, ganancias brutas de casi $3.000 millones y ganancias netas de $200 millones, tras pago de impuestos. Cifras que evidentemente deberían ser cuestionables por cualquier artista indígena que alimenta con sus creaciones las arcas de empresarios de este tipo"[117].]

---

116 Ramírez Boscán, 2015.
117 Ibíd.

Catalina: ¿Has tenido que vivir algún episodio de discriminación y racismo? ¿Cómo fue?

Rosa Marina: Yo he sido muy privilegiada, fenotípicamente además yo no tengo rasgos indígenas muy marcados, mi padre es afrodescendiente y en mí se notan más los rasgos afro. Entonces yo lo que viví creciendo desde esta perspectiva es que a mí se me aplaudía tener rasgos que se alejaban de lo indígena: mi altura, mi nariz, el cabello rizado, las pestañas rizadas me acercaban más a un otro que tenía una categoría mejor que verse indígena, y eso es aplaudido. Cuando me percaté de eso pensé: bueno, ¿cuál es el sentido de eso? Uno no elige cómo nace y además eso no tiene nada que ver con la identidad, yo puedo tener más rasgos de uno o de otro, pero yo crecí en una comunidad indígena. Claro que siempre me he topado con uno que otro tarugo en la vida que cuando saben que uno viene de Oaxaca, que viene de un pueblo, inmediatamente te folclorizan. Me pasó así en una clase que además era una clase de memoria etnocultural. Yo fui de enagua y huipil a hablar de memoria etnocultural del pueblo zapoteco del istmo, y la pregunta de una compañera fue: "¿Y puedes bailar para nosotros?". ¡Cómo si estuviera en la guelaguetza![118] ¡Chinga tu madre!

Mile: Una que me marcó en mi carrera de comunicadora: mi profesor de redacción me decía que yo escribía "como indígena". Mi trabajo de redacción no llenaba sus expectativas. Y yo me le quedé mirando: "¿Cómo así? ¿cómo escribe el indígena?". "Así enredado como está

---

118 "Guelaguetza" es una palabra en lengua zapoteca que significa "ofrenda o presente". Esta celebración tiene sus orígenes en la época prehispánica, cuando los indígenas zapotecas dedicaban sus plegarias y bailes a los dioses, principalmente a la diosa Centéotl, la diosa del maíz. Durante la época de la Conquista y la Colonia, se siguió haciendo esta celebración. Sin embargo, ahora se consagraba a la Vírgen del Carmen, estableciendo el domingo 16 de julio como la fecha oficial para las celebraciones; en caso de que el 16 no cayera en domingo, se celebraría el primer lunes después de la fecha, de ahí viene el nombre de Lunes del Cerro.

escribiendo". No me gustó su tratamiento hacia mí. Me acuerdo
que otra vez me decía que yo tenía que poner que García Márquez
había nacido en una aldea, y yo le decía que Aracataca no era una
aldea [Aracataca, el pueblo natal de García Márquez, colinda con el
departamento de La Guajira y por parte de su abuela, Tranquilina
Iguarán, el escritor tenía ascendencia wayuu], yo le decía que nosotros
no vivíamos en aldeas y que yo no iba a poner esa bendita palabra.
Yo escribo como indígena porque soy indígena. Se burlaron de mí
los compañeros y se burló de mí el profesor.

Catalina: ¿Cómo se explica el anticapitalismo y el anticolonialismo
en las luchas de las comunidades indígenas?

Rosa Marina: Las luchas indígenas son luchas anticolonialistas y
totalmente anticapitalistas. Esta necesidad de luchar por la reproducción de la vida es una batalla anticapitalista, en contra de todas
esas dinámicas de un sistema de vorágine que consume sin cuidar la
vida. Toda lucha que sea por la reproducción de la vida es una lucha
anticapitalista y es una lucha indígena.

Mile: El tema de colonia nos trae a nosotros muchos problemas. Re-
sistimos porque el wayuu se adapta, es muy comerciante. El tema de
que sea tan territorial y guerrero por el territorio lo hizo enfrentarse
y conservarlo. Pero la colonia también vulneró muchas cosas, como
fuimos tan comerciantes, eso permitió que nos relacionáramos mucho
con los alijuna, eso tiene sus ventajas y sus desventajas.

El tema del capitalismo, sin embargo, yo te puedo decir que,
en este momento, como wayuu y como indígena, el sistema, si es
capitalismo o si es socialismo, eso es la misma vaina. En Venezuela
intentaron hacer algo y fracasó, y allí están los wayuu que apoyaron
el sistema socialista quejándose y acá estamos nosotros resistiendo.
[El pueblo wayuu habita en territorio venezolano y colombiano y
pueden moverse libremente por los dos países]. En su momento

apoyamos todo el tema de Venezuela y hoy vemos con mucha decepción todo lo que está pasando. Entonces uno dice: ni socialismo ni capitalismo. A mí lo que me importa es que tenemos que convivir con el otro y entender que lo que a mí me afecta le va a afectar. El indígena necesariamente siempre insiste con el tema del medio ambiente porque sabemos que Mmá, que es nuestra tierra, nuestra mamá, tiene todo, y si tú jodes a Mmá, ¿con qué carajo vas a vivir? Estamos embarcados en un gobierno capitalista, pero creo que esta generación mía debe resurgir con propuestas de ciudades sostenibles. No queremos la minería, pero si ya la tenemos metida acá, ¿cómo hacemos? Si nos están haciendo un hueco en el territorio y nosotros que somos los dueños ancestrales del territorio estamos tan mal... Entonces si tenemos que mamarnos 30 años más del Cerrejón[119]

---

119 La mina de carbón del Cerrejón está ubicada en la cuenca del río Ranchería, al sureste del departamento de La Guajira, poblado por comunidades wayuu. Según el periódico *El Espectador*: "Cerrejón es una de las operaciones mineras de exportación de carbón a cielo abierto más grandes del mundo, ubicada en el departamento de La Guajira. La compañía, que integra la exploración, extracción, transporte férreo, embarque y exportación, en 2017, logró exportar 31,7 millones de toneladas de carbón" ("Sindicato de Cerrejón iría a huelga por falta de acuerdos laborales," 2018).

Según la revista *¡Pacifista!*: "Las explosiones diarias de carbón liberan nubes gigantes de partículas tóxicas de polvo que contaminan el aire, el agua y las plantas de las comunidades cercanas. Otro problema es la ignición espontánea del carbón por el sol fuerte, liberando metales pesados tóxicos en el ambiente. [...] Otro impacto severo es el daño a los recursos hídricos de la región causado por la extracción de carbón. El área minera es atravesada por el río más importante de la provincia, el río Ranchería. Aproximadamente 55.000 personas dependen del río como único suministro de agua, en una provincia tan seca que no llueve más de dos meses al año, y algunos años no llueve, debido a eventos climáticos como el fenómeno El Niño. Pero después de 31 años de extracción de carbón, el río se ha convertido en una corriente fangosa y contaminada. Durante la sequía extrema causada por El Niño entre 2012 y 2015, el Ranchería incluso se secó por completo en algunas partes, causando una grave escasez de alimentos entre la población local de la zona, cuyos animales y cultivos murieron por la falta de agua. [...] El Cerrejón utiliza al menos 34 millones de litros de agua por día para su opera-

acá, que compensen y que haya calidad de vida para todos. A mí en lo personal lo que más me duele con el Cerrejón es que hay un daño ambiental fuerte y el Estado colombiano siempre ha favorecido a las multinacionales. En el territorio de nosotros los indígenas hay una mezcla de multinacionales apoyada por el gobierno, pero también hemos tenido décadas con malos líderes en mi pueblo. Yo siempre hago esa autocrítica porque en el pueblo wayuu necesitamos una lluvia de dignidad, un aguacero de dignidad.

La mejor resistencia a estos sistemas en donde las comunidades terminamos jodidas es conservar nuestro territorio ancestral. El gobierno se lo tiene pensado todo. Antes nosotros peleábamos porque no teníamos leyes. Cuando hicieron la Constitución de 1991, donde surgió el tema de los resguardos indígenas, ahí se perdió que éramos hermanos todos, y empezó todo el mundo: "Este territorio es mío", "Échate pa' allá que aquí me voy a poner yo". Porque había plata y comenzó la propiedad privada en la forma del resguardo. ¿Quién se inventó eso? Los alijunas en el Congreso. Fue una idea pensada para favorecernos, pero no resultó y hoy el tema de los resguardos nos pone a pelear entre nosotros. Lo que no queremos entender es que todo está dado para que nosotros peleemos entre nosotros y vienen muchas multinacionales que se valen de la necesidad que hay en estos pueblos, porque en nuestras comunidades lo que hay es hambre, desesperanza. Hay necesidad de todo. Y la gente tiene mucho miedo porque ves que pasa el tiempo y cada vez las cosas se ponen más difíciles, y llega alguien y te pinta un proyecto bonito y le entregas el territorio. ¿A dónde va a parar uno? ¿A dónde vamos a parar los indígenas si no nos ponemos las pilas? A engrosar los

---

ción, de acuerdo con los propios cálculos de la compañía. El agua se extrae de fuentes de agua superficiales y subterráneas del Ranchería y sus afluentes. Además, las aguas residuales tóxicas de la mina, contaminadas con metales pesados y residuos de combustible, finalmente se descargan en el mismo río y sus afluentes" ("El Cerrejón: una mina cada vez más insoportable para sus vecinos," 2017).

cordones de miseria de los centros urbanos, como Riohacha, como Maicao, como Uribia, porque salimos del territorio a la ciudad a ser pobres, porque ahí sí es verdad que uno habla de pobreza. Cuando uno está en el monte uno resuelve, te metes al mar, agarras un pez, si llueve siembras maíz, resuelves la vida, pero si te vienes pa' Uribia y no tienes plata, te jodes. Entonces, ¿qué haces? Empiezas a robar.

Catalina: Para varias comunidades indígenas de América, el sistema de justicia se distingue del sistema blanco-mestizo pues está orientado a la reparación de la afrenta y no al castigo. ¿Es así con el sistema de justicia del pueblo wayuu?

Mile: Decía mi abuela que hay que ser una persona honorable para que la gente te respete y confíe en ti. Si eres una persona traicionera, la gente te va a tener miedo, o se va a burlar de ti. Ese sistema normativo wayuu nos ha permitido milenariamente convivir en un territorio que tiene unas reglas establecidas que son el respeto hacia tu vecino, pensar colectivamente, porque tu pensamiento individual no puede superar el pensamiento colectivo porque eso traería problemas con el otro. Nosotros lo que buscamos con el sistema normativo wayuu es el diálogo ante todo. Tú tienes que ser consciente de que tus acciones individuales afectan a una colectividad. Si tú llegas y haces un agravio con otra familia, tienes que reparar ese agravio que hiciste. ¿Y cómo lo reparas? Primero porque te sometes a que tienes un señalamiento de toda tu comunidad porque tú alteraste la armonía de esa familia. Si uno hace un agravio con una familia, la familia manda al pütchipü'u o palabrero para que medie con la persona y familia agraviada. El wayuu utiliza una palabra que significa que tú tienes que "comprar de nuevo su cariño". La compensación va a calmar y va a ser un reconocimiento de que tú realmente estás arrepentido. Para que eso pase, si ellos te dicen: "Tienen que pagarme tanto en animales, tanto en collares, tanto en dinero", entonces esa persona que cometió el acto ofensivo es la que tiene que ir a recoger durante meses por todas las zonas donde tiene familiares, recoger para pagar ese agravio. Tiene que ir a poner la cara con toda la familia por su afrenta. Y al momento en que se recoge todo, se reúne toda la familia de la persona que hizo el agravio con los palabreros de la familia afrentada, ahí se celebran pactos de esa confrontación y se hace un pacto de familias: "Yo te estoy entregando esta compensación por tu dolor y nosotros como familia, todos juntos, ahí desde los más chiquititos hasta los más viejos, estamos poniendo la cara y dando la palabra de que eso no se va a repetir". Si esa persona vuelve e infringe, la gente empieza a tener un rechazo hacia él a tal punto que si no se somete a lo que la comunidad está diciendo, simplemente es desterrado.

Rosa Marina: Son dinámicas que también ocurren en las comunidades del istmo; hay un sistema de justicia interno que se trata de resarcir la afrenta, y que tiene muchas prácticas machistas, pero si uno lo analiza, es un sistema de justicia alternativo que implica llegar a acuerdos colectivos. Además involucra a las familias, la persona que cometió la falta tiene que ir con la familia de la persona afectada. Aquí ha pasado que en casos de violación se cobran hasta cincuenta mil pesos, y eso sirve un poco más que el simple castigo, que es un sistema basado en la venganza. Son sistemas de justicia que no están enfocados en el castigo sino en la reparación y que son una mejor alternativa a los sistemas de justicia punitivos.

Catalina: ¿Cuál es su postura frente al derecho al aborto y otros derechos sexuales y reproductivos?

Mile: Hay una cosa clave: el tema de los índices en educación de las mujeres indígenas debe aumentar. Las mujeres somos dedicadas al estudio, pero como nos toca parir muy temprano, la maternidad hace que muchas aplacen el tema del estudio. Necesitamos que haya más mujeres estudiando porque si las mujeres somos las encargadas de sacar adelante a nuestros hijos, entonces si estamos más preparadas tenemos más opciones de obtener trabajos dignos o mejor pagados y va a haber familias wayuu mejor establecidas, mejor organizadas. Hay un tema de deserción escolar en las jóvenes muy grande. Una niña wayuu llega hasta octavo, noveno de bachillerato, porque se desarrolla, se mete con alguien y se embaraza. Acá las niñas paren a los 14, a los 15. Debe haber políticas para que las mujeres accedan más al tema de la educación, para que tengan todas las garantías y la información para poder elegir terminar su bachillerato y entrar a la universidad. A las mujeres hay que darles la información y cada quien debe decidir si va o no va a abortar, si tiene o no tiene hijos, eso es un debate que es muy personal. Pero si a la gente le dan la opción de tener la información y estar libre e informado... Si yo no conozco más allá de las opciones que tengo en mi entorno, ¿qué carajo voy a decidir?

Rosa Marina: Derecho al aborto, y a la educación sexual para decidir, anticonceptivos para no abortar, y los pueblos indígenas lo necesitan primordialmente porque es una barbaridad la cantidad de mujeres que yo conozco que han tenido que pasar por abortos clandestinos riesgosos, cabronsísimos, y he visto el miedo y la angustia. También compañeras adolescentes que son obligadas a ser madres porque piensan que no tienen otra opción. Proteger a la vida es proteger a las mujeres, porque la vida la reproducen ellas, no el feto, y además ellas son las que se encargan del cuidado de la vida, de mantenerla. Sin embargo, para los pueblos hay otras demandas que nos atraviesan de forma más urgente. La lucha se está dando en los espacios urbanos, pues que se dé ahí, esa es una lucha que deben dar las feministas blanco-mestizas.

Catalina: ¿Qué has aprendido del feminismo blanco-mestizo y qué crítica le haces?

Rosa Marina: El feminismo me parece algo hermoso, y me ha ayudado mucho a mí misma a repensar todo lo que ha sido mi vida, mis relaciones, en todos los sentidos, y a disfrutar más todo. Me ha liberado mucho de muchas culpas que uno va construyendo sin darse cuenta y a través del feminismo pude pensarlas, exteriorizarlas y dejarlas ir. Desde la compañera que me hizo ver que la heterosexualidad es algo impuesto. Lo importante es no pensar el feminismo como algo amorfo, grande, gigante, avasallador, cuando es más como haces de luces que nos ayudan a ver muchos puntos en muchos momentos desde las distintas perspectivas que hay. El feminismo es tan diverso como somos las mujeres.

Mile: Empecé a leer *Conversaciones con Violeta,* de Florance Thomas, y ella dice algo que me atrapó: yo no era consciente de cuándo habíamos ganado nosotras las mujeres el derecho a votar; mi abuela, mi mamá no lo vivieron. Yo pienso en que mi abuela y sus hermanas eran unas viejas muy tesas porque ellas nunca se sometieron y siempre fueron muy rebeldes y hablaban y no se dejaban. Entonces me parece muy importante que el feminismo alijuna haya aportado todas las bases para que la mujer tenga participación política, esto es importante en el mundo alijuna. Me parece chévere desde muchas áreas, desde las feministas que son radicales, y que son radicales por algo, a las que están haciendo una revolución desde el tema espiritual, que me parece muy bacano, dese el tema político, de si es o no es una opción para nosotras ser mamás. También siento que se estigmatizó mucho la palabra feminista, muchas mujeres, entre esas me meto yo también, le tuvimos miedo. Sobre todo miedo a que nos metan a todas en la misma bolsa y lo mismo de siempre, todo es homogeneizante, todo es igual, y me daba miedo que dentro del feminismo no se pudieran desarrollar otras apuestas para las mujeres indígenas con distintos puntos de vista. Pero luego llega Julieta Paredes y dice: "Yo hablo de feminismo comunitario", otras que dicen: "Yo defiendo derechos humanos", y otras estamos a la búsqueda, a partir de este derecho de las mujeres que nosotros construimos, de nuestra propia versión de feminismo. Se necesita la fuerza de las mujeres juntas para trabajar por nosotras, porque cada vez este mundo está más jodido y yo creo que lo que necesitamos es el poder transformador de las mujeres.

¿Armaduras invisibles?

En 1988 la feminista y académica gringa Peggy McIntosh publicó un ensayo personal y autocrítico que resultó ser un vértice para la crítica feminista contemporánea: *Privilegio blanco y privilegio masculino: deshaciendo la maleta invisible* (en inglés *White Privilege and Male Privilege: A Personal Account of Coming to See Correspondences Through Work in Women's Studies*). Se trata de un corto ensayo en el que McIntosh parte de analizar su propia experiencia: "Gracias al trabajo realizado para incorporar material de estudios sobre la mujer en el resto del currículo, a menudo he notado que los hombres no están dispuestos a reconocer que tienen excesivos privilegios, aunque reconocen que las mujeres están en una situación de desventaja. Dicen que lucharán para mejorar el estatus de la mujer, en la sociedad, en la universidad o en el currículo, pero no pueden apoyar ni apoyarán la idea de disminuir el estatus del hombre"[120]. Supongo que esto nos suena conocido a todas las mujeres.

Podríamos definir privilegio como una ventaja que no depende de los méritos de la persona sino de su posicionamiento en un determinado entramado social de formas de poder. McIntosh se dio cuenta de que esto no era un fenómeno único de los hombres; observó que ella, al ser blanca, caía en las mismas fallas que sus colegas masculinos. Recordó que muchas veces mujeres feministas negras le habían dicho que ella era "opresora por ser blanca". Su primera reacción fue ofenderse: ¿ella?, ¡feminista, progresista, en contra del racismo! ¿Cómo le iban a decir "opresora"? "Mi educación no me preparó para verme a mí misma como una opresora, como una persona injustamente privilegiada, o como una participante en una cultura menoscabada. Me enseñaron a verme a mí misma como un individuo cuya solvencia moral dependía

---

120 McIntosh, 1988.

de su voluntad moral individual"[121]. Y así nos educan a la mayoría, todo está dado para que los privilegios que tenemos se vuelvan invisibles.

"Creo que a las personas blancas les enseñan cuidadosamente a no reconocer el privilegio blanco, como a los hombres se les enseña a no reconocer el privilegio masculino. Es por eso que, sin que nadie me enseñe, he comenzado a preguntarme qué se siente gozar del privilegio blanco. He llegado a ver el privilegio blanco como un paquete invisible de ventajas inmerecidas que espero aprovechar cada día, pero en el que 'se suponía' no debía pensar. El privilegio blanco es como una maleta invisible e ingrávida llena de provisiones especiales, mapas, pasaportes, folletos de códigos, visas, ropa, implementos y cheques en blanco"[122]. Lo mismo sucede con todas las formas de privilegio: privilegio masculino, privilegio heterosexual, privilegio de clase, privilegio cisgénero, etcétera. El gran descubrimiento de McIntosh es que, como el privilegio es invisible, la opresión es inconsciente.

Al respecto de los privilegios dice Francesca Gargallo: "Como mujer blanca yo vivo sin conciencia de los privilegios que el sistema racista me ha reservado desde la infancia. Están tan interiorizados y normalizados que no me percato de ellos y, por ende, me abrogo el derecho de no reconocerlos, a menos que alguien me los señale. [...] Desde el momento en que ese señalamiento existe, sin embargo, yo me vuelvo responsable de los privilegios que las blancas gozamos en un mundo de racionalizaciones jerárquicas de las personas, según sus rasgos, su pasaporte, su color de piel, su tipo de pelo, su estructura corporal. Ahí donde existe un privilegio, un derecho es negado, precisamente porque los privilegios no son universales, como son pensados los derechos (igualmente, ahí donde un derecho es negado, se construye un privilegio). El sistema de privilegios racistas que favorece a las blancas me otorga muchos argumentos para que no los reconozca como tales y pueda seguir gozándolos. Gracias a

---

121 Ibíd.
122 Ibíd.

ellos, puedo esgrimir un discurso, que la academia me ofrece, con qué justificar mis éxitos como buena estudiante y esforzada docente, obviando las facilidades que tuve para alcanzarlos"[123]. Y dice Gargallo más adelante: "El racismo había racializado mis privilegios al punto de volverse invisibles, totalmente 'lógicos', coherentes con la estructura racista de la sociedad moderna hegemónica. Era 'lógico' que como mujer blanca que estudiaba yo pasara mis exámenes en la universidad y que blandiendo un pasaporte europeo no tuviera problemas a la hora de cruzar una frontera, por ejemplo"[124]. De la misma manera, no es una sorpresa que quien escribe este libro soy yo, una mujer blanca y educada, yo no habría llegado hasta aquí sin mis privilegios.

Además de inconscientes, los privilegios muchas veces son irrenunciables. Por ejemplo, durante los 14 años que viví en Bogotá, me dijeron infinidad de veces y con tono amable –pero no menos ofensivo– "¡Ay, pero no pareces costeña!". ¿Qué era "parecer costeña"? No era difícil saberlo: debía tener piel más oscura, pelo más rizado, carnes más voluptuosas y acento más golpeado para cumplir con el estereotipo. Y la razón por la cual me lo decían como "algo bueno" era que si hubiese cumplido con el fenotipo se me habrían cerrado muchas puertas. Tengo otros privilegios, como la educación, que no solo tiene que ver con datos sino con formas y modos de hablar de la clase educada en Colombia. Estudiar en un colegio de clase alta y en una universidad privada me dio acceso a muchos contactos. Además soy heterosexual, y casada, mi orientación sexual nunca ha sido un obstáculo para mi avance profesional ni me ha causado mayor sufrimiento que un corazón roto. Soy cisgénero, cuando entro al baño de mujeres nadie grita, nadie me acusa, nadie me saca a patadas. Yo no tengo que contar todo esto para que los privilegios operen y me abran puertas que para otras personas están cerradas.

---

123 Gargallo, 2013, p. 30.
124 Ibíd., p. 406.

Hay privilegios que se pueden "perder", como el dinero, y otros que dependen del contexto, como el color de la piel. Los privilegios, además, no vienen solos, por ejemplo, no es lo mismo que una persona blanca que pudo pagarse una buena educación pierda todo su dinero a que esto le suceda a una persona migrante sin "contactos" o "amistades" en la clase alta. Reconocer los privilegios propios es un ejercicio de autocrítica importante. Primero tendría que ser responsabilidad ética de cada persona, un autoexamen que tiene que hacerse con rigor y honestidad, especialmente porque cuando no vemos nuestros privilegios de seguro tendremos puntos ciegos en nuestros análisis. "La negativa a ver el privilegio blanco o el privilegio masculino es algo que se mantiene fuertemente inculturado en los Estados Unidos a fin de mantener el mito de meritocracia, el mito de que la elección democrática está igualmente disponible para todos. De esta manera se oculta a la mayoría de las personas que solo un pequeño grupo de personas son quienes realmente tienen el poder", dice McIntosh. Idealmente, reconocer estos privilegios nos debe llevar a entender que no, no todo lo conseguimos por nuestro trabajo y esfuerzo solamente, y esto a su vez debería llevarnos a apoyar a las personas que no tienen las ventajas de las que gozamos nosotros. Quizás yo no pueda renunciar a los privilegios que me da en ciertos contextos mi color de piel, pero puedo tratar de usar los espacios a los que tengo acceso para visibilizar a otras personas que, también por su color de piel, no llegan a esos espacios. Entender que los privilegios nos crean puntos ciegos en nuestra manera de entender el mundo también nos puede llevar a escuchar con mayor atención a las personas que puedan estar en una situación de desventaja.

Cuando entendemos que los privilegios son ventajas inmerecidas, se va por la borda eso de que si uno se esfuerza lo suficiente puede lograr lo que sea (básicamente, el eslogan del sueño americano), u otros mantras de autoayuda como que todo está en el poder de la mente y la voluntad. Los pensamientos positivos no son suficientes.

No todo el mundo puede cumplir todos sus sueños, y hacerlo es definitivamente más fácil para algunos.

Sin embargo, la palabra privilegio, y lo reconoce la misma McIntosh, es engañosa, porque suena como algo bueno, algo que todos queremos, suena a v.i.p. Pero el privilegio en realidad es una ventaja fortuita, un poder inmerecido concedido sistemáticamente a un grupo. "El poder resultante del privilegio inmerecido puede parecerse a la fuerza cuando, en realidad, es un permiso para escapar o para dominar. Pero no todos los privilegios que aparecen en mi lista son forzosamente perjudiciales. Algunos de ellos, como esperar que tus vecinos sean amables contigo, o que tu raza no te perjudique en los tribunales, deberían ser la norma en una sociedad justa"[125].

McIntosh también señaló entonces que desaprobar los sistemas no basta para cambiarlos. Es decir, el racismo no va a cambiar solo con que las personas blancas cambien sus actitudes, porque, de hecho, todo el sistema está puesto para que las personas blancas, o los hombres, no se den cuenta de que sus ventajas existen. Al final lo que se necesita es un cambio en el sistema, pues los actos individuales pueden mitigar, pero no terminar, estos problemas. "Para rediseñar los sistemas sociales primero tenemos que reconocer sus colosales dimensiones ocultas. El silencio y la negación que rodean al privilegio son las principales herramientas políticas aquí. Estos hacen que las ideas sobre la igualdad y la equidad queden inconclusas, lo cual protege la ventaja inmerecida y el dominio concedido, convirtiéndolos en temas tabú. Parece ser que la mayor parte de las conversaciones de los blancos sobre la igualdad de oportunidades ahora tienen que ver con la igualdad de oportunidades para tratar de adquirir una posición de dominio, pero negando que existen sistemas de dominio"[126].

Para poder entender cómo funcionan los privilegios, tenemos que encontrar patrones y sistemas en la vida social, pero también

---

125 McIntosh, 1988.
126 Ibíd.

debemos fijarnos en nuestras experiencias individuales. Al entender que nuestras experiencias están enmarcadas en un sistema de poder, es más fácil ver cómo funcionan los patrones del privilegio. Todas las personas somos una combinación de ventajas y desventajas inmerecidas, y "revisar nuestro privilegio" tiene que ver con ser honestos con nosotros mismos sobre dónde estamos parados en el mundo.

Es importante entender el privilegio en el marco de varios sistemas de poder que se intersectan: el patriarcado, la supremacía blanca, el heterosexismo, el cisexismo, el clasismo, el capacitismo, por mencionar algunos. Para referirse a toda esa estructura, la feminista Elisabeth Schüssler Fiorenza en 2001 acuñó el término kiriarquía[127], derivado de la palabra griega *kyrios,* que significa "amo". El término es importante para el feminismo contemporáneo porque señala que las personas podemos a la vez beneficiarnos y vernos oprimidas por el sistema. Esto quiere decir que uno puede fácilmente luchar para acabar unas opresiones y en simultáneo caer en perpetuar otras. También explica por qué muchas personas son cómplices de su propia opresión: muchas personas no quieren retar la estructura social, ya que al combatir la opresión podrían perder los pocos privilegios que tienen.

Por sobre todos los cuerpos hay un tipo de cuerpo que reúne todos los privilegios de esta kiriarquía, que en adelante llamaremos en este libro Manes (así con mayúscula) para referirnos, de manera arquetípica, a esos hombres, cisgénero, heterosexuales, con educación, sin discapacidades, percibidos como blancos, de clase alta y hasta propietarios. Digamos, con la palabra "Man" voy a describir esos cuerpos que concentran todas las formas de poder de la sociedad humana, quienes cargan la maleta más grande de privilegios invisibles.

Pero no se puede hablar del privilegio de los Manes sin que alguien, usualmente un Man, salte a reclamar que también existe el

---

127 Schüssler Fiorenza acuñó la palabra "kyriarcado" en su libro *But She Said: Feminist Practices of Biblical Interpretation* (*Pero ella dijo: Prácticas feministas en la interpretación bíblica*), publicado en 1992.

"privilegio femenino". Otras versiones de este argumento son que la gente con discapacidad o de determinadas etnias o razas tiene también privilegios. Pero es importante aclarar desde ya que para tener privilegio se tiene que habitar la categoría de poder. Básicamente, el privilegio es la otra cara de la opresión. Por eso no puede haber "racismo contra los blancos", o "clasismo contra los ricos", "discriminación a los heterosexuales" o "sexismo contra los hombres". Las mujeres no tenemos "el privilegio" de que usualmente nos den la custodia de los hijos o que podemos entrar gratis a un bar o que a veces nos inviten a cenar. Nos dan la custodia porque nuestro sistema social le permite –le da el privilegio– a los hombres de abandonar a sus familias con escasas consecuencias sociales, y les da el privilegio de no tener que hacer labores de cuidado. La vida de las mujeres no es más fácil porque nos abran las puertas o nos carguen la maleta. Nosotras no nos inventamos estas normas sociales. Es la sociedad la que nos dice que somos nosotras las responsables de los hijos y la que le quita esa responsabilidad a los hombres. La mayoría de esos supuestos privilegios vienen con altísimos costos. Si un hombre te invita a cenar (usualmente con expectativas de sexo) solo ganaste eso: una comida gratis, pero no ganas ni poder, ni algún cambio estructural.

No es un asunto de darnos golpes de pecho, al menos no desde lo individual. Tener privilegios no quita que hayamos trabajado duro para conseguir lo que queremos, simplemente significa que tuvimos ventajas de salida y menos obstáculos estructurales para llegar a donde estamos, obstáculos que sí enfrentan otras personas que seguramente son tan o más talentosas que nosotros. Pero sentirse culpable no sirve de nada porque devuelve el problema a una postura individual, lo que debemos sentir es responsabilidad por nuestros privilegios, de la cual deriva un compromiso por cambiar el sistema.

Peggy McIntosh hizo una lista de sus privilegios que puede leerse como un test. Desde entonces se han hecho muchas listas similares. Lo que verán a continuación es una mezcla de varias listas (arrancando por la de la propia McIntosh) en la que he tomado lo que más nos concierne en la realidad latinoamericana y que está planteada para leer a manera de autoexamen. Por supuesto, los ejemplos pueden ser infinitos, idealmente estos modelos de privilegio ayudarán a que veamos otros privilegios que tenemos en nuestras vidas.

Privilegio blanco y de clase (porque en Latinoamérica, la raza y la clase son interdependientes):

1. Si así lo deseo, puedo estar en compañía de personas de mi color de piel la mayor parte del tiempo.
2. Si tengo que mudarme, puedo estar muy segura de que podré alquilar o comprar una vivienda en una zona en la que pueda permitirme vivir y desee vivir.
3. Puedo estar muy segura de que mis nuevos vecinos no me mirarán con sospecha sin siquiera conocerme.
4. Puedo entrar al supermercado y dar vueltas por una tienda de cadena sin que el guardia de seguridad me persiga visible o disimuladamente.
5. Puedo encender el televisor o desplegar la primera página del periódico y ver a personas de mi fenotipo o color de piel ampliamente representadas.
6. Cuando me hablan de "nuestra herencia nacional" o de la "civilización", los y las protagonistas de estas historias son de mi grupo étnico o color de piel.
7. Puedo estar segura de que a mis hijos les darán material curricular que cuente la historia de personas de mi grupo étnico o color de piel.
8. Si hablo o critico el privilegio blanco, la gente me lo va a celebrar, en vez de considerarme "subversiva".
9. Puedo encontrar en cualquier supermercado los artículos de primera necesidad o de belleza que se ajustan a mis tradiciones culturales; en una peluquería puedo contar con que encontraré alguien que me corte el cabello.

10. No importa si no tengo un centavo en el banco, la gente no asume que soy pobre o no tengo solvencia financiera solo al ver mi color de piel.

11. La gente no me dice que tengo una "belleza exótica".

12. Puedo maldecir, o llevar puesta ropa de segunda mano o cometer errores, sin que atribuyen estas decisiones a los malos principios morales de "la gente como yo", a la pobreza o a "la ignorancia de mi raza".

13. Puedo hablar en público a un grupo de hombres o mujeres poderosas sin que mi color de piel o etnia sea un tema tácito.

14. Puedo salir airosa de una situación difícil sin que digan que soy "un orgullo para mi raza".

15. Nunca me piden que hable en nombre de todas las personas de mi grupo racial.

16. Con que tenga conocimientos básicos de la historia de Europa puedo ser considerada una persona culta, no tengo que saber nada sobre Asia, África, ni siquiera sobre mi propio país en Latinoamérica, sin que sea vista como una ignorante.

17. Puedo criticar a nuestro gobierno sin que me desaparezcan o me maten.

18. Puedo estar muy segura de que si pido hablar con "la persona responsable", me llevarán a hablar con una persona de mi color de piel, clase o grupo étnico.

19. Puedo comprar fácilmente afiches, tarjetas postales, libros ilustrados, tarjetas de felicitación, muñecos, juguetes y revistas para niños en las que aparecen personas de mi color de piel.

20. Puedo regresar a mi casa luego de muchas reuniones de las organizaciones a las que pertenezco con la sensación de estar conectado, en lugar de sentirme aislado, que estoy fuera de lugar, que me superan en número, que no me escuchan, que me mantienen a distancia o que me temen.

21. Puedo estar segura de que si necesito asistencia legal o médica, mi color de piel no me perjudicará y nadie dirá que mis problemas

de salud se deben a "mi cultura" (como sucede con la población Wayuu en La Guajira).

22. Puedo elegir curitas o vendas de color carne, y hacer que combinen más o menos con el color de mi piel.

23. Si señalo que alguien está siendo racista, mi color de piel hará que mi denuncia tenga más credibilidad.

24. Puedo elegir ignorar el activismo de minorías sin que esto tenga efecto alguno en mi vida.

25. No necesito de una ley de cuotas o de una acción afirmativa para acceder a un trabajo.

26. Puedo correr por la calle sin que la policía sospeche que me robé algo.

27. En general los policías no piensan que soy sospechosa.

28. No necesito triunfar como deportista o músico o modelo para ascender socialmente.

29. Hay universidades, centros educativos, carreteras de concreto, servicios públicos, internet e infraestructura en donde vivo.

30. La gente no se toma fotos conmigo para demostrar que visitó un lugar.

31. La gente no se burla de mi acento.

32. Gente desconocida no se acerca a mí a preguntarme si puede tocar mi cabello o para decirme que soy "muy bonita para mi raza".

Privilegio masculino:

33. Tengo más posibilidades de que me contraten en un trabajo que mis contrapartes mujeres.

34. Si fallo en mi trabajo o en mi carrera, estoy seguro de que esto no será visto como una muestra de la incompetencia de todo mi género.

35. Es menos probable que sea víctima de acoso sexual en el trabajo.

36. Puedo hablar en contextos privados o profesionales, e incluso decir pendejadas, sin que la gente me interrumpa.

37. Cuando hago lo mismo que una colega mujer, la gente cree que lo hice mejor.

38. Si decido no tener hijos nadie me va a decir que no me estoy "realizando como hombre".

39. Si decido tener hijos y además una carrera, nadie dirá que soy egoísta, al contrario, estar casado me hará ver como un empleado responsable.

40. La mayoría de las personas que representan a mi país por elección popular son de mi mismo género.

41. Cuando pregunto por "la persona a cargo", lo más probable es que sea una persona de mi mismo género.

42. Cuando era niño me animaron a ser más activo y extrovertido que a las niñas de mi edad.

43. Nadie podrá destruir mi reputación profesional atacando mi moral sexual.

44. Una foto mía en la playa en traje de baño no podrá ser usada para demeritar mis capacidades.

45. Puedo ser agresivo o grosero sin sufrir un castigo social por hacerlo.

46. Mis habilidades para trabajar o para tomar decisiones nunca serán cuestionadas una vez al mes por mis supuestos cambios hormonales.

47. Nadie espera que tenga que hacerme responsable de la planificación familiar.

48. No hay ninguna operación que pueda ser necesaria para salvar mi vida que esté prohibida por ley, como sí sucede con el aborto.

49. A medida que envejezco me voy haciendo más atractivo.

Privilegio heterosexual:

50. Nunca he sentido la necesidad de mentir sobre mi sexualidad.

51. No tuve que "salir del closet".

52. No temo que al decir mi orientación sexual me vaya a quedar sin amigos, o que perderé los vínculos con mi familia o su apoyo económico.

53. Hay muchos personajes en la ficción con los que me puedo identificar.

54. Puedo expresar afecto a mi pareja en cualquier parte sin que nadie me ponga problema.

55. Puedo hablar de mis relaciones románticas y sexuales sin que la gente se escandalice.

56. No tengo que justificarle a la gente mi orientación sexual.

57. Mi derecho a casarme o formar una familia nunca ha sido cuestionado.

58. No temo o espero que alguien sea violento conmigo debido a mi orientación sexual.

59. Nunca me han puesto problema para entrar a un hotel o un motel para pedir un cuarto para mí y mi pareja.

Privilegio cisgénero:

60. La gente me cree cuando le digo que soy una mujer o un hombre.

61. No tengo problemas para acceder a baños públicos.

62. Nunca me han expulsado de un baño público alegando que estoy en el baño "equivocado".

63. Los servicios de salud no me niegan intervenciones médicas vitales para mi identidad con la excusa de que son "cosméticas".

64. No tengo que recurrir a clínicas clandestinas, poniendo en riesgo mi vida, para acceder a estos servicios.

65. Mi promedio de vida esperado supera los 35 años.

Privilegio capacitista (el de las personas que no viven con una discapacidad física):

66. Es fácil para mí correr, caminar o hacer algún deporte.

67. No tengo problemas para acceder al transporte público.
68. No tengo mayores problemas para escuchar o hablar con los demás.
69. Suelen incluirme en las actividades de grupos.
70. La gente no asume que necesito ayuda para realizar tareas sencillas.
71. No necesito hacer grandes arreglos como rampas o ampliar los pasillos de mi casa para poder habitarla.

¿Qué es la interseccionalidad?

Una de las razones por las que este libro habla de "feminismos" en plural es que hay una importante crítica contemporánea a eso que se ha entendido como feminismo en singular. Por ejemplo, se habla de que las sufragistas americanas lograron el voto en el año tal, pero no se menciona que no lucharon por el voto de las mujeres negras en Estados Unidos. En *Género, clase y raza,* Angela Davis cuenta que "en la primera reunión anual de la Asociación por la Igualdad de Derechos celebrada en mayo de 1867, Elizabeth Cady Stanton evocó claramente el argumento de Henry Ward Beecher de que era mucho más importante para las mujeres (esto es, las mujeres blancas anglosajonas) recibir el derecho al sufragio que para los hombres negros ganar el derecho al voto. El hombre negro no supone la introducción de ningún elemento negro en el gobierno, pero la educación y el ascenso de las mujeres nos dotará del poder adecuado para conducir a la raza anglosajona a una existencia superior y más noble y, de este modo, por la fuerza de la atracción, para elevar a todas las razas a un estadio incluso más alto del que jamás se puede alcanzar manteniendo el aislamiento político de los sexos"[128]. Sobre otra de las más reconocidas líderes blancas del movimiento sufragista estadounidense, dice Davis: "Por lo tanto, no se trataba, siquiera, de leer una pintada en la pared. El reino del terror había descendido ya sobre

128 Davis, 1981, p. 79.

las personas negras. ¿Cómo podía Susan B. Anthony proclamar que creía en los derechos humanos y en la igualdad política y, al mismo tiempo, aconsejar a las integrantes de su organización a permanecer en silencio sobre la cuestión del racismo? Realmente, la ideología burguesa, particularmente sus ingredientes racistas, debe de poseer el poder de disolver imágenes reales de terror convirtiéndolas en algo opaco e insignificante, y de desvanecer terribles gritos de sufrimiento de seres humanos confundiéndose con murmullos apenas audibles antes de silenciarlos por completo"[129].

En Latinoamérica pasa lo mismo. Cuenta Francesca Gargallo que "a finales del siglo XIX y principios del siglo XX, algunas mujeres de los sectores cultos de los estados más grandes de América se organizaron entre ellas para liberarse de la dominación masculina, se nombraron feministas y abanderaron una lucha que se sostenía en el deseo de emulación de los hombres. La idea de 'igualdad' entre los sexos respondía a este anhelo y fue denunciada por las anarquistas que vieron cuánto estas mujeres eran incapaces de vincular su idea de igualdad entre los sexos con la liberación de los sectores populares. Las anarquistas pensaban su liberación con base en la igualdad y la solidaridad de las mujeres de todos los sectores populares, fuesen estas blancas, indígenas o negras"[130].

Para evitar estas injusticias es que los feminismos contemporáneos se esfuerzan por tener una perspectiva "interseccional", es decir, ser conscientes de todas esas capas de privilegio y opresión que se entrecruzan en la experiencia de cada persona. Así podemos entender, por ejemplo, que para una mujer negra la experiencia del racismo no puede separarse de su experiencia del machismo. Una persona trans que tenga una discapacidad no puede escoger entre tener justicia para una parte u otra de su identidad. La idea de interseccionalidad puede rastrearse a la *Declaración de los derechos de la mujer*, hecha por Olympe de

---

129 Ibíd., p. 124.
130 Gargallo, 2013, p. 45.

Gouges en Francia en 1791, en donde comparaba la dominación colonial con la dominación patriarcal y establecía equivalencias entre la
situación de dominación bajo la que vivían las mujeres y los esclavos.
Hay que notar, sin embargo, que Gouges habla de "la mujer" como
si fuese un sujeto homogéneo y abstracto y que en el contraste entre
"mujeres" y "esclavos" de tajo se está invisibilizando a las mujeres
esclavas. La interseccionalidad se trata precisamente de encontrar
estos puntos ciegos.

El término fue acuñado por Kimberlé Crenshaw en 1989[131],
postulando el término como una herramienta para incluir categorías
como raza, clase, orientación sexual y otras categorías de la identidad
al análisis feminista. Si bien todas las mujeres tenemos que lidiar con
la violencia machista, no todas tenemos que lidiar además con un
machismo racista, o con la transfobia. Cuando no somos conscientes del impacto de estas diferencias, terminamos en una suerte de
feminismo "talla única", y ¿a quiénes les queda bien la "talla única"?
A los cuerpos que, por tener el poder de instaurar los modelos, se
han convertido en el cuerpo modelo.

Mujeres, raza y clase de Angela Davis es esencialmente un ejercicio de interseccionalidad entre estas tres categorías. En su análisis
interseccional del trabajo de las mujeres, al incluir la categoría de raza
sucede esto: "A medida que la ideología de la feminidad –un subpro-
ducto de la industrialización– se fue popularizando y diseminando a
través de las nuevas revistas femeninas y de las novelas románticas, las
mujeres blancas pasaron a ser consideradas moradoras de una esfera
totalmente escindida del ámbito del trabajo productivo. La fractura
entre el hogar y el mercado provocada por el capitalismo industrial
instauró la inferioridad de las mujeres más firmemente que en ninguna otra época anterior. En la propaganda más difundida, la 'mujer'
se convirtió en sinónimo de 'madre' y de 'ama de casa'... y tanto la
una como la otra llevaban impreso el sello fatal de la inferioridad.

---

131 Crenshaw, 1989.

Sin embargo, este vocabulario estaba completamente fuera de lugar entre las esclavas. El orden económico de la esclavitud contradecía la jerarquía de los roles sexuales incorporada en la nueva ideología. Consiguientemente, las relaciones entre los hombres y las mujeres dentro de la comunidad esclava no podían encuadrarse en el modelo ideológico dominante"[132]. Y a este análisis se suma la categoría de clase: "Desde la etapa de Reconstrucción hasta nuestros días, las mujeres negras empleadas en el servicio doméstico han considerado como uno de sus principales riesgos laborales el abuso sexual perpetrado por el 'hombre de la casa'. Han sido víctimas de un acoso constante en el trabajo que las ha obligado a tener que elegir entre la sumisión sexual y la pobreza absoluta para ellas mismas y para su familia"[133].

Para que la interseccionalidad sea más que una teoría debemos ser autocríticas, hacer un análisis de nuestras opresiones pero también de nuestros privilegios, pensando en cómo podemos usarlos para abrirle espacios a otras personas que no los tienen. Una perspectiva interseccional forzosamente reconoce que cada una de nosotras tiene puntos ciegos, que es necesario escuchar otras experiencias y que no hay modelos de feminismo que sirvan en todos los casos para todas las mujeres. Podemos escuchar, educarnos, callar, compartir nuestras plataformas, usar nuestros espacios de influencia para visibilizar las injusticias del sistema y subvertirlo. A fin de cuentas, si los feminismos no nos incomodan, probablemente no los estamos entendiendo bien. Lo importante de esta incomodidad es que siempre es una oportunidad para cuestionarnos, para valorar las experiencias de las otras, y para mantener las discusiones feministas como algo vivo, vibrante, que en sí mismas son un reto al dogmatismo de todas las formas hegemónicas de poder.

---

132 Davis, 1981, p. 124.
133 Ibíd., p. 97.

Racismo[134]

Me emocioné tremendamente al saber que Telecaribe (el canal regional y público de la región Caribe en Colombia) haría una miniserie con la historia de la Niña Emilia, diosa de la cumbia y el bullerengue, una mujer que triunfó con su voz en un mundo de hombres y se convirtió en un ícono cultural, a pesar de que muchas veces estuviera marcada por la miseria. Como mujer del Caribe colombiano, la Niña Emilia es un referente obligado, pero además su voz tiene esa extraña cualidad de poder a la vez alegrar y desgarrar el corazón.

Finalmente pude ver toda la serie en YouTube y, aunque sé que muchos han celebrado el esfuerzo de la producción local, y la participación de la hija de la Niña Emilia, Nelly Hernández, la serie tiene un error insalvable: la protagonista es una mujer blanco-mestiza. Y para mayor horror: una mujer blanca con la piel pintada.

Seguro muchos me dirán que esto no es grave, que qué tiene de racista, que solo estaba entrando en personaje. Sin duda Aída Bossa es una actriz talentosa, costeña, y además canta muy bien, son cosas que jamás pondría en duda. Pero la raza se lleva literalmente tatuada en el cuerpo. Y es que es especialmente grave porque para la Niña Emilia su color de piel no era opcional, no podía despintarse después de la grabación e ir a cenar a un restaurante elegantísimo como si nada. La historia de la Niña Emilia es también una historia de discriminación, y cuando una mujer blanca la representa a ella, que debería ser la inspiración de todas las caribeñas negras, le está cortando de tajo los sueños a muchas. ¿De verdad nos pueden decir que en todo el Caribe colombiano no había una sola mujer de raza negra que supiera actuar y cantar que hubiese podido interpretar a la Niña Emilia? No solo eso, ¿se les ocurrió a los productores que le estarían dando a una actriz negra, que seguro casi no consigue

---

134 Algunos párrafos de esta sección hacen parte de una columna publicada en su primera versión en *El Heraldo* el 6 de mayo de 2017.

trabajo porque rara vez se escriben historias para su cuerpo, el papel de su vida? No, esas son cosas que no suelen ocurrírsenos a los blancos.

Sé que me dirán que ninguna mujer negra de esas características llegó al *casting*. Quizás. Pero entonces, ¿no se preguntaron por qué? ¿Dónde estaban estas mujeres? ¿Trabajando? ¿Las buscaron en los barrios, en las casas? No. Y lo afirmo porque me basta caminar por Barranquilla en Carnaval para ver el talento que mujeres de todas las razas derrochan por las calles. La diferencia es que si tu piel es oscura, tienes menos oportunidades para que te contraten como actriz, y menos en papeles protagónicos, no importa si esta vez, por primera vez, tu color de piel es el mismo de la heroína.

Dice Francesca Gargallo que "el racismo se parece más al sexismo que a cualquier otra forma de exclusión y desvalorización de un grupo humano. El trabajo de las mujeres, su capacidad reproductiva y su sumisión a las tares de reposición de la vida, que tiene características económicas obvias, son convertidas por el grupo masculino dominante en condición de identidad particular, de inferioridad sexual, de destino social. [...] Para que el sexismo y el racismo se sostengan y reproduzcan, necesitan de largos proceso de naturalización y de confirmación de la condición natural e inmutable de los y las sometidos. Sexismo y racismo necesitan de la conversión por medios ideológicos diversos de sus víctimas en portavoces del sistema. Estos medios ideológicos —religiosos, filosóficos, de trasmisión de los conocimientos— actúan en estrecha relación con violencias físicas y económicas, para hacer de las condiciones de explotación 'naturales' y necesarias formas de ser de las personas según pertenezcan a un 'sexo' o a una 'raza'. En caso de que estas formas de ser se contravengan, ponen en entredicho el orden del mundo. Una mujer libre, un indio afirmativo, un negro culto no son tolerables, deben ser destruidos para devolver a todos los demás a la obediencia de la regla que quiere 'naturalmente' sometidas a las mujeres, pasivos a los indios e ineducados a los negros. Solo así el sistema social que se quiere normal, natural y divino deja de sufrir el miedo a su vulnerabilidad, solo así se garantiza la continuidad de la explotación"[135].

El pasado colonial esclavista colombiano es algo que no nos gusta recordar. En Colombia decimos que creemos que "como todos somos mestizos entonces nadie puede ser racista", pero esto es totalmente falso, y nuestras acciones lo desmienten. El racismo está vivo en Colombia, seguimos estancados en una pigmentocracia que se nota en nuestras clases sociales.

Sí, claro, todo eso del "color de piel" es una cuestión cultural y extremadamente relativa[136]. Los "blancos" en Colombia en realidad son "trigueños", y apenas se van a Europa se convierten en "sudacas morenos". A los negros ricos en Colombia, en cambio, los llamamos "morenos". Uno también podría decir que es "más negro" un "blanco" del Caribe o del Pacífico que uno de los Andes. Y, finalmente, cuando cachacos, costeños, paisas, llaneros, santandereanos y caleños salen del país, resulta que son los que más bailan: "Se nos sale lo negro", que en Colombia (con mucho racismo) se identifica con "la sabrosura". En realidad esta aparente relatividad se usa como cortina de humo para no hablar del racismo. Dice Gargallo: "Los pueblos que ejercen la dominación someten y, al hacerlo, construyen una clasificación o, más bien, un rango de fenotipos, actitudes, parámetros culturales que incluye los suyos en la parte superior de la escala jerárquica. En dicha clasificación se ubican en el lugar de lo universalmente válido, definiendo a los comandos como 'otros' de la norma universal, es decir los exotiza, excluyéndolos de lo común e inespecífico"[137].

Aunque toda Colombia celebra las apropiaciones culturales de lo afro, no hay políticas eficientes que mejoren la situación de las comunidades que se identifican como negras, en su mayoría sin

---

135 Gargallo, 2013, p. 414.

136 Algunos párrafos de esta sección hacen parte de una columna publicada en su primera versión el 23 de mayo de 2015 en *El Heraldo*.

137 Ibíd., p. 408.

oportunidades, ni justicia, ni infraestructura. No importa que "los negros" sean pobres porque son "alegremente oscuros", como reza la canción de Café Sello Rojo, y por eso en una canción sobre la raza negra el grupo del pacífico ChocQuibTown dice "echando pa'lante, aunque el dinero no alcance". Es por esto que Daniel Gómez Mazo habla en el Observatorio de Discriminación Racial de "el buen racista". Ese que "adora a los negros", les compra sus discos, pero los sigue viendo como un "otro", exóticos. Ese que tiene "privilegios de blanco" y no los usa de manera activa para abrir espacios de igualdad y sin discriminación para esos que por azares culturales llamamos "negros". Quizás si las comunidades negras tuvieran oportunidades equitativas no celebraríamos solo su *flow*, sino también sus logros en otros campos: académicos, científicos, políticos y de liderazgo social.

Colombia es uno de los países de Latinoamérica con mayor población de la afrodiaspora. Como quedamos en la boca de Suramérica y fuimos paso obligado de todos los esclavos del continente, nuestro mestizaje es un profundo ensamblaje de esas "tres razas" que nos enseñan en el colegio. Para hacernos creer que no hay diferencias de raza, nos enseñaron que los colombianos tenemos "un negro en la familia", pero seguimos hablando de "los negros" como si fueran otros. Eso lo sabe ChocQuibTown al definir "la raza del sabor" y por eso le canta a "Estados Unidos, India, Australia, África, China" y dice que "somos negros, altos, sambos, chombos, cholos, incas, sintis, mayas, chibchas": "somos una raza entera llena de sabor, y que no se rige por su piel, ni su color". En realidad estas comunidades tienen en común dos cosas: incomparables aportes culturales y ser víctimas de opresión y discriminación. Dejar de ser racista se trata de entender que las razas son construcciones culturales (que tienen que ver más con el idioma, la tradición, la cultura, el poder adquisitivo y las estructuras de poder y opresión que con el color de piel). También implica revisar el privilegio que cada uno tenga y usarlo de manera activa y efectiva para abrir oportunidades y espacios para las razas que históricamente han sido marginadas.

Si bien no hay diferencias biológicas que justifiquen la existencia de razas humanas, durante años el discurso de la ciencia se usó para justificar la opresión, explotación y tráfico de personas. Lo que existe en realidad es personas "racializadas", porque la categoría "raza" es algo que se asigna desde afuera y por oposición a un grupo social hegemónico que se considera "normal". Que las razas propiamente no existan no quiere decir que debamos abolir las categorías, pues eso sería como borrar una dolorosa historia de opresión que explica las desigualdades contemporáneas.

En los últimos años se han hecho famosos los casos de brutalidad policial en contra de afroamericanos en Estados Unidos. La brutalidad, de motivación racista, fue tal, que surgió el movimiento #BlackLivesMatter (#LasVidasDeLesNegresImportan –la e en la traducción es porque el *hashtag* en inglés tiene un sentido neutro–). El movimiento se enfrentó de entrada a un argumento racista: ¿cómo es eso de que las vidas negras importan? ¿Y las blancas qué? Entonces surgió el *hashtag* racista #AllLivesMatter (#TodasLasVidasImportan). Por supuesto, al decir "todas las vidas importan" no se estaban afirmando los derechos de la comunidad latina, o trans, o migrante de los Estados Unidos, demografías que comparten vulnerabilidades con la comunidad afroamericana. Se estaba hablando de las vidas blancas. Y es que no es necesario recordarle a nadie que las vidas de las personas blancas son valiosas porque nadie es estigmatizado y amenazado de manera estructural y sistemática por ser blanco. Las vidas blancas no solo importan, son prioridad para la mayoría de los Estados americanos. Para muchas personas privilegiadas, blancas, en Latinoamérica el debate sobre #BlackLivesMatter fue su primera aproximación al problema de la raza y eso es lamentable. En general tenemos más empatía con las comunidades afroestadounidenses pero no estamos dispuestos a reconocer el racismo en casa.

La académica Angie Farfán señala: "La anti-negritud, anti-indigenismo e indigenismo son sentimientos vivos y latentes que se escudan bajo la ideología del mestizaje. El proyecto de la nación mestiza fue propuesto por élites criollas y desarrollado junto a tácticas de represión y matanza a pueblos y comunidades. Es así que cuando nos nombramos/reconocemos mestizxs, consciente o inconscientemente jugamos el papel del colonizador para alejarnos lo más posible no solo de nuestras raíces indígenas y negras, pero de las comunidades que siguen resistiendo en la actualidad"[138]. Gargallo añade: "Los procesos de naturalización dificultan a los sectores disidentes identificar los sistemas de opresión sexista y racista y, más aún, vincularlos entre ellos. Se trata de un obstáculo epistemológico muy grave que atraviesa todas las instituciones. Medios de comunicación, redes sociales, escuelas y universidades, espacios de trabajo públicos y privados reproducen constantemente y reiterativamente relaciones sexuadas y racializadas desiguales"[139].

Reconocer nuestro racismo implica admitir que el problema es mucho más profundo y estructural por el gusto o desagrado personal por un determinado color de piel. En esa medida la definición de racismo que hace Gargallo en *Feminismos desde Abya Yala* es clave, pues explora sus orígenes y consecuencias: "Toda clasificación de las personas, sus caracteres, sus competencias y su estética con base en su fenotipo o sus rasgos culturales corresponde a una construcción histórica que se diferencia de la xenofobia porque no es un simple odio al o a la extranjera, a la o el diferente, es el producto de un proceso de desposesión, de robo de la identidad de pueblos enteros por parte de un grupo militar y colonialista que se diferencia de él arguyendo una superioridad de 'raza', es decir, consustancial a sus características físicas. Es una práctica que se desprende de una política de despojo no solo de las tierras, trabajos y productos, sino del derecho a la condición humana de los pueblos sometidos militarmente o desplazados con fines de explotación por otros pueblos, puros, que bien lejos, invaden, dominan, explotan y tienen diferentes rasgos físicos que los invadidos"[140].

138 Farfán, 2018.
139 Gargallo, 2013, p. 416.
140 Ibíd., p. 408.

Muchos de los reclamos en contra del racismo en Latinoamérica se sofocan con el truco de la "fragilidad blanca" (*white fragility*). El truco consiste en que las personas no racializadas somos hipersensibles a los reclamos por la raza, cada vez que recibimos uno lo tomamos como una afrenta personal (no es personal, el racismo es un sistema) y la persona que nos reclama termina ahogando su queja para "no incomodarnos". Pero lo que tenemos que entender es que el mero hecho de que algo tan terrible como el racismo solo nos incomode da cuenta de una inmensidad de privilegios.

La filósofa Francesca Gargallo, a quien he citado tantas veces en este capítulo, tiene una de las mejores actitudes de autocrítica frente al propio racismo: "No exijo a mis amigas que me consideren 'curada' de racismo; considero inevitable que les quede una duda sobre mí. Si me es permitido un símil, como mujer blanca puedo acercarme y aprender de los feminismos de las mujeres indígenas, tanto como un hombre puede hacerlo de la teoría y las prácticas feministas: conozco a hombres santísimos en sus procesos de despatriarcalización personal, 'feministos', capaces de morir para defender el derecho de las mujeres a definirse por sí mismas que, sin embargo, siguen gozando de los privilegios que la sociedad asigna a su inherente masculinidad. Lo mismo pasa con mi inevitable blanquitud (sic): no la reivindico, la destejo en relación con el saber que nace de otra historia del ser mujer que la mía, identifico arqueológicamente el momento en que se convirtió en una marca de privilegio, pero está ahí como una ropa que uso y que, sin embargo, la sociedad sigue pensando que me pertenece. [...] Ahora bien, ningún proceso de transformación profunda lo inicia y sostiene hasta sus últimas consecuencias quien goza de algún privilegio, así que sé que no soy sino una aprendiz del antirracismo"[141].

---

141 Gargallo, 2013, p. 407.

¿De qué se trata el afrofeminismo?

Para entender cómo la discriminación por género y por raza afecta a las mujeres latinoamericanas, entrevisté a dos activistas afrofeministas colombianas: Andrea Sañudo Taborda (@Brownsuugahh), quien estudió Derecho y Pedagogía y hoy trabaja con niños y niñas en la periferia de la ciudad de Medellín; y con Sher Herrera (@Sher_Herrera), mujer negra caribeña, comunicadora social y periodista, estudiante de la Maestría en Estudios Afrocolombianos de la Universidad Javeriana en la ciudad de Cartagena. Juntas crearon el proyecto de YouTube y redes "Cimarronas" para hablar de afrofeminismo y ambas son columnistas en la revista *Volcánica*.

Catalina: ¿Cómo y en qué momento se dieron cuenta de que eran mujeres negras?

Andrea: Siempre, porque crecí con la familia de mi mamá y en esa familia la mayoría de personas que la componen son personas blancas. Yo soy la única persona que es racializada y de pelo crespo y tengo unos rasgos bastante visibles de mujer afro.

Sher: Yo me di cuenta de que era negra desde muy chiquita, cuando tenía como 5 años, porque en mi familia de parte de padre son afroindígenas; y es que mi abuela era afroindígena y su marido era mestizo, como tú, blanco, unos salieron más blanquitos, otros oscuritos, pero todos visiblemente blancos en comparación con el entorno en el que estaban. Entonces las hermanas de mi papá, todas son muy claras. Ellos me la montaron a mí y a mi mamá porque mi papá, que salió de los más claritos, se metió con la mujer más negra que encontró. Le hicieron la vida de cuadritos a mi mamá cuando vivíamos en una casa de esas familiares, como son de clase baja la gente se acomoda, toda la familia vive en esas casas grandes.

La tensión racial se sentía en este entorno de mestizos, en donde todos guapiaban a ser el más clarito. Yo tenía una primita que era rubia y cuando peleábamos me mordía y yo llegaba a donde mi mamá llorando. Y mi mamá me dijo: "Si te vuelves a dejar morder de esa caraja te vas a acordar de mí". Cuando mi prima me volvió a morder, le pegué. Cuando salió llorando, mi tía, su mamá, salió a defenderla, me iba a pegar a mí y yo salí corriendo a metérmele entre las piernas a mi mamá, y mi tía decía: "¡La mica de mierda esa!", y me iba a arrancar de las piernas de mi mamá.

Entonces se armó la de San Quintín y ese mismo día mi mamá se fue a un lote que mi papá tenía y armó un cambuche, y desde entonces vivimos ahí. Siempre me molestaban por ser negra en la familia y en el colegio, también por el pelo, por la bemba, pero el día que yo me di cuenta de que éramos negras fue ese día.

Catalina: ¿Cómo llegaron a identificarse como afrofeministas?

Sher: Siempre fui muy peleona, incluso tenía un grito de guerra: "¡A mí nadie me domina!". Lo usaba cuando alguien me iba a pegar, como mi hermano mayor, que me decía: "Yo te pego porque tú eres negra, eres mujer y eres menor que yo". Cuando conocí a mi marido, él me escuchaba quejarme de muchas injusticias pero yo sin saber que eso era feminismo, y un día él me dijo: "Sher, yo creo que tú eres feminista", y llegó con un montón de libros, y me los leí en menos de 15 días y dije: "Creo que soy feminista". En ese momento comenzó toda mi búsqueda teórica, pero la experiencia ya la tenía.

Andrea: El afrofeminismo para mí es una postura teórica, una narración, una vivencia que tiene que ver con la experiencia de ser una mujer en el mundo y de ser una mujer negra en un país como Colombia y en una ciudad como Medellín. Medellín es una ciudad destino de población migrante de lugares como Apartadó y Chocó, zonas selváticas de la costa pacífica colombiana en donde hay mucha población afro. Estas personas migrantes que llegan a la ciudad hacen sus asentamientos en lugares de la periferia. No falta quien comente cuando pasa por el Parque de San Antonio que "huele a negro".

Yo llegué al feminismo porque era una mujer a la cual estaban atravesando un cierto número de violencias que yo necesitaba entender, y básicamente me salvó la vida. En ese camino de entenderse como feminista, de entender el activismo, de salir a la calle a marchar con otras mujeres, por mi vida personal también empiezan a surgir preguntas por mi pasado, por mi piel, por mi pelo, y las cosas de mí que yo no veía en mi familia, que es una familia de personas blancas. Así llego yo a mi raíz, que es mi familia paterna, donde todas son personas racializadas, migrantes... Esas eran las mujeres que tenían una cara igual a la mía y unos rasgos iguales a los míos y un pelo como el mío. Entonces entendí que eso que pasaba por mi cuerpo no les pasaba a otras mujeres y ahí es donde se juntan ambos mundos.

Me di cuenta de que no había leído una mujer negra nunca. Llegué al libro de Angela Davis que se llama *Género, raza y clase* y ella me abrió las puertas al mundo del feminismo negro o *womanism*. Leí sobre el Black Panther Party y también me encontré a Audre Lorde, quien tiene un texto muy famoso que se llama *Sister Outsider* (*La hermana, la extranjera*) y esa fue una interpelación para leer algo diferente. Pero luego entendí que en América Latina nuestras experiencias de racismo son distintas. Me tuve que ir a vivir a Ecuador para empezar a leer lo que nosotros producimos, y así llegué a *Los Feminismos desde el Abya Ayala*, a Yuderkys Espinosa, a Ochy Curiel, Yolanda Arroyo Pizarro y a todas esas pedagogías del sur. Ahí se hizo necesario hablar de afrofeminismo, que es una postura que trata de entender y combatir las opresiones de las mujeres de la afrodiaspora.

Catalina: ¿Cuál es la diferencia entre decir "persona negra" y "persona racializada", y cuál es la diferencia entre racismo y colorismo?

Andrea: El racismo implica un ejercicio de discriminación estructural y sistemático que es vertical y viene de una jerarquía. Para ser racista es necesario habitar una categoría de raza que tenga poder, por eso las personas blancas pueden ser racistas pero las negras no, porque no tienen el poder para ejercer o aprovechar una discriminación estructural. La racialización es cuando un cuerpo, por su fenotipo, es tratado de forma distinta o discriminante. El colorismo es preferir a las personas racializadas que tengan un color de piel más claro, que mientras más clara sea tu piel, más cerca estás del privilegio. No todas las personas racializadas son personas negras, además es una categoría que se impone desde afuera, no una identidad.

Catalina: Aunque Colombia fue uno de los puertos esclavistas más grandes de América, y a pesar de que es uno de los países de Sur América con más población afrodescendiente, en el país casi no se habla de la esclavitud o se asume como algo superado que no se problematiza. ¿Qué opinan al respecto?

Sher: El hecho de que no se mencione o no se tenga conciencia de la esclavitud hace que el racismo se vuelva hasta romántico. Así nos piden que asumamos estar alienados y hasta que estemos orgullosas por eso. Lo vemos con las palenqueras que venden fruta en Cartagena. Cerca de la ciudad de Cartagena, en Colombia, que fue un puerto de esclavos muy importante en tiempos de la colonia, está El Palenque de San Basilio, un pueblo fundado por esclavos y esclavas que escapaban y huían al pueblo apalencado, que estaba escondido en el monte. Los esclavos que escapaban se conocían como "cimarrones". Muchas de las mujeres de Palenque trabajan en las grandes ciudades del Caribe colombiano vendiendo fruta y dulces locales, que llevan en una palangana de metal que sostienen sobre sus cabezas mientras caminan anunciando lo que llevan, y son conocidas comúnmente como "palenqueras".

En Cartagena, por ser una ciudad turística, se ha tomado la costumbre de vestir a las "palenqueras" con trajes de colores y los turistas suelen tomarse fotos con ellas. Las palenqueras se volvieron un ornamento más de la ciudad colonial. A la gente no le importa si se toma fotos con una mujer palenquera u otra, para la gente son objetos para decorar fotografías. Y esto es porque para estas mujeres, la mejor opción de vida es vender fruta, y les han enseñado que eso es bello y deben estar orgullosas de eso. Y los trajes de colores son un invento de los blancos, en nada se parecen a los trajes que se usan en el Palenque de San Basilio, entonces "las palenqueras" terminan siendo una caricatura colorinche de las palenqueras, y borra toda esa historia fuertísima de cimarronaje.

Andrea: La historia de Colombia hay que contarla como es y es una historia de despojo y de profundas violencias, si no, no vamos a poder entender lo que nos pasa. Hay que empezar a hablar de racialización porque en Colombia estamos en negación de la esclavitud. No nos han contado nuestra historia, difícilmente la de Benkos Biohó…

[Benkos Biohó era un hombre del pueblo bijago, de la región de Biohó, una región de la que hacen parte las islas Bijagós en África Occidental (hoy Guinea Bissau). Según Jeffrey Fortin en *Atlantic Biographies: Individuals and Peoples in the Atlantic World*, "la sociedad bijago era altamente equitativa, cada isla en el archipiélago en la que el grupo étnico habitaba era gobernada de manera independiente y era dirigida por un grupo de ancianos, sin reconocimiento de ningún rey. [...] Los dirigentes no se distinguían de los gobernados y los bienes eran compartidos de manera comunal sin distinción de estrato social o edad. [...] El pueblo bijago no era favorecido por los esclavistas, dado que se les adjudicaba una naturaleza rebelde; era común entre ellos el cometer suicidio a bordo de los barcos negreros con el fin de evitar la vida entre cadenas. Benkos fue capturado con su esposa e hija por esclavistas portugueses y terminó a bordo de un buque negrero europeo como propiedad del esclavista portugués Pedro Gómez Reynel, quien los llevó a Cartagena. En 1599, Biohó lideró la rebelión de los esclavos cimarrones y escapó con otros hombres hacia los Montes de María y fundó el Palenque de San Basilio.

Biohó gobernó Palenque y tuvo varias victorias militares contra los españoles, en 1613 firmó un tratado de paz con el gobernador de Cartagena que le permitía a los cimarrones entrar y salir de la ciudad. El tratado fue violado por los españoles en 1619, Biohó fue capturado al entrar a Cartagena y luego fue ahorcado y descuartizado para enviar un mensaje a la población negra en 1621"[142].

Catalina: Otra afirmación que se escucha mucho es que todas las personas "somos afrodescendientes" o que todos "tenemos sangre negra". ¿Por qué son problemáticas estas afirmaciones?

Sher: Cuando la gente dice "todos somos afrodescendientes", está haciendo un uso muy cómodo de una ciencia que ha sido elaborada por personas hegemónicas desde discursos hegemónicos. Si todo lo que pasó, la esclavitud, la trata, el despojo, el racismo, no hubiese pasado, pues todo podríamos decir que somos provenientes de África, lo cual técnicamente puede ser cierto, y no pasa nada. Sin la colonización, sin la esclavitud, podríamos decirlo, pero resulta que justo por esos procesos tan violentos se dieron unas connotaciones sociales, políticas y económicas a ciertos fenotipos. Aun así la gente blanca dice: "Me corre sangre negra por las venas". ¡Qué maravilla que seas consciente de que tienes antepasados negros, pero eso no me interesa, porque el sistema no depende de la sangre que nos corre por las venas sino de nuestro fenotipo, entonces somos negras las personas que nos vemos negras!

Andrea: A mí me emputa que me digan que todo el mundo es negro porque ¿cuándo a los demás los han discriminado por ser negros, o no les han dado un trabajo por ser negras, o les han dicho cómo huelen de raro los negros? Tengo una amiga que me dice que ella pasa hojas de vida a los bancos, pero sabe que no la van a contratar

---

142 Fortin & Meuwese, 2013.

ni de cajera ni de gerente porque ella es negra. A esas mestizas que se dicen negras, las llevaron desde los cuatro años a alisarse el pelo, cuando había plata, porque cuando a las niñas les alisan el pelo con plancha a los 7 años ya están calvas.

Catalina: A pesar de que la gente dice que el racismo no existe, es más que evidente que la población negra en Colombia tiene menos oportunidades que la gente blanca. ¿Qué estrategias han usado para vencer ese sistema adverso?

Sher: Las habilidades y logros de una mujer negra están marcados por una resistencia y una lucha, son logros que cuestan el doble o el triple para las mujeres negras y luego de luchar y graduarnos de la universidad a uno no le toman en serio sus habilidades. Es importante que las mujeres negras podamos acceder a la educación, pero eso no es todo. Porque cuando tienes educación y te das cuenta del racismo, entonces ¿ahí qué puedes hacer? Ahora que estoy haciendo la maestría me pasa que a donde voy soy la única mujer negra, y no puede ser así. Por ejemplo, la única mujer negra que vive en el edificio soy yo, todas las demás son trabajadoras domésticas, y eso es solo porque yo estoy gozando de los privilegios de mi marido, que es un hombre blanco.

En mi caso, divido mi estrategia contra el sistema en dos partes: por una parte, está mi carácter, mi personalidad. Yo no estaba dispuesta a ser dominada y quería salir de un entorno que me daba mucha rabia, así que todas mis acciones iban dirigidas a proteger mi honor y a tomar todas las oportunidades que hubiera para salir adelante a nivel socioeconómico. Mis fortalezas eran que, de alguna manera, aunque era una mujer negra, yo era lo que la gente llamaba "exótica", esa era la palabra que a mí me describió durante mucho tiempo, pero bueno, en ese momento yo no sabía que exótica era una palabra agresiva para mí y cuando me lo decían yo me reía.

Yo soy una mujer negra, pero en la región caribe soy clara, hay cosas en mi cuerpo que les parecen agradables porque tienen que ver con los modelos hegemónicos de belleza. Entonces yo soy una mujer negra, pero soy clara, y soy flaca.

Catalina: ¿El modelaje es una de las pocas vías de movilidad social para las mujeres negras?

Sher: Aunque el entorno del modelaje sea muy racista y con preferencia marcada por ciertos fenotipos, algunas que entramos en esas ideas de belleza somos las que podemos ser modelos. Yo trabajé como modelo hasta donde pude, hasta donde aguanté. Cuando empecé a denunciar el racismo, cuando tenía 25, sabía que eso iba a ser incompatible con mi carrera de modelo y me dije: "Bueno, lo que iba a hacer ya lo hice".

Catalina: ¿La sociedad ve de una forma sesgada a los cuerpos de las mujeres negras?

Andrea: Yo creo que lo que pasa en Medellín es que las mujeres negras son absolutamente erotizadas. La gente dice "me gustan las mujeres negras por sus culos". Yo pensaría que uno para gustarle a alguien no tiene que hacer énfasis en si la persona es negra, pero es evidente que no les gusta la persona, hay una cosificación que parte del color de la piel.

Sher: Es la historia de mi vida. Es así en todas partes del planeta, el cuerpo negro siempre ha sido hipersexualizado por una historia colonial de cosificación, de esclavitud, no solo económica sino esclavitud sexual. La idea de que somos unas tumbacatres, que nuestro chocho tiene propiedades increíbles; siempre ha existido una erotización de mi cuerpo.

Catalina: ¿Cómo se representa a las mujeres negras en nuestras narrativas sociales de la cultura y el entretenimiento?

Andrea: Uno se acostumbra a que solo hay cierto tipo de representación: mujeres racializadas pero de un color claro, delgadas, con curvas, narices respingadas, con el pelo liso o unos crespos muy manejables, uno no ve afros exuberantes en la televisión y menos en la televisión colombiana.

Sher: Las pocas mujeres negras que hacen parte de la televisión y el entretenimiento en Colombia son más claras, o en el caso de una sola cuya piel es más oscura, es flaca, de nariz respingada, nunca hemos visto su pelo al natural. Porque hay límites de hasta donde se acepta lo negro, se acepta si pasa por un proceso de blanqueamiento. Y por otro lado las mujeres negras siempre somos representadas desde la erotización o en condiciones de esclavitud o servidumbre.

Catalina: Las mujeres negras que logran abrirse camino en estos espacios no necesariamente están dando una lucha contra el racismo...

Andrea: A las mujeres racializadas también les interesa mucho decir que son iguales a las demás. Ese asunto de decir que todas somos iguales un poco sí funde, mezcla y diluye toda una historia de opresión de violencia que cargan nuestros cuerpos y que siguen cargando.

Sher: Todas tenemos cuentas por pagar, hijos por mantener, una cosa que está clara es que no nos van a dar los espacios por nuestro mérito o inteligencia, somos la cuota negra, y también hay que lamer mucha suela o asumir como normal todo el racismo para poder llegar a ciertos lugares de poder a donde no llegas si eres "incómoda". Esto es consecuencia de un sistema que deja muy pocas oportunidades a las mujeres negras para surgir. Entonces todas hacemos lo que podemos, pero de pronto unas más adelante, cuando tengan poder, intentarán derribar la casa del amo. Pero la casa del amo no se destruye con las herramientas del amo, como dice Audre Lorde.

Catalina: ¿De qué manera afecta la apropiación de la cultura afro a las personas negras?

Sher: En todas las manifestaciones que se crean en torno a la música, o el arte afro, las mujeres negras hacen toda la creación, pero eso no se capitaliza, y luego se pone de moda cuando lo mismo lo hacen los blancos. Parece que ninguna manifestación cultural tiene ningún valor hasta que un cuerpo blanco se apropia de ella. Esto es muy visible con lo que la gente llama "música folclórica", cuando lo hace un cuerpo blanco se vuelve un fenómeno internacional, pero cuando lo hacen cuerpos racializados se mantienen en el barrio.

Un buen ejemplo de esto es lo que pasó con la champeta. Por allá en los años veinte en Cartagena, las clases altas le empezaron a decir "champetuo" a los habitantes de barrios periféricos de la ciudad, donde viven las personas más pobres, por supuesto en su mayoría afrodescendientes. La palabra "champeta" se refería a un cuchillo viejo y ordinario y se usaba para decir que algo era vulgar. En los años 70 u 80 se hacían grandes fiestas con grandes parlantes a todo volumen (montados en camionetas descapotadas o *pick ups* –por eso a estas fiestas se les llama "picó"–) en donde ponían discos de música que venían de África occidental. La gente los remixeaba y les ponía sus propias letras. Esa música se llamó champeta. Y durante muchos años, las élites de la ciudad y del país decían que la champeta era vulgar y despreciable, pero ahora se puso de moda y la bailan hasta en los matrimonios elegantes. ¿Cuándo se puso de moda? Cuando la apropiaron los blancos. Hoy en día a las mujeres negras no se les permite cantar champeta, pero llega una cantante blanca o mestiza o Martina la Peligrosa o una Daniela Donado y canta o baila champeta y a todo el mundo le parece espectacular. Una vez en el Reinado Nacional de la Belleza, que es un gran evento en Cartagena, iban a cantar Martina la Peligrosa y Mr. Black (un cantante de champeta negro) y a él le cancelaron la participación porque les parecía que las champetas cantadas por él eran vulgares.

Andrea: Tenemos un gusto por lo afro muy a conveniencia. Cuando la Selección Nacional de Fútbol gana los partidos con jugadores negros, entonces los negros son unos dioses. Cuando uno de esos jugadores mete siete goles, le empiezan a exigir que haga el aeropuerto del Chocó, como si eso no fuera responsabilidad del Estado. Pero, a ver, contra todo pronóstico sale un pelado del barrio, pero además de todo sin el apoyo de nadie, porque yo estoy segura de que nadie le dio un peso y le tocó vender manillas. Entonces él, además de cargar con toda la violencia histórica, se tiene que hacer responsable de la negligencia del Estado.

Nuestra relación con lo afro es muy oportunista. Hace poquito, Juanes, que es un cantante muy exitoso y un hombre blanco, subió a la Comuna 13 de Medellín[143], que es un barrio precarizado y peligroso, a filmar un video de reguetón, y ahí sí ¡qué chimba la Comuna 13! Pero cuando la Comuna 13 está prendida, por allá nadie sube.

Catalina: A la gente le encanta celebrar a personas negras porque "tienen sabor". ¿Decir eso es racista? ¿Por qué?

Andrea: La única identidad que podemos narrar las personas racializadas es la del "negro feliz" que no siente la vida y se levanta tarde y se la pasa bailando muerto de la risa. Eso hace que la gente se olvide

---

143 La Comuna 13 es conocida por ser uno de los barrios más violentos de la periferia de Medellín. El 16 de octubre de 2002, a la Comuna 13 entraron más de 1.200 militares para supuestamente restablecer el orden público ante los enfrentamientos entre 'paras', guerrilleros y milicias urbanas. Esta intervención de la fuerza pública pasó a la historia como la "Operación Orión", un ejemplo paradigmático de los abusos del Estado. Según el periódico *El Tiempo*, en la Operación Orión "se documentaron 75 homicidios fuera de combate, casi 100 desaparecidos, 450 detenciones ilegales y unos 2.000 desplazados. Cerca de 100 mujeres aún buscan a sus seres queridos desaparecidos. Piden reanudar las excavaciones en la Escombrera, una montaña de basura en la que los paramilitares y los guerrilleros arrojaban a sus víctimas" (Mercado, 2017).

del racismo. Cuando vos sos negro, puedes ser bailarín, o deportista, siempre y cuando no sea un deporte caro. No es que vamos a usar tenis, pero sí correr descalzos en una cancha de tierra. Ciertos deportes o artes como la danza, ser rapero, ser grafitero, ahí estamos las personas racializadas, pero que ni se te ocurra un negro abogado o un negro científico. Y cuando sí, llega el mito del "negro inteligente", que tiene el discurso de que a él el asunto de la raza no le ha afectado: "Yo he trabajado mucho", "La gente negra es la más racista". Porque el costo social de transgredir lo que el sistema opresor te permite es que o te acomodas o te acomodas alguna manera.

Sher: El colmo es que si la única manera en que nos han dejado disfrutar la vida es bailar y el único lugar que nos han dejado es la cocina, pues ni modo que seamos malos en eso. Pero no olvidemos que son estereotipos acerca de la negritud. A la gente blanca le encanta ver personas negras felices y viviendo como si no les importara porque "todo es sabrosura", porque eso es más amable y les quita responsabilidad histórica. Quieren pensar que, a pesar de la discriminación diaria, la gente negra es feliz. ¡Imagínate que les dijéramos que no somos felices, que es una mierda de vida! Se desmayan los blancos. Y, ¿qué hace uno en medio de tanta tragedia? Pues gozar lo poco que uno tiene, todos los seres humanos hacemos lo posible por tener una vida llevadera.

Catalina: ¿La negación del derecho al aborto afecta de manera desproporcionada a las mujeres negras?

Sher: Algunas personas antiderechos dicen que "el aborto es como la esclavitud", y claro, es uno de muchos argumentos absurdos, pero yo quiero contestar por qué igualar un genocidio, una operación masiva de trata de personas y de despojo con un derecho de las mujeres sobre sus cuerpos es ofensivo. Eso es como comparar una eyaculación con un barco esclavista entero lleno de personas negras vivas, que sufrieron la trata y todavía la sufren y que sufren discriminación. Es reducir seres humanos a embriones, las personas negras no somos vida en potencia.

Además, no podemos olvidar cómo las mujeres negras eran usadas como máquinas de reproducción de esclavos y los hombres blancos violaban mujeres negras para tener más esclavos, porque la esclavitud se heredaba desde la madre. Entonces, en ese sentido hablar de aborto es también hablar de cómo las mujeres negras se resistieron en la época colonial a la esclavitud, hacían resistencia y cimarronaje a través del aborto.

También están las brujas, las curanderas capturadas por los inquisidores, que eran llamadas a juicio por practicar abortos a mujeres blancas de clase alta que nunca fueron llamadas a juicio y que muchas veces abortaban porque habían cometido infidelidades o se habían acostado con un esclavo y tenían miedo de tener un hijo negro. Desde esa época hasta ahora, el aborto ha sido una cuestión de privilegios, y ¿quién es la que muere? ¿A qué mujer se le acusa y cuál sigue adelante con su vida?

En lugares apartados en el Chocó (el departamento de Colombia con más población afrodescendiente), por ejemplo, encuentras a mujeres negras que tienen cosas metidas en el útero porque trataron de abortar, y muchas mueren. Esto pasa en los cuerpos negros más que en los cuerpos blancos, porque son las que viven en los lugares más apartados y abandonados donde el Estado no ofrece garantía de nada.

Catalina: En inglés se usa el término *"white fragility"* (fragilidad blanca) para hablar de las malas reacciones que tenemos las personas blancas cuando nos cuestionan nuestros comportamientos racistas, ¿han tenido experiencias similares?

Andrea: Me genera muchas dificultades cuando uno le dice a las feministas blancas: "Eres racista", y ellas te contestan: "Estás siendo violenta". Nombrar el racismo no es violencia, negarlo es violencia. Eso dificulta que el feminismo urbano-blanco-mestizo entienda lo que pasa en la periferia. Y eso dificulta mucho que el feminismo se dé cuenta de sus márgenes, porque cuando hablamos de las mujeres con discapacidad o de las mujeres con VIH o de las mujeres con condiciones mentales, hay todos los márgenes de la vida, y si no los nombramos, no vamos a verlos. El único propósito de negar el racismo es que las personas blancas se sientan cómodas.

Cuando a mí me hablan de abuso sexual, yo siempre estoy pensando en el abuso que sufren las mujeres racializadas. Si a una mujer blanca de clase media, actriz, no le creen y es revictimizada, a una mujer racializada mucho menos le van a creer. Lo que quiere decir que las mujeres racializadas denuncian mucho menos. Eso es sumar la categoría de raza al análisis. Pero a muchas feministas blancas urbanas les parece que esto divide y que debemos preocuparnos por "las mujeres en general", y pues sí, pero también es necesario hacer los cruces que nos pide la interseccionalidad para que haya políticas públicas que sirvan para mejorar las vidas de las mujeres negras, porque no estamos en las mismas condiciones.

Sher: Es muy complejo porque son estructuras que la gente ha interiorizado, nadie está limpio de racismo, ni las personas racializadas, todos bebemos de la misma agua sucia del racismo, la ideología racista nos la enseñaron desde la niñez y está en todas partes. A mí hasta me han dicho que si ser racista no es un derecho. Pero ¿hasta dónde una persona blanca no es el producto de todo un sistema que la favorece a ella? Tú además eres blanca y has sido favorecida por el sistema y seguro tus antepasados se beneficiaron de un sistema esclavista, o fueron esclavistas y tú hasta hoy te beneficias de eso. Y yo también me pregunto: ¿hasta cuándo uno puede ser tolerante con el racismo? Porque la gente blanca tampoco es un borreguito del sistema. Yo digo, bueno, ellos piensan de esa manera porque les han enseñado a pensar así, pero hay muchas maneras de deconstruirse y de cuestionar el sistema. El ejercicio de enfrentar a una persona blanca y decirle: "Eso es racista", pues, yo creo que esa persona al comienzo se molesta y dice que no es racista, pero cuando se le baja la calentura de pronto decírselo sirve para que lo piense y se dé cuenta de que sí fue racista. Es como un purgante, todos debemos tomar un poquito para sacar toda esa toxicidad. Y claro, las personas blancas son producto de un sistema, pero ¿cuántas personas negras mueren o tienen una vida indigna porque la gente con poder no es capaz de cuestionar su privilegio?

Catalina: ¿Qué podemos hacer las feministas blancas para no reproducir los modelos de poder de los hombres?

Andrea: Lo primero que tienen que hacer es en serio decir: "La raza es importante, el racismo existe". Si ya entendimos que el patriarcado existe, hay que dejar de pelear con que el racismo existe. En segunda instancia, las mujeres blancas que tienen lugar en el mundo para hablar de feminismo deben usar sus plataformas y sus espacios para que las mujeres negras, feministas, que están en la periferia dándose contra el mundo, puedan hablar. Necesitamos voz y espacios para tener una narrativa que nos mueva de la discriminación y de esto que nos oprime. Yo creo que una mujer blanca que tenga una plataforma le debe decir a otra u otras mujeres negras: "Mire, esto está acá, venga habla y yo me quedo callada". Necesitamos ese espacio, apoyo, y hasta apoyo económico, hay mujeres blancas con condiciones económicas impresionantes que pueden hacer una diferencia real en la vida práctica de otras mujeres racializadas. No es asistencialismo, es un asunto de compensación.

Catalina: La verdad es que las personas blancas en Colombia que son terratenientes obtuvieron esas tierras a través del despojo y las personas negras llegaron aquí víctimas de trata de personas despojadas de su tierra...

Andrea: Además, las personas afro en nuestro país no tienen territorio, la población indígena todavía conserva algo de su territorio con todos los problemas que eso implica y todas las luchas de las mujeres indígenas por la defensa de su tierra, pero la población afro no tiene tierra. Y no tener tierra nos quita la posibilidad de subjetivación como colectivo. Y por eso ha sido tan difícil construir afrofeminismo en Colombia, porque lo que les importa a las mujeres afro es caber en el mundo, y para eso toca hacer muchas concesiones.

Catalina: ¿Qué les gustaría decirles a las mujeres negras y a las mujeres blancas que lean esta entrevista?

Sher: Si una mujer negra lee esto, yo quiero decirle que se evalúe: ¿hasta dónde está acolitando a un sistema que la oprime? ¿Hasta dónde está cediendo en su dignidad para no causarle problemas a la sociedad racista alrededor?

Si una mujer blanca lee esto, quiero decirle que tenga conciencia de sus privilegios y de lo que puede aportar como una mujer privilegiada, y que no se cierre a la crítica. También, la gente blanca se tiene que preguntar, si no hay personas negras en su entorno, ¿qué está pasando? Y si tienen una amiga negra que no les cuenta sus experiencias de racismo, quizás es que no es tan cercana como pensaban.

Catalina: ¿Qué lecciones y preguntas nos deja el afrofeminismo?

Andrea: Si nosotros no empezamos a hablar de racialización en el contexto colombiano y latinoamericano, si no empezamos a problematizar que necesitamos de una colectiva seria de mujeres feministas racializadas, no vamos a poder hacerle frente al racismo nunca. También es necesario hablar de feminismo como movimiento político y social de izquierda, porque si no le ponemos el apellido al feminismo, nosotros no vamos a ser capaces de problematizar todas las otras intersecciones. Yo como mujer racializada, ¿cómo me paro a hablar de raza, sin hablar de género? Pero, tampoco puedo hablar de género sin hablar de raza.

Es muy importante hablar de raza y de interseccionalidad en los feminismos, pero además debemos problematizar el concepto de la interseccionalidad en su funcionalidad política. La interseccionalidad se puede explicar muy bien teóricamente, pero eso políticamente ¿cómo lo hacemos real y cómo lo hacemos visible? Porque la única manera de hacer eso posible es visibilizando a las mujeres negras empobrecidas y racializadas de nuestra región, hay que dejar de hablar de ellas y mejor dejar que sean ellas las que hablen.

¿Qué es la fiscalización del tono?[144]

En septiembre de 2015, el Canal Caracol (un canal privado, nacional, en Colombia) publicó una noticia sobre Carlos Angulo, un hombre negro que se molesta ante la requisa aparentemente arbitraria de un par de policías mientras va caminando por una de las calles de Bogotá, con el título "Furioso": "En video quedó registrada la *airada* reacción de un ciudadano contra unos policías por *supuesta* discriminación", dice el presentador del noticiero. Atrás se escucha a Angulo gritar: "Voy a trabajar y me estás haciendo perder el tiempo. ¿Por qué a ellos no los requisas? ¡Porque ellos son blancos!", entonces su discurso es interrumpido por la voz de la periodista, que nos explica que él "alega" haber sido ofendido. "En el video se lo ve exaltado y diciendo palabras soeces, ¿no podría también decir el policía que *usted lo agredió?*" pregunta la periodista con un fino acento capitalino, y Angulo contesta: "La Policía representa la estructura del poder blanco que ha ejercido la discriminación racial contra la minoría negra en este país". Finalmente, la periodista cuenta que la Policía, que no quiso salir en cámara, "aseguró" que "los uniformados realizan sus labores *sin tener en cuenta la raza de los ciudadanos*".

---

144 La primera versión de esta sección se publicó en *El Espectador* el 16 de septiembre de 2015.

La noticia termina siendo la reacción de Angulo y no el reclamo a la fuerza pública por discriminación. Anunciar *Negro grita* no tiene valor periodístico y, en cambio, refuerza el antiquísimo prejuicio de que los afrodescendientes (o los indígenas, o las mujeres) son más instintivos y menos racionales que "los blancos". Cuatro veces en 1:36 minutos los periodistas ponen en duda la queja de Angulo, sin embargo, cuando llega el turno de la Policía, el verbo usado es "asegura". Lo peor es que la aseveración de la Policía es bastante cuestionable. Como lo señala Rodrigo Uprimny en su columna "Requisas, ¿a discreción?"[145], según una investigación de DeJusticia titulada "Seguridad, Policía y desigualdad", "los afros, los indígenas o los hombres con pelo largo o pantalón entubado son controlados mucho más por la Policía que el resto de la población". Esto lo hemos visto todos los colombianos. Es mentira que la fuerza pública (usualmente mestiza) diga que no ve color. Los policías –más preocupados por preservar el *statu quo* que la seguridad y convivencia de los ciudadanos– privilegian a aquellos que se ven "blancos" y sospechan intensamente de todos los demás. La Policía no debería operar desde un falso daltonismo; en cambio, debería tener muy en cuenta el color para revisar constantemente sus prejuicios y los efectos que sus acciones tienen para ahondar la desigualdad racial.

La periodista de *Caracol* cuestionó a Angulo por "usar palabras soeces," como si que una autoridad le diga, despectivamente, "negro" a alguien no fuera más ofensivo que gritar "hijueputa" en la calle, ejerciendo el derecho a la libertad de expresión. ¿Por qué no le pregunta si su reacción se debe a previas experiencias discriminatorias por parte de la Policía? Esto es lo que se ha llamado "fiscalización del tono" (*tone policing*), una falacia argumentativa que consiste en reclamarle a los grupos oprimidos (sean provincianos en la capital, pobres, negros, indígenas, mujeres, comunidad LGBTIQ) que controlen su "tono" (o su ortografía, o su emocionalidad) cuando están

---

145 Uprimny Yepes, 2014.

reclamando sus derechos humanos. Parece que al poder toca hablarle pasito y con dulzura para que te haga caso. Pero el poder nunca te hará caso, solo pasará menos vergüenza al negarte tus derechos si tu reclamo es manso.

En palabras de la afrofeminista colombiana Andrea Sañudo: "Toda la vida me dijeron (directa o indirectamente) que habitar mi corporalidad estaba mal, que ser más inteligente que algunos especímenes masculinos estaba mal, que hablar duro, estar enojada, y sobre todo ser emocional y visceral con mi postura política estaba mal, porque 'eso es poco estratégico'. [...] A las mujeres feministas se nos pide que alcemos la voz por absolutamente todos los hechos sociales que ocurren en el mundo, así muchos de estos no nos atraviesen, se nos pide que expliquemos nuestra existencia, nuestras decisiones, nuestro transitar político e incluso cómo, con quién y por qué tiramos, pero además toca explicarnos con amor y exigir nuestros derechos con dulzura y estrategia, porque si no, estamos siendo incoherentes con el discurso, como si las mujeres feministas no estuviéramos haciendo actos de resistencia todos los días frente a una estructura de poder que nos excluye, nos silencia, nos ignora, nos viola y nos mata. [...] Me cansé de que recorran el machismo de la fiscalización del tono (que de micromachismo no tiene nada) con tanta impunidad y yo tenga que quedarme con el sin sabor de ser encasillada como 'la agresiva'. No más. Estoy enojada, porque soy feminista antirracista y porque veo que todos los días pasa por nuestros cuerpos la violencia de la mirada lasciva de un compañero de trabajo, hasta el abuso sexual y el feminicidio, y frente a esto NO ME PIDAN QUE HABLE PASITO, QUE NO SEA VEHEMENTE O QUE DEJE DE ESCRIBIR EN MAYÚSCULA, PORQUE ESTOY GRITANDO, cuando la realidad es que si no es por los gritos de los mares de mujeres que salimos a la calle a pedir que nos traten como personas, muchos no se dignarían en escucharnos"[146].

---

146 Sañudo Taborda, 2018.

La rabia, de las mujeres negras y de todas las personas que sufren discriminación, está más que justificada y además muchas veces ha sido el motor necesario para encender una revolución. Angela Davis en *Mujeres, raza y clase* cuenta la historia del legendario discurso de Sojourner Truth en 1851: "Sin la ayuda de nadie, Sojourner Truth rescató a las mujeres del encuentro de Akron de los abucheos lanzados por algunos hombres hostiles a los fines del encuentro. De todas las mujeres que asistieron a la reunión, ella sola fue capaz de responder agresivamente a los argumentos machistas esgrimidos por los excitados provocadores. Poseedora de un carisma indiscutible y de unas poderosas dotes oratorias, Sojourner Truth echó por tierra las afirmaciones de que la debilidad femenina era incompatible con el sufragio, y lo hizo con una lógica irrefutable. El líder de los provocadores había sostenido que era ridículo que las mujeres aspiraran a votar, dado que ni siquiera podían cruzar un charco o subir a un carruaje sin la ayuda de un hombre. Sojourner Truth señaló con una simplicidad demoledora que ella misma nunca había sido ayudada para pasar por encima de charcos embarrados o para subir a carruajes. '¿Y acaso no soy una mujer?'. Su voz sonaba como el 'anuncio de un trueno', y dijo: '¡Mírenme! ¡Miren mi brazo!' y se remangó la manga para mostrar la 'tremenda fuerza muscular' del mismo. '¡Yo he arado, he sembrado y he cosechado en los graneros sin que ningún hombre pudiera ganarme! ¿Y acaso no soy una mujer? ¡Podía trabajar tanto como un hombre, y comer tanto como él cuando tenía la comida y, también, soportar el látigo! ¿Y acaso no soy una mujer? He dado a luz a trece niños y he visto vender a la mayoría de ellos a la esclavitud y cuando grité, con mi dolor de madre, nadie sino Jesús pudo escucharme. ¿Y acaso no soy una mujer?'. Siendo la única mujer negra asistente a la convención de Akron, Sojourner Truth había hecho lo que ninguna de sus tímidas hermanas blancas era capaz de hacer. En opinión de la presidenta del encuentro, en aquellos tiempos había muy pocas mujeres que se atrevieran a 'hablar en las reuniones'"[147]. ¿Se imaginan decirle a Sojourner Truth que baje la voz, que esas no son maneras, que no debe defender sus derechos desde la rabia? Es absurdo decirle eso a una mujer negra.

Pero además es crucial tener presente que hay una historia violenta detrás del gesto de decirles a las personas negras que moderen sus protestas. Dice Ángela Davis, sobre la motivación de los linchamientos, colgamientos y asesinatos a las personas negras en Estados Unidos: "Probablemente, si las personas negras se hubieran limitado a aceptar un estatus de inferioridad política y económica, las turbas asesinas se hubieran desvanecido. Pero debido a que un vasto número de exesclavos se negó a renunciar a sus sueños de progreso, durante las tres décadas posteriores a la guerra se produjeron más de 10.000 linchamientos. Cualquier persona que desafiara la jerarquía racial llevaba la marca de víctima potencial de una turba violenta"[148].

La historia sobre Carlos Angulo se centra en la pregunta de si debió o no exaltarse, de si esas eran las palabras "adecuadas" para presentar su queja, y nadie le pone atención al contenido de su reclamo, que es, por demás, justificado, cierto y suficiente para explicar su furia. La discriminación es un problema, la protesta no, y los modales no son más importantes que los derechos humanos. Lo que Angulo gritaba es veraz e importante, tenemos que escucharlo todos y en el tono que sea: "Este hijueputa país hipócrita que nos ha tenido a nosotros los negros haciendo una enorme contribución a la construcción de la nación no respeta nuestra humanidad".

---

147 Davis, 2005, p. 70.
148 Ibíd., p. 191.

¿Se puede perrear y ser feminista? [149]

En México en abril de 2014 se lanzó una idea maravillosa, la genial campaña de la facultad de Filología de la UNAM, "Perrea un libro". La campaña presenta los bajísimos índices de lectura en México y se alía con el reguetonero Baby Killa para usar el texto de un libro como letra de una canción de reguetón. En el video se ve a la gente perreando contenta, y al final, el cantante les cuenta de qué libro salió la letra, al son de la cual movían sus culos, para fomentar la lectura. Bravísimo.

Pero la dicha fue fugaz.

Los académicos empezaron a recibir críticas y burlas en las redes sociales y no fueron capaces de respaldar la campaña con argumentos. Borraron todo rastro de sus redes oficiales, y nos dejaron un claro mensaje de que en la academia no se perrea. ¿Qué dijeron las críticas contra la campaña? ¿Que el reguetón era un instrumento del mal que cosificaba a las mujeres y que no podía usarse para fomentar la lectura? ¿De verdad podemos asumir, sin más, que el reguetón es sexista y que perrear es degradante para las mujeres?

Un reguetonero que se ha vuelto un lugar común cuando se habla del "machismo" del reguetón es el famosísimo colombiano Maluma. En diciembre de 2016 salió en el *Huffington Post* una columna de la española Yolanda Domínguez[150] en donde señala que el cantante de reguetón colombiano Maluma es machista y misógino en su canción 'Cuatro *babys*'. Domínguez afirma, con razón, que, en su letra, la canción trata a las mujeres como "meros cuerpos intercambiables y disponibles al servicio del deseo sexual ilimitado". Hasta ahí Domínguez tuvo razón.

---

149 Algunos párrafos de esta sección hacen parte de una columna publicada en su primera versión el 14 de agosto de 2014 en *Sin Embargo*.

150 Algunos párrafos de esta sección hacen parte de una columna publicada en su primera versión el 7 de diciembre de 2016 en *Univisión* titulada "Maluma es machista, pero no más que otros cantantes como Sting, Gardel, Sanz o The Beatles".

Antes de continuar sería bueno detenerse en la letra de la polémica canción, en la que Maluma habla de encuentros sexuales con cuatro mujeres[151]. Esto no es en sí algo violento. Hablar de sexo o de promiscuidad no equivale a degradar a las mujeres. De hecho, en un verso de la canción dice que "ninguna le pone pero", algo que hasta puede interpretarse como una forma de consentimiento. Sí, la canción habla de sexo. Sí, para variar es un hombre con muchas mujeres. No, no nos habla de la personalidad o las historias de vida de estas mujeres y aunque tenga muchos lugares comunes sexistas no es una apología a la violencia. Además no podemos omitir que la canción es un trap, un subgénero del reguetón que se caracteriza por sus letras explícitas sobre sexo. Su verso más problemático es, quizás, "La otra medio *psycho* y si no la llamo se desespera", por aquello de que uno no puede estarle diciendo psicópata a cualquiera, ni está chévere acusar a las mujeres de eso por pedir atención. Otras canciones de Maluma, como "Chantaje" –su dúo con Shakira– ponen a las mujeres en una situación de poder frente a él. De hecho, al menos Maluma no tiene el sexismo benevolente de otros reconocidos cantantes colombianos como Carlos Vives (piensen en "La Cartera" y "La Celosa") o Juanes, que literalmente tiene una canción titulada "Malparida". Ya quisiera yo ver a más "machos latinoamericanos" cantándole a su amada que ella puede ir y acostarse con quien quiera y él estará esperando, dispuesto a recibirla para darle buen sexo y con una actitud abierta a conocer a su amante como sucede en el éxito "Felices los cuatro". A uno le puede gustar o no el trabajo de Maluma, pero no es porque el cantante sea particularmente más machista que otras de nuestras producciones culturales. Si le vamos a criticar algo, que sea su pública pleitesía al presidente colombiano de ultraderecha, Iván Duque, ya que ese es un gesto manifiestamente partidario a favor de un gobierno que en

---

151 Algunos párrafos de esta sección hacen parte de una columna publicada en su primera versión el 9 de abril de 2017 en *Univisión* titulada "Por qué el reguetón no es más machista que tú".

pocos meses ha creado impuestos para la canasta familiar y que ha recortado el presupuesto para la educación, dos medidas que afectan de forma negativa y desproporcionada a las mujeres colombianas[152].

En todo caso, la columna de Domínguez tiene otros problemas que nos pueden ayudar a entender mejor de dónde viene su crítica. Su argumento se debilita, pues no puede evitar detenerse a decir que el cantante tiene "pésima pronunciación" (¿según quién?) y "algunos problemillas de dicción" (¿quizás porque su acento no es ibérico?). Domínguez tampoco concibe que la canción afirme que alguien está enamorado pero tiene sexo promiscuo. Pero la promiscuidad no es un problema moral, el problema moral es el engaño (de lo cual no se habla en la canción). Mejor dicho, a Domínguez se le sale lo clasista y lo tradicional. Y además termina con la pregunta equivocada: "¿No os aterra que vuestros hijos se eduquen con estos modelos?", apelando a un terror populista, pero sin detenerse a pensar que "vuestros hijos" no se educan con Maluma, el reguetón no puede reemplazar la educación que les den sus padres y el colegio, ni siquiera si está es en extremo paupérrima y deficiente.

Señalar que el reguetón es machista es como descubrir el agua tibia. Fácil como caer en toda una sarta de prejuicios como que "los jóvenes de hoy oyen música inculta y degenerada" (¿en serio? ¿hay alguna ge-

---

152   Para las mujeres, especialmente para las más pobres o las que viven lejos de centros urbanos, existen más barreras de acceso a la educación (como el embarazo adolescente) y cuando las familias tienen que escoger cuál de sus hijos o hijas irán a la escuela, se suele privilegiar a los hombres. Son las mujeres también las que suelen pagar la canasta familiar en las familias y el nuevo gravamen de 18% afecta directamente a las mujeres cabeza de familia. Por otro lado, en los primeros meses del gobierno de Duque se presentó una ponencia constitucional que buscó sin éxito limitar el derecho al aborto en Colombia, y el Centro Democrático, partido del presidente, presentó varias iniciativas para dificultar la implementación del Acuerdo de Paz, algo que también afecta de forma desproporcionada a las mujeres, quienes son la mayoría de las víctimas sobrevivientes al conflicto, y dificulta la implementación de agendas feministas que han avanzado en otros países de la región y que en Colombia se han estancado debido al conflicto interno de más de 60 años.

neración de jóvenes a la que no le hayan dicho eso?), o que esa música popular, latinoamericana, que le gusta a las clases bajas (y en secreto, a las altas) es machista. Pero quienes dicen esto no devuelven ese ojo crítico a sí mismos, a sus prejuicios clasicistas. "Despacito" es a la fecha la canción más escuchada del mundo, es una canción cuyo sonido es latinoamericano y cuya letra está dedicada a hablar del placer de las mujeres: "que le enseñes a mi boca tus lugares favoritos, des pa cito".

Hablar en una canción de sexo con mujeres e incluso cosificarlas no equivale a promover la violencia de género o la discriminación. Hay formas de cosificación que hacen parte de juegos sexuales en los que hay consentimiento y voluntad. Lo que uno debe mirar, desde el punto de vista feminista, es que no sean violentas, es decir, que no impongan explícitamente la voluntad de una persona sobre el cuerpo de otra. Chévere que las audiencias critiquen a sus artistas y les pidan hacer contenidos feministas. Ojalá eso tenga un efecto en el tipo de contenidos que produce Maluma. Pero él es libre de hacer lo que quiera, no es quien debe tomar el lugar ni la responsabilidad de la educación sexual que debe impartir el Estado. "Son las letras ofensivas", dicen. Pero machismo hay en todos los géneros musicales. Desde el romántico bolero en donde un pedófilo Agustín Lara declara que "tu párvula boca […] siendo tan niña me enseñó a besar" hasta el romántico pop anglosajón en donde Sting romantiza el "amor" obsesivo y controlador: *Every breath you take I'll be watching you* ("a cada respiro que des te estaré observando"). La misoginia en las letras de las canciones no es un problema exclusivo del reguetón y no por eso dejaremos de bailar cuando suena Michael Jackson cantando *the kid is not my son* ("el niño no es mi hijo"). Hasta los Beatles, que son adorados mundialmente, tienen una canción que se llama *Run for your life*[153] ("Corre por tu vida") que dice: "Mejor corre por tu vida

---

153 *You better run for your life if you can, little girl / Hide your head in the sand, little girl / Catch you with another man / That's the end little girl / I'd rather see you dead, little girl / Than to be with another man / You better keep your head, little girl / Or you won't know where I am.*

si puedes, pequeña niña, / esconde tu cabeza en la arena, pequeña niña. / Si te atrapo con otro hombre / será el fin, pequeña niña. / Preferiría verte muerta, pequeña niña, / que verte con otro hombre. / Mejor cuida tu cabeza, pequeña niña, / o no me vendrás venir". Si la preocupación por la misoginia y el sexismo en las letras de las canciones fuera genuina, no se criticaría solo al hip hop o al regetón.

Lo mismo pasó con el tango, que hoy le parece elegantísimo a todo el mundo porque ya se volvió socialmente aceptado, y hasta muy "culto" que las mujeres les encaramen las piernas a su parejo mientras Gardel nos condena a todas en nombre de una puta infiel. Además, reducir las letras del regetón a su literalidad no necesariamente muestra la misoginia, que siempre está en la intención de las palabras y no en las palabras mismas, muestra un entendimiento pobre, condescendiente y bidimensional del lenguaje. Según el contexto decir "hacer el amor" puede ser algo cruel, y "clavar" algo tierno. O ¿según quién el *twerking* es algo violento? Son muchos los bailes que tienen la función social de cortejo, desde el waltz hasta el regetón. A mí me gusta mover el culo al bailar, "perreo" que llaman, y no creo que hacerlo deba ser tomado como una invitación a propasarse, de la misma manera que una minifalda y un escote no son una invitación[154].

Por otro lado, quien le reclama racionalidad al regetón no entiende nada del género y debería irse a su casa a escuchar Sigur Rós. El regetón no está para educar, las artes y el entretenimiento no están para educar. Es la educación la que está para educar. El arte y el entretenimiento son síntoma y no causa de los problemas sociales, pueden ayudar a naturalizar o desnaturalizar discursos que se usan para justificar la discriminación pero en el momento en que se vuelvan aleccionadores dejarán de entretener. una manera de verlos, asumirlos entenderlos, no de corregirlos. Nadie folla más por bailar regetón (ya

---

154 Algunos párrafos de esta sección hacen parte de una columna publicada el 11 de junio de 2014 en mi blog personal, catalinapordios.me, en una entrada titulada "A mover el culo o una defensa del perreo".

quisieran) y quien planea dejar la educación sexual de los jóvenes a un género de música simplemente está evadiendo la responsabilidad.

Esta idea de que el reguetón y los bailes de la afrodiáspora son perversos ha llegado a extremos absurdos[155]. En junio de 2015, Dionisio Vélez, el alcalde en ese entonces de la ciudad de Cartagena, en el Caribe colombiano, tuiteaba: "No podemos permitir que los Pick Up (sic) se conviertan en fuente de alteración del orden público", "El principal objetivo es ejercer controles más estrictos, sobretodo (sic) en aquellas poblaciones donde se ha registrado homicidios por bailes (sic)", "Además de ser irregulares, los Pick Up son desconsiderados con los vecinos. Debemos amparar el derecho a la tranquilidad y el descanso". El alcalde se refiere, con su elegante inglés, a las fiestas de picó que hacen cada quince días en la Plaza de Toros los picoteros y champeteros de Cartagena. La champeta es un género musical que remixea la música de los países del oeste de África con la música local. El ritmo, además de ser una de las grandes revelaciones musicales de Colombia en los últimos años, se baila con marcados movimientos pélvicos, como el reguetón. Desde sus inicios, las fiestas de champeta han sido estigmatizadas (la misma palabra "champeta" significa feo, ordinario) y se cree que el público de estos eventos está constituido por "la peor ralea" que hay en la ciudad de Cartagena, "los negros y los pobres" (y en Cartagena, las personas negras suelen ser pobres).

Resulta que estos eventos no son ni ilegales ni irregulares, son fiestas populares que ocurren cada quince días. Se supone que en las fiestas de champeta "se consumen drogas", pero basta haber estado en la fila del baño de las discotecas de moda para tener en claro que la diferencia no es mucha. Una ciudad que es destino predilecto para turismo sexual y turismo de drogas no puede echarles la culpa de ambos problemas a unas fiestas de champeta para intentar man-

---

155 Algunos párrafos de esta sección hacen parte de una columna publicada en su primera versión el 6 de junio de 2015 en *El Heraldo* titulada "Homicidio por baile".

tenerlas en la marginalidad. Acabar con los picós no acabará con la delincuencia en Cartagena. Sin duda, como en cualquier fiesta popular, en los picós hay problemas de seguridad. Pero esto no es culpa de los picoteros. Es culpa de un Estado, una alcaldía, que no se hacen presentes para garantizar –a los ciudadanos que van a bailar– el derecho al esparcimiento, al goce de la cultura y la libertad de expresión.

Luego, en julio de 2015, el Concejo de la ciudad de Cartagena, en un despliegue de estupidez, ignorancia, racismo y clasismo sin precedentes, aprobó en segundo debate un proyecto que dictaba "normas para regular la participación de menores de edad en bailes o danzas que incidan en el contacto físico de tipo sexual y que hagan apología al sexo o a posiciones sexuales de algún tipo"[156]. El argumento era que la champeta y el reguetón son "bailes eróticos" que aumentan los embarazos adolescentes porque despiertan prematuramente el deseo sexual en los niños. El proyecto contemplaba una "escuela de padres" y que los padres sean "sancionados pedagógicamente" con "capacitaciones y prestación de servicios sociales" si ven a los niños bailando reguetón o champeta. Como si fuera poco, los adultos no podían realizar estos "bailes sexuales" en lugares públicos.

La tal prohibición de los bailes eróticos en Cartagena era risible, porque era como pretender que la gente no respirara[157]. No solo el Concejo no tiene la competencia para hacer una cosa así, sino que el proyecto estuvo tan mal redactado que se prestaba para que se prohibiera cualquier cosa: lo que entendían por erótico quedaba a la libre interpretación, sin mencionar que la tal prohibición violaba una sarta de derechos fundamentales: libertad de expresión, libre desarrollo de la personalidad, como también agrede la libertad de expresión

---

156 Algunos párrafos de esta sección hacen parte de una columna publicada en su primera versión el 11 de julio de 2015 en *El Heraldo* titulada "Embarazo por baile".

157 Algunos párrafos de esta sección hacen parte de una columna publicada en su primera versión el 2 de diciembre de 2015 de 2015 en *El Espectador* titulada "La niñez erótica".

artística, la autonomía de las instituciones educativas y el patrimonio cultural del Caribe colombiano. Ese año, en una protesta, los cartageneros sacaron un ingenioso cartel explicando, con contundente elocuencia, que "la champeta no preña, lo que preña es la mondá (verga)". El embarazo adolescente sigue siendo un problema grave en Cartagena, especialmente para las niñas que no tienen chance de pensar en una carrera profesional cuando se convierten en madres a tan corta edad. Pero, y esto también es muy obvio, se previene con buenas clases de educación sexual, no censurando.

La sexualidad en los adolescentes se despierta así estén encerrados en un monasterio[158]. No sucede porque con unos pasos de baile sus genitales se rocen con los de otro adolescente; sucede porque hay unos cambios en sus cuerpos que incluyen el despertar del deseo sexual. Esto ocurre con o sin bailes pélvicos, si no fuera así, la civilización europea estaría extinta. Los actos que nos parecen sexuales, por otro lado, no son solo reacciónes físicas, sino que se entienden en el marco de complejas construcciónes culturales. Toca ser un adulto, un adulto malpensado, para creer que cuando los niños bailan champeta están teniendo "actos sexuales". Un acto solo es sexual cuando las personas que lo hacen piensan que es sexual. Yo puedo comerme un mango como quien se come un mango, o como quien seduce, y la diferencia quizá solo esté en la chispa de mi mirada o en la interpretación de quien me observa. Todos los actos humanos, hasta el más mínimo movimiento de los dedos, son susceptibles de lecturas sexuales, según los códigos que hemos establecido. En las sociedades más reprimidas, la sutileza reina. Por otro lado, no me queda claro cuál es el problema con la "apología al sexo". El sexo no es malo, lo malo es la violencia sexual, la violencia de género, la ignorancia. Los niños, como todas las personas, tienen derecho a la sexualidad, no podemos hacer como que de repente a los

---

158 Algunos párrafos de esta sección hacen parte de una columna publicada en su primera versión el 18 de julio de 2015 en *El Heraldo* titulada "Sexo por baile".

18 el tema empieza existir. Deberíamos mejor reconocer los derechos sexuales de los niños y niñas, su derecho a la libertad de expresión, al baile y al entretenimiento, y su derecho a una educación sexual completa y oportuna que les permita tener autonomía sobre sus cuerpos para aprender a vivir en el mundo real, donde hay niños y adultos, y –con o sin baile–, el sexo sigue existiendo.

La música, en tanto que manifestación artística, es un reflejo de la sociedad, y debe ser juzgada en su contexto. La gente no se vuelve misógina porque lo escuchó en una canción, más bien esas letras ofensivas contra las mujeres son un reflejo del entorno. Para cambiar las letras misóginas hay que trabajar de manera integral para acabar con el sexismo. No basta con cambiar la música de fondo.

Entonces, si todos los géneros musicales son machistas, ¿por qué emprenderla contra el reguetón? Racismo y clasismo, en sus versiones más ilustradas, más sutiles y "elegantes", y más desesperanzadoras, porque se supone que en la academia están las herramientas para no sucumbir a estos prejuicios ridículos.

José María Samper, uno de los más ilustres intelectuales colombianos del siglo XIX, llegó a decir que el "currulao", un baile típico de los negros, era de una "lubricidad cínica", y lo describió aterrado de la misma manera que muchos hoy hablan del reguetón. Ahora, pueden ver que hoy en día el baile del currulao no tiene nada de escandaloso. En el siglo XIX tuvo mucha popularidad en Colombia la idea de que los negros eran criaturas simiescas que no habían terminado de escalar los peldaños evolutivos y que debían estar relegados al calor, donde, obvio, no se puede pensar. En Colombia esta historia sirvió para legitimar el poder cultural, económico y político de la región andina, pero este tipo de racismo, en donde se determina que el "otro" es un "bárbaro" que no puede pensar, tiene maneras de expresarse en todas las culturas y especialmente en la Latinoamérica poscolonial, en donde "ser negro" es lo peor que te puede pasar.

Para bostezo de todos y todas, en la academia occidental (que es bien machista) existe la idea católica, neoplatónica, de que la mente es algo separado del cuerpo. El cuerpo es una cosa indigna, limitada, mortal y pecaminosa, mientras que el alma y la mente son sustancias inmortales y morales, el lugar donde se cultivan las virtudes. Por eso los académicos, en su caricatura, no se arreglan ni se maquillan, no les importan esas vanidades mundanas, después de todo la universidad desde sus inicios fue un lugar para esconderse del mundo, y los académicos son una suerte de neomonjes. El problema es que el alma y la mente y todas las entidades metafísicas que quieran inventarse no son nada sin un cerebro que las invente, un cerebro que está en un cuerpo, en una cabeza con oídos, ojos, boca, un cerebro que funciona mejor o peor según cómo el organismo coma, o cague, o coja, según el bienestar de un organismo cuya materialidad es evidente, innegable, profunda, última. Los cuerpos que piensan son cuerpos que comen, cuerpos que bailan, cuerpos que cogen.

Todo tienen que ver los cerebros con los culos. Ya lo decía Nietzsche.

Pero el reguetón es de los pobres y los pardos. De los que no leen. A los académicos, que a juzgar por el rechazo a la campaña, leen frente a sus chimeneas oyendo música clásica, tal vez les vendría bien una escapadita a la playa, podrían ser arrastrados por una ola y por fin entenderían la *durée* de Bergson. ¿Cuánto podrían ver los académicos cuando no se dedican a negar sus deseos en un ascetismo piadoso e irracional? Qué triste legitimar una inteligencia que parte de la negación del cuerpo. Qué irreal una reflexión teórica que le da la espalda al mundo para hacerle reverencia a autores muertos, confundiendo cultura con necrofilia. Qué bodrio una academia que se baña vestida.

Quizás es por eso que la gente no lee.

Ya lo decía Sor Juana: "Si Aristóteles hubiera guisado, mucho más hubiera escrito". Quizás si bailaran tendrían una percepción más cercana a la realidad, una comprensión y una empatía que claramente no les han dado las letras. Entenderían, de paso, que leer y ser culto no te hace moral, ni buena persona, pero que sí te da las herramientas para cosas tan variadas como entrar en la conversación, reinventar el mundo, o reclamar tus derechos.

¡Pero es mentira! Sí escuchan reguetón, lo escuchan como mínimo en el metro y en los taxis, en las fiestas a las que van acompañados por sus primas. La torre de marfil no alcanza a ser tan aséptica y no todo en sus días puede ser música de ascensor. Estoy segura de que muchos hasta lo bailan vergonzantes, porque mover el culo es divertido y poderoso, porque aunque no quieran verlo, perrear también es liberador.

Agitar la pelvis puede ser una experiencia inesperadamente empoderadora. Inesperada, porque durante mucho tiempo nos han dicho que perrear es violento y degradante para las mujeres, que ser "una perra" es malo, y que el término debe evitarse como una señal de amor propio[159]. El origen de este prejuicio va más o menos así: las mujeres somos erotizadas desde que somos niñas, por medio de esta erotización, no pedida, terminamos siendo tratadas como objetos sexuales. Objetos, no sujetos, porque nadie nos pregunta si nos pueden sexualizar. Esto es lo que se llama el "*male gaze*" (mirada masculina) y durante años, como los hombres dominaban la producción y creación de referentes culturales, el lugar de las mujeres suele ser el de interés romántico o sexual, objeto de deseo o *token* de poder. Este tipo de representación es común en toda la producción cultural occidental, desde el reguetón hasta el rock and roll, no se salva nadie.

En algún momento se nos olvidó que la sexualización no siempre es sometimiento. En nuestra cultura latina muchas veces "hacerse respetar" equivale a desexualizarse, "ser profesional" o verse "profesional" muchas veces equivale a ser recatada, y para que los hombres no te cosifiquen debes hacerles creer que no eres un ser sexual. En todas partes nos repiten que las mujeres no podemos manifestarnos como los seres sexuales que somos sin que esto nos convierta en objeto. Bajo esta lógica, perrear al son de letras tipo "vamos a portarnos como animales" muchas veces se lee como una "degradación de la

---

159 Algunos párrafos de esta sección se publicaron en su primera versión el 12 de enero de 2018 en la revista I-D VICE.

dignidad" de las mujeres. Se cree que el único motivo para mover el culo o mostrar la piel es la atención de los hombres (el *male gaze* es tan fuerte que nos parece el único objetivo para todo lo que hacemos las mujeres) y esa que perrea, la perra, tiene el descaro de llevar en el pecho la insignia de un insulto: ¡perra! En esta maraña de juicios se nos obliga a rechazar el sexo. Cualquier referente al sexo se toma como una invitación.

Y no. Podemos hablar de nuestra sexualidad sin que esto sea una señal de consentimiento. Como bien dice la grandiosa Ivy Queen: "Yo quiero bailar, tú quieres sudar, y pegarte a mí, el cuerpo rozar / y yo te digo sí tú me puedes provocar, eso no quiere decir que pa' la cama voy". Muchas veces, hay hasta más respeto al consentimiento en el perreo que en el sexo. Cuando una mujer agita la pelvis en una pista de baile hay unos límites muy claros para el acercamiento, todos los referentes al sexo son primero mímesis, las parejas mueven su cuerpo, coordinadas *como si* estuvieran cogiendo, pero es un símil, no están, de hecho, cogiendo. Empezando porque coger es, visualmente, muchísimo menos glamuroso. La mujer que perrea con libertad decide cuándo, cuánto, cómo y con quién perrea. En esas condiciones, mover el culo puede experimentarse como una experiencia empoderadora, de la misma manera que el sexo consentido es también empoderador.

En un contexto cultural en el que las mujeres solo podemos hablar de sexo de manera solapada (diciendo "hacer el amor" y otras cursilerías), el perreo es uno de esos paréntesis en donde mujeres de todas las clases, colores y pudores se dan permiso de ser seres sexuales. Perrear en libertad es una experiencia empoderadora porque nos obliga a hacer evidente un culo que nos piden que ocultemos, porque el descaro es una forma de resistencia a una sociedad de valores puritanos, y una afirmación de que existimos completos, de que no hay división entre mente y cuerpo; animal y persona.

A mí me encanta perrear, sola, con otros cuerpos, perrear hasta sudar la camiseta, porque en ese "devenir perra" puede haber para algunos y algunas una afirmación de libertad y autonomía.

¡Qué más oda al consentimiento que repetir "Dale, papi, dale"! Superada la acusación de "machista", el prejuicio que sigue es que el reguetón es una forma "baja" de cultura o que de plano no tiene valor cultural; es el mejor ejemplo de cómo nuestro clasirracismo construye puntos ciegos en nuestras aproximaciones epistemológicas al mundo. Si uno hace el giro decolonial, es decir, si uno deja de entender por "Alta Cultura" a la tradición blanca europea anglosajona, puede llegar a enterarse de cómo el reguetón se inscribe dentro de una tradición literaria Caribe, que va desde el poeta Nicolás Guillén hasta artistas y poetas contemporáneas como Rita Indiana. Los "fuego, fuego, fuego, fuego, fuego" no son una ocurrencia casual de la incultura, sino que se inscriben dentro de una tradición africana y caribeña. Una tradición marginal, sí, pero tremendamente vital e influyente[160].

Existen dos versiones sobre el origen del reguetón: unos dicen que nació en Panamá, mientras que otros piensan que lo hizo en Puerto Rico, de donde además proceden la mayoría de los cantantes de este género. El reguetón se deriva del reggae jamaicano, pero también recibe influencias de diferentes géneros como el hip hop norteamericano y de diferentes ritmos puertorriqueños.

Pero el género está inscrito en una tradición aún más antigua: lo que conocemos como "música africana", que en realidad parte de los recuerdos de sonidos de los y las esclavas que trajeron a la fuerza a América y el Caribe y se caracteriza por estar inscrita en la tradición oral, no en un sistema teórico, como sucede con la música europea o asiática. Otro punto importante es que la música se entiende como algo inseparable de la danza, y por eso la predominancia rítmica. Así también en el reguetón, lo más importante no es la letra sino el *beat*, y que si los reguetoneros no se quedan haciendo reflexiones metafísicas es porque se inscriben en una tradición de cantantes que

---

160 Algunos párrafos de esta sección hacen parte de una columna publicada en su primera versión el 12 de agosto de 2015 en la revista I-D VICE. Ver: https://i-d.vice.com/es/article/ywpzn5/el-reggaeton-es-la-cultura-del-s-xxi

hablan de la vida cotidiana, en donde, sin duda, una de las cosas más importantes es el sexo.

Para hablar de las letras (y de la alta cultura), es el momento de recordar uno de los experimentos vanguardistas del poeta Nicolás Guillén, que consistía en la creación de palabras sin sentido pero con valor fónico. Esta práctica se llama jitanjáfora y es recurrente en los movimientos de poesía negra, que intentaba captar en versos los ritmos, sonidos y signos de las culturas africanas. Para apreciar tanto a Guillén como al reguetón hay que entender que el propósito de los versos no está en lo que se dice, sino en los valores fónicos y rítmicos que presentan. Quizás el mejor ejemplo de este experimento es su poema "Sensemayá":

"Canto para matar a una culebra.

¡Mayombe–bombe–mayombé!
¡Mayombe–bombe–mayombé!
¡Mayombe–bombe–mayombé!

La culebra tiene los ojos de vidrio;
la culebra viene y se enreda en un palo;
con sus ojos de vidrio, en un palo,
con sus ojos de vidrio.
La culebra camina sin patas;
la culebra se esconde en la yerba;
caminando se esconde en la yerba,
caminando sin patas.

¡Mayombe–bombe–mayombé!
¡Mayombe–bombe–mayombé!
¡Mayombe–bombe–mayombé!

Tú le das con el hacha y se muere:
¡dale ya!

¡No le des con el pie, que te muerde,
no le des con el pie, que se va!

Sensemayá, la culebra,
sensemayá.
Sensemayá, con sus ojos,
sensemayá.
Sensemayá, con su lengua,
sensemayá.
Sensemayá, con su boca,
Sensemayá"[161].

Nueva York, al ser un inmenso *melting pot* de culturas, replica los mismos choques inesperados que se dieron en el Caribe hace más de 500 años. Nueva York, Ciudad de México, París o Londres son las grandes ciudades que hoy en día le hacen guiños al *melting pot* primigenio: es el Caribe que estaba presente en los barrios por donde andaban Rick Echavarría y Nelson Zapata, los creadores de Proyecto Uno, uno de los primeros grupos en fusionar ritmos latinos (en este caso, el merengue) con el hip hop. Empezaron a cantar en *espanglish*, en el idioma que les era natural y que también es característico de los países caribeños.

Es la misma fusión lingüística y cultural con la que hoy experimentan muchos y muchas escritoras que narran sus historias desde la migración y el choque de culturas. Es evidente que no todas las canciones de reguetón tendrán el mismo "valor artístico". Como en todos los géneros, hay representantes más innovadores y más rigurosos en su forma. De la misma manera, no todos los representantes de la literatura del Caribe tienen la brillante originalidad de Nicolás Guillén, pero lo que es innegable es que existen dentro de un mismo paquete semiótico y cultural que soporta todo tipo de expresiones,

---

161 Guillén, 1974.

desde "Sensemayá" hasta "Perrea, mami, perrea", y es importante que entendamos todos estos fenómenos como parte de un mismo discurso cultural: el de los migrantes, el de los esclavos, el de la mezcla inesperada. Bailar reguetón, leer poesía negrista, es asumir que los latinoamericanos, como los caribeños, son deliciosamente mixtos.

El reguetón alardea de una estética del "nuevo rico" que amenaza a las clases poderosas tradicionales. Es la misma sorna con la que Guillén se burlaba de la burguesía antillana por su afán de exhibir títulos nobiliarios caducos o también por sus alardes de riqueza obtenida bajo un régimen de explotación. "Me río de ti, noble de las Antillas, mono que andas saltando de mata, payaso que sudas por no meter la pata, y siempre la metes hasta las rodillas"[162]. El negrismo comenzó con la intención de meter a los negros en el mapa, y el reguetón lleva esa intención a sus últimas consecuencias, usando la misma herramienta de quienes antes fueran sus opresores: el capital.

Quizás a Guillén le daría un patatús al ver que hoy la resistencia cultural afrocaribeña está liderada por un tipo que se autodenomina Daddy Yankee, pero hay que admitir que también estaría decepcionado si supiera que la imagen del Ché se ha convertido en algo tan ubicuo como el logo de Coca-Cola. Pero también podríamos explicarle que la música resultó ser la revolución más poderosa, y mostrarle que el reguetón está deconstruyendo a la bestia desde adentro.

Pero mientras que Guillén habla del negro descalzo, los reguetoneros hablan del joven urbano ostentoso con sus zapatillas nuevas, que sí, son consumismo, pero que también son un triunfo histórico para los descendientes de inmigrantes y esclavos que llegaron al Caribe sin tener nada. Visto así, la reivindicación del gueto que se hace en la estética del reguetón habla de una lucha de clases histórica.

Usualmente cuando la gente habla de "buen gusto" está creando categorías para excluir y discriminar porque ya todos los estetas modernos dejaron claro que no hay tal cosa como algo bello, verdadero,

---

162 Ibíd.

bueno y universal, lo que hay son estéticas que imponen como "buenas" las clases dominantes para controlar[163]. La ironía es que si hay algo que no van a poder controlar son las estéticas de lo popular y sus malicias irresistibles. Por más que los árbitros del estilo y la moral se esfuercen, lo verdaderamente raro es que alguien encuentre entretenido el Manual de Carreño. La batalla contra el reguetón está perdida.

Pero la batalla contra la misoginia no. El problema es que el camino no es condenar las manifestaciones de música popular, que si tienen letras misóginas es porque dicen la verdad sobre lo que ven en su entorno y en la sociedad. Alarmarse ante las letras violentas del reguetón no cambiará la misoginia; combatir la misoginia cambiará las letras. Ayuda más dejar de ver al género como algo homogéneo (hay reguetón feminista desde lo independiente como Chocolate Remix hasta lo mainstream como Karol G) y pensar que su popularidad puede ayudar, por qué no, a avanzar derechos: por ejemplo, ¿qué tal repartir condones en las fiestas de reguetón? El reguetón ha sido, de manera indiscutible, una revolución global que ha cruzado todas las fronteras, que ha fruncido el rictus de quienes se dicen correctos (que en secreto salen a perrear). Es inútil y contradictorio tratar de defender los derechos de las mujeres al tiempo que se estigmatiza a un género de música y a un grupo social.

Las y los académicos y las feministas no tendríamos que salir huyendo despavoridas de los pálpitos del reguetón, tendríamos que dar el pecho (o el culo) y recolonizar. Entender el lenguaje para entender que lo mejor que puedes hacer en reguetón es dar la espalda. Porque perrear reivindica al sur global y la pelvis del mundo que "Occidente" esconde bajo la falda. Lo dijo la feminista española June Fernández y la coreamos muchas más: "Si no puedo perrear, no es mi revolución".

---

163 Algunos párrafos de esta sección hacen parte de una columna publicada el 11 de junio de 2014 en mi blog personal, catalinapordios.me, en una entrada titulada "A mover el culo o una defensa del perreo".

Las hermanas Mirabal, República Dominicana

P atria (1924), Minerva (1926) y María Teresa (1935) Mirabal, también conocidas como las Mariposas, son el símbolo de la lucha contra la violencia hacia las mujeres. Las Mirabal fueron tres activistas políticas e insurgentes en República Dominicana. Tuvieron una hermana menor, Ángela Bélgica, más conocida como Dedé, que en ese momento no era tan activa políticamente pero hoy se ha convertido en la memoria de sus hermanas.

Cuando llegó al poder el dictador Leonidas Trujillo, las hermanas se organizaron para protestar en su contra fundando la agrupación política 14 de Junio. Minerva y María Teresa eran las más activas políticamente, fueron encarceladas y violadas en varias ocasiones. Tanto ellas como sus esposos fueron sometidos a torturas por parte de la dictadura y condenados a tres años de prisión por "atentar contra la seguridad del Estado dominicano". Las Mariposas fueron liberadas unos meses después en lo que parecía un gesto de generosidad por parte de Trujillo, pero en realidad era parte de un plan para asesinarlas. Al quedar en libertad, las Mirabal retomaron su lugar como líderes de la resistencia. Fue entonces cuando Trujillo ordenó al general Pupo Román y al Servicio de Inteligencia Militar (SIM) que las asesinaran.

El 25 de noviembre de 1960, luego de que salieran de visitar a sus esposos en la cárcel, miembros del SIM detuvieron a Minerva, María Teresa y Patria, las hicieron bajar del jeep y se las llevaron, junto con el conductor, a una casa donde el capitán Peña Rivera las esperaba. Las ahorcaron y luego las molieron a palos. Después pusieron los cuatro cuerpos en un jeep y los lanzaron por un barranco. Fue el comienzo del fin para el dictador. El crimen fue tan horroroso que la ciudadanía dominicana se puso en contra de Trujillo, y el dictador fue asesinado el 30 de mayo de 1961.

En el Primer Encuentro Feminista Latinoamericano y del Caribe (EFLAC), celebrado en Bogotá, Colombia, en el año 1981, se estableció el 25 de noviembre como el Día Internacional de la No Violencia Contra la Mujer en honor a las valientes Mariposas que tumbaron la dictadura trujillista. "Si me matan, sacaré los brazos de la tumba y seré más fuerte" decía Minerva cada vez que alguien le advertía lo serias que eran las amenazas de muerte, y su conjuro se hizo realidad. El Día Internacional de la No Violencia Contra la Mujer fue adoptado oficialmente por las Naciones Unidas y ahora cada 25 de noviembre el mundo entero recuerda a las Mariposas.

Flora Tristán, Perú

Flora Tristán murió a los 41 años, pero es como si hubiese vivido el doble. Nació en París en 1803, hija de un aristócrata peruano y una francesa, pero su padre murió cuando tenía cuatro años, sin reconocerla, y las dejó a ella y a su madre en la ruina. Como vivían en la miseria, a los 17 años su madre la obligó a casarse con un pintor, André Chazal, que resultó ser un tipo violento. Luego de tres años y tres hijos (solo sobreviviría su hija, que sería la madre de Paul Gauguin), ella lo dejó y se convirtió en una "doble paria" por ser una "bastarda" y una mujer separada. Flora viajó a Perú en 1832 para intentar reclamar la herencia de su padre; se quedó en la casa de un tío que aceptó darle una pensión, pero no le permitió tener acceso a su herencia. Su estancia en Perú coincidió con la guerra civil. Luego viajó a Liverpool, en Inglaterra, y publicó su diario de viaje en Perú titulado *Peregrinaciones de una paria*. Regresó a Francia para emprender una campaña a favor de los derechos de las mujeres y de los y las trabajadoras y en contra de la pena de muerte.

A pesar de estar separada de su marido, este intentó asesinarla y le disparó en público, dejándola herida. Este suceso le dio a Flora notoriedad en la prensa y Chazal fue a juicio, en el que fue condenado a 20 años de trabajos forzados; uno de los primeros escraches feministas. Luego Flora publicó en 1840 el programa socialista *L'Union Ouvrière* (*La unión obrera*), en donde señaló que la emancipación de los trabajadores no es posible sin la emancipación de las mujeres. Murió de tifus durante una gira por Francia en la que estaba promoviendo la revolución socialista.

Su trabajo influenció a Marx y a Engels (aunque ellos no continuaron explorando el papel de la explotación de las mujeres en el capitalismo) y articuló una de las primeras explicaciones económicas de las consecuencias del machismo. Por ejemplo, dijo que a las niñas no las mandan a la escuela "porque se les saca mejor partido en las tareas de la casa, ya sea para acunar a los niños, hacer recados, cuidar la comida, etcétera. [...] A los doce años se la coloca de aprendiza: allí continúa siendo explotada por la patrona y a menudo también maltratada como cuando estaba en casa de sus padres"[1]. Flora también criticó el matrimonio por servir a la explotación de las mujeres, abogó en favor del divorcio y pidió a los sindicatos que incorporan en sus modelos espacios "para trabajos de cuidado de niños, niñas y ancianos"[2]. Flora fue una filósofa política y económica visionaria y una de las pensadoras más influyentes del siglo XIX.

1   Flora, 1843.
2   Ibíd.

CAPÍTULO 3
Violencia de género

¿Cómo conquistar a las mujeres?

La disparatada conferencia de "Hackeando al sexo femenino" se dictó sin vergüenza en 2014 en el Campus Party de la Ciudad de México. La conferencia fue un excelente ejercicio de colección de tropos machistas, pendejos y peligrosos. Hace unos años esas formas de machismo no habrían sido tan reconocibles y para muchos más habrían estado justificadas. Sin embargo, la conferencia también es síntoma de que estas creencias sobre el "cortejo" están perfectamente bien engranadas en la sociedad, al punto que el conferencista (y seguro muchos otros) ni siquiera notaba por qué lo que decía estaba mal. Seguro que, en su introducción, cuando dice que las mujeres somos un "ser mítico que hay que amar", él cree que nos honra. No entiende que el problema es que ve a las mujeres como criaturas mágicas, como presas, territorios insondables que se pueden amar pero no entender.

Una filmina de la conferencia decía lo siguiente:

"*Disclaimer*-Atento aviso

Lo que se dirá en esta plática seguramente usted ya lo sabe, ha escuchado o lo supone, sin embargo ahora será explicado de una manera más fácil de entender (hasta por las mujeres).

Tocando y mencionando los secretos ancestrales acerca del Ser más mítico, maravilloso y que existe [sic] sobre la tierra: 'el sexo-Femenino'.

Se invita a que lo presentado sea utilizado con fines meramente éticos, ya que no se vale romper un corazón a una dama, mancillar su honor o simple y sencillamente, pasarse de lanza, ya que hay un Dios que todo lo ve y el Karma no perdona.

Así mismo se recomienda elegir y aprender su metodología preferida para ver en donde [sic] (con quién), la puede utilizar.

'No es hombre (macho) aquel que enamora a mil mujeres; realmente es un hombre aquel que enamora de mil veces diferente a una sola mujer.'

Esta plática puede contener palabras altisonantes como 'wey', 'puto', 'pinche', 'chingón' (derivados), 'ogeis', 'mamita', etc. Si le molestan las mismas por avíselo [sic] en el momento''.

La filmina además tenía los logos oficiales del Conacyt (Consejo Nacional de Ciencia y Tecnología) de México, que seguro aportó fondos para el supuesto taller. Era el 2014, antes de que comenzaran conversaciones globales como #MeToo, y en ese entonces algo como esto era hasta normal.

En esa lógica las mujeres somos engañables, homogéneas, caemos con un par de trucos, un poema de Mario Benedetti, yo qué sé. De compilaciones de esos trucos, y de fotos eróticas viven la mayoría de las revistas masculinas. Jamás en los "tips" se considera que las mujeres somos personas, y que ser amable y tomarnos en cuenta como iguales puede ser mucho más sexy que ser un cerdo machista y retardatario.

En el 2011, un estudio publicado en el *British Journal of Psychology*[164] comparó frases de violadores con frases que aparecen en revistas para hombres. Los investigadores le mostraron las frases a hombres y mujeres para ver si podían identificar cuáles eran de revistas y cuáles de

---

164 El estudio fue publicado originalmente bajo el título *"Are Sex Offenders and Lads' Mags Using the Same Language?"* y fue conducido por la Universidad de Middlesex y la Universidad de Surrey. Fue reseñado en *The Guardian* el 9 de diciembre de 2011. Ver: https://www.theguardian.com/media/the-womens-blog-with-jane-martinson/2011/dec/09/lad-mags-rapists-study.

agresores. No pudieron establecer la diferencia. Más preocupante aún: los hombres fueron quienes más equivocaron el origen de las frases, es decir, se identificaban (sin saberlo) con las frases de los violadores.

Conozco varios hombres que se ufanan de ser "buenos tipos", tienen amigas a quienes dicen "amar en secreto" o "con resignación", y no entienden cómo ellas (y todas las mujeres), a pesar de sus esfuerzos, siguen saliendo con "patanes que las hacen sufrir". Entonces, corren a Twitter a quejarse del *friend zone*, como si por ser amables con una mujer ella estuviera obligada a corresponderles. Y entonces declaran: tontas mujeres que no ven lo bueno que tienen enfrente y les gusta que las traten mal. El que usualmente parece un hombre dulce y amable saca la rabia machista que le ha heredado su cultura. Algunos simplemente se lamentarán al aire. Otros lo usarán como argumento para atacar.

De una forma más perversa, este discurso aparece en el manifiesto de Elliot Rodger, un joven que en el 2014 en Estados Unidos mató a seis personas en Santa Bárbara antes de suicidarse. Se dijo que Elliot Rodger tenía un "desorden mental" y un delirio de persecución que lo hacía ver enemigos donde no existían. Su discurso resultó tan familiar que miles de mujeres de todo el mundo, usando el *hashtag* *#YesAllWomen* (#SíTodasLasMujeres), empezaron a denunciar por internet formas de machismo presentes en el discurso que Rodger publicaba en Internet que también estaban presentes en la vida diaria. Hoy en día Rodger es celebrado como un héroe por un peligroso grupo misógino que se ha formado en internet llamado "Incel", por "involuntariamente célibes", pues la supuesta justificación de su violencia es que las mujeres les debemos sexo. El 26 de abril de 2018 uno de estos "incels", Alek Minassian, asesinó a diez personas en Toronto y dedicó la masacre al "caballero supremo, Elliot Rodger".

Hay muchos hombres que guardan una rabia solapada por los avances en derechos que nos han dado los feminismos, y no sin razón, pues ya no basta con ser un hombre blanco cisgénero (un Man) para tener trabajo, poder y amor. Uno se vuelve más exigente cuando no tiene que estar con un hombre por necesidad. Pero lejos de sentirse amenazados por la revolución feminista, los hombres podrían ver (y afortunadamente cada vez más hombres lo ven) que la equidad de derechos para ambos sexos nos ofrece a todos la oportunidad de ser personas, sujetos, individuos, que no tengan que ajustarse a la fuerza a unos moldes binarios para funcionar en sociedad.

Un amigo me cuenta que cuando era niño, otros niños le decían que para ser hombres tenían que tener mujeres, y para tener mujeres eran necesarios plata y carro, que les compraran joyas y las sacaran a pasear. Qué horrible verse forzado por la sociedad a estar desconectado emocionalmente, a ser violento, a portarse como un predador. Esas exigencias sociales de las que nos quejamos las mujeres también las tienen los hombres. El machismo es restrictivo y cruel con todos por igual, pero las consecuencias las padecemos más severamente las personas que habitamos todas las categorías de lo Otro. Por eso la escritora canadiense Margaret Atwood dice que "los hombres tienen miedo de que las mujeres se burlen de ellos, pero las mujeres tienen miedo de que los hombres las maten".

¿Misoginia en internet? [165]

Desde que empecé a publicar textos en internet (2006, pero con mayor regularidad en el 2008), recibo insultos que tienen que ver conmigo y con mi vida privada antes que con los argumentos de mis columnas. En los foros de mi columna en *El Espectador* hubo durante mucho tiempo un largo debate sobre si soy "fea" o "bonita", también sobre si soy "promiscua" o "frígida", y con cierta ubicuidad me dicen "puta". Ninguno de estos apelativos es un insulto en sí mismo, puta es un oficio, y en mi caso, una imprecisión, pero la razón por la que esa palabra se convierte en un insulto es porque se siente y se reconoce

---

165 Esta sección fue publicada en su primera versión el 4 de agosto de 2015 en *Sin Embargo* bajo el título "Queridos trolls".

la rabia y el odio con que la escriben. Luego vienen los insultos sobre mi estupidez y mi "falta de preparación". A mi mamá la han buscado varias veces en redes para preguntarle "por qué no me abortó". La primera vez se sintió ofendida y asustada, lo conversamos y acordamos una respuesta que ella usa con mucha gracia cada vez que esto sucede. Luego me casé y resulta que mi marido es una "víctima" y un "mandilón", y cada rato lo invocan para que venga y me "regule". A él también le toca contestarles a los troles.

Cuando comencé a escribir me dijeron que esto era lo normal. Internet es así. Y si quieres escribir en público sobre temas públicos, así reacciona la gente que "está muy loca". Incluso que estos insultos son un indicador de éxito de las columnas. Sin duda, para hacer opinión, se necesita una piel dura. Si todo el mundo está de acuerdo con lo que dices, pues algo estás haciendo mal. Así que, en tiempos de internet, cuando los lectores contestan, las peleas son más que esperadas. Además, a mí me encanta debatir, es lo que más me apasiona en la vida. Me gusta esa gimnasia socrática y creo sinceramente que el lugar natural para un filósofo en el mundo contemporáneo es el periodismo de opinión. Pero me gusta debatir en condiciones de igualdad, ni siquiera de respeto, o mutuo reconocimiento de habilidades y recursos. El problema es que mis colegas columnistas hombres pelean para discutir sus argumentos. Nadie les saca a la esposa, no buscan a sus mamás ni a nadie de sus familias. No intentan desprestigiar su moral sexual, no hablan de su apariencia. Sé, además, que mis colegas columnistas mujeres, blogueras, periodistas, tuiteras, se enfrentan a lo mismo que yo, si no peor.

Un ejemplo de la prensa en donde hay muchísimos periodistas con opiniones radicales, con las que podemos estar de acuerdo o no, es lo que sucede con una periodista mujer, que cuando habla resulta que es una loca, histérica, extremista, como quien dice, la mismísima Medea. Pero cuando un periodista hombre habla, y dice algo equivalente, le dicen que está "enajenado por la ideología". También me dijeron el otro día que "hay muchas periodistas mediocres que se escudan con que son ataques de género". Resulta que también hay muchos periodistas hombres mediocres, los hay de sobra, y yo no los veo defendiendo a capa y espada sus pendejadas en Twitter. A las mujeres nos piden miles de "certificados de calidad" para poder hablar, mientras los hombres simplemente hablan. He tenido miles de conversaciones sobre cómo manejar a un acosador que envía mensajes por el interno, de esos que de un día para otro le dan *like* a todas tus fotos de 2010. A otras colegas les han hecho *doxxing* (revelar sus datos personales, dónde viven y cómo encontrarlas). Todas somos brujas, amas de casa, locas, histéricas, desesperadas, emocionales. Me repito todos los días que lo que me dicen a mí no es nada, que muchas mujeres lo tienen mucho peor. Y es verdad. A todas nos dicen, bienintencionadamente, "No les hagas caso", "A palabras necias, oídos sordos", "No les contestes porque los alborotas más", el popular *"Don't feed the troll"* ("No alimentes al trol"). Todas seguimos escribiendo estoicamente, haciendo como que esto es "normal". Pero este es precisamente el problema: no es normal, es muy, muy violento. Ser mujer en internet y ponerse a opinar es vivir en la ofensa y en la confrontación. Yo me levanto a diario a leer insultos, y aunque es evidente que no los creo —no me voy a poner a llorar porque me digan puta o estúpida—, sí siento cada vez un poquito del odio con el que lo escriben. Un odio que va dirigido a mí, Catalina, la persona, no la columnista. Tengo normalizados estos ataques, y trato de concentrarme en las críticas y los cumplidos. Sin embargo, también he pasado semanas horribles en las que me ha bajado ocho kilos y se me ha caído el pelo. A veces, si me despierto triste, me duelen un poquito más, si estoy feliz hasta me envalentonan, pero nunca, nunca me son indiferentes. Escribir pasa por hacerse vulnerable. Decir las opiniones en público es desnudarse un poquito, y es así como me tratan: como una mujer desnuda que camina en público.

Diez años de ignorar los insultos en internet no han hecho que disminuyan. Peor, esto de "no les digas nada" se enmarca en lo de siempre: decirnos a las mujeres que no podemos hablar porque es muy peligroso, y decirnos que si hablamos y nos atacaron fue porque nos lo buscamos. Así que, otra vez, estos insultos determinan por dónde podemos pasar, y así se construyen en internet los mismos callejones oscuros que evitamos cuando habitamos "la realidad". Internet calca las vulnerabilidades y discriminaciones de la vida tridimensional. Todas las mujeres lo piensan dos veces antes de subir una foto o poner un comentario, porque todas estamos expuestas a lo mismo. Lo que pasa es que ni lo sentimos, pues hemos hecho introyección de esa autovigilancia desde pequeñas. Sabemos perfectamente cómo obligarnos a nosotras mismas a caminar dentro de esas líneas invisibles de la sociedad.

Mary Beard, una académica famosa por muchas razones, entre ellas por haber enfrentado a sus troles en internet hasta hacer que uno le pidiera disculpas, tiene un ensayo llamado "Oh, cállate, querida", que leyó en una conferencia en el Museo Británico. En el ensayo habla de una de las pocas veces que aparece una mujer con una voz pública en la literatura romana. Era Lucrecia, esposa de un noble, Colatino, que fue violada por Tarquinio, un príncipe. Lucrecia denuncia a su violador y después se suicida para conservar su virtud. Beard concluye que, en la historia de la literatura, específicamente en la literatura romana, las mujeres solo tienen voz cuando son víctimas, o cuando están hablando de sus hijos o de su familia. Lo mismo sucede hoy. Cualquier mujer que se salga de estos campos de discurso autorizados será atacada, regulada, perseguida. Cuando un hombre tiene comportamientos o asume roles femeninos es atacado. Más aún cuando es una mujer quien habla en defensa de otras mujeres y les dice a otras mujeres que hablen, pues comete una doble trasgresión. Los ataques se duplican cuando una mujer incita a otras a salirse de su rol asignado, y esta es una de las razones por las que, por ejemplo, las defensoras de derechos sexuales y reproductivos reciben aún más bilis. Hay una agresión extra que viene con el tema que tocamos: cada vez que hablamos, no solo desde una perspectiva femenina, sino propiamente de feminismo (o temas feministas, o denunciamos aquello que tiene que ver con mujeres), nos enfrentamos a que nuestro discurso se vea tergiversado, malentendido (el cuento de las "feminazis"), preso de generalizaciones absurdas (como "somos unas odia hombres"), de malentendidos que parecen intencionales (ni siquiera se esfuerzan por entender el argumento) y por ello, también somos agredidas de manera personal.

Tengo troles de todo tipo: los ocasionales, los fachos radicales que me mandan al infierno usando mayúsculas sostenidas, los supuestos "abogados del diablo" (les aseguro que "el diablo" no necesita abogados), los que se las tiran de racionales y escriben con apropiadas minúsculas y tildes, los que llevan años vigilando cada coma, con tanta atención y dedicación que los llamo "mis historiadores". Aunque me digan que estos son unos "locos radicales", pienso que son personas, que seguro salen de sus computadores e interactúan con nosotras en la vida diaria. Quizás, para muchos, ser un trol no es su identidad, es solo algo que hacen en internet.

Pero la verdad es que no es algo que se quede en internet. Cuando una mujer se enfrenta con un agresor en la calle que le grita "puta", este agresor tiene un costo más alto: su víctima le verá la cara, lo verán otras personas, él verá la cara de su víctima y su reacción y hasta de pronto hace una conexión humana. Por su parte, la víctima de la agresión ha elegido salir a la calle que asume de suyo un mundo hostil. Está en actitud de combate (así habitamos las mujeres el espacio público), y como las palabras se las lleva el viento, quizás en unas semanas ya no recuerde lo que le dijo su agresor. En cambio, en internet, el costo para el agresor es mucho menor. Está detrás de una pantalla y no puede ver a la agredida; quizás lo hace anónimamente y entonces ni siquiera recibirá una censura social de sus pares. La víctima, en cambio, recibe este mensaje en sus objetos más íntimos: su teléfono personal, su computadora. Quizás está metida entre las cobijas viendo su *feed* de redes sociales, en su casa, en su intimidad, cuando es más vulnerable. Además, los mensajes en internet estarán ahí para siempre. Para siempre.

No somos conscientes de cómo las dinámicas de estas agresiones han cambiado. Pese a que el 72% de las personas que han reportado abuso en internet entre 2003 y 2013 fueron mujeres, cuando hablamos de la violencia en línea, no nos creen, o nos dicen que estamos siendo hipersensibles. Según Take Back the Tech, 49% de las mujeres que han experimentado violencia relacionada con la tecnología acudieron a las autoridades, y estos casos fueron investigados solo en un 41% de los casos, por eso las mujeres no le tienen fe a las autoridades. En internet, la violencia contra las mujeres puede ir desde acoso, hostigamiento, extorsión y amenazas, robo de identidad, *doxxing*, alteración y publicación de fotos sin consentimiento, y todas estas cosas afectan de manera real la vida de las mujeres porque generan daño a la reputación, aislamiento, alienación, movilidad limitada, depresión, miedo, ansiedad, trastornos de sueño, entre otros. Las mujeres entre los 18 y los 30 años son las más afectadas, la mayoría de los ataques (40%) son cometidos por personas conocidas, el 33% de las veces hay un daño emocional. Además muchos creen que esta es "una nueva forma de violencia" que necesita "nuevas leyes", cuando todas sabemos que es la misma violencia de siempre. Los derechos a la privacidad, a la libertad de expresión, a decidir libremente y el derecho a la integridad personal están interrelacionados, atacar uno afecta a todos, y crea relaciones desiguales de poder.

Por eso, mi invitación con este texto es a que lo hablemos en voz alta. No quiere decir que cada mujer le tenga que contestar a cada uno de sus troles. La vida cotidiana de las mujeres es muy violenta y si alguna no quiere echarse un pogo[166] por internet, eso es más que comprensible. Pero creo que, en la medida de lo posible, tendríamos que visibilizar estas violencias, ser solidarias y solidarios cuando veamos que les pasan a los demás, y revisar nuestros propios argumentos en línea para evitar el sexismo. Cada vez que una mujer tiene miedo de

---

166 Se conoce como "pogo" a un tipo de baile que se caracteriza por los saltos y
     por desarrollarse a partir de choques y empujones entre quienes lo practican.

hablar en línea, nos están silenciando un poquito a todas. Las leyes y las medidas penales son insuficientes y peligrosas (leyes que regulen y penalicen el lenguaje pueden ser aún más restrictivas para nuestra libertad de expresión). Por eso, la única salida a este problema es la regulación social, y para eso, es importante que todos y todas, las que podamos y queramos, hagamos acciones conscientes para que internet sea menos hostil.

Y menos hostil no significa que no vayamos a pelearnos. El disenso es la fuerza vital del debate público en una democracia. No significa ser "*polite*" (porque con tonos y palabras amables también se puede atacar e insultar), ni es cosa de tratar a las mujeres como delicadas florecitas que se van a romper. Se trata de que logremos reconocer el impacto de nuestras palabras, de que seamos capaces de evaluar el daño que pueden hacer (¿qué vulnerabilidades interseccionales tiene la persona a la que insultamos?, ¿tiene más o menos poder que nosotros?), y de reconocer estos golpes debajo del cinturón (directo a los genitales) en la mayoría de las discusiones. Discutir sí, con sexismo no. Discutir sin olvidar que nuestras ideas no existen en el vacío, que somos personas con cuerpos y vidas que han sido determinantes para tener esas ideas, y que el mundo virtual es tan real como cualquiera de nuestras realidades.

¿Acoso o piropo?[167]

En noviembre de 2014, el periódico *El Heraldo* repitió en las calles de Barranquilla, Colombia, un ejercicio que se hizo en las calles de Nueva York y que le dio la vuelta al mundo con su video en internet. El experimento consistió en que una mujer caminara por las calles y que con una cámara escondida se grabara a todos los hombres que la acosaban en el camino. En dos horas de caminata por el centro de

---

167 Esta sección se publicó en su primera versión en noviembre de 2014 en *El Heraldo*.

Barranquilla, la voluntaria recibió más de treinta insinuaciones que vinieron de jóvenes y viejos. Cuando la mujer pasaba y no sonreía a los "piropos" le contestaban que era "grosera" o "antipática".

En 2014, en el Carnaval de Barranquilla, en Colombia, yo estaba con una amiga cachaca en una fiesta. Llegó a saludarnos un amigo mutuo y nos miró a ambas, de arriba abajo y con una evidente lascivia que pretendía ser un cumplido. Yo no dije nada, no porque no me sintiera incómoda, sino porque aún pensaba que eso se suponía un "gesto amable". Su mirada me hizo tener una hiperconciencia de lo que tenía puesto y de mi cuerpo. Mi amiga, que, a diferencia de mí, no tiene naturalizado que los costeños la estén morboseando, se quejó enseguida. Le dijo: "No me mires así". Nuestro amigo se ofendió mucho. Hinchó pecho y le dijo: "Acostúmbrate, así es como miramos los hombres en la Costa".

Cuando lo cuento en este párrafo, puedo ver el episodio en toda su agresividad. En su momento yo no dije nada. Me tomó al menos quince minutos de conversación trivial entender qué era lo que había pasado. No es que los hombres de otras regiones de Colombia no hagan lo mismo, lo hacen, sin duda. Nos han dicho una y otra vez que estas insinuaciones y miradas deben ser bien recibidas, que son piropos, cumplidos, que debemos sonreír con gracia y agradecer. Que un hombre insinúe que quiere tener sexo con nosotras debe ser un halago, quiere decir que existimos como mujeres. Las costeñas, por su parte, entienden desde muy niñas que en tanto su función en el mundo es sexual, estos acosos y miradas, "halagos genéricos" que los "galantes" hombres "piropeadores" le dirán a cualquiera, no tienen nada que ver con un interés real en nosotras. Por eso contestamos "eso les dices a todas". Porque así es.

Y por eso sabemos que esto es acoso y no cumplido. Un cumplido es algo que le decimos a otra persona para hacerla sentir bien consigo misma. Esto implica poner a la otra persona en el centro: ¿qué quiere?, ¿qué le interesa?, ¿qué le gusta de sí misma?, ¿cuáles de sus acciones la hacen sentir orgullosa? Esto toma tiempo, toma un acercamiento, toma interés. En realidad, el acoso callejero no sucede porque a alguno le parezcamos atractiva. Esos tipos que nos gritan por la calle no tienen ninguna intención de conocernos o invitarnos a salir y así nunca ha comenzado ninguna historia de amor. El tipo que le grita a la mujer que pasa lo hace porque ella está pasando por su territorio, y esa es la manera en que él afirma su masculinidad frente a otros hombres y en que domina ese espacio. Tan lo domina que las mujeres cambiamos nuestras rutas y caminos, cambiamos la manera en que habitamos el mundo.

Nadie, ni hombres ni mujeres, nos sentimos bien cuando nos dan opiniones no pedidas sobre nuestro cuerpo y después nos callan y nos dicen que nos tenemos que aguantar esas opiniones y sonreír. No hay nada de ingenioso o de galante en un piropo genérico que los hombres sueltan y cuyo verdadero mensaje es que creen que tienen derechos sobre nuestros cuerpos, sobre el espacio público, y que estamos ahí en la calle para distraerlos y no porque tenemos que ir a algún lugar.

Sí[168]

"Vaca muerta" es una horrible expresión que en Colombia se usa para referirse de manera coloquial y hasta jocosa a las violaciones de las que son objeto muchas mujeres que duermen borrachas e inconscientes en el sofá de algún departamento en la coda de la fiesta bogotana. Cuando estas cosas suceden, se asume que ellas se lo buscaron por no cuidarse o por emborracharse, y por esa revictimización las denuncias de estas violaciones son casi que inexistentes. De manera más sutil, los hombres en nuestra cultura están educados para creer que está bien mirarnos por la calle de manera lasciva, porque estamos ahí en el espacio público para ser miradas. Como si mostrar la piel fuera un

---

168 Esta sección fue publicada por primera vez en septiembre de 2014 en *Sin Embargo*.

permiso tácito para cosificarnos. Muchos crímenes de violencia sexual contra las mujeres quedan impunes porque ni el criminal, ni el policía ni el juez ven algo raro en asumir que la mujer dijo sí de una manera tácita "con su ropa", "con su coqueteo", o incluso con su "no".

"No es un escándalo, es un crimen sexual". Eso dijo la actriz Jennifer Lawrence en la revista *Vanity Fair* al referirse al robo y divulgación en internet de fotos suyas, desnuda. Dice Lawrence: "Yo no les di permiso de mirar mi cuerpo desnudo". De eso se trata todo. Al hacerlo, trae al centro del debate un detalle que suele escaparse en los pie de página, aunque debería ser el centro de cualquier argumentación que tenga que ver con poder y sexo: el consentimiento.

Como lo señala Jessica Valenti en *The Guardian*, antes la reacción a escándalos similares era totalmente diferente. Cuando esto le sucedió a la estrella de Disney, Vanessa Hudgens, en el 2007, el vocero del canal dijo que *ella* había cometido un "error de juicio" y que esperaban que hubiera "aprendido una lección valiosa". Lawrence, en cambio, dice en *Vanity Fair* que ella no tiene ningún motivo para pedir disculpas, y va más allá: declara que ha sido víctima de un crimen sexual, y que cada vez que alguien mira las fotos sin su consentimiento está ayudando a maximizar ese crimen.

En la cultura machista a los hombres no se les enseña a pedir consentimiento, ni a las mujeres a darlo. De hecho, es muy popular aún la creencia de que cuando las mujeres decimos "no" nos estamos "haciendo las difíciles" y que es un llamado a insistir más, una forma de "seducir". A las mujeres nos enseñan que admitir lo que queremos, tanto en la cama como en el trabajo, está siempre mal. Rara vez los amantes buscan y piden señales de consentimiento explícitas y el origen de muchos crímenes sexuales viene de asumir que al cerrarse la puerta de la habitación uno firma un contrato en el que accede a todo y cualquier cosa. Nuestra cultura permite y facilita la violación.

La cosa está tan incrustada que en el pop hay miles de violaciones que pasan desapercibidas y son normalizadas. Podemos empezar por las películas de James Bond, en las que las chicas suelen decirle "No,

James, no" y después la pantalla se va a negro. O para no ir muy lejos, en la cuarta temporada de *Game of Thrones* (en su versión para televisión, en los libros es diferente), Jaime Lannister empieza a tocar a su hermana gemela Cersei junto al cadáver del incestuoso e ilegítimo hijo de ambos. Ahora, para los estándares de *Game of Thrones,* nada de esto es un escandaloso, pero sucede que Cersei le dice "No". Y Jaime la viola. Ni más ni menos. Ella dice "No" y él se fuerza sobre ella. La viola. Al mejor estilo de James Bond.

Lo que nos han dicho siempre es que el deseo de los hombres es tan fuerte, que es más fuerte que su voluntad. Esto es mentira, los hombres son racionales a conveniencia. Lo saben y lo entienden todo, y nos lo explican constantemente, hasta que llega la hora de la violencia y ahí sí son esclavos de sus impulsos. Se han dado cuenta de que si el agresor está borracho, eso sirve para exculparlo porque "no sabía lo que hacía", pero si la víctima es la que ha tomado, esa misma acción sirve para culparla a ella: "¡Quién la manda a tomar!".

En *Teoría King Kong,* Virginie Despentes habla de su propia experiencia de violencia sexual de una forma descarnada. A partir de esta experiencia, Despentes logra explicar con mucha claridad cómo funciona la cultura de la violación: que la violación no perturba la tranquilidad de una comunidad, ya es parte de la sociedad, "una parcela de la ciudad". "¿Cómo explicamos el hecho de que nunca se escucha el relato del agresor, nunca los escuchamos decir, pues yo violé a nosequiencita este día y en estas circunstancias? Porque los hombres siguen haciendo lo que las mujeres aprendimos a hacer por siglos: usar eufemismos, llamar la violencia con otro nombre. [...] Para que te digan que eres un violador tienes que ser un completo psicópata, de los que va a prisión, un violador serial que corta coños con vidrios de botella, un pedófilo que ataca a las niñas. Porque los hombres reales condenan la violación y desprecian a los violadores. Lo que los hombres hacen nunca es violación, siempre es 'otra cosa'"[169].

---

169 Despentes, 2010, p. 34. Traducción de la autora.

A esta incorporación de la cultura de la violación a nuestra vida cotidiana, Despentes le suma que a las mujeres nos han enseñado a no defendernos: "¿Cuándo vemos en las noticias que una pandilla de chicas salió a cortar los penes de los hombres que las atacaban? Esto solo sucede en ficciones imaginadas por hombres. Cuando los hombres crean personajes de mujeres, no están interesados en entender a las mujeres sión, en mostrar una sensibilidad masculina en el cuerpo de una mujer. [...] Aun así las mujeres todavía sienten la necesidad de decir que la violencia no es la respuesta. Las niñas son entrenadas para nunca hacerle daño a un hombre. [...] Tengo rabia con una sociedad que no me enseñó a atacar a un hombre si trata de violarme"[170]. Esta incapacidad para defendernos también tiene que ver con que las mujeres sabemos que si sobrevivimos a una violación y además lo contamos, eso motivará también un nuevo castigo por parte de la sociedad. Dice Despentes: "Nuestra supervivencia nos incrimina. Las buenas víctimas de violencia sexual no sobreviven. Tienes que estar traumatizada por la violación, y tener un montón de cicatrices invisibles: miedo a los hombres, a la noche, a la independencia, al sexo y otro tipo de placeres"[171].

El problema no es si una mujer se toma o no *selfies* desnuda o para qué o quién. El problema no es si su vida sexual está atravesada por protocolos de seguridad. El problema nunca ha sido cuál es la naturaleza específica de las prácticas sexuales, si son fotos de desnudos, o sadomasoquismo, o sexo en estado de ebriedad, o ni siquiera que el cuerpo de una mujer sea cosificado. La primera y más grande aberración que atraviesa todas las prácticas sexuales es hacer algo sin consentimiento de todas las partes (por eso son aberrantes la violación, la pedofilia, la zoofilia, la necrofilia).

El problema es que con demasiada frecuencia en todo lo que tiene que ver con el sexo, el consentimiento de las mujeres es algo

---

170 Ibíd., p. 42.
171 Ibíd., p. 37.

que pasa a un segundo plano: por eso los crímenes sexuales no tienen que ver realmente con el sexo, te quitan el poder de decidir sobre tu cuerpo, imponiendo el poder del otro. Como su cuerpo es mío, por eso no tengo por qué preguntarle qué puedo o no puedo hacer con ella. No pedir consentimiento es violento. Esto es un mensaje que tiene que calar en nuestras prácticas sexuales y románticas de la vida cotidiana. Para evitar y reducir los crímenes sexuales, nuestra sociedad debe educarse para entender que el amor y el buen sexo empiezan con un sí.

Nada es tan sexy como el consentimiento.

Caperucita Roja[172]

El cuento de Caperucita Roja es una de las primeras historias que la mayoría de nosotros escuchamos sobre violación.

"No, Catalina, pero si es la historia de un lobo que se *come* a una niña inocente con engaños" (¡!). ¿Ven? Pero, para quienes crean que estoy hilando fino, resulta que la historia de Caperucita, originalmente escrita por Charles Perrault, muestra en sus ilustraciones a Caperucita metida en la cama con el lobo, y la intención explícita del cuento era advertir a las señoritas que no hablaran con lobos extraños, porque se las pueden comer. Luego llegaron los hermanos Grimm, adictos a los finales felices, y le añadieron un leñador a la historia para que la salvara.

Es importante que este sea uno de nuestros primeros relatos sobre violación, porque miren que la advertencia es para ella, para Caperucita, quien no debería vestirse de manera tan llamativa, ni hablar con extraños. Nadie le reprocha al lobo que no ande engañando muchachitas.

Pensemos en Brock Turner, más conocido en los medios como el "Violador de Stanford", por haber sido encontrado in fraganti

---

172 Esta sección fue publicada en su primera versión el 10 de junio de 2016 en *Univisión*.

violando a una chica de su universidad en un basurero en el verano de 2016. Hasta que llegó a los medios la carta descarnada de la víctima, la historia era la de un exitoso estudiante de Stanford al que "veinte minutos de acción" (como llamó el padre de Brock a la violación) le arruinaron su vida. Las versiones de la prensa hablaron en un comienzo de él, un muchacho con un futuro prometedor y con quien había que tener piedad.

La carta de la víctima fue muy importante porque nos permitió escuchar otra historia. La historia de una mujer que tenía una vida, una familia, unos gustos. La víctima se emborrachó y no recordaba nada. Por eso se enteró de los detalles de su ataque por la prensa. Pero esta no es una historia sobre lo terrible del trago o de la promiscuidad, es una historia sobre lo poco que importa el consentimiento de una mujer, al punto que se toma por consentimiento la pérdida de conciencia.

"Por cierto, él es realmente bueno en natación. Agrega ahí mi tiempo de carrera si eso es lo que estamos haciendo. Soy buena cocinando, pónganlo ahí, creo que al final es donde pones la lista de tus extracurriculares para anular todas las cosas repugnantes que sucedieron", dice la víctima en su carta abierta a Turner. Mientras tanto, el padre lo defiende: "La libertad condicional es la mejor respuesta para la situación de Brock, pues le permitirá dar algo de vuelta a la sociedad en una forma positiva".

El padre de Turner hasta sugiere que su hijo eduque a otros estudiantes sobre "los peligros de consumir alcohol y de la promiscuidad sexual". Es la misma lógica de "Caperucita, no hables con extraños", pues para el padre de Turner el problema es consumir alcohol (caminar sola por el bosque) o la "promiscuidad sexual" (hablar con extraños) y no que su hijo abusara de una mujer inconsciente en un basurero. Eso, al padre, ni siquiera le parece "violencia".

Desde niñas, a las mujeres nos enseñan que tenemos que estar siempre alertas, si bajamos la guardia y tomamos de más podemos acabar en un basurero. Esto es algo que nos vienen diciendo desde que somos niñas. A los hombres, en cambio, les enseñan a emborracharnos. Los bares hacen Ladies' Night para que las mujeres tomen gratis, se emborrachen más, y sean presa fácil para tener sexo. Solo que eso no es tener sexo, es cometer una violación. En las historias que nos contamos, las mujeres son culpables. No es solo Caperucita Roja, son los mensajes que recibimos por todas partes, reforzados por todas las personas que conocemos. Una historia que culpabiliza a la víctima deja libre al agresor. Y por eso es inmensa la impunidad en el crimen de violación.

Este caso consiguió una condena gracias al testimonio de los dos estudiantes suecos que se acercaron a Turner en medio de la violación y rescataron a la chica. Dos hombres blancos que dieron su testimonio, y a ellos les creyeron. Incluso en un caso en el que en juicio el agresor resulta culpable, el testimonio de los suecos vale más que el de la víctima porque ellos son hombres blancos y ella es mujer. Nuestras narrativas sobre los cuerpos determinan el valor de la palabra.

Y también el tamaño de la sentencia. Cory Batey, jugador de fútbol en Vanderbilt, violó a una mujer inconsciente y recibió una sentencia mínima de quince años en prisión. ¿Por qué Turner recibe solo seis meses? (De hecho, redujeron su sentencia a la mitad por "buen comportamiento".) ¿Qué privilegio tiene un violador sobre el otro? Es fácil de imaginar: Turner es un muchacho rubio y Batey es negro. Este es el ejemplo que presenta Shaun King en el *New York Daily News*[173].

El racismo juega un papel importante en nuestra cultura de la violación. El hecho de que los violadores blancos salgan vivos y los negros vayan a la cárcel no es un simple azar del destino, es un proyecto político. En *Mujeres, raza y clase*, Angela Davis explica: "Algunos de los síntomas más palmarios del deterioro de una sociedad solo adquieren la consideración de un problema serio cuando alcanzan

173 El punto de King es que a Batey, un hombre negro, le dieron inmediatamente una condena de entre 15 y 25 años de prisión (King, 2016).

tales proporciones epidémicas que parecen irresolubles. La violación es un claro ejemplo de ello. Actualmente, es uno de los delitos violentos que crece más rápidamente en Estados Unidos. Después de siglos de silencio, de dolor y de culpabilización desenfocada, la agresión sexual emerge explosivamente como una de las disfunciones sintomáticas que afectan a la sociedad capitalista actual. La creciente preocupación por parte de la opinión pública en torno a la violación en este país ha inducido a un gran número de mujeres a revelar sus encuentros pasados con agresores manifiestos o potenciales. El resultado ha sido sacar a la luz un hecho imponente y terrible: son pocas las mujeres que pueden afirmar que no han sido víctimas, alguna vez en su vida, de una agresión sexual frustrada o consumada. Por regla general, en Estados Unidos y en otros países capitalistas, las leyes contra la violación fueron originalmente formuladas para proteger a los hombres de las clases altas frente a las agresiones que pudieran sufrir sus hijas y sus esposas. Habitualmente, los tribunales han prestado poca atención a lo que pudiera ocurrirles a las mujeres de la clase trabajadora y, por consiguiente, el número de hombres blancos procesados por la violencia sexual que han infligido a las mismas es extraordinariamente reducido. Aunque los violadores en raras ocasiones son llevados ante la justicia, los cargos de violación han sido imputados de manera indiscriminada a hombres negros, tanto culpables como inocentes. Así, 405 de los 455 hombres que fueron ejecutados entre 1930 y 1967 por una condena de violación eran negros"[174].

Para nosotros es más fácil imaginarnos al "lobo" como un negro gigante y desconocido que como un jovencito rubio de los suburbios. En nuestro racismo recalcitrante está viva la idea de que "el negro es un violador" y por eso su sentencia es apenas adecuada. Y nos seguirá costando creer que este joven de su casa, rubio y recién bañadito, es un violador, porque los medios solo nos muestran las fotos de su

---

174 Davis, 1981, p. 175.

266 Las mujeres que luchan se encuentran

anuario, fotos de niño bueno, en vez del *mugshot*, como suelen hacer con otros criminales (esto lo señalaron Elahe Izadi y Abby Olheiser en el *Washington Post*[175]). Todos los privilegios de Turner, su género, su blancura, su joven-promesa-de-Stanford, lo blindan contra el castigo.

Lo que no nos dicen nunca a las mujeres es que esos "hombres buenos", que van a "defendernos" y "protegernos", esos que habitan el arquetipo del "leñador", también nos violan y también nos agreden, pero estas agresiones quedan impunes porque nuestra cultura nos ha dicho que el lobo es más peligroso que el violador y no es así. El leñador sigue libre. Un excelente ejemplo de cómo se hace sistemática y se disculpa la violencia de esos "buenos hombres" (blancos, educados, patriotas, respetuosos de la autoridad) lo da Angela Davis a propósito del uso de la violencia sexual en el conflicto como una forma de tortura y un arma de guerra: "La experiencia de la guerra de Vietnam proporciona otro ejemplo de hasta qué punto el racismo puede funcionar como una incitación a cometer una violación. Si no se hubiera grabado en los cerebros de los soldados estadounidenses que su lucha se estaba librando contra una raza inferior, no hubiera sido posible explicarles que violar a las mujeres vietnamitas era un deber militar necesario. Hasta se les pudo dar instrucciones para que 'registraran' a las mujeres con sus penes"[176]. Lo mismo sucede con el caso de las mujeres de Sepur Zarco en Guatemala y con todos los bandos combatientes (guerrilla, paramilitares, narcotraficantes y ejército) en medio del conflicto colombiano.

En nuestros imaginarios, las víctimas son desobedientes y provocadoras y los violadores son unos tipos raros, enfermos, asociales, monstruos. Esta es la historia de Caperucita Roja y es una historia de control. Control por género, raza y clase social. Porque la culpa es de Caperucita y porque el lobo es ese monstruo asocial.

---

175 Izadi & Ohlheiser, 2016.
176 Davis, 1981, p. 179.

La historia no nos dice que las personas que imaginamos como normales también hacen cosas monstruosas. Es más fácil condenar a un violador cuando se parece a lo que imaginamos, y los monstruos son como los lobos: pobres, desconocidos, feos, mal vestidos y con el cuerpo lleno de tatuajes y pústulas. Nunca el hijo del vecino. Nadie dice que el villano se puede parecer al leñador.

#MiPrimerAcoso[177]

El primer acoso que recuerdo fue por parte del portero de mi edificio. Me ayudaba a cargar la mochila de libros cuando yo regresaba del colegio. Yo tenía siete años. Mientras me abrían la puerta del departamento, el portero tenía por costumbre acercar su cara a la mía y respirar su aliento cerca de mi boca. No me tocó nunca, y por eso yo no dije nada, pero siempre sentí mucho miedo. Después de ese vinieron miles. A los nueve años tuve un profesor que, cuando pasaba lista, nos pedía a las niñas que fuéramos a su escritorio para "darle un besito en la mejilla" cuando decía nuestro nombre. A los 11 años uno de mis profesores cargaba paquetes de mentas en los bolsillos (rotos) de su pantalón y los regalaba a las niñas que metieran primero la mano y los agarraran. Las niñas metíamos nuestras manos en sus bolsillos, como moscas buscando la miel. A los 14 un amigo de un amigo de mi mamá se ofreció a "darme clases de teatro" y comenzó por "los besos" (en teatro, claro) y me hizo darle un beso "actuando como si sintiera pasión". Fue la segunda persona que me besó en mi vida. Si les cuento todos los casos no termino. Son infinitos. Y a pesar de eso, tengo siempre la certera sensación de que "pudo ser peor". De que soy privilegiada porque nunca "escaló" a más. Dichosa yo.

En el 2013, la feminista brasileña Juliana de Faria lanzó desde su ONG Think Olga una campaña en contra del acoso callejero llamada

---

177 Esta sección fue publicada en su primera versión en abril de 2016 en la revista VICE.

Chega de Fiu Fiu o Basta de Fiu Fiu (basta de silbar a las mujeres cuando caminan por la calle). Fue una campaña exitosa y una de las primeras en Brasil en hablar de acoso callejero. La campaña llegó a ocho mil mujeres rechazando el acoso callejero online, y Faria fue objeto de amenazas, violencia y acoso. A esto se sumó la descalificación usual: no le creyeron. Como no le creyeron cuando fue llamada a hacer un TED Talk al respecto y contó la historia de su primer acoso a los 11 años. Le dijeron que nadie acosaría a una niña tan pequeña, que "estaba mintiendo para llamar la atención", que hacía la "típica victimización de las feministas".

En octubre de 2015 en Brasil, una de las niñas –de 12 años– que concursaba en el *reality MasterChef Junior Brasil* resultó acosada en redes. El *reality* tenía muchísima acogida en Twitter y ante la aparición de la niña, muchos hombres comentaron que estaba "muy grandecita" y hasta que era "violable". Ese despliegue de ansias pedófilas, sin consecuencias y sin pena, llegó a las noticias. Las mujeres de Think Olga sabían, desde su experiencia, como lo sabemos todas, que ese tipo de acoso es tremendamente normal, y contaron sus historias en Twitter usando el hashtag #MeuPrimerAsedio. Al comienzo fueron solo un par de comentarios y algunos RT, pero rápidamente el *hashtag* se hizo viral. Inspiradas por el ejemplo de quienes estaban contando sus experiencias, las mujeres brasileñas empezaron a contar historias que las mujeres solemos callar, porque nadie escucha, porque nos dicen que somos exageradas, locas, que solo lo decimos por querer atención. Pero la cantidad de historias fue abrumadora. Llegaron a más de doscientos mil tuits y al final del año el acoso a las mujeres era uno de los temas más buscados en Google en Brasil.

La edad media del primer acoso en Brasil resultó ser de 9,7 años. Una nube de palabras de *hashtag* mostraba que no era algo que sucediera en la calle, sino que le pasaba a las niñas en sus casas, con sus familias, en los lugares donde tendrían que sentirse seguras. "Al contar sus historias, las mujeres en las redes se sintieron más empoderadas, empezaron a sentir que haber sido víctimas de algo así no las hacía inferiores, perdieron la vergüenza de hablar del sexismo que callaban en sus vidas, sacaron el abuso del clóset", dice Luíse Bello, encargada de contenidos y redes en Think Olga. Bello recalcó que el movimiento no se quedó en Twitter, sino que las mujeres lo empezaron a contar en sus grupos de WhatsApp, de Facebook, en los restaurantes, en las casas, les contaron del *hashtag* a sus abuelas y ellas, a su vez, les contaron a las nuevas generaciones cuál había sido su primer acoso.

Yo me encontraba en Brasil en un foro feminista cuando escuché la historia del *hashtag* #MeuPrimerAsedio. Pensé que la experiencia podría replicarse en México (y en toda Latinoamérica) y lanzamos el *hashtag* en mi cuenta de Twitter y en la de @estereotipas[178], pensando en que el 24 de abril, domingo, habría una marcha multitudinaria en contra de la violencia de género en todo México. La respuesta, al igual que ocurrió en Brasil, fue abrumadora: en menos de dos horas el *hashtag* era *trending topic*.

El 24 de abril de 2016 nos levantamos para ver nuestras redes sociales inundadas de testimonios, reunidos bajo el *hashtag* #MiPrimerAcoso, que mostraban cómo casi todas las mujeres de nuestra vida habían sido acosadas de alguna manera, en algún momento de su historia. El primer testimonio publicado fue el mío, el sábado 23 a la 1:00 pm, y en menos de dos horas el *hashtag* se hizo viral, al punto de llegar a los 420 tuits por minuto. Ese domingo, casi 60,000 mujeres salieron a marchar en Ciudad de México en contra de la violencia de género y el acoso callejero.

El éxito del *hashtag* se debió a las miles (¿o millones?) de mujeres que tuvieron la fuerza y la valentía para contar sus historias, que a su vez inspiraron a otras para tener ese valor y no quedarse calladas. Para muchas, fue la oportunidad de desahogar lo que habían callado

---

178 Estereotipas fue un proyecto de YouTube para difundir las ideas del feminismo latinoamericano fundado por la abogada Estefanía Vela y por mí a mediados del año 2015 y funcionó hasta mediados del 2017. Los videos se pueden ver en www.youtube.com/estereotipastv.

por años, y al leerlas, muchas empezaron a recordar y reconocer sus propias experiencias de acoso.

El ejercicio de #MiPrimerAcoso dejó varias conclusiones:

La primera es: no se sorprendan por la pedofilia, es algo usual, a pesar de lo que nos han hecho creer. Los acosadores de estas miles y miles de historias no son "locos", "raros", "degenerados", "asociales", "excepcionales"; son los hombres con los que interactuamos todos los días, nuestros amigos, nuestros familiares, nuestros tíos, nuestros hermanos, nuestros primos, nuestros papás, nuestros jefes, nuestros compañeros de clase. Sí: nos acosa el tendero, el tipo que va por la calle, el malandro que acecha en el callejón, pero también nos violan mientras nuestra familia abre los regalos en la cena de Navidad. Si nos guiamos por los relatos (y por las estadísticas que han sido documentadas en otros estudios), es una mentira grandísima ese cuento de que nos importa proteger a la niñez. Miren cómo son nuestras vidas desde que somos muy pequeñas. Lo único que nos enseñan es a callar.

Segundo: el acoso comienza cuando somos pequeñas, pero continúa a lo largo de nuestras vidas. Nuestra experiencia de acoso es masiva, sistemática y repetitiva, hasta el punto en el que acaba afectando toda nuestra vida. Aprendemos a vivir en constante situación de "autodefensa", pensando qué me voy a poner, quién me va a ver, por dónde voy a caminar, si me puedo quedar a solas con él. Un estudio de datos sobre el *hashtag* realizado por la revista *Distintas Latitudes*[179],

---

179 "Distintas Latitudes revisó un conjunto de 19 mil 607 tuits emitidos entre el 24 y el 26 de abril, recopilados originalmente por *Lo Que Sigue TV*. Se descartaron los retuits, los mensajes de bots o usuarios que utilizaron el *hashtag* pero sin compartir su testimonio, y aquéllos cuya ubicación geográfica estaba fuera de México. [...] Los más de 19 mil tuits se redujeron a mil 100, que fueron analizados para identificar patrones sobre la edad del primer acoso, las agresiones denunciadas, los espacios donde éstas ocurrieron y quienes las cometieron. Si bien este universo de testimonios no permite llegar a resultados concluyentes, sirve como un primer acercamiento estadístico a una problemática social de la que poco se habla en México" ("#MiPrimerAcoso:

publicado el 24 de marzo de 2016, mostró que la edad promedio de los testimonios de #MiPrimerAcoso era los 8 años y que casi todos los testimonios estaban ubicados entre los 6 y los 11 años, un rango de edad en que las niñas son especialmente vulnerables. Según los datos de *Distintas Latitudes*, 4 de cada 10 casos fueron en realidad abusos sexuales, 62% de los agresores fueron desconocidos por la víctima (es decir, el 38% eran conocidos) y el 47% de las agresiones ocurrió en la calle, dejando una mayoría del 53% en otros lugares, probablemente en espacios como el hogar, que deberían ser seguros.

Tercero: no tenemos que salir de nuestras casas ni de nuestros entornos supuestamente seguros para vivir esto. No solo pasa constantemente, sino en todas partes: en la casa, en la escuela, en el trabajo, en la calle. No hay un espacio seguro para nosotras. La "privacidad" —eje de los derechos que nos protegen frente al abuso del Estado—, aplicada a las mujeres solo sirve para solapar el abuso.

Cuarto: no nos acosan porque seamos bonitas, sexys, provocadoras o llevemos una falda. No nos acosan por guapas o por voluptuosas. El acoso les ocurre a todas las mujeres, sin importar tamaños, formas de cuerpo y estilos de vestir. Gordas, flacas, morenas, blancas, negras, femeninas, masculinas, andróginas, no importa: no te salvas. Como mujer, quedas sometida al escrutinio impune. Y ese es el punto. Que nos acosan porque pueden, y desde tiempos en que no sabemos cómo reaccionar (de niñas). Es a tal grado la normalización, que muchas de nosotras apenas estamos cayendo en cuenta de que eso que vivimos fue abuso. Recordamos el miedo y el asco, sí, pero lo asumimos como algo que era nuestra culpa, como algo normal. Y hoy, que lo contamos, tenemos rabia con nosotras mismas por no haber sabido reaccionar, como si siendo niñas o mujeres tuviésemos esa responsabilidad. ¡Estúpidas nosotras que no aprendimos a responder a la violencia!

la etiqueta que destapó la cloaca de las agresiones sexuales - Distintas Latitudes", 2016).

Y quinto: nuestra voz es más fuerte. Esa es la conclusión final. Aunque muchos intentaron hackear el *hashtag*, la cantidad de testimonios de las mujeres fue abrumadora, al punto que estos intentos se hicieron insignificantes. Las calles en México ese domingo se llenaron de ríos de color violeta, de mujeres que están hartas y que quieren alzar la voz. Cada denuncia es importante porque valida, valora, inspira y nos ayuda a todas a reconocer la violencia, esa es clave para prevenir que vuelva a pasar.

Denuncias falsas y linchamientos públicos[180]

En 2015 la Policía Nacional de Colombia anunció que hubo inconsistencias entre la versión de una mujer conductora del sistema SITP que alegó haber sido violada mientras hacía la ruta, y lo que verificaron los investigadores por medio de grabaciones y GPS. Policía y medios hicieron de jueces y contaron a la opinión pública que la mujer sería procesada por falsa denuncia.

Sin embargo, Medicina Legal también nos dijo que la mujer presentaba señales de violencia sexual o de haber tenido una relación sexual. Luego arrestaron a un vendedor ambulante, cuya fisonomía coincide con el retrato hablado. "Lo desnudaron para buscar los supuestos tatuajes que describió la mujer víctima de la violación. Pero mi hijo no tiene tatuajes", cuenta el padre del capturado y añade: "El daño que nos hizo esa señora es irreparable".

Supongamos (no podemos saberlo) que la denuncia de esta mujer es falsa. ¿Por qué eligió hacerlo? ¿Fue víctima de abuso sexual en otro contexto? ¿Qué la llevó a hablar de violación para exigir sus derechos laborales? La mujer nunca acusa directamente al hombre arrestado, ¿por qué es la culpable ella, y no la Fiscalía y la Policía que lo detuvo a pesar de que no coincidieran los tatuajes? ¿Por qué no

---

180   Esta sección fue publicada en su primera versión el 29 de julio en mi columna de *El Espectador*, titulada "Falsas denuncias".

culpamos a la Fiscalía y Policía por el grave impacto que tienen sus arrestos mediáticos?

Los costos de una denuncia falsa por violación son altísimos, penales y sociales. Tanto víctimas de violación como falsos acusadores viven con estigmas terribles el resto de sus vidas. Aunque las víctimas no los merecen, es en ellas en quien estos estigmas son más dolorosos. Las falsas acusaciones pasan en todos los delitos, pero es en el de la violación en donde parecen tener los peores efectos. Nadie decide sospechar de todos los denunciantes de robo porque alguien presentó una denuncia falsa. Las falsas denuncias por violación parecen importarnos incluso más que las 38 mujeres que, en Colombia, a diario y con mucha valentía, sí dicen la verdad sobre su violación (según cifras de 2015 del Instituto Nacional de Salud). Esta cifra no incluye hombres, no incluye niños y niñas, y no incluye a la mayoría de las violaciones, que nunca son denunciadas. Sabemos que la mayoría de los violadores son conocidos, parejas o familiares, a quienes es mucho más difícil denunciar. Ni hombres ni mujeres están educados para dar y pedir consentimiento, así la sociedad revictimiza a las mujeres que "sienten que fue su culpa". A menos que sea físicamente violenta, una violación puede no dejar huellas; las víctimas no están entrenadas para recoger evidencia, y lo que pasa con la gran mayoría de casos de violación es que quedan impunes porque no se pueden probar.

Lo que esto quiere decir es que el sistema penal es insuficiente para contener este tipo de violencia. Por eso, nuestras actitudes al respecto importan muchísimo. En casos tipo "él dijo versus ella dijo", ella está en desventaja frente a él por los prejuicios que nos llevan a creer en los hombres y cuestionar a las mujeres. Usamos el derecho a la presunción de inocencia para matonear a los y las denunciantes. En el caso del sitp, podríamos creerle a ella que "algo" pasa mientras mantenemos la presunción de inocencia del arrestado. Incluso podemos creerle a la Policía que la versión de la mujer no cuadra, sin atacarla (puede no cuadrar por muchas razones y no necesariamente porque ella mienta). La presunción de inocencia no implica demonizar al denunciante, ni negarnos a escucharla, y mucho menos puede servir para revictimizar a quien denuncia.

Una tendencia reciente es que las mujeres han empezado a denunciar a sus acosadores en las redes sociales. Muchas personas han dicho que esto es una falta al debido proceso o peor un "linchamiento público". Sin embargo, hay que entender dos cosas: 1. Si las mujeres están denunciando en redes sociales, es porque la justicia nos falla sistemáticamente; llegamos a las redes porque no nos queda nada más; 2. Muchos de los eventos de acoso o violencia sexual no necesitan un proceso penal sino una sanción social; denunciar los casos sirve para tener una conversación sobre los límites, sirve para que otras mujeres identifiquen formas de acoso de las que quizás son víctimas y ayuda a crear un clima cada vez más seguro para que otras mujeres denuncien.

Es mentira que "las falsas denuncias" por acoso o violación están acabando la vida de los hombres. Si así fuera Donald Trump no sería presidente. A Bill Cosby solo lo condenaron cuando él admitió su culpa, no bastó el testimonio de más de 50 mujeres. Estamos lejos de estar arruinando las vidas de hombres, en cambio las vidas de muchas mujeres se han visto arruinadas por un acoso o una violación. Un artículo de la revista *Vox*[181] que revisa varios estudios estadísticos sobre denuncias y falsas denuncias muestra que las denuncias falsas están entre el 2 y el 8% de todas las denuncias. Es decir, cuando le creemos a la víctima, tenemos una probabilidad entre el 92 y el 98% de estar en el lado correcto.

Por eso para mí es un compromiso ético creerles a las mujeres que denuncian violencia de género, escucharlas y entender que, como mínimo, nadie hace una afirmación pública como esta sin una razón importante. Las víctimas no van a empezar a denunciar y los victimarios van a seguir violando si así nos seguimos portando. Somos responsables. Cuando creamos un ambiente hostil para las

---

181 Lind, 2015.

denunciantes, participamos activamente en intimidar a las víctimas de violencia sexual para que nunca digan nada.

Manual de autodiagnóstico para el violador de hoy[182]

"Yo no sabía lo que estaba haciendo", "Fue un error", "Estábamos muy mal", dicen los violadores de hoy, que no son raros o locos: está tan normalizado disponer de las mujeres para el sexo que no podemos reconocer ni mucho menos admitir la violencia en nuestros comportamientos. La mayoría de las personas –especialmente los hombres– también dirán que fue un error, que estaban mal y que no sabían lo que estaban haciendo.

Anticípate al juicio social con este práctico manual de autodiagnóstico, para que seas tú el primero en saber si eres un violador.

Primero, unas preguntas básicas para disipar la confusión:

¶ ¿Crees que hombres y mujeres no pueden solamente ser amigos?

¶ ¿Crees que cuando una persona se viste de manera "provocativa" o mostrando mucha piel, está buscando sexo?

¶ ¿Las mujeres te sonríen todo el tiempo porque les encantas?

¶ ¿Te parece que las mujeres se hacen las difíciles para gustarte más?

¶ ¿Crees que todas las mujeres guapas que van caminando necesitan recibir tus piropos? ¿Crees que con tus cumplidos les estás subiendo la autoestima y prestando un servicio social?

¶ ¿Crees que a las mujeres les gusta sufrir y por eso salen con chicos malos? ¿Crees que deberían hacerles caso a hombres buenos y amables como tú, en su lugar?

---

182 La primera versión de esta sección fue publicada el 31 de marzo de 2016 en la revista VICE.

¶ ¿Te parece que si ella subió una foto en bikini a su Instagram, no puede sorprenderse de que algún desconocido la comente o algún hombre se masturbe?

¶ ¿Sabes cuáles son los tragos que "aflojan" más rápido a las mujeres?

¶ ¿Te lo tomas como un reto cuando alguien te dice "no"?

¶ ¿Crees que tarde o temprano la persona que te gusta tendrá sexo contigo porque eres súper persistente y nadie se te escapa?

¶ ¿Cuando estás con tragos encima no hay quien te pare?

¶ ¿Es normal que las chicas quieran contigo, porque todas están detrás de tu dinero?

¶ ¿A las mujeres les encanta hacerse las víctimas?

¶ ¿Crees que las falsas denuncias por violación están destruyendo la vida de muchos inocentes?

¶ ¿Crees que hay mujeres que están para ser esposas, para llevar a casa y presentarlas a la mamá, y que otras, en cambio, son para divertirse y experimentar?

¶ ¿Crees que a las lesbianas les falta un hombre (o, en otras palabras, una verga)?

¶ ¿De ti nadie se burla?

¶ ¿Crees que, por ser un hombre, tienes necesidades sexuales irrefrenables?

¶ ¿Eres el mero mero?

¶ ¿Estás convencido de que no es violación cuando hay amor?

Si contestaste "sí" a cualquiera de estas preguntas, puedes tener la seguridad de que eres un cretino. Ninguna de estas creencias es un crimen, pero sí son indicadores de que eres un machista que promueve activamente una cultura de violación.

Ahora, si además tienes la duda de si eres un violador, o un potencial violador, estas sencillas preguntas pueden darte una idea:

¶ ¿Si invitas a salir a una persona, y además pagas la cuenta, lo mínimo que ella puede hacer en agradecimiento es darte sexo, si no, para qué aceptó la invitación?

¶ Cuando una persona te envía sus fotos desnuda como parte de un juego de *sexting*, ¿crees que tienes derecho a compartirlas con tus amigos? ¿Que si ella no hubiera querido que tú hicieras eso, para qué te las mandaba?

¶ ¿Has tomado un video o foto de una persona desnuda sin su consentimiento o estando inconsciente?

¶ ¿Has tenido relaciones sexuales con una subalterna?

¶ ¿Has tenido sexo con una persona menor de edad cuando tú ya podías votar?

¶ ¿Te parece inevitable que los profesores se enreden con sus alumnas (y lo dices por experiencia)?

¶ ¿Has echado mano de tu poder social, laboral o intelectual para presionar a alguien para que tenga sexo contigo?

¶ ¿Has tenido sexo con una persona inconsciente o tan borracha que no puede ni hablar y seguro al día siguiente no se acordará?

¶ ¿Crees que una vez que empiezas a coger, ya nadie se puede echar para atrás?

¶ ¿Has echado alguna droga en la bebida de una chica para que se relaje un poco sin su consentimiento?

¶ ¿Has dicho que tienes condones y a la mera hora confiesas que siempre no (pero ya es demasiado tarde)?

¶ ¿Crees que por traer a una chica al *after* tiene que coger contigo al final de la noche?

¶ ¿Has mentido sobre ponerte el condón? ¿Te has negado a usar condón después de una petición explícita, y has continuado teniendo sexo?

¶ ¿Cuando estás en una relación formal, asumes que para tener sexo hay "consentimiento previo" para todas las veces que quieras coger?

¶ ¿Alguna vez, teniendo sexo, "te equivocaste" y entraste por el chiquito #oops?

Si contestaste "sí" a cualquiera de estas preguntas, ¡felicidades! Para desgracia del mundo, eres un violador en potencia.

Una violación, más allá de sus definiciones legales, consiste en hacerle a una persona, en su cuerpo, algo que ella no ha aceptado o se ha negado a que le hagan. En algunas ocasiones es imposible dar consentimiento, como cuando la persona está borracha o inconsciente. Y precisamente por eso es una violación: porque no hubo consentimiento. En otras, como en el caso del acoso laboral, hay una desigualdad de poder en la relación que no permite que la otra persona dé un consentimiento verdaderamente libre. Pedir consentimiento explícito para hacer avances sexuales es tan sencillo como preguntar: ¿quieres? o ¿te gusta? Y puede marcar la diferencia entre un gran polvo y una violación.

¿Llegó el fin del amor y la muerte del sexo?

El gran tema del 2017 fueron las denuncias por acoso y abuso sexual bajo el *hashtag* #MeToo, lanzado por la activista negra Tarana Burke, luego de que con acusaciones por acoso y abuso sexual al productor de Hollywood Harvey Weinstein, varias mujeres, actrices blancas poderosas, comenzaron a alzar la voz en contra del acoso. La acción tuvo un impacto mundial, y en todas partes del mundo empezaron a destaparse casos de acoso que las mujeres hasta ahora callaban. Esto fue un hito mundial en la conversación sobre los derechos de las mujeres.

Sin embargo, como no hay avance sin retaliación, las acusaciones de "cacería de brujas" o de "persecución" a los hombres no se hicieron esperar. En diciembre de 2017 el escritor colombiano Antonio Caballero dijo en una columna de la revista *Semana* que las mujeres estábamos denunciando el acoso "como por contagio epidémico", como si no tuviéramos agencia alguna para reclamar nuestros derechos, somos solo unas repentinas quejosas. Las mujeres siempre hemos odiado que hombres manilargos poderosos puedan arruinarnos la vida si les negamos sexo, esos que nos hacen comentarios inapropiados en el cóctel mientras nos ponen la mano en la cintura y nosotras sonreímos incómodas. Lo estamos diciendo ahora porque muchas luchas de los feminismos nos han traído a un punto en que por fin podemos decirlo en voz alta: no somos cosas, ni enchufes, ni un buffet para sus apetitos, y no nos gusta que nos sexualicen o nos toquen sin nuestro consentimiento[183].

Además es cínico llamar a estos movimientos de denuncia "cacería de brujas". Las cacerías de brujas fueron inventadas por los hombres para subyugar a las mujeres y quitarles independencia económica, espacios de reunión y control sobre sus derechos reproductivos. Dice Silvia Federici en *Calibán y la bruja* que fueron más de 30 millones de mujeres asesinadas, mujeres viejas, viudas, inteligentes, médicas y todas aquellas que se les salían del corral del patriarcado. ¿Cuántos hombres han sido quemados vivos por acusaciones de acoso? Aún hoy, en el año 2018, hay cacerías de brujas. Nada más durante el primer semestre de 2017 fueron asesinadas 479 mujeres acusadas de brujería en Tanzania y "las últimas estadísticas sobre África hablan de que más de 30.000 mujeres habrían sido mutiladas con machetes, torturadas y asesinadas desde los años 70. La mayor parte de ellas quemadas vivas. Ha pasado en Sudáfrica, Mozambique, Tanzania, Zambia, Nigeria, Zaire, Kenia, Uganda... en Ghana", dice Federici. Ocurre en Colombia, en donde en 2012 quemaron viva a María Berenice Martínez en Santa Bárbara, Antioquia, por acusarla de brujería[184]. Para los hombres en el curubito del poder, una denuncia por comportamientos inapropiados es equiparable a la muerte, y por eso llaman a las denuncias por acoso "cacería de brujas". No se dan cuenta de que para las mujeres la muerte no es una metáfora; la muerte es la muerte.

---

183 Algunos de estos párrafos fueron publicados en su primera versión en la columna "Pacto de caballeros", el 20 de diciembre de 2017 en *El Espectador*.
184 Gualdrón, 2012.

La diferencia entre acoso y abuso pierde importancia cuando entendemos que ninguno se da por "atracción a las mujeres", sino por una desigualdad de poder basada en el género que permite que los hombres deshumanicen y cosifiquen los cuerpos de las mujeres. Es un problema de poder, no de pudor. Pero cómo explicárselo a Caballero, quien piensa que no hubo un conflicto de poder cuando el presidente de los Estados Unidos "se hizo chupar" por una becaria en el despacho Oval de la Casa Blanca. El hombre más poderoso del mundo en ese momento, en el espacio que por generaciones ha legitimado ese poder, versus una pasante de apenas veintitantos años. La línea entre sano coqueteo y acoso es muy clara: si el beso toca darlo a la fuerza es porque no hay consentimiento. Si ella no ha dado señales de que quiere que le cojan la rodilla debajo de la mesa, no hay que hacerlo. Si es su empleada, alumna, hija, aprendiz o lo que sea que lo ponga a usted en una situación de poder sobre ella, no haga insinuaciones sexuales. Fin.

Los hombres no son tan estúpidos como para no poder leer las señales, pero sí les han enseñado a no tomarlas en serio hasta ignorarlas con arrogancia. Caballero se lamenta de que ya hoy en día no se pueda ser un hombre que va por la vida agarrando sin miramientos tetas y culos, ofreciendo masajes y robando besos. Qué tristeza que la masculinidad hegemónica no pueda pensar en un amor en el que no esté involucrada la dominación sobre otra persona y su cuerpo. Pero el problema no es Caballero en sí, sino todos los caballeros que piensan igual. Esos que para tener sexo solo han tenido que estirar la mano, sin importarles siquiera qué (jamás a quién) están agarrando.

Entre la ola de retaliación también estuvo la carta de algunas pocas mujeres francesas famosas, entre ellas Catherine Deneuve, criticando al movimiento #MeToo por ser "puritano", que se hizo viral porque reafirma cómodamente las ideas que tenemos sobre el amor y el sexo. En ella dicen que no puede ser que no diferenciemos entre la galantería torpe y el acoso y que estamos entrando en un "pánico sexual" en donde a los hombres van a empezar a despedirlos "por una mirada". Todo esto es una "mujer de paja" pues a la fecha a ningún hombre lo han despedido por "mirar". Si las denuncias sociales por acoso destruyeran las carreras de los hombres, Trump no sería presidente de Estados Unidos. Además, es mentira que para convivir con los hombres tengamos que dejarnos acosar. Los hombres no son ineptos emocionales ni incapaces sociales, saben muy bien cuándo están imponiendo su voluntad por encima de la otra persona, saben muy bien cuándo una mujer está incómoda y no quiere que le hagan lo que le están haciendo. Otra cosa es que nuestra sociedad les ha enseñado que no importa que ella no quiera, que ella no sabe lo que quiere, por tanto su "no" no es legítimo, el deseo o el placer de ella no importan, importan el placer de él y su deseo.

La abrumadora mayoría de las mujeres del mundo ha experimentado, al menos alguna vez en su vida, acoso sexual. Se estima que el 35% de las mujeres del mundo (según lo que sabemos, pero es un subregistro) ha sobrevivido al abuso sexual[185]. Hay una realidad imposible de maquillar: las mujeres somos víctimas de acoso y abuso, y esto sucede porque hay una desigualdad de poder entre los géneros que nos hace vulnerables de manera sistemática. Reconocer esto no es "reducirse a una víctima", es ver que las mujeres tenemos una experiencia colectiva de acoso que nos está jodiendo la vida, es dejar de pensar que estamos solas, o que fuimos las únicas acosadas, es formar redes y encontrar aliadas; en resumen, antes que "reducirnos" es literalmente "ampliarnos". Uno puedo reconocer que ha sido víctima de algo en su vida sin apocarse, sin reducirse, sin vergüenza, sobrevivir a la violencia de género y atreverse a hablar de ella en voz alta demuestra una gran valentía. Reconocer el acoso y el abuso no nos hace perder agencia, todo lo contrario, ¿qué agencia podemos tener sobre un problema que no se nombra, que no se entiende?

---

185 "OMS, Estimaciones mundiales y regionales de la violencia contra la mujer", 2015.

Una de las últimas denuncias, contra el joven comediante estadounidense Aziz Ansari, se está usando como supuesta prueba de que "las feministas se pasaron"[186]. La denuncia es interesante porque Ansari es menudo, sensible, talentoso, se dice aliado y se ve inofensivo. Es "un buen tipo". En la denuncia, una mujer, cuyo seudónimo es Grace, cuenta una "mala experiencia" en el apartamento del comediante, en donde él insiste una y otra vez en que tengan sexo, ella lo rechaza, él la persigue, ella dice que paren, paran, y luego él la fuerza a un beso y le pide sexo oral, ella lo hace y luego se va a su casa sintiéndose muy mal. La línea no es difusa: ¿hubo una voluntad que se impuso sobre la otra? Sí, gracias a la persistencia de Ansari. ¿Debe ir Ansari a la cárcel? No. Pero ¿estuvo mal lo que hizo? Sí. ¿Entendió en ese momento que estaba mal? Lo más seguro es que no, pues a los hombres les han enseñado que si insisten e insisten tarde o temprano tendrán un sí, y a nosotras nos han enseñado a poner nuestros deseos en un segundo plano y que es incómodo decir "no". ¿Es Ansari un monstruo machista? No, es un hombre cualquiera, y por eso la historia es incómoda: muchas mujeres nos sentimos identificadas con la experiencia, es algo muy común. Creer que lo que pasó entre ellos fue "mal sexo" solo muestra lo normalizadas que están este tipo de malas conductas sexuales, y para las mujeres heterosexuales el estándar es tan bajo, que muchas agresiones sexuales terminan asumidas como "mal sexo" y ya. Es más, cuando los hombres dicen que una mujer fue "mal polvo", lo que están diciendo es que ella no les hizo grandes morisquetas en la cama, pero cuando las mujeres decimos que un tipo es "mal polvo", lo que estamos diciendo entra en un rango que va desde "es un egoísta que solo se ocupa de su propio placer y me usó como un masturbador gigante" a "creo que me violó".

---

186 Algunos de estos párrafos fueron publicados en su primera versión en la columna "El fin del amor y la muerte del sexo" el 17 de enero de 2018 en *El Espectador*.

Denunciar rompe –voluntaria o involuntariamente– nuestra alianza con los hombres, una alianza cómoda para muchas que hoy dicen
que señalar el acoso es exagerar, y por eso reciben la validación de los
varones a su alrededor. Y esto también lo hacemos porque es duro
para nosotras reconocer que este tipo que tenemos al lado, quizás un
amigo, pareja, desconocido en un bar, nos hizo sentir anoche como
si fuéramos una cosa, impuso su cuerpo a nuestra voluntad. Y quizá
no nos "violó", nosotras dijimos que sí, aunque en realidad no queríamos, pero sabíamos que íbamos a lograr muy poco diciendo que no.
Todas deberíamos poder quejarnos del acoso de una manera que
traiga consecuencias proporcionales para el agresor. Esa manera aún
no existe porque o bien no nos creen, o se les ocurre que todo se
arregla por la vía penal.

Las mujeres que denunciamos la violencia sexual queremos más
que simple sexo consentido. Queremos que ese consentimiento sea
activo, entusiasta y continuo. Es duro darse cuenta de que quizás
muy pocos de los hombres con los que hemos tenido sexo pasan
ese mínimo. Lejos de ser puritanos, todos los movimientos en los
que las mujeres hablamos en voz alta sobre la violencia sexual que
vivimos a diario, en todos sus niveles, son movimientos que exigen
una cultura en donde el buen sexo, que es el sexo consentido y bienvenido, sea posible. Nadie está negando la agencia de las mujeres ni
su capacidad para seducir, es al contrario, estamos pidiendo que la
voluntad y los deseos de las mujeres se tomen en cuenta en nuestras
prácticas de seducción.

¿Significa esto que llegó el fin del sexo y el amor? Es evidente
que no. Pero quizás sí llegó el fin de los rituales sexuales como los
conocemos, esos en los que él insiste y ella se hace de rogar para no
manchar su moral sexual. Esa de los hombres necios que acusan
sin razón a pesar de ser la ocasión. ¡Que muera el sexo como lo conocemos! Y que venga uno en donde las mujeres tengamos placer
y agencia, en donde no tengamos que conformarnos con que "al

menos no nos violaron". ¡Que los besos robados cambien por besos mutuamente deseados!

¿Héroes o monstruos?

"Los poetas, amor mío,
son unos hombres horribles,
unos monstruos de soledad.
Evítalos siempre, comenzando por mí.
Los poetas, amor mío,
son para leerlos, mas no hagas caso
a lo que hagan en sus vidas".

Raúl Gómez Jattin

Aunque su música en Colombia sea casi que omnipresente, pocas personas saben fuera del país quién fue Diomedes Díaz. Diomedes fue un pelado pobre y descalzo que nació en el pueblo de La Junta, en La Guajira, en 1957, cerca de Valledupar. Valledupar es una ciudad del Caribe colombiano, cercana a Venezuela, que se conoce como "la cuna del vallenato", un género musical favorito de las clases populares en Colombia, que nació de la mezcla entre influencias negras, blancas e indígenas. Inicialmente era una forma de llevar noticias de pueblo a pueblo y poco a poco se fue convirtiendo en un género musical y literario de gran importancia para la cultura del Caribe. El mismo Gabriel García Márquez admitió públicamente la influencia que este género musical tuvo en su literatura, y hasta se llevó un conjunto vallenato a recibir el Nobel a Suecia. Esto fue un gesto muy "punk" porque en ese entonces el vallenato se consideraba una música de clases bajas, ordinaria, bárbara, ya saben, la cosmogonía de casi todos los grandes géneros populares. Sobre todo servía para marcar una diferencia entre la Colombia andina y elegante y la Caribe, cuyos habitantes se habían ganado el mote despectivo de "corronchos" (así de hecho le decían en la capital a García Márquez). Fuera de Colombia el vallenato se escucha en el norte de México, donde hace parte de lo que se conoce como "las colombianas" (en conjunto cubre indistintamente a la cumbia y al vallenato). Poco a poco, como suele suceder, el vallenato se fue blanqueando y llegó a su versión *mainstream* en la que se parece mucho al pop.

La estrella más grande del vallenato en Colombia fue y sigue siendo Diomedes, que de ser un mandadero en una emisora se fue abriendo camino haciendo sus canciones, coronó la fama en un mundo violento de machos y cocaína, dejó más de cincuenta hijos regados por el país e hizo algo aún peor: cometió un feminicidio. Diomedes asfixió y abusó sexualmente de Doris Adriana Niño el 15 de mayo de 1997. Diomedes fue a la cárcel por tres años, pero cuando salió su fanaticada lo recibió como si nada hubiese pasado; para la Colombia popular Diomedes seguía siendo la voz del pueblo.

Diomedes murió en la Navidad de 2013 y la gran pregunta del momento era si ese feminicida merecía que el pueblo que lo adoraba saliera a las calles a llorarlo. Una pregunta que se ha vuelto recurrente en los últimos años: ¿debemos excusar a un hombre que sea un feminicida, agresor, violador, explotador o criminal porque "es un genio"?

Para mí la música de Diomedes es un gusto culposo porque la verdad es que sí me parece muy buena música, aunque ninguno de sus versos me haga olvidar que es un feminicida. Cuando murió intenté abordar la pregunta sobre si se puede separar el arte de la vida en una columna en *El Espectador*:

"Ni para sus admiradores más devotos es un secreto que Diomedes era un hombre terrible: machista, mujeriego, violento, periquero, ostentoso, despilfarrador. También es cierto que sus más acérrimos detractores, aun a pesar de sí mismos, se saben alguna de sus canciones de memoria. La música de Diomedes está en todas partes, protagonista de la fiesta colombiana, banda sonora de celebraciones y despechos; es un legado cultural indiscutible que para bien o para mal encarnó la alegría, la tristeza y la violencia del Caribe colombiano y de todo el país"[187]. Hasta aquí me sostengo: su legado musical es un aporte importante para nuestra cultura, especialmente porque funciona como un espejo para nuestra sociedad. Pero luego dije:

"Me parece que no pueden trasladarse los juicios morales sobre la persona a la obra, así como no pueden trasladarse los juicios estéticos sobre la obra a la persona. Que Diomedes fuera un gran cantante de vallenato, carismático compositor y *performer*, no lo exime de su crimen; pero, de la misma manera, su conducta violenta no es el legado que nos deja como artista. Aun si decimos, como se afirma sin tregua en el arte contemporáneo, que artista y obra son la misma cosa, no podemos usar los mismos estándares para juzgarlo desde la estética y desde la moral".

Hoy no estoy de acuerdo. Creo que las obras de los artistas surgen de una conversación entre sus experiencias de vida y las de su público. No puede entenderse bien la obra de Diomedes sin tener presente que fue un feminicida machista. Pero tampoco podemos perder de vista que no es un problema individual de Diomedes, él fue el artista que fue porque nuestra sociedad es igualmente feminicida y machista.

Lo que creo todavía es que no vamos a poder simplemente ignorar todos lo productos culturales hechos por personas moralmente reprobables porque entonces nos vamos a quedar con algo así como el 1% de la producción cultural humana.

"Es comprensible que les hagamos exigencias éticas a nuestros ídolos. De alguna manera nos sentimos representados en su trabajo y es, como mínimo, incómodo saber que eso que cantamos hinchando pecho, identificados, es a la vez la obra de alguien deplorable. Por supuesto, sería más fácil que nuestros ídolos fueran todos moralmente buenos. Así podríamos adorarlos sin culpas. Pero no es así. La cultura está llena de hombres y mujeres que en su vida personal

---

187 Algunos párrafos de esta sección fueron publicados en su primera versión en una columna titulada "Diomedes" publicada el 25 de diciembre de 2013 en *El Espectador*.

eran nefastos, pero que dejaron un aporte invaluable: Freud, cocaí-
nómano y machista; Faulkner, racista; Heidegger apoyó a los nazis;
Wagner, antisemita; Polanski, acusado de violación. Pitágoras asesinó
fríamente a su discípulo Hipaso por andar regando el chisme de que
hay números irracionales ($\sqrt{2}$), dinamitando así la perfecta cosmogonía que proponía su maestro. No por eso desdeñamos su legado
matemático. Si el valor de las obras estuviera en la calidad ética de
la vida de sus autores, nos perderíamos de mucho. La mezquindad
humana también produce grandes obras", escribí en mi columna.
Pero hoy añadiría que una cosa es leer a Freud como "el genio del
psicoanálisis" y otra leerlo como un macho periquero que, si bien
era muy inteligente, también estaba dispuesto a decir estupideces
megalomaníacas como que las mujeres tenemos envidia del pene.

Para la sociedad colombiana fue muy fácil condenar a Diomedes. Feminicidas tenemos muchos, pero Diomedes era corroncho,
drogadicto y ordinario, es el tipo de machos violentos que nos gusta
condenar. Un lobo. Pero la cosa se pone más difícil cuando tu artista
villano no se parece a un villano. Por ejemplo: somos muchas las
personas, en tantos países y de varias generaciones, a las que David
Bowie nos cambió la vida[188]. Esta siempre es una afirmación curio-
sa, porque se dice con una implacable convicción y amor, aunque
estemos hablando de una persona con la que jamás tuvimos una
conversación. Pero en muchos momentos de felicidad o de angustia
ahí estaba la música, o las imágenes, o el mismo *performance* vital que
era su cotidiano, su masculinidad suave, andrógina, que nos dejaba
imaginar que nosotros también podíamos ser como quisiéramos, y
también estaban todas las veces que coreando "Changes" nos sentimos menos raros y menos solos. Incluso para quienes acaban de

---

188 Algunos párrafos de esta sección fueron publicados en su primera versión en
una columna titulada "Dioses y hombres" publicada el 13 de enero de 2016
en *Sin Embargo*.

descubrirlo –gracias a su muerte, cualquier razón vale– será como nada ni nadie que jamás hayan visto. David Bowie es un Dios.

Nótese que este mismo párrafo podría decirse de Diomedes, pero suena más bonito cuando se dice de Bowie, que es un lord inglés con mucho estilo.

Pero también es un humano con poder. Horas después de su muerte en enero de 2016 miles de seguidores empezaron a homenajearlo en las redes sociales, y volvieron a circular dos acusaciones por violación del artista: una por tener sexo con una menor (de 14-15 años) en California (*statutory rape*) y otra en Dallas por una mujer de 30 años que exigía que Bowie se hiciera un examen de VIH (a lo que la estrella estuvo dispuesto sin problema). Es importante aclarar que en ambos casos un juzgado falló a favor de la inocencia de Bowie. También podríamos hablar del contexto: el límite de edad en California eran los 18 años y eran los tiempos de las *baby groupies* que se ofrecían a los *rock stars,* convirtiendo a las celebridades en trofeos. Uno podría argumentar, con buenas probabilidades de tener la razón, que las *groupies* tenían suficiente agencia para decidir con quién acostarse. Pero tampoco olvidemos que hay una brecha de poder muy grande entre una *groupie* y un artista a quien la gente considera un dios.

¿Tenemos nosotros la competencia para discutir si algo fue una violación "real" o no? ¿La tiene alguien? Sin duda el derecho, y especialmente el derecho penal, es insuficiente para dirimir los juegos de poder en sexo. Claro, algunas cosas son evidentes, como los golpes (y ni siquiera eso es tan obvio), pero la mayoría de los casos de violación se reducen a un testimonio versus el otro. La ley es necesaria, sin duda, porque ¿qué más hacemos?, pero es inepta ante las infinitas sutilezas de la sexualidad humana. Aun así, lo que es innegable es que vivimos en una cultura en la que la violación (con especial énfasis en las mujeres como víctimas) está normalizada y hasta celebrada. Imagínense si uno es una estrella de *rock* con suficiente poder para que no importe si uno es sexualmente ético. No se trata entonces de si David Bowie no, y Bill Cosby sí, pero Assange no sabemos, esa no es la discusión.

La discusión es esta: ¿cómo influye el factor de la celebridad en los juegos de poder sexual? Sin duda aquí hay unos juegos de poder muy complejos: ¿cómo podría alguien, hombre o mujer, no querer coger con David Bowie (o con Diomedes)? ¿De qué manera la cultura facilita que las personas con éxito y poder (especialmente hombres) puedan disponer de otras personas como objetos sexuales con mayor permisividad? ¿Qué pasa cuando la celebridad es tal que las personas ofrecen sexo como si fuera una ofrenda? ¿Dónde queda la posibilidad de consentimiento en las relaciones entre trofeos y ofrendas? ¿Qué pasa cuando, en ese contexto, alguien se niega?

Y también: ¿Qué pasa cuando nuestros ídolos no son prístinos y perfectos? ¿Somos capaces de pensar a esos dioses como humanos? La lista de genios adorados acusados de alguna conducta sexual no ética y misógina es infinita: Roman Polanski, Woody Allen, Kennedy, Hemingway. Ni uno se salva. Pinches machos.

Cuando pienso en el caso de Bowie, sea o no culpable, deseo en silencio y de todo corazón que sea inocente. Ese deseo es machista y egoísta. Lo que quiero es que me pueda seguir gustando sin culpas. Pero luego me acuerdo de cuando pasaron la noticia de que Johnny Depp le había pegado a su joven esposa Amber Heard: el noticiero mostró las imágenes de la cara de ella golpeada y luego la presentadora comentó "esperemos que no sea cierto". Porque estamos más preocupados con no sentir culpa personal porque nos guste algo problemático que por la madriza que se ganó esa chica. No conocemos a Johnny Depp, pero sí conocemos a muchas chicas en la situación de Heard, y sin embargo elegimos casi en automático estar de parte de él. Nuestros ídolos no son un legado lejano, a nuestros héroes los escogemos nosotros y los elegimos para que sean nuestra inspiración. Por eso, son nuestro reflejo.

Y esto es lo verdaderamente perturbador de las acusaciones por violación a David Bowie. Solo con pensar que David Bowie, cuya carrera es el *performance* sexual y sobre sexualidad más bello, poderoso y vulnerable de todo el siglo XX, pueda ser capaz de algo así, nos estamos obligando a pensar que los violadores o los agresores no son monstruos unidimensionales, encerrables, fáciles de odiar. Lo que hace al tema de la violación tan difícil es que los agresores son personas normales, cariñosas, divertidas, inteligentes, admiradas, personas que son queridas por alguien como nosotros queremos a David Bowie.

Claro, nosotros les hacemos exigencias éticas a nuestros héroes, a nuestros dioses, porque llega un punto en que su obra es parte activa de nuestra vida. Cualquier cosa que se diga de Bowie es personal, porque su obra se convirtió en mediadora de nuestros afectos, determinante para nuestros recuerdos y nuestras ideas. Los ídolos, cuando son ídolos, son símbolos, y esos símbolos se hacen parte de nosotros. El problema es que también siguen siendo personas con poder en un mundo donde las desigualdades facilitan la impunidad y la violencia.

Esto no quiere decir, de ninguna manera, que los ídolos tengan una carta blanca y perdón absoluto. Debemos juzgar a la persona desde los estándares éticos y morales con los que juzgamos a cualquiera. En paralelo, también podemos apreciar al artista por la grandeza de su obra, desde estándares estéticos. Y también debemos tener una distancia crítica, pues hoy en día sería bastante ingenuo hacer una lectura de una obra sin las categorías de género o raza y sin preguntarnos cómo los prejuicios del autor o autora, sus vulnerabilidades y sus privilegios se reflejan en su trabajo. No basta con decir "es que eran otras épocas", porque no podemos leer las obras si no es desde nuestra época. Claro, Aristóteles vivió en tiempos en que andar diciendo que los negros merecen ser esclavos no era un tabú social, pero sí que lo pensaba. Luego no nos extrañamos de que la cultura Occidental, cimentada en gran parte en la obra de Aristóteles, siga siendo igualmente racista aunque ahora sea mal visto decirlo en público.

La comediante australiana Hannah Gadsby en su *stand up* para Netflix en 2018, *Nanette*, hace varios comentarios sobre este tema, pues su formación universitaria fue en Historia de Arte. Dice Gadsby:

"Donald Trump, Pablo Picasso, Harvey Weinstein, Bill Cosby, Woody Allen, Roman Polanski. Estos hombres no son excepciones, son la norma. Y no son simples individuos, hacen parte de nuestras historias, y la moral de nuestras historias es que nos importan una mierda las mujeres y los niños o niñas. Solo nos importa la reputación de los hombres. ¿Y qué de su humanidad? Estos hombres controlan nuestras historias, y a pesar de eso tienen una conexión muy exigua con su propia humanidad, y al parecer, no nos importa". Este punto es muy importante porque si no somos conscientes de los crímenes y defectos de quienes han formado nuestra cultura y por extensión las costumbres de nuestra sociedad, no vamos a poder tomar lo bueno de su trabajo dejando de lado lo violento. Si no vemos sus violencias, las repetimos. Por eso una cosa es ver una película de Woody Allen y pensarlo un inofensivo y nervioso judío de Nueva York quien a pesar de sus neurosis logra estar con esa hermosa mujer, musa de sus sueños. Otra cosa es ver sus películas sabiéndolo un agresor sexual serial, y entonces, sus historias se tratan de cómo esos hombres aparentemente débiles e inofensivos son también predadores sexuales misóginos que hacen un retrato reduccionista de las mujeres como una fuerza incomprensible de la naturaleza sobre la cual ellos podrán imponerse dominándolas con su racionalidad.

Somos muy cómodos en nuestra expectativa de que siempre vamos a tener gustos estéticos moralmente prístinos. También muy básicos si creemos que no nos puede gustar algo sin tener a la vez una distancia crítica. El sexismo, la violencia, la discriminación no han sido excusables nunca, aunque antes estuviesen —más— naturalizados, y hacer una revisión de nuestra cultura desde una perspectiva de género no es ni quemar libros, ni censurarlos, ni creer que por decir que un autor es machista no está escribiendo bien. Bien bonito que describe Neruda en sus memorias cómo viola casualmente a una mucama[189]. La frase le habrá quedado muy bella pero eso no hace que su comportamiento estuviera bien. La misoginia adquiere formas muy bonitas, por eso "me gusta cuando callas" es un cliché de los poemas "de amor". Y ese es precisamente el problema: no es que toque dejar de leer a Neruda, pero sí toca dejar de creer que sus poemas son de amor –son de dominación, de abandono, de lujuria, de misoginia– y entender que su canción no está tan desesperada.

Esto aplica al menos para nuestros héroes muertos. Los y las artistas que están produciendo obras hoy en día sin escuchar, sin tener en cuenta esta conversación mundial sobre derechos de las mujeres y las minorías, sobre violencia y representación, fallan artísticamente porque están desoyendo a su época. En respuesta, su época no los debería escuchar, y mucho menos enriquecerlos, a ellos.

¿Qué es la violencia de género?

Según una encuesta de la campaña "Violaciones y otras violencias, saquen mi cuerpo de la guerra" impulsada por Oxfam y trece organizaciones[190] de mujeres en Colombia, entre 2010 y 2015 un total de 875.437 mujeres declararon haber sido víctimas de violencia sexual en

---

189 En su autobiografía *Confieso que he vivido*, Neruda detalla una de sus aventuras como cónsul de Sri Lanka: "Una mañana, decidido a todo, *la tomé fuertemente de la muñeca y la miré cara a cara.* No había idioma alguno en que pudiera hablarle. *Se dejó conducir por mí sin una sonrisa y pronto estuvo desnuda sobre mi cama.* Su delgadísima cintura, sus plenas caderas, las desbordantes copas de sus senos, la hacían igual a las milenarias esculturas del sur de la India. *El encuentro fue el de un hombre con una estatua. Permaneció todo el tiempo con sus ojos abiertos, impasible. Hacía bien en despreciarme. No se repitió la experiencia*" (Neruda, 1974).

190 Asociación Mujeres y Madres Abriendo Caminos (AMMAC); Asociación Red de Mujeres Víctimas y Profesionales; Asociación Santa Rita Para la Educación y Promoción (FUNSAREP); Centro de Promoción y Cultura (CPC); Centro Regional de Derechos Humanos y Justicia de Género; Humanas Colombia; Coalición Contra la Vinculación de Niños, Niñas y Jóvenes al Conflicto Armado en Colombia (COALICO); Colectivo de Abogados José Alvear Restrepo; Corporación Casa de la Mujer; Corporación Mujer Sigue Mis Pasos; Cor-

el país. La escandalosa cifra significa que, en promedio, en ese lustro, fueron agredidas 145.906 mujeres al año, 12.158 al mes, 400 cada día, y 16 mujeres cada hora. Según la revista *Semana*, "la encuesta revela que las mujeres negras, con edades entre los 15 y los 24 años, y del estrato socioeconómico 1, son las más expuestas a ser víctimas de violencia sexual en el marco del conflicto armado. Las mujeres entre 15 y 24 años son las principales afectadas por los tipos de violencia sexual relacionados con regulación de la vida social, servicios domésticos forzados, acoso sexual y embarazo forzado"[191]. La encuesta también mostró que "el 78% de las mujeres que manifestaron ser víctimas de violencia sexual no denunciaron los hechos. Eso significa que aproximadamente 620.418 mujeres no denunciaron los hechos que sufrieron, mientras que solo el 20%, es decir, 174.990 mujeres denunciaron alguna de las formas de violencia de las que habían sido víctimas. Las razones más recurrentes para no denunciar, según las mujeres que no lo hicieron, son: miedo a represalias (24%), no le interesó y prefirió dejarlo así (23,3%), no cree ni confía en la justicia (12,2%), no quería que los familiares supieran (9%), y no sabe cómo hacerlo (6%)"[192].

En Colombia en 2015, de las 44.743 personas que fueron víctimas de violencia de pareja, 39.020 fueron mujeres[193]. Esto quiere decir que cada seis horas matan a una mujer, cada media hora violan a una y cada diez minutos a alguna le pegan en la casa. El momento en que más ocurre la violencia es el domingo por la noche, y el día con más violencia contra las mujeres en el país es el Día de la Madre.

Las cifras están repletas de números aterradores. ¿Será que sirve de algo hacer una lista? A pesar de que la prensa ha empezado a vi-

poración Vamos Mujer; Humanidad Vigente Corporación Jurídica; y Ruta Pacífica de las Mujeres.

191 "Cada hora 16 mujeres son víctimas de violencia sexual en Colombia", 2017.
192 Ibíd.
193 Esta sección fue publicada en su primera versión el 30 de noviembre de 2015 en *Razón Pública*.

sibilizar el problema, los números no han bajado sustancialmente en los últimos años (además, corresponden a un subregistro pues, con los casi absolutos índices de impunidad, son pocas las víctimas que se atreven a denunciar).

Quizás lo más problemático de estos números es que son insuficientes para cuantificar todos los escenarios en que las mujeres sufrimos violencia de género. Entender estos escenarios con sus diferentes manifestaciones es clave para una comprensión holística del problema y para poder atacar sus causas de una manera más eficiente.

La forma más "escandalosa" de violencia física es el feminicidio, que se define como "el asesinato de mujeres por razón de su sexo". La palabra feminicidio, así como la variante femicidio (usada en Centroamérica), son formas válidas para aludir al "asesinato de una mujer por razón de su sexo", como una forma de "violencia machista". El término fue acuñado por Diana Russell[194], la promotora inicial del concepto, quien lo definió como "el asesinato de mujeres por hombres motivados por el odio, desprecio, placer o sentido de posesión hacia las mujeres". Según un informe de la Casa de la Mujer, en 2011 el 40% de los asesinatos a mujeres habían sido perpetrados por sus parejas, exparejas u hombres de su familia.

Es espeluznante que el lugar más peligroso para nosotras sea el propio hogar y que los agresores más frecuentes sean los hombres que amamos y en los que confiamos, en vez de ser, por ejemplo, los desconocidos que van por la calle. Aunque hombres y mujeres tenemos la capacidad para ser violentos, los hombres están respaldados por un sistema que les da privilegios de dominación, que les dice que esa violencia es "virilidad" y que por eso violentarnos es "normal", que no habrá castigo si nos atacan.

En cambio, las mujeres somos discriminadas sistemáticamente (ni siquiera se nos reconocen plenamente los derechos sobre el control de nuestros cuerpos). Ante estos tipos de violencia, no falta quien afirma

---

194 Caputi & Russell, 1990.

que a las mujeres "les gusta" la violencia, basándose en que rara vez abandonan a sus agresores y en que en muchos casos ellas mismas los defienden, pues muchas dependen patrimonial y económicamente de ellos. Pero además nuestra sociedad nos ha dicho que tener una relación afectiva con un hombre es un indicador de éxito en nuestras vidas. Además el maltrato físico suele venir luego del maltrato psicológico, de intentos por aislar o enemistar a las mujeres con su círculo social y afectivo hasta que el costo social de contar que tuvimos una pelea violenta es tan grande que las mujeres nos quedamos calladas. Como si eso fuera poco, la violencia machista suele escalar cuando las víctimas intentan dejar a sus agresores, ahí es cuando ocurren la mayoría de los feminicidios.

En 2015, Colombia se situó en el primer lugar de países en el mundo que sufren ataques con ácido a mujeres. Tras el sonado ataque con ácido a Natalia Ponce de León[195], en varios medios se publicaron perfiles del agresor, al que pintaban como alguien con problemas mentales más allá de lo comprensible por el ser humano.

Sin embargo, según la Fiscalía, entre el 1 de enero de 2013 y el 15 de junio de 2015, hubo 16 sentencias condenatorias por este tipo de ataques y se han abierto 2.178 investigaciones. Un volumen como este nos muestra que no estamos hablando de casos aislados. En el marco de la celebración del Día de la No Violencia Contra la Mujer en 2015, la plenaria del Senado de Colombia aprobó en último debate el proyecto de ley que eleva las penas para quienes incurran en estas prácticas y contempla castigos para quienes comercialicen de manera ilegal los tipos de sustancia con que son llevados a cabo estos ataques. Esta ley es un avance porque reconoce el problema

---

195 El 27 de marzo del 2014, Jonathan Vega, un hombre obsesionado con Ponce, se presentó en el edificio en el que ella vivía, al norte de Bogotá, y le arrojó un litro de ácido sulfúrico que le quemó la cara, los brazos, una pierna y medio abdomen. Tras sobrevivir a la agresión y tras 16 operaciones, Ponce de León ha protagonizado varias campañas para llamar la atención sobre los ataques con ácido que sufren muchas mujeres cada año en Colombia.

en Colombia y lo enmarca como un crimen de género. Sin embargo, endurecer las penas no reduce los motivos de los ataques y en nada ayuda a eliminar la violencia, ni la impunidad rampante y general de nuestro sistema de justicia.

Otro avance importante en 2015 tuvo que ver con la tipificación penal del feminicidio en Colombia. En días previos al Día de la Mujer Trabajadora, 8 de marzo, la Corte Suprema de Justicia de Colombia dio a conocer un fallo en donde reconoció el "crimen pasional" como feminicidio frente a un caso que la Fiscalía había calificado como "lesiones personales". La Corte lanzó un fallo en reprimenda a la Fiscalía declarando que en el trato del agresor a su pareja "la 'cosificaba' al considerarla 'solo suya' y era evidente el dominio que ejercía sobre ella a través de la violencia". Dijo la Corte que el mal llamado crimen pasional "oculta las razones de misoginia y dominación masculina existentes detrás de los asesinatos contra las mujeres".

Con este antecedente, en junio de 2015 se aprobó en el congreso colombiano la Ley Rosa Elvira Cely, que finalmente tipifica el crimen del feminicidio, hasta entonces solo un agravante penal para el homicidio. Esta ley, aunque tampoco puede resolver la violencia contra las mujeres de tajo y por decreto, le da nombre y espacio al problema y da las herramientas para hacer un registro apropiado de este tipo de crímenes.

Además, la Ley obliga a brindar asistencia técnica y legal a las mujeres víctimas de violencia de género, y añade dos puntos muy importantes:

¶ Que el Ministerio de Educación incorpore la perspectiva de género en la malla curricular de educación preescolar, básica y media;

¶ La adopción de un sistema nacional de estadísticas sobre violencia basada en género que permita hacer un desglose y un registro adecuado del problema.

De todas formas, este registro enfrenta muchos obstáculos, ya que quienes toman las denuncias, las atienden y las juzgan muchas veces son jueces o juezas machistas que no logran empatizar con las víctimas.

Finalmente, no se trata del género de los operadores de justicia, sino de que estén capacitados de manera apropiada en perspectiva de género para que puedan hacer una recepción apropiada de las denuncias o juzgar los casos. Ninguna de estas medidas legales está pensada para atacar el origen de la violencia, pues solo se ocupan de atender el fenómeno y tipificarlo. Además, que la ley exista no garantiza su implementación. Las causas de la violencia contra las mujeres son más profundas; son sociales y culturales, pues la violencia comienza desde la sociedad, que pone al género femenino en una posición de subordinación frente a los hombres.

El problema principal de la violencia contra las mujeres es que nos parece normal, inconexa o excepcional, cuando en realidad es un problema de salud pública. Según el segundo estudio *Tolerancia social e institucional frente a las violencias hacia las mujeres*[196], publicado en 2015:

¶ El 37% de los colombianos considera que "las mujeres que se visten de manera provocativa se exponen a que las violen";

¶ El 19% piensa que "una buena esposa debe obedecer a su esposo, así no esté de acuerdo";

¶ El 18% dice que "los hombres de verdad son capaces de controlar a sus mujeres";

¶ El 26% de la población sostiene que "es normal que los hombres no dejen salir sola a su pareja"; y

¶ El 11% de nuestros servidores públicos cree que "si una mujer no opone resistencia, no se puede decir que fue una violación".

---

196 *Segunda medición sobre la tolerancia social e institucional de las violencias contra las mujeres*, 2015.

Durante el I Encuentro Feminista Latinoamericano y del Caribe, realizado en Bogotá en 1981, se escogió el 25 de noviembre como Día Internacional de la Lucha en Favor de la No Violencia Contra la Mujer, en conmemoración del asesinato de las hermanas Mirabal, Minerva, María Teresa y Patricia Mercedes, luchadoras sociales y políticas a favor de la libertad y de la democracia en República Dominicana. Las defensoras fueron fusiladas y torturadas física y psicológicamente bajo órdenes del dictador Leónidas Trujillo en 1960.

El día fue difundiéndose entre grupos feministas y organizaciones de mujeres y poco a poco se fue imponiendo en todo el continente, hasta convertirse en un día paradigmático para la difusión y sensibilización de las violaciones de los derechos de las mujeres y violencia de género en todas sus formas. El 17 de diciembre de 1999, la Asamblea General de Naciones Unidas asumió el día e invitó a gobiernos, organizaciones internacionales y organizaciones no gubernamentales a organizar actividades dirigidas a sensibilizar a los y las ciudadanas al respecto. Pero las campañas de los Estados latinoamericanos se siguen quedando cortas.

¿Qué es de hombres?[197]

En 2017, una campaña contra el acoso callejero invitaba a los hombres de Ciudad de México a rechazar el acoso diciendo que eso "no es de hombres". Lo cual nos deja con una profunda pregunta ontológica: ¿qué es lo que sí es "de hombres"? ¿Fumar Marlboro mientras montas a caballo? ¿Comer carne asada? ¿Usar un desodorante "extremo" para tu día lleno de aventuras? ¿Patinar las llantas del carro? Yo sueño con que la respuesta sea "nada", porque nada es de un género o de otro; esa división es absurda.

---

197 La primera versión de esta sección fue publicada el 21 de abril de 2017 en la revista VICE.

Virginie Despentes, en *Teoría King Kong*, lo dice así: "¿Qué se necesita para ser un hombre verdadero? Reprimir las emociones, silenciar la sensibilidad. Avergonzarse de la amabilidad y la vulnerabilidad. Dejar para siempre atrás la niñez. Neurosis del tamaño de tu pene. Ser capaz de hacer que las mujeres se vengan sin necesidad de conocerlas o escuchar qué es lo que les gusta. No mostrar debilidad. Reprimir la sensualidad. Vestirse con colores opacos. Usar siempre los mismos zapatos horribles. No divertirte con tu pelo haciendo nuevos peinados, ni disfrutar usar joyas o maquillaje. Tomar la iniciativa. Incluso sin saber nada sobre sus propios orgasmos. No saber cómo pedir ayuda. Tener que hacerse el valiente, incluso cuando eres un cobarde. Valorar la fuerza, sin que importe la personalidad. Mostrarse agresivo. Acceso limitado a la paternidad. Ser exitoso para seducir a las mejores mujeres. Temer a la homosexualidad y a ser penetrado. No jugar con muñecas, y tener que jugar con carritos y armas de plástico. No cuidar tu cuerpo. Aceptar la brutalidad de otros hombres sin quejarse. Saber cómo defenderse, incluso si es una persona dulce. Cortar lazos con todo lo que sea femenino, así como las mujeres tenemos que abandonar todo lo masculino"[198].

La campaña parte de una premisa correcta: en vista de que la abrumadora mayoría de los acosadores son hombres, hay que hablarles a los hombres. Esto es un reclamo que surge desde el feminismo desde hace rato, y ya empiezan a verse campañas dirigidas a los agresores, pero los pocos ejemplos que tenemos no alcanzan a atinarle. ¿Qué está fallando?

La campaña #NoEsDeHombres tuvo tres partes: una se llamó Pantallas, en donde grababan culos de hombres, en el metro, como si los estuvieran morboseando, y los mostraban en las pantallas. Los hombres ríen nerviosos, pero el ejercicio no alcanzó a mostrarles la vulnerabilidad que nosotras sentimos. Luego estaba una intervención en una silla del metro, a la que le pusieron pectorales y el relieve de

---

198 Despentes, 2010, p. 27.

un pene. Como mujer heterosexual alcancé a entender el objetivo: mostrar ese asco que uno siente con los arrimones de los tipos en el espacio público. Pero esos arrimones son intimidantes no porque se sienta el relieve de un pene, sino porque no son consentidos. Los hombres del metro no rechazaron la silla-pene porque recordaron algún avance sexual no consentido, la rechazaron porque sentarse en un pene equivale a ser homosexual, a ser penetrado, a feminizarse, y eso, como lo confirma la práctica del albur mexicano, es a lo que más temen los machos. Pero entonces la silla no comunicaba nuestra vulnerabilidad, solo avivaba su homofobia. Finalmente, la campaña tuvo unos carteles con fotos de hombres con mirada lasciva, sucios, que se ven como malandros, como si los señoritos elegantes no fueran igual de amenazantes. Retrató a los hombres como seres decrépitos y asquerosos, con quienes los hombres reales que usan el metro, padres de familia, profesionistas, jamás iban a identificarse, jamás se preguntarían ¿será que así soy yo? Como resultado, el acoso vuelve a ser algo que hacen otros hombres, los lobos, los malos, y no es necesario hacer autocrítica y entender que los acosadores son ellos, hombres comunes y corrientes.

Parece que la agencia de publicidad encargada de la campaña hizo unos *focus groups* con hombres para preguntarles sus ideas sobre el acoso. Y como suele suceder con las lógicas publicitarias, se asumió que "el cliente siempre tiene la razón" y como los "clientes" aquí eran "los hombres", terminaron haciendo un contrasentido: cuestionar la violencia contra las mujeres gustándole al patriarcado. Los hombres del *focus group* que hizo la agencia de publicidad dijeron que "si la frase dice 'mujeres' no siento nada, la verdad no me importa ni me preocupa… si me dices que es una de las mujeres que a mí me importan pues, no quiero que les pase nunca, ni yo hacerlo". Tienes a un grupo de hombres diciendo que las mujeres les importan un carajo, ¡que no sienten NADA cuando leen la palabra mujeres! A menos que esas mujeres tengan un pronombre posesivo antes: "mi mujer, mi esposa, mi amiga, mi casa y mi carro nuevo". Es decir, para esos hombres del *focus group*, solo valemos en tanto propiedad privada. Luego de una declaración tan violenta, no extraña que nos acosen en el metro. Pero la agencia de publicidad no estaba ahí para luchar contra el machismo, si ese hubiese sido el objetivo no se habrían rendido tan rápido en el intento de convencer a los hombres de que las mujeres somos personas. Estaban ahí para venderles un producto a los hombres, el producto era el sexismo benevolente, que a algunas organizaciones y al mismo gobierno les llegó a parecer "mejor que nada". Pero en realidad es peor que nada. Porque los hombres no aprendieron que no les pertenecemos. Ver fotos de hombres con gestos lascivos, todos morenos, algo sucios, en camiseta, *cof cof,* de una específica clase social, es algo que conecta con el clasismo y el machismo de la sociedad, y no envía el mensaje de que deben respetarnos porque es lo justo, porque tenemos derecho a habitar el espacio público. Al ver el relieve de un pene en la silla del metro no sintieron el miedo, la invasión, la vulnerabilidad que sentimos nosotras, sintieron solo el asco de su homofobia. Porque acosarnos, vaya y venga, pero ser maricas, ¡jamás!

El gran punto ciego de la campaña es que los hombres nos acosan para reafirmarse como hombres. La masculinidad es una cosa vistosa, frágil y pesada, como una lámpara de Baccarat, y hay que ponerla a prueba cada minuto. Una de esas pruebas es mostrar deseo sexual hacia las mujeres cercanas, que devenimos en vulvas y extensiones de su ego. Lo que se intenta aquí es cambiar un comportamiento de reafirmación de la masculinidad por otro comportamiento de reafirmación de la masculinidad. Y esto es lo que pasa cuando hay mucho de publicidad y poco de perspectiva de género.

¿La masculinidad se convierte en violencia?

Pero hay una pregunta que va más allá: ¿por qué funciona tan bien eso de "ser un hombre de verdad"? La respuesta está en el aire: la masculinidad necesita una constante reafirmación. Desde varias esquinas del feminismo se ha señalado que la masculinidad hegemónica se ha definido desde siempre por lo que no es: no es mujer, no es negra, no es de una etnia, no es homosexual, y así, lo "normal" siempre se define en negativo. La masculinidad es siempre un término relativo que depende de la dominancia de un Otro, de la subordinación. Por eso hay tanta ansiedad por ser "más hombre" que otros hombres. Por eso es que Marty McFly en las películas de *Volver al futuro* arriesga su vida porque alguien lo llama cobarde. Demasiadas veces para probar la hombría o la virilidad se necesita la violencia.

La antropóloga feminista argentina Rita Segato lleva más de 20 años tratando de explicar por qué ocurre y qué significa la violencia contra las mujeres, partiendo puntualmente del caso latinoamericano. Segato en *La guerra contra las mujeres* dice que "La masculinidad es un estatus condicionado a su obtención –que debe ser reconfirmada con una cierta regularidad a lo largo de la vida– mediante un proceso de aprobación o conquista y, sobre todo, supeditado a la exacción de tributos de un otro que, por su posición naturalizada en este orden de estatus, es percibido como el repertorio de gestos que alimentan la virilidad. [...] En otras palabras, para que un sujeto adquiera su estatus masculino, como un título, como un grado, es necesario que otro sujeto no lo tenga pero que se lo otorgue a lo largo de un proceso persuasivo o impositivo que puede ser eficientemente descrito como tributación"[199]. Mejor dicho, la masculinidad es algo que debe reafirmarse una y otra vez mediante la fuerza o el dominio sobre algo o alguien, lo de "ser un hombre de verdad" funciona porque los hombres necesitan esa reafirmación. Lo peligroso es que muchas veces esa reafirmación se da a través de la violencia, lo que significa que un hombre inseguro con su masculinidad puede volverse muy peligroso.

Parte de su trabajo ha sido entrevistar violadores condenados en Brasil. En abril de 2017, dijo a *La Vanguardia* de Argentina: "Y a

---

199 Segato, 2015c, p. 40.

partir de eso resaltaría tres cosas. La primera, el acto de la violación atraviesa al violador. No le es totalmente inteligible lo que lo lleva a hacer eso. Segundo, es un acto de moralización: él siente y afirma que está castigando a la mujer violada, a su víctima, por algún comportamiento que él siente como un desvío, un desacato a una ley patriarcal. Por ende, él es un castigador, él no siente que actuó contra la ley, sino a favor de una ley que es una ley moral. Eso es, evidente, muy raro y provoca perplejidad. Finalmente, y en tercer lugar, el violador nunca está solo. Aunque actúe solo, está en un proceso de diálogo con sus modelos de masculinidad, con figuras como su primo más fuerte, o su hermano mayor. Está demostrándole algo a alguien (a otro hombre) y al mundo a través de ese otro hombre"[200].

Para Segato, esta ansiedad por reafirmar la masculinidad es una explicación plausible para el aumento de violencia contra las mujeres en los últimos años. Los avances en derechos para las mujeres son una "amenaza" para la masculinidad desde lo ontológico: si las mujeres dejamos de ser el Otro, ¿cómo se definirán los hombres? La Comisión Económica para América Latina y el Caribe (Cepal) reveló que en promedio 12 mujeres son víctimas de feminicidio a diario en la región. Sin embargo, dice Rita Segato en *Patriarcado: del borde al centro* que "Nunca hubo más leyes, nunca hubo más clases de derechos humanos para los cuerpos de seguridad, nunca hubo más literatura circulando sobre derechos de la mujer, nunca hubo más premios y reconocimientos por acciones en este campo, y sin embargo las mujeres continuamos muriendo, nuestra vulnerabilidad a la agresión letal y a la tortura hasta la muerte nunca existió de tal forma como hoy en las guerras informales contemporáneas, nuestro cuerpo nunca fue antes tan controlado o médicamente intervenido buscando una alegría obligatoria o la adaptación a un modelo coercitivo de belleza; nunca tampoco como hoy se cerró el cerco de la vigilancia sobre

---

200 Sietecase, 2017.

el aborto que, sintomáticamente, nunca antes fue un tema de tan acalorada discusión como lo es hoy, en la modernidad avanzada"[201].

El 26 de abril de 2018 se hizo público el fallo contra un mediático caso de violación grupal en España que se conoce como "la Manada"[202]. En los Sanfermines de Pamplona, un grupo de cinco tipos, entre ellos un militar y un guardia civil, violaron juntos a una chica de 18 años en un cuasi callejón, haciendo videos mostrando cómo la penetraban mientras se burlaban de ella. Los videos los enviaron a un grupo de WhatsApp llamado, por supuesto, La Manada, en donde había al menos 20 tipos que participaron con un silencio cómplice en la violación. A pesar de que todo esto está registrado en video, los medios se dedicaron a juzgar a la víctima porque luego de la violación siguió teniendo amigos y se fue de vacaciones. Se discutió hasta el infinito si había consentimiento de la víctima o no, como si fuera posible decirles NO a cinco tipos diez años mayores que te doblan el tamaño. Supuestamente, como la víctima asumió un papel pasivo en vez de "luchar y defenderse", no se puede determinar si de verdad quería estar ahí. No importa que ella nos diga que no, o que todas sepamos lo violentos que se pueden poner los tipos ante una negativa y más cuando están, como ellos mismos dicen, "en manada".

Muchos han dicho que el fallo no podía ser otro dadas las definiciones del código penal. Qué duro es leer una excusa tan estúpida y fría para no reconocer la violencia machista. Como si esas leyes fueran barreras de la naturaleza y no mandatos que los humanos, las sociedades, hemos inventado. ¡Como si los mismos abogados no supieran que las leyes están abiertas a interpretaciones! Interpretaciones que

---

201 Segato, 2015e, p. 97.

202 Algunos párrafos de esta sección hacen parte de una columna publicada el 4 de mayo de 2018 en la revista *Volcánica*. *Ver:* https://nomada.gt/nosotras/volcanica/las-violaciones-grupales-son-un-mensaje-para-todas-las-mujeres/.

dependen, claro, de nuestros prejuicios, y acá nos encontramos con un juez que interpreta como "sexo" una situación en donde la mujer asume una actitud pasiva mientras es penetrada por varios hombres como si fuera un enchufe. No quiero ni pensar en las pobres mujeres que han tenido la experiencia de coger con estos jueces.

Y hay otros agravantes. Gracias a los audios de WhatsApp que se han filtrado sabemos que la Manada planeaba violar en grupo a alguna mujer, a cualquiera que pudieran, durante los Sanfermines. Y no solo eso, también se conoce de un caso en 2016 en donde se grabaron tocando a una mujer inconsciente[203], que no recuerda haber sido grabada y que se despertó en la parte de atrás de un carro cuando uno de los miembros de la manada ejecutaba su *modus operandi* tratando de meterle el pene en la boca.

El fallo condenó a los cinco violadores por abuso sexual a nueve años de cárcel y cinco años de "libertad con vigilancia", lo que sea que eso signifique[204]. Y, aunque nueve años es más que la pena mínima por violación en España (seis años) y casi el mínimo de la pena por

---

203 "Dos meses antes de su agresión en los Sanfermines, cuatro de los cinco miembros de 'La Manada' abusaron de otra joven y lo grabaron en dos vídeos. Un juez de Pozoblanco (Córdoba) está a punto de concluir la investigación sobre ese ataque. Fuentes del caso confirmaron que los miembros de 'La Manada' se enfrentarán, de nuevo, a un posible delito de abusos sexuales, pero esta vez en su grado más leve, el que se castiga con un máximo de tres años de cárcel. 'No hubo penetración a la chica, de forma que se aplicará el artículo 181 del Código Penal, donde se castigan los abusos sin violencia, sin intimidación y sin consentimiento', explican. El informe de la policía navarra recoge que la joven está 'en aparente estado de inconsciencia' y es objeto en la grabación de 'reiterados tocamientos en su zona mamaria, y besos en su boca, sin que reaccione a las actividades de índole sexual de los investigados, los cuales se ríen y gesticulan'. Al final del vídeo se escuchan risas y dos frases: 'Esto es Pozoblanco y esto es 'La manada''" (Rendueles, 2018).

204 Luego de este fallo el caso de La Manada pasó al Tribunal Supremo que revocó las dos sentencias de los tribunales de Navarra, que habían considerado el ataque múltiple como un abuso sexual y no una violación, se basó en su propia jurisprudencia. En la sentencia dictada el 21 de junio de 2019 el Tribunal Supremo elevó a 15 años la pena de prisión por considerar que sí

homicidio doloso (diez años), el fallo causó indignación inmediata porque el Estado español estaba declarando que esta violación en grupo no es una violación, que estar rodeada de cinco tipos que quieren meterte su verga en la boca no es violencia, y que las mujeres estamos obligadas a atacar a nuestros agresores poniendo en peligro nuestras vidas si queremos que la Justicia nos considere "buenas víctimas". Luego la cosa se puso peor: los cinco agresores fueron dejados en libertad bajo fianza de 6.000 euros bajo el argumento de que no hay riesgo de que escapen, ya que todo el mundo "conoce sus caras". Los tipos ya están organizando entrevistas para las cadenas de televisión y seguro que muy pronto serán inmortalizados en la ficción.

Esta violación masiva no es un caso aislado. En México está el caso de los Porkys[205]: unos mirreyes de Veracruz que secuestraron en su camioneta a una menor de edad y luego la violaron. Solo uno de ellos está enfrentando un proceso por pederastia (una vez más la figura de "violación" no aplica, ¡qué raro!) y el resto siguen libres y seguramente fuera del país. En el primer capítulo de este libro también se menciona lo ocurrido en Colombia el 1 de febrero de 2017, cuando en la fiesta de celebración por alguna victoria, miembros del equipo de fútbol capitalino Independiente Santa Fé contrataron trabajadoras sexuales. Uno de los jugadores ofreció pagarle a una

---

existió agresión sexual. Los miembros de La Manada fueron inmediatamente detenidos por la policía ante el riesgo de fuga.

205 "La sentencia del Tribunal Colegiado que revisó el caso, integrado por tres magistrados hombres (Antonio Soto Martínez, Arturo Gómez Ochoa y Alfonso Ortiz Díaz) y de la que *Animal Político* tiene copia, confirma que el delito de violación equiparada del cual se acusaba a José Fernando 'N', no fue acreditado correctamente por la Fiscalía de Veracruz, por lo que los elementos son insuficientes siquiera para abrir un juicio. El Tribunal, al igual que lo hizo el juez de amparo, dijo que para que se cometa el delito de violación tiene que pasar dos cosas: que haya penetración y que sea en contra de la voluntad de la víctima. La penetración está confirmada (los amigos del acusado incluso subieron el video en sitios pornográficos), pero el que la estudiante se haya resistido no" (Angel, 2017b).

de ellas por tener relaciones con él, y luego de que ella aceptara el tipo invitó a otros cinco jugadores del equipo a que la violaran. La noticia la dio el periódico *El Espectador*[206], que conoció la denuncia de la trabajadora sexual, y también se habló de ella en el video blog Las Igualadas[207], pero hoy el equipo sigue como si nada. Y para no ir más lejos, en la misma semana en que se supo el fallo de la Manada, una mujer en Chile denunció que había sido víctima de una violación grupal por parte de presuntos hinchas del equipo de fútbol de la Universidad de Chile[208].

Lo primero que salta a la vista aquí es que las leyes están mal. Y recordemos que las leyes no se inventaron en el abstracto, se nota, de hecho, que las leyes sobre violación no fueron inventadas por las víctimas. Por ejemplo, es absurdo que en España se diferencie entre "abuso sexual" y "violación" porque la segunda es "penetración con violencia e intimidación"; la definición, para variar, no se trata de la víctima sino de lo que se hace con un pene. ¿Es peor una violación si el tipo te penetra? La pregunta es indignante. Por esto es que las feministas hablamos de una "justicia patriarcal": siempre hay que preguntarse quién hace las leyes y quién puede hacer un uso efectivo de esa "justicia".

Estos casos también dejan claro que no importa que haya video, no importa que tus agresores confiesen en video, la justicia no nos cree a las mujeres. La justicia no nos hace justicia. Y por eso muchas en España hoy hablan de autodefensa feminista, esto es, el derecho que tenemos todas a defendernos cuando estamos en peligro. Aunque esta solución es válida, no deja de ser problemática: la que decide tomar su defensa en sus propias manos corre el riesgo de que la maten. Y no es solo eso, no todas las mujeres tenemos la coordinación

---

206 "El vergonzoso escándalo del Santa Fe", 2017.

207 "A Independiente Santa Fe no le importa tener presuntos violadores en su equipo," 2017.

208 Montes, 2018.

o las habilidades o el tiempo para aprender karate. Pero el problema principal es ese prefijo "auto" en la autodefensa, pues significa que la defensa depende de cada una, y no del Estado o de la sociedad, que son los responsables de que estemos las mujeres en una situación tan vulnerable en primer lugar.

La pregunta que tenemos que hacernos no es por qué la víctima de la Manada se quedó quieta, la pregunta es, ¿por qué es práctica común e internacional que un grupo de hombres se junte para una violación en grupo? Las interpretaciones homofóbicas no se hicieron esperar. Por ejemplo, Félix de Azúa dice en *El País* el 1 de mayo: "En las violaciones grupales lo que excita de verdad a los matones es la visión de las vergas de sus colegas. Esa es la principal atracción, la pinga del amigo, si no, ¿por qué iban a hacerlo todos juntos? Lo sospeché al ver ese vídeo en el que los de la Manada bailan sevillanas unos con otros. Lo hacen con mucha sensualidad y lascivia. Se advierte que su objeto de seducción es, más que la chica, el colega"[209]. Azúa propone que el homoerotismo es una explicación de la violación. Las violaciones, sean individuales o en grupo, nada tienen que ver con el deseo y todo con el poder.

Pero Rita Segato tiene una mejor respuesta. Uno de sus ensayos más famosos parte de los feminicidios masivos ocurridos en Ciudad Juárez[210] y desde esta lectura desarrolla una teoría sobre la violencia que ella resume en cinco puntos:

"1.   La expresión 'violencia sexual' confunde, pues aunque la agresión se ejecute por medios sexuales, la finalidad de la misma no es del orden de lo sexual sino del orden del poder;

2.   No se trata de agresiones originadas en la pulsión libidinal traducida en deseo de satisfacción sexual, sino que la libido se orienta

---

209 De Azúa, 2018.
210 Segato, 2015c.

aquí al poder y a un mandato de pares o cofrades masculinos que exige una prueba de pertenencia al grupo;

3. Lo que refrenda la pertenencia al grupo es un tributo que, mediante exacción, fluye de la posición femenina a la masculina, construyéndola como resultado de ese proceso;

4. La estructura funcional jerárquicamente dispuesta que el mandato de la masculinidad origina es análoga al orden mafioso;

5. Mediante este tipo de violencia el poder se expresa, se exhibe y se consolida de forma truculenta ante la mirada pública, por lo tanto representando un tipo de violencia expresiva y no instrumental"[211].

Segato vuelve sobre la idea de que la violación no es un acto utilitario, es decir, no está motivada por el deseo de tener sexo, sino por la necesidad de dominar. La violación no está motivada por el erotismo, porque el erotismo siempre es consensuado. Otro punto importante es que la violación y en general la violencia contra las mujeres, incluso el feminicidio, son siempre mensajes públicos: los violadores y agresores comparten una semántica con los medios de comunicación y hasta con el sistema de justicia.

Segato en su lectura de los feminicidios de Ciudad Juárez en México concluye que "las violaciones son un mensaje. Los crímenes sexuales no son obra de desviados individuales, enfermos mentales o anomalías sociales, sino expresiones de una estructura simbólica profunda que organiza nuestros actos y nuestras fantasías y les confiere inteligibilidad. En otras palabras, el agresor y la colectividad comparten el imaginario de género, hablan el mismo lenguaje, pueden entenderse"[212]. Por ejemplo, en el fallo es claro que los jueces y la Manada comparten un escalofriante campo semántico en donde esto no es una violación.

---

211 Segato, 2015b, p. 18.
212 Segato, 2015c, p. 38.

Segato define la violación como un "uso y abuso del cuerpo del otro sin que este participe con intención o voluntad, la violación se dirige al aniquilamiento de la voluntad de la víctima, cuya reducción es justamente significada por la pérdida de control sobre el comportamiento de su cuerpo y el agenciamiento del mismo por la voluntad del agresor. La víctima es expropiada del control sobre su espacio-cuerpo"[213]. Bajo esta lupa, violaciones en grupo, planeadas, sistemáticas, como las de la Manada, adquieren más claridad.

Lo que muestra Rita Segato es que la masculinidad en sus momentos más violentos no es una identidad de género sino una mafia, en donde para poder pertenecer se pasa por un entrenamiento militar. De hecho, Segato señala que en los cuarteles de Comodoro Rivadavia, una ciudad ubicada en la costa atlántica de la Patagonia, "lo primero que se hace como parte de su entrenamiento militar es llevarlos a los prostíbulos. Hay testimonios de estos soldados en los que relatan que la reducción de la mujer por métodos sexuales no era parte de sus experiencias. Esto no significa que no tuvieran género, jerarquías, formas de opresión, significa que las formas de victimización no son las mismas, no tienen los mismos significados, no son funcionales a lo mismo. La victimización de la mujer, entonces, es parte de un entrenamiento militar, para la guerra. Vemos ahí la funcionalidad de la victimización sexual, de la crueldad contra el cuerpo de la mujer en el campo de la guerra, un campo donde el pacto entre hombres tiene que ser muy estrecho y donde la disolución de patrones comunitarios de existencia es vital"[214].

No es una historia extraña. Aún en Latinoamérica una iniciación común en la masculinidad es llevar a jóvenes adolescentes o menores a prostíbulos en donde supuestamente "aprenderán a ser hombres", en donde los "jóvenes clientes", usualmente menores de edad, casi que son víctimas de una violación por encargo. La idea también

---

213 Ibíd.
214 Segato, 2015a, p. 163.

está presente en prácticas aparentemente inofensivas, como mandar imágenes porno al chat de WhatsApp de solo hombres para afirmar ante el grupo la virilidad.

Segato lee los feminicidios como un sistema de comunicación. El cuerpo de las mujeres ha sido usado una y otra vez como campo de batalla "pues en él se agreden, desmoralizan, amedrentan, desmovilizan y, eventualmente, derrotan las huestes de hombres a cargo de su vigilancia y protección"[215]. Uno puede observar cómo este significado es vigente, por ejemplo cuando los hombres se insultan diciendo que tuvieron sexo con la hermana o madre *de* otro, o cuando los *pater familia*[216] se dan por enterados de la violencia que vivimos las mujeres y declaran que *protegerán* a sus *hijas*.

Pero también, para reducir nuestro sufrimiento ante la manifestación expresiva y pública de los feminicidios, los medios y nosotros mismos optamos por culpar a las mujeres, quienes "transforman rápidamente en prostitutas, mentirosas, fiesteras, drogadictas y en todo aquello que pueda liberarnos de la responsabilidad y la amargura que nos inocula depararse con su suerte injusta"[217]. Otra forma de escape es creer que los agresores son anomalías sociales cuando son hijos sanos del patriarcado, el perfecto producto del machismo de nuestra sociedad.

Segato identifica dos tipos de feminicidio que coexisten en Latinoamérica. Están los feminicidios interpersonales o domésticos, en donde el agresor tiene un vínculo directo con su víctima y una necesidad de demostrar su posesión; y los feminicidios impersonales,

---

215 Ibíd.

216 Sobre el *Pater Familiae,* que es el modelo de macho poderoso de nuestra sociedad, Segato dice que dicho estatus se adquiere "por marca de origen y genealogía: 1) masculino, 2) hijo de la captura colonial y por lo tanto, a) blanco o blanqueado; b) propietario; c) letrado; d) pater-familias (describirlo como "heterosexual" no es adecuado ya que de la sexualidad propiamente dicha del patriarca sabemos muy poco" (Segato, 2015d, p. 94).

217 Segato, 2015c, p. 47.

como muchos de los ocurridos en Ciudad Juárez, o los feminicidios y violaciones masivas que llevan a cabo las pandillas, los carteles del narcotráfico, las bacrim, los paramilitares, las guerrillas, que tienen que ver con el dominio territorial. A estos últimos Segato sugiere llamarlos femi-genocidios pues "se aproximan en sus dimensiones a la categoría 'genocidio' por sus agresiones a mujeres con intención de letalidad y deterioro físico en concepto de impersonalidad, en las cuales los agresores son un colectivo organizado o, mejor dicho, son agresores porque forman parte de un colectivo o corporación y actúan mancomunadamente, y las víctimas también son víctimas porque pertenecen a un colectivo en el sentido de una categoría social, en este caso de género"[218].

Otro de los aciertos de Segato es advertir que el motivo del "odio" a las mujeres no es suficiente para explicar la violencia que vivimos. "No uso, por ejemplo, la expresión 'crímenes de odio', porque es una explicación monocausal y porque alude al fuero íntimo, emocional, como causa única. [...] La crueldad es expresiva y se separa de lo instrumental; pero la opción por ella es instrumental. Es un cálculo con referencia a los beneficios codiciados que se derivan del pacto mafioso que, como he afirmado otras veces, obedece y replica el pacto masculino. Por esta razón, es importante dejar claro que los crímenes sexuales, especialmente los de guerra, son de soberanía jurisdiccional y de discrecionalidad soberana sobre un territorio y no 'de odio'"[219]. Esto es un punto importante porque muchos agresores de sus parejas repetirán hasta el infinito que no lo hicieron "por odio" sino "por amor". Pero en realidad agreden a las mujeres que se encuentran en su entorno y bajo su dependencia para mostrar que pueden, es "una constatación de un dominio ya existente; en el otro, de una exhibición de capacidad de dominio que debe ser reeditada

---

218 Segato, 2015d, p. 85.
219 Segato, 2015d, p. 81.

con cierta regularidad y puede ser asociada a los gestos rituales de renovación de los votos de virilidad"[220].

Esta construcción de la masculinidad que parte del sometimiento a Otro es un peligro también para los hombres. Es por el sistema mafioso de la masculinidad que denuncia Segato que tantos hombres mueren en las guerras, los duelos, la guerra contra las drogas. Es también esta masculinidad violenta la que explica que sean más los hombres que mueren en accidentes de tránsito —manejar borrachos y de forma temeraria es otra estúpida prueba de virilidad— y también explica por qué algunos hombres son tan susceptibles al suicidio: no alcanzan a reafirmar su masculinidad según los estándares imposibles del patriarcado y no pueden buscar ayuda porque mostrarse vulnerables solo terminaría reafirmando su no-masculinidad.

Para poder plantear estrategias efectivas para disminuir la violencia contra las mujeres, en vez de enfocarnos en "proteger" a las mujeres, es decir encerrarlas, limitarlas, vigilaras a modo de un supuesto "cuidado", deberíamos enfocarnos en desmontar eso que produce la violencia. Pensar en "nuevas masculinidades" se trata precisamente de reinventar la masculinidad para que no sea una categoría ontológicamente inestable que se reafirma desde la violencia.

¿Las feministas odian a los hombres?

La respuesta corta es "no". El feminismo se trata de buscar justicia e igualdad entre hombres y mujeres, y los feminismos, cada uno desde su esquina, hacen una crítica a cómo la desigualdad de género se junta con otras formas de opresión y explotación. Los movimientos feministas van en contra de sistemas, de problemas estructurales, no de "los hombres" como individuos en particular. Los feminismos también toman diversas posturas frente a los hombres cisgénero,

---

220 Segato, 2015c, p. 41.

pero no hay un mandato universal sobre la actitud que las feministas debemos tener frente a los hombres.

La respuesta corta también es que "sí": eso que llamamos hombre (cisgénero, hetero, blanco, educado, Man) es un modelo de poder, y las personas que encarnan esos cuerpos muchas veces abusan de ese poder. Y la verdad es que si uno es una mujer que entiende lo que denuncia el feminismo, no puede sentir sino rabia por estas injusticias. Tenemos derecho a estar enojadas porque a las mujeres nos han negado nuestros derechos y nos han explotado con violencia y de manera sistemática. Por ahí se dice en internet que qué bueno que las mujeres queremos igualdad y no venganza.

Hay feministas y hay mujeres que odian a los hombres y con buenas razones. Quizás fueron víctimas directas de alguna forma de violencia de género. Quizás simplemente están hartas de que las ignoren y que las maltraten los hombres a su alrededor. Y todo eso se vale. Lo importante aquí es diferenciar entre el odio, que es un sentimiento personal, de la discriminación, que es siempre un problema estructural en donde a un grupo se le quitan o niegan derechos. No basta "odiar a alguien" para violentarle o para negarle sus derechos, se necesita que esa voluntad de odio esté respaldada por una cultura, por una estructura de desigualdad, y entonces ahí hay discriminación. Es posible que una persona como individuo odie a un hombre, a varios hombres, a todos los hombres, pero una persona que se asume feminista jamás convertirá ese odio en discriminación. Cuando las feministas pedimos salarios iguales, no estamos pidiendo que le paguen menos a los hombres; cuando exigimos poder decidir sobre nuestros cuerpos, no vamos contra la integridad de ningún hombre; cuando criticamos el trabajo o la postura de un hombre público por ser machista, no lo estamos "linchando" —de hecho las consecuencias profesionales por la crítica feminista apenas están empezando a tener relevancia suficiente como para afectar la vida laboral—.

Cuando decimos "verga violadora a la licuadora", es divertido porque a la fecha, que sepamos, hay cero vergas violadoras que se hayan metido en una licuadora. Si esto llegase a ser un problema de salud pública, las feministas seremos las primeras en denunciarlo. Decir en cambio "te voy a matar, puta" sí es violento, porque son muchas las mujeres que son asesinadas luego de una amenaza así. Las mujeres tenemos derecho a tener rabia y a decirlo en voz alta. Señalar el machismo y la desigualdad no es "crear odios", es hacer crítica social.

Muchas mujeres y feministas quieren espacios separatistas, es decir, sin hombres, y eso también se vale. Los hombres cisgénero tienen miles de espacios en los que de manera abierta o tácita excluyen a las mujeres. Y si las mujeres o algún otro grupo oprimido se quieren reunir entre ellas, sin invitar a personas que tengan los cuerpos de sus opresores, pues eso se vale, es el derecho a la reunión y a la organización. A veces estos espacios seguros son necesarios para que la gente pueda hablar libremente, conectarse, hacer críticas que en otros espacios serían autocensuradas. Si mujeres o feministas deciden hacer un encuentro sin hombres, no los están discriminando, ni los están violentando, simplemente no los están invitando. Pero siempre que esto sucede hay una fuerte resistencia, es como si los hombres cisgénero no soportaran que no los invitaran a algo. El único espacio público separatista que nos permiten a las mujeres sin jodernos son los baños.

La verdad es que esta es una pregunta que debería plantearse al contrario: ¿odian los hombres a las feministas? La respuesta es que muchos sí, y que otros tantos se sienten fastidiados, incómodos y amenazados por el discurso feminista. Estos son miedos irracionales en parte, porque el feminismo no busca quitarle derechos a nadie. Pero tienen sentido en la medida en que el feminismo es siempre una crítica al *status quo* que busca desestabilizar el poder hegemónico, y a nadie que tenga el poder le gusta compartir, y mucho menos que le hagan una crítica pública. Como dijo el escritor norteamericano

Clay Shirky: "Cuando estás acostumbrado al privilegio, la igualdad se siente como opresión"[221].

¿Pueden los hombres ser feministas? [222]

Dentro de los feminismos hay un viejo debate sobre si los hombres pueden o no ser feministas. Yo personalmente pienso que los hombres sí pueden ser feministas, pero sospecho de todos aquellos que portan el rótulo sin autocrítica (que suelen ser la mayoría). Una cosa es que estén de acuerdo con el feminismo y que esto los lleve a hacer un proceso de decostrucción de su masculinidad, pero cuando esa supuesta postura feminista es utilitaria, es decir, que la asumen para sacar algún provecho, sea sexo, status, admiración, o cuando usan el discurso feminista para invalidar o sobrescribir nuestras experiencias, cuando los hombres se lucran de las posturas feministas, no son hombres feministas, así de sencillo. El feminismo se puede entender como un movimiento para, por y sobre las mujeres, para mejorar las condiciones de vida de todas hasta lograr que haya igualdad entre todas las personas; es un movimiento por la equidad de género en lo social, lo político y lo económico. Desde este punto de vista, los hombres pueden tener el rol de aliados o solidarios pero no pueden ser feministas, pues no han experimentado la opresión de género que estamos denunciando. También se puede entender el feminismo como un movimiento para combatir la opresión institucional, estructural y sistémica que afecta de manera desproporcionada a los grupos de la sociedad por fuera del modelo patriarcal y especialmente a quienes se identifican como mujeres. En este caso, cualquier persona, incluso un hombre cisgénero, puede ser feminista siempre y cuando

---

221 Shirky lo dijo en su Twitter en julio de 2016.

222 Esta sección fue publicada en su primera versión el 7 de julio de 2016 en *El Espectador.*

esté dispuesta a desmantelar activamente estas discriminaciones y desigualdades en todos los aspectos de su vida.

Aunque el patriarcado afecta a todo el mundo, los hombres cisgénero son los mayores beneficiados. Quizá no todos los hombres son machistas, pero todos se benefician del privilegio masculino. Por ejemplo, solo por verse como un hombre, una persona estará más segura en el espacio público. Esto es un privilegio irrenunciable. La crítica feminista no es "contra los hombres", es contra la misoginia, el machismo y las desigualdades del patriarcado (que muchas veces se encarnan en los hombres). Esto quiere decir que cualquier hombre cis que se acerque genuinamente al feminismo tiene que comenzar por examinarse a sí mismo. Y sí, va a ser muy incómodo darse cuenta de todos esos injustos privilegios de los que ha gozado toda la vida. Si un hombre cis no se incomoda profundamente con el feminismo, es porque no está entendiendo de qué se trata. Cualquier hombre sensible, inteligente y comprometido con la equidad de género usará su privilegio para acabar con esas desigualdades, para abrirles espacios a las mujeres y escucharlas con la humildad necesaria, para decirles a sus pares que dejen de agredir o discriminar. Esto es un trabajo difícil, de todos los días y nadie les va a dar una estrellita por dejar de ser machistas, ya que es lo mínimo, apenas lo justo para que haya equidad en nuestra sociedad.

Una razón por la que muchas feministas no aceptan hombres en sus espacios es porque las mujeres necesitamos espacios seguros y nuestros, que nos han sido negados históricamente, y porque con frecuencia lo progresista no quita lo macho (y los machiprogres tienen la costumbre de buscar un protagonismo innecesario e inmerecido en estos espacios). En las marchas feministas de los últimos años en la Ciudad de México se ha pedido que el primer contingente sea solo de mujeres. Por muchas razones: algunas de quienes lo conforman han sido víctimas de violencia sexual y con toda razón se sienten inseguras con hombres cerca que sin quererlo pueden ser un detonante de su estrés postraumático. Pero la razón principal es: ¿por qué no?,

¿por qué no puede haber un espacio solo para mujeres en la marcha? Nos acosan cada vez que salimos al espacio público y nos sentimos perpetuamente inseguras, ¿no podemos tener un pedazo de la calle un día por unas horas? ¿Es mucho pedir?

Al parecer sí, porque no puede haber marcha sin que algún periodista, siempre hombre, decida que va a cubrir el contingente separatista sin entender que su sola presencia ahí es una agresión, es decirles a las mujeres "Me importa un carajo lo que ustedes quieran para su marcha, aquí estoy yo y se joden", y por eso es apenas normal que las mujeres reaccionen "agresivamente" gritándole que se vaya. Un ejemplo es el periodista mexicano Jenaro Villamil, que intentó cubrir el contingente separatista de mujeres en la marcha del 17 de septiembre en Ciudad de México, una marcha en protesta por el feminicidio de Mara Castilla, y fue expulsado. Luego dijo en redes que las mujeres "no entienden que un periodista ejerce su profesión y las apoya"[223]. Villamil muestra en esta declaración que no entiende que no puede ser un aliado si, desde el lugar de poder que le da ser un hombre cisgénero en medios y un periodista respetado, le quiere imponer a las mujeres la manera en que hay que apoyarlas.

Esto tiene el doble efecto contraproducente de que luego se olvida el tema de la marcha por estar hablando de qué hizo o no hizo, qué puede hacer y no puede hacer un hombre en una marcha feminista. Y esa es otra de las razones por las que muchas mujeres buscan espacios separatistas: parece que cuando hay hombres, todo orbita alrededor de ellos. Al final lo importante es que las mujeres tienen derecho a estos espacios, pues no le están quitando derecho alguno a los hombres, entonces no hay razón, además del machismo, para no dejarlas en paz. Y el hombre que no pueda entender esto pues simplemente no es feminista.

Lo clave aquí es que los hombres no pueden autodenominarse feministas, ese título se lo tienen que ganar a punta de desaprender y cri-

---

223 "El periodista Jenaro Villamil es sacado de la marcha de mujeres en la CdMx; 'estaba haciendo mi trabajo', dice", 2017.

ticar su machismo a diario. Al final, si un hombre está verdaderamente comprometido con la equidad de género, poco le importará el asunto nominal y hará lo que le corresponde sin esperar reconocimientos especiales. Y lo más importante: ningún hombre puede ser feminista si no reconoce y cuestiona públicamente todos sus privilegios.

Consejos prácticos para ser un hombre aliado del feminismo[224]

Hay muchos hombres que creen en la igualdad de género, tienen la mejor intención y de verdad quieren ayudar. Algunos me han dicho que no saben qué pueden hacer ellos por el feminismo y la primera respuesta es que yo no se lo puedo enseñar, ni estoy obligada a darles una clase de feminismo ni puedo decirles cómo vivir sus vidas como hombres. No me corresponde. Sin embargo, sí puedo hablar de cosas concretas que, como mujer y como feminista, sé que pueden ayudarnos a que nuestras vidas sean más fáciles. Simplemente son ejemplos puntuales y prácticos basados en mis interacciones con el paradigmático "hombre cisgénero heterosexual blanco o mestizo de clase media o alta y educado", o Man. Quizás no todas estas categorías les aplican, pero sí son las características que determinan a la masculinidad paradigmática y el privilegio en nuestra sociedad.

Así que a continuación les presento trece cosas que pueden hacer por la igualdad de género. No son las únicas, son apenas las que a mí me parecen importantes para comenzar. Algunas no les van a gustar porque pueden sentirse incómodos, eso está bien. El feminismo es incómodo, si le van a entrar, acostúmbrense. No están obligados a hacerlas, no son mandamientos. Ni trucos para levantar. Tampoco van a recibir una estrellita, pues no son pedidos caprichosos sino gestos puntuales de cómo usar sus privilegios para hacer más fácil y justa la vida de los demás.

---

224 La primera versión de este texto fue publicada el 10 de agosto de 2016 en la revista I-D VICE.

1. Reconocer sus privilegios

No, que nos dejen entrar gratis al bar no es un privilegio. Ustedes lo saben, nos van a dar trago gratis para emborracharnos y que seamos "presa fácil" de algún muchacho que nos quiera violar. No existe tal cosa como el privilegio de ser mujer, ser mujer es nacer con muchas desventajas que quizás los Manes no pueden entender porque para sus vidas privilegiadas (vidas que incluyen el privilegio de género, el de raza, el de clase) son inimaginables. Los Manes no tienen que pensar en qué ponerse antes de salir de la casa para estar seguros, seguramente van a ganar más por hacer el mismo trabajo que una mujer y toda la vida la sociedad lleva aplaudiéndoles que sean líderes y escucha sus ideas. Por eso hay un *mug* feminista que dice "Quisiera tener la seguridad de un hombre blanco mediocre". A diferencia de las mujeres trans, nadie les pregunta a los Manes si ese es su verdadero nombre o si su género es el correcto. Tampoco hay leyes que les prohíban una intervención médica que pueda ser necesaria para salvar sus vidas, como la interrupción del embarazo.

Manes: el mundo es suyo, las calles, los horarios laborales, la política, todo está hecho para sus cuerpos y muchos de estos privilegios son irrenunciables. Lo mínimo que pueden hacer es reconocerlo. Porque reconociendo su privilegio pueden usarlo para abrirles espacios a otras personas que no lo tienen.

2. Abstenerse de manxplicar[225]

Ya sé que muchos de ustedes ofrecen su conocimiento sobre las cosas con la mejor de las intenciones. Nunca sobra la información para que algo

---

225 El término en inglés *"mansplaining"* fue acuñado por la feminista y ensayista estadounidense Rebecca Solnit en un ensayo publicado en el año 2014 titulado *"Men explain things to me"* ("Los hombres me explican cosas"), en donde cuenta la anécdota de cómo un hombre le explicó a Solnit su propio libro en una fiesta. En español se usa también la expresión "macho explicar".

quede mejor. El problema es que esta idea de que otras personas necesitan que ustedes les expliquen algo parte de una sensación de superioridad, están diciendo: "Yo sé más que tú" o "Tú no sabes". Y quizás algunos de ustedes creen que son arrogantes y paternalistas con todo el mundo "por igual" (literal hay tipos que me han dicho esto, ufanándose de ser unos cretinos). Pero resulta que no, los grupos que tienen más poder tienden a pendejear a los grupos con menos poder. Así, los blancos les explican a los negros y a los indígenas (de hecho en muchos de nuestros países latinoamericanos "indio" es una palabra que se usa como insulto, equiparada con "ignorancia"), y los hombres les explican a las mujeres. Y nos explican hasta las cosas que no saben, nos explican nuestro cuerpo, nos dicen que nuestra rabia es porque tenemos la regla, nos explican cómo, cuándo, dónde tener hijos y hasta cómo ser feministas.

Y no se vale, por ejemplo, decir "femiexplicar" o "negroexplicar" porque, como la discriminación, esta es una conducta que solo pueden ejercer quienes tienen más poder. Si una persona afro, o una mujer le explica algo a un hombre, le está hablando de una experiencia que él desconoce por su propio privilegio; se vale asumir que una mujer sabe más sobre la menstruación que un Man. Cada vez que los hombres manxplican están reforzando una estructura que le quita autoridad a las mujeres y a todos los grupos excluidos por el patriarcado. Y también se ven como cretinos insufribles. ¿Y entonces qué hacer? Bueno, lo más elegante es asumir que un caballero nunca explica. O mejor dicho, solo explica cuando es realmente necesario y estos momentos son fáciles de identificar: cuando alguien les pide de manera explícita una explicación.

3. Callarse. Y escuchar

Con esto llegamos a un punto muy importante: hombres, es hora de callar. No es un ataque a su libertad de expresión en lo más mínimo, lo prometo. Tengo amigos Manes que han llegado a decirme que "ya por ser hombres no pueden hablar". Quizás sienten eso porque por primera vez en la vida algunos grupos de la sociedad les están pidiendo que no hablen tanto. Pero basta abrir un periódico y leer las entrevistas, ver las fotos, hacer un conteo de columnistas, para darse cuenta de que son los Manes los que hablan en todas partes. Y no solo eso, son los Manes los que han estado hablando desde los comienzos de la historia de la humanidad. Si no me creen, en internet hay un cronómetro para que en cualquier situación de la vida cotidiana saquen la cuenta de cuánto tiempo habla un Man. O también está la página que denuncia los paneles de solo Manes como All Male Panels o El Club de Tobi (que se excusan en que no hay mujeres expertas en el tema o que ellas no quieren participar). Verán que los Manes hablan, hablan, hablan, manxplican y manterrumpen (cuando un Man interrumpe a todos a su alrededor, especialmente a las mujeres).

En cambio, el discurso de las mujeres, desde "los tiempos de Eva", se recibe con sospecha y hasta con odio. Y llevamos años y años y años callando y escuchando que tenemos que callar. "Me gusta cuando callas porque estás como ausente", más que un verso de amor, es una forma bonita de decir "calladita te ves más bonita". Estoy segura de que si corren a su biblioteca se darán cuenta de que casi todos los libros que tienen están escritos por Manes, de que casi todos sus profesores fueron Manes y de que todo lo que saben lo saben porque se lo han dicho otros Manes. ¿No les parece que hay un problema epistemológico ahí? No saben nada de cómo pensamos "los otros". ¿O acaso cuántos negros o indígenas son columnistas de opinión en Latinoamérica? Así es muy difícil entender otras realidades. Miren, Manes, ustedes han hablado toda la vida, y cada vez que hablen les van a creer, pueden usar su privilegio para que hablen otras personas, o para escuchar. No hagan esa pregunta en la conferencia. No sugieran eso en la reunión. Espérense a ver si alguien más lo dice y si no hay más remedio que lo digan ustedes, pues adelante. Es hora de abrirles espacio a otras voces. Por eso es importante que los Manes se pregunten qué están haciendo activamente para que haya más mujeres hablando en su entorno, no basta con decir que "ellas no quieren", es necesario buscar las causas estructurales de esa falta de representación.

4. Ver, leer, comprar, consumir[226] información sobre feminismo o productos culturales y académicos hechos por mujeres

Cuántas veces he escuchado eso de "yo no sé por qué no me gusta como escriben las mujeres". El otro día hablaba con un Man que me dijo que él no leía poesía escrita por mujeres porque eran "puros poemas de amor". Entonces le pregunté "dime una poetisa que escriba de amor" y resultó que no dimos con ninguna. Todas las que él creía que escribían de "amor" en realidad hacían sus versos sobre la ausencia, la guerra, la desigualdad, la soledad. De hecho, los que escriben poemas de amor son los Manes, a ellos sí les sirven los versos para conquistar. Las mujeres que escriben, en este sistema patriarcal, no suelen ser las más apetecidas y demasiadas veces son vistas como "problemáticas". Que lo diga Sor Juana Inés de la Cruz. A veces basta con que aparezca una mujer en la portada para que los Manes crean que se trata de una "tonta historia romántica de mujeres" o de "temas que no les llaman la atención", como dicen los más políticamente correctos. Lo que pasa es que como la mayoría de los Manes no ha leído, o visto, o consumido, casi nada creado por mujeres (ni por indígenas, ni afros, ni comunidad LGBTIQ), el único referente que tiene es su imaginación.

Es importante añadir que ninguna mujer o feminista, o persona afro o de una comunidad indígena o LGBTIQ, tiene la responsabilidad u obligación de educarlos sobre sus causas o la defensa de sus derechos. Ustedes solitos se pueden meter a Google y leer, así lo hicimos todes, y nos fue muy bien.

---

226 Consumir no en el sentido capitalista, consumir como un verbo amplio para leer, ver películas, escuchar música y otras formas de consumos culturales.

324   Las mujeres que luchan se encuentran

5. Habitar de una manera diferente el espacio público

Hombres y mujeres habitamos el espacio de manera diferente. A las mujeres, desde que somos niñas, nos dicen que el espacio público es peligroso, que no hablemos con extraños, que evitemos a los hombres que vemos en nuestro camino. Y con razón, porque basta leer las estadísticas[227] para ver que los hombres sí agreden con frecuencia a las mujeres (y a los y las homosexuales, personas trans y todo lo que no sea un Man). Ustedes me dirán que #NoTodosLosHombres que veo en mi camino son agresores. Y no. ¿Pero yo cómo lo voy a saber? Imagino que cuando ustedes van caminando por un monte y se les acerca una serpiente ustedes saltan. Sin embargo, #NoTodasLasSerpientes muerden. ¿Y ustedes cómo van a saberlo? Y resulta que hay una realidad y es que la abrumadora mayoría de agresiones que recibimos las mujeres vienen de algún Man. Cuando un tipo nos grita por la calle cosas que no suelen ser cumplidos ("qué tetas" o "psst psst" no son cumplidos), pues nos da miedo. Es en serio. Y entonces ¿para qué? ¿Para qué intimidarnos? Si son tan buenos tipos en vez de perseguirnos para demostrárnoslo podrían asumir una manera menos amenazante de habitar los espacios, esto es: respetando los espacios que son solo para las mujeres, alejándose cuando ven a una mujer caminando sola por la noche, cerrando las piernas en el transporte público, pues no es la sala de su casa, no gritándole cosas a las mujeres que caminan por la calle.

6. Dejar de decir "no todos los hombres"

Cada vez que dicen #NoTodosLosHombres están desviando una discusión sobre un problema estructural que vivimos las mujeres para volver los reflectores hacia ustedes y expiar sus culpas individuales. Ya sabemos que #NoTodosLosHombres violentan a las mujeres, o son machistas, o se quieren aprovechar de nosotras de

---

227 Ver la sección "¿Qué es la violencia de género?", página 290.

manera manifiesta, pero #SíTodosLosHombres se benefician de la desigualdad de poder que crea el sistema patriarcal. Muestra de eso es que ustedes pueden caminar por la noche con menos miedo que yo. De pronto como individuos particulares sienten que no han ejercido violencia de género y esto probablemente es cierto, hasta un punto, es decir: quizás no han matado a una mujer, ni la han insultado, ni le han pegado y quizás los crió su mamá y sienten gran respeto por eso, pero esto no quiere decir que nunca hayan ejercido algún tipo de violencia o sacado provecho inconscientemente. Por ejemplo, esa vez que dejaron que su mamá, que venía cansada del trabajo, lavara todos los platos. O cuando sus amigos se mandan fotos de "viejas desnudas" y comentan cosas degradantes y ustedes no dicen nada para seguir siendo parte del chat de WhatsApp. La sociedad les ha enseñado a los hombres a ejercer estas violencias, sería muy raro que no hayan repetido nunca jamás alguno de estos comportamientos, así que antes de decir #NoTodosLosHombres, convendría hacer un autoexamen para ver qué cosas machistas ha hecho cada uno. Y está bien, todos y todas hemos sido machistas alguna vez, nadie espera que sean perfectos e impolutos, lo que esperamos es que sean capaces de reconocer sus errores y escuchar. En vez de lavarse las manos de la violencia de género, por qué no preguntarse: ¿qué puedo hacer yo desde lo individual para que los hombres, en general, sean menos violentos?

7. Cuestionar públicamente el machismo de otros hombres

Cada vez que ustedes se quedan callados frente el machismo, están apoyando activamente un sistema desigual que explota a las mujeres y a otros cuerpos. Ningún silencio es inocente. Además, ustedes pueden usar su privilegio para que Manes que nunca nos escucharían a nosotras entiendan que lo que reclamamos es justo. Ahí sí es momento de hablar. La violencia de género no hace parte de la vida privada, es un problema público. Piensen en cómo sus grupos de amigos crean lazos de solidaridad a través de comentarios sexistas o violentos contra las mujeres. ¿No podrían crear esos lazos sin fortalecer unas ideas que algunos hombres se toman demasiado en serio, tan en serio que nos matan? Estoy segura de que hay otras formas de hacer amigos. Inténtenlo.

8. Usar un lenguaje incluyente y dejar de asociar lo femenino con lo indeseable

Lenguaje incluyente no es decir tortuga y tortugo. Ese es un argumento estúpido porque las tortugas no tienen género, como lo tenemos las personas. El lenguaje se inventó para hablar del mundo, de todas las cosas que hay en el mundo, y a medida que hemos ido creando o descubriendo cosas y conceptos, hemos creado nuevas formas y palabras para hablar de estos. Cuando alguien dice "todos", la mayoría de nosotros se imagina un grupo de Manes, porque nos han enseñado que la persona genérica es un Man. Cuando decimos todos y todas (y hasta todes), estamos haciendo énfasis en que en ese grupo del que estamos hablando hay mujeres, diversidad. Y entonces la gente se imagina un grupo con hombres y mujeres. El lenguaje está siendo incluyente. Además no es necesario redactar de manera farragosa para usar lenguaje incluyente, el español es una lengua plástica que se adapta hasta a un nuevo continente, ¿cómo no se va a adaptar a la diversidad de género?

Muchas veces los Manes usan palabras que tienen que ver con lo femenino como insulto. Los mexicanos lo llaman "albur" y consiste en hacer unos juegos del lenguaje (muchas veces incomprensibles e infantiles) que pretenden sodomizar simbólicamente a otro Man. Para que esto resulte verdaderamente ofensivo, uno tiene que pensar que ser gay o que ser mujer, o que ser femenino, son cosas malas o denigrantes. Eso tiene que acabarse ya.

Cuidar el lenguaje también quiere decir dejar de emplear términos como "feminazi", primero porque es una brutalidad, y segundo porque estigmatiza a las feministas. También es importantísimo respetar

los pronombres y las identidades de la gente: si una persona les dice
que es mujer, entonces es mujer. No hay necesidad de pedirle que se
levante la falda.

9. Pedir consentimiento y respetar la autonomía de los cuerpos de las mujeres

Otra cosa que no les han enseñado a los hombres (ni a las mujeres) es a
pedir consentimiento. A los hombres les suelen vender la idea (y esto se
encuentra en casi todas las historias de amor y hasta en videojuegos) que
tienen que insistir e insistir y si son buenos su premio será que una mujer
les diga que sí. Pero así no funciona. Las mujeres no somos trofeos, somos
personas y tenemos derecho a elegir con quién queremos estar. No somos
tontas, y ustedes no saben qué es lo mejor para nosotras. Si decimos que
no queremos, o nos echamos hacia atrás, o los dejamos en visto, o no contestamos a su llamada, esos mensajes deben ser interpretados como un no.
A las mujeres, especialmente a las heterosexuales, nos han enseñado a
ser extremadamente complacientes y a veces aceptamos muchas cosas
que no nos gustan en realidad o que no queremos hacer para evitarnos el
problema de decir que no. Recuerden que cuando las mujeres nos negamos a algo, nos castiga la sociedad. Así que no es una cosa de flojera, es
que nos han enseñado a sonreír y aceptar todas nuestras vidas. Ustedes
como hombres, como tienen más poder, tienen la responsabilidad de
checar que nosotros estamos aceptando y estamos cómodas con todo lo
que estamos haciendo. Y el consentimiento hay que irlo pidiendo paso
a paso. Aceptar un beso no es aceptar un polvo. En cualquier momento
alguien puede decir "No" y esto hay que respetarlo, porque si no se
respeta estamos frente a una violación. Para que haya consentimiento
también es importante la honestidad: si ustedes le ocultan a una mujer
con la que van a coger que están en una relación de pareja, no le están
dando la información suficiente para que ella pueda elegir libremente si
se los coge o no. Ahora ustedes me dirán que el sexo no es un contrato
y que no pueden ir preguntando a cada rato a la chica si sí quiere. Pero

resulta que sí se puede y que hay muchas maneras de preguntar y decir que sí. Si la chica los besa de vuelta, por ejemplo, eso es un sí. Si una mujer les manda una foto de ella desnuda y no los autoriza para publicarla en internet, no lo hagan. Fin. Si un "malvado *hacker*" publicó fotos de Jennifer Lawrence sin su consentimiento, no las vean "por error". No se trata de palabras, sino de poner el consentimiento de la otra persona primero. ¿Y si piensan que soy un bobo por preguntarle si le puedo dar un beso? Mejor que piensen que eres un bobo a un potencial violador. Si una mujer quiere darte un beso, no va a dejar de hacerlo porque le preguntaste. Y sobre todo, en temas de consentimiento, ante la duda, pregunten, si la respuesta les parece confusa, asúmanla como un no.

Esto aplica a respetar la autonomía de las mujeres sobre sus cuerpos. Nosotras nos podemos vestir como nos dé la gana, no lo estamos haciendo para ustedes, no nos interesa su opinión al respecto de nuestra ropa. Y sobre todo no nos interesa su opinión sobre nuestra vida reproductiva, somos nosotras las que debemos poder decidir si dejamos que un embrión en nuestro útero se convierta en feto y si queremos ser mamás. Son demasiados hombres los que están en contra del aborto porque es una forma de controlar nuestra vida reproductiva. No sean esos hombres. Respeten. Y recuerden, amigos, que ustedes también se benefician de los abortos por los que la sociedad juzga a las mujeres. Apoyar este derecho es apenas coherencia ética.

10. Ser buenos polvos

Spoiler: si la razón por la cual van a empezar a deconstruir su machismo es porque quieren ser buenos en la cama, y si se van a poner a ufanarse públicamente de que ser feministas los hizo mejores polvos, eso no es feminismo, eso es creernos a las mujeres incautas al usar el discurso feminista para llevarnos a la cama. Ser buen polvo no es hacer maromas copiadas del porno y contar orgasmos y tiempo para competir con sus amigos. La clave de ser buen polvo está en el consentimiento. Uno puede tener un buen polvo hasta sin venirse, pues el buen sexo es el que, de la manera que sea y con consentimiento, te produce placer y te hace sentir bien. Para que eso suceda, uno tiene que estar atento a lo que quiere o le gusta a la otra persona o personas, y ser claro con lo que uno quiere y con lo que le gusta. A los hombres y a las mujeres nos enseñan que el sexo es "macho-orgasmo-céntrico" y que comienza y termina con la penetración y por eso se echan a dormir una vez se vienen. No. Eso es hasta grosero, las personas no son masturbadores, son personas. Y también hay muchas formas de tener sexo que no incluyen la penetración. Es más, el pene no es la única zona erógena. Ustedes también pueden explorar sus cuerpos.

Ser buenos polvos también es tomar responsabilidad de sus vidas reproductivas. Carguen un maldito condón. No digan "ella se embarazó" porque nadie es la Virgen María y las mujeres no nos embarazamos solas. Si no querían estar enfrentados a un aborto indeseado sobre el cual ustedes no pueden decidir, hubieran usado condón en primer lugar. Su vida y salud reproductiva es su responsabilidad, eso incluye hacerse anualmente exámenes de enfermedades venéreas (si tienen papilomas, para ustedes puede ser inofensivo pero a nosotras nos da cáncer de útero), usar condón y discutir sobre métodos anticonceptivos con su pareja.

11. Creernos a las mujeres

Siempre que nos enteramos de que hay una víctima de violación, alguien (demasiadas veces un Man) sale a decir que qué tal que fuese una "denuncia falsa". Estos Manes suelen decirte que son "el abogado del diablo", pero miren que esto es algo que sucede particularmente con las denuncias de violación, acoso o violencia sexual. Nadie va por ahí diciéndole al señor que denuncia que le robaron su carro, ¿será que el señor miente para darse importancia y popularidad? No. ¿Y saben qué es lo peor? Que para las mujeres es costosísimo denunciar cualquier tipo de agresión sexual. Por un lado el sistema penal está en nuestra contra, y la mayoría de las veces estas cosas quedan impunes o al ratito queda libre el agresor, por el otro no nos creen cuando denunciamos. Resulta que si denunciamos, la gente empieza a poner todo lo que decimos en duda, a escudriñar nuestra vida sexual, a preguntar qué traíamos puesto, a decir que nos lo buscamos y hasta que sí queríamos esa agresión sexual. De repente somos malvadas Evas mentirosas. Cuando una mujer denuncia una agresión sexual sabe que la sociedad va a acabar con su reputación. Denunciar sabiendo eso implica una gran valentía. Las mujeres no ganan absolutamente nada con hacer estas denuncias, de hecho muchas se convierten en una vergüenza para su familia y amigos y se exponen al ostracismo y la soledad. Y si quieren números, las denuncias falsas por violación no suelen superar el 8%[228]. Pero esto no se trata de números, durante años violar no era ni siquiera algo malo (era legal dentro del matrimonio), se trata de entender que tenemos una deuda con las mujeres, una deuda de respeto, dignidad y credibilidad.

12. Hacer labores de crianza, trabajo doméstico y trabajo afectivo

Una cosa que de verdad nos tiene jodidas es que toda la responsabilidad del trabajo doméstico de crianza y afectivo recaiga sobre las mujeres. Todavía hay formularios que tienen tres casillas: empleado, desempleado y ama de casa. Como si ser ama de casa no fuera un trabajo. Como si solo hubiera amas de casa. Lo triste es que más o menos sí. Son muy pocos los Manes que en la casa se ocupan del trabajo del hogar. Cuando las mujeres ejecutivas logran liberarse del trabajo doméstico, lo delegan en otras mujeres, empleadas domésticas o hasta abuelas. Los Manes contribuyen muy poco. En cambio, tienen una horrible costumbre de no tomar responsabilidad ni por el cuidado de sí mismos. Los Manes no se cuidan, y les zampan esa responsabilidad a sus hermanas, amigas, esposas, amantes, compañeras de trabajo. Manes, las mujeres del mundo no somos sus mamás.

---

228 Según datos de 2015 de la revista *Vox* las denuncias falsas por violación no superan el 8% (Lind, 2015); según datos de 2017 de de la Fiscalía española, solo el 0,0075% de las denuncias son mentira (Montañés, 2017).

Las mujeres no solo tenemos jornadas más largas de trabajo (mal) pago, además trabajamos una doble jornada que representa el trabajo doméstico no reconocido. Estamos hartas y estamos cansadas. Ayuden a lavar platos. No, no "ayuden", porque no están ayudando, tomen responsabilidad por estas tareas, les juro, les juro que las mujeres no lavan platos "por amor". Imagínense que desde niñas nos están diciendo que tenemos que ser limpias y ordenadas y hacer las tareas domésticas mientras a ustedes les dicen que es normal que estén sucios y los dejan salir a jugar. Las niñas juegan menos que los niños, porque desde temprana edad las ponen a hacer tareas domésticas. Luego se hace introyección de estas responsabilidades en las adultas que muy probablemente se ocupan de las labores domésticas en automático sin que nadie les diga nada. Decía Charlotte Whitton[229] que, no importa lo que una mujer haga, debe hacerlo el doble de bien que su contraparte hombre, para recibir la mitad del crédito. Así que probablemente las mujeres con las que viven se están partiendo la madre profesionalmente para recibir el mismo sueldo que ustedes. Así que no sirve dividir las tareas domésticas o de cuidado "por igual", pues, como las mujeres trabajan más tiempo, la diferencia se mantiene. Lo justo sería que ustedes dedicaran un poco más tiempo que nosotras a las labores domésticas y de cuidado. Tienen una deuda histórica. Específicamente con las labores de crianza de niños y cuidado de ancianos. A nosotras nos dicen que ser buena mujer es cuidar de los demás. Y quizás lo hacemos con todo el gusto y el amor, pero no es justo que eso no se reconozca como un trabajo y como un trabajo que hacemos para el bienestar de toda la sociedad. Es hora de que ustedes también sean padres, no solo progenitores. ¿Quieren una causa femi-

---

229 Charlotte Whitton fue una reconocida feminista canadiense y alcaldesa de Ottawa. En junio de 1964 dijo al periódico Cana*da Month*: *"Whatever women do they must do twice as well as men to be thought of half as good. Luckily, this is not difficult".*

nista que puedan hacer suya? Reclamen mayor licencia de paternidad. No vamos a tener igualdad hasta que los hombres no se encarguen de la mitad del trabajo doméstico y de crianza y cuidado. Y también de las labores afectivas. Muchos Manes actúan como si nosotras tuviéramos que escucharles sus problemas, apapacharlos y darles consejos. No. No tenemos tiempo para eso, ni tenemos una disposición especial para lidiar con sus sentimientos solo por ser mujeres. Y subirles el ánimo también es tiempo y trabajo no reconocido. ¿Qué tal si ustedes son los que nos suben el ánimo a nosotras, por ejemplo, tomando interés por nuestro trabajo y nuestras vidas (no basta un "no estás gorda") y tomando en serio nuestros miedos y sueños?

13. Cuestionar la idea de masculinidad

Y por fin llegamos al punto más complicado. La masculinidad como la entendemos hoy en día es un invento de un sistema patriarcal que privilegia a los Manes y que basa su poder en la fuerza, el control, la discriminación. Piensen en qué es para ustedes ser hombre. ¿Tener pene? Pero si hay mujeres que tienen pene y hombres que tienen vulva. ¿Ser fuertes? Ejem, hay muchas mujeres fuertes. ¿Tener el pelo corto y usar camisas de cuadros y pantalones en alguna gama de color pantano? ¿Tomar cerveza frente al televisor? ¿Hacerse la paja con fotos de chicas en bikini posando en situaciones absurdas? Y saben qué es lo peor, que esa masculinidad que se acaba con la reducción al absurdo es el origen de mucha violencia. De hecho, hay estudios que muestran que cuando los Manes sienten su "masculinidad amenazada" (y la amenaza puede consistir en algo tan banal como el color rosa) reaccionan de manera violenta. Hoy en día los hombres (como categoría) no son necesarios para darnos hijos (hay bancos de esperma), ni para darnos ciudadanía (ya podemos votar), ni para darnos acceso a propiedades o dinero (antes esta era una razón importante para considerar casarse, pregúntenle a Lizzie Bennet. ¿Quién es Lizzie Bennet? Ver punto 4. Los hombres son necesarios en tanto personas, pero no en tanto Manes. La masculinidad, esa que está basada en tener el poder y la fuerza, en no mostrar las emociones y lograrlo todo solitos como el Llanero Solitario, está mandada a recoger, es violenta, peligrosa y muchas veces pendeja. Toca reinventársela. Para eso pueden mirar a todo el movimiento *queer,* que ha reflexionado mucho al respecto, al feminismo, a sus propias historias, y preguntarse qué no les gustaba de los modelos de masculinidad que tuvieron. Ya sé que es más rápido seguir la fórmula prefabricada, pero esa fórmula es violenta y gastada, y se quedó atrás. Pero esto no es el fin, todo lo contrario, quiere decir que ser hombre hoy es una categoría por inventarse, están llenos de posibilidades.

Hermila Galindo, México

Hermila Galindo nació en Lerdo, México. Oradora, maestra, periodista y política, defendió el derecho al placer y a la participación política de las mujeres mexicanas. En 1915 fundó el semanario literario y político *Mujer Moderna*, desde donde promovió la educación laica, la educación sexual y la igualdad de las mujeres. En 1916 envió una ponencia al Primer Congreso Feminista en Mérida, Yucatán, titulada "La mujer en el porvenir", en la que defendió los derechos sexuales y políticos de las mujeres mexicanas y señaló a la religión como la principal responsable de la ignorancia de las mujeres en estos temas. También defendió la legalización del divorcio y pidió el derecho al sufragio para las mujeres. Hermila afirmaba que "la sociedad mexicana solo podría ser justa y equitativa en la medida en que se eliminaran los obstáculos y reformaran los códigos para que se multiplicaran los centros docentes, las mujeres pudieran tener un trabajo bien remunerado y con ello mejorar su nutrición y evitar los vicios, pero señalaba también que ello sería insuficiente si no se derrochaban los idolátricos prejuicios. [...] También proponía que, en caso de divorcio, los gastos de manutención, educación y otros fueran asumidos por el cónyuge culpable de la separación. En cuanto a las mujeres engañadas, seducidas y abandonadas con hijos, dado que no era posible permitir que se investigara la paternidad al ser esto un peligro para la sociedad y para el modelo de familia vigente en ese tiempo, proponía adoptar algunas medidas para exigir daños y perjuicios, así como aumentar las penas pecuniarias y sanciones para los Don Juanes"[1]. Esta ponencia escandalizó a muchos sectores, pues reconocía a las mujeres como sujetos de deseo sexual: "El instinto sexual impera de tal suerte en

---

1   Pablos & Martínez Ortega, 2017.

la mujer y con tan irresistibles resortes, que ningún artificio hipócrita es capaz de destruir, modificar o refrenar. Atentar contra el instinto soberano es destruir la salud, corromper la moral, demoler la obra grandiosa de la naturaleza"[2].

A fines de 1916, Hermila, secretaria particular de Venustiano Carranza, envió al constituyente un escrito en el que solicitó los derechos políticos para las mujeres, argumentando que "es de estricta justicia que la mujer tenga el voto en las elecciones de las autoridades, porque si ella tiene obligaciones con el grupo social, razonable es que no carezca de derechos. Las leyes se aplican por igual a hombres y mujeres: la mujer paga contribuciones, la mujer, especialmente la independiente, ayuda a los gastos de la comunidad, obedece las disposiciones gubernativas y, por si acaso delinque, sufre las mismas penas que el hombre culpado. Así pues, para las obligaciones, la ley la considera igual que al hombre, solamente al tratarse de prerrogativas la desconoce y no le concede ninguna de las que goza el varón"[3].

A pesar de que a sus 20 años Hermila fuera la presencia femenina más visible en el Congreso Constitucional que estaba elaborando una nueva Carta Magna, los constituyentes no aceptaron incluir el sufragio femenino. En 1918, desafió la ley electoral y se presentó como candidata al Congreso de la Unión por el 5° distrito electoral de la capital. A pesar de que obtuvo la mayoría de votos, el resultado fue rechazado por el Colegio Electoral. En 1952, se convirtió en la primera mujer congresista federal de México. Hermila murió en 1954 de un infarto, pero en 1953 se realizó su sueño cuando las mexicanas ganaron el derecho al voto.

---

2   Ibíd.
3   Ibíd.

Gloria Anzaldúa,
Texas, Estados Unidos

La poeta, académica y activista política chicana Gloria Evangelina Anzaldúa dedicó su vida a explorar lo que significan las fronteras de los países, del lenguaje y de la identidad sexual. Nació en el Valle de Río Grande, en 1942. Sus formas narrativas eran subversivas y fue de las primeras académicas en rescatar la lengua chicana, que toma del inglés y el español, y en su caso también del náhuatl, en la literatura y en la academia. Gloria rechazó el español, pues para ella simboliza la cultura machista mexicana, y rechazó el inglés, pues fue impuesto por la cultura norteamericana dominante como una práctica de exclusión imperialista. Por eso Gloria se decanta por un lenguaje híbrido, un discurso polifónico representativo de una identidad mestiza que emerge del contexto sociopolítico de la frontera. Estudió en la Universidad de Texas-Panamericana, hizo una maestría en la Universidad de Texas en Austin y se convirtió en una autora versátil y política. En su famoso ensayo *"The New Mestiza"* ("La nueva mestiza"), Gloria dijo: "El español chicano es una lengua fronteriza que se desarrolló naturalmente. Cambio, *evolución, enriquecimiento de palabras nuevas por invención o adopción* han creado variantes de español chicano, *un nuevo lenguaje. Un nuevo lenguaje que corresponde a un modo de vivir.* El español chicano no es incorrecto, es una lengua viviente"[1].

---

1   Anzaldúa, 1987.

Para Gloria, la frontera era una posición política e intelectual, un lugar de negociación y de congregación de subjetividades y sexualidades marginales y alternativas.

Gloria asumió su identidad lesbiana y *queer* de forma política y fue una activista por los derechos de las personas homosexuales, bisexuales y trans. También publicó varios cuentos infantiles. En 1990 su libro *Haciendo caras* ganó el premio Lambda Lesbian Small Press Book Award. En 1992, fue reconocida con la mención The Sappho Award of Distinction.

La abuela de Gloria fue curandera y por eso en muchos de sus trabajos Gloria involucró su devoción a la Virgen de Guadalupe, y habló de divinidades náhuatl/toltecas y de mitología yoruba y de orishas como Yemayá y Oshún. En sus libros habla de desarrollar también un activismo espiritual que mezcle la espiritualidad con la política para generar cambios revolucionarios.

Gloria murió de diabetes en California en 2004 y es recordada como una de las activistas lesbianas y chicanas más prolíficas de los Estados Unidos. "*The work of mestiza consciousness is to break down the subject-object duality that keeps her a prisoner and to show in the flesh and through the images in her work how duality is transcended. The answer to the problem between the white race and the colored, between males and females, lies in healing the split that originates in the very foundation of our lives, our culture, our languages, our thoughts*"[2].

---

2   "El trabajo de la conciencia mestiza es romper la dualidad entre sujeto y objeto que la mantiene prisionera. Es mostrar de forma palpable y a través de las imágenes de su trabajo cómo esa dualidad ha trascendido. La respuesta al problema entre la raza blanca y las de color, entre hombres y mujeres, está en la sanción de esa brecha que se origina en la base de nuestras vidas, nuestra cultura, nuestros lenguajes y nuestros pensamientos" (Anzaldúa, 1987).

CAPÍTULO 4
Sexo

¿Cómo follaremos las feministas?

La escritora ecuatoriana María Fernanda Ampuero publicó una columna de opinión en la revista *Volcánica* –revista en la que soy editora– titulada "¿Y ahora cómo follaremos las feministas?". Ampuero plantea unas preguntas que nos hemos hecho muchas de nosotras: "Mientras más persona –completa, valiosa, valiente, bella, sexy, necesaria– me siento yo gracias al feminismo, menos me valoran mis compañeros sexuales ocasionales. Sé que no soy la única a la que le pasa esto. Es como si en la cama, ese otro campo de batalla, la lucha feminista nunca hubiese ocurrido".

El feminismo tiene todo que ver con el sexo porque eso que llamamos "deseo" y "placer" son libertades que han sido negadas históricamente a las mujeres y a todas las personas que hacen parte de la diversidad sexual. Uno también podría decir que el feminismo es una búsqueda por el derecho de todos los cuerpos al placer, eso sí que sería igualdad. ¿Qué significa que unos cuerpos puedan desear y otros no? ¿Cómo, qué y cuándo deseamos las personas que nos identificamos como mujeres? ¿Qué podemos desear y qué no? ¿Por qué a veces es tan difícil tener buen sexo, es decir, sabroso, empoderador, bienvenido, gratificante?

De muchas maneras Ampuero tiene razón: muchas veces esas luchas públicas no llegan a lo privado, quizás porque es un espacio en donde somos y nos sentimos más vulnerables. Pero uno de los retos de hacerse feminista es que cuando empezamos a entender cómo funcionan estos sistemas de poder, de repente se nos hacen visibles en nuestras vidas, nuestro entorno cotidiano y las personas que nos rodean. Eso quiere decir que esos machismos que antes pasaban desapercibidos hoy brillan con luz neón y nos cuesta más trabajo dejarlos pasar haciendo como que no existen. Dice Ampuero: "No que es esta sea la peor experiencia que he tenido en encuentros con hombres a lo largo de mi vida (una mujer de sexualidad libre es víctima constante de todo tipo de violencias), pero sí que es la más reciente y la que, por ruin, por machista, por triste, me ha dejado más dolida. Para el tipo este yo no era una persona. No. Era otra cosa: un bicho, una muñeca plástica, nada". Incluso sin "violencia explícita", el sexo puede dejarnos una violenta sensación de cosificación o deshumanización y esto tiene que ver con una serie de vicios que rodean nuestras ideas de sexualidad.

Históricamente ha habido muchos momentos en donde las mujeres empiezan a hablar en voz alta o entre ellas sobre todas las violencias y las dejadeces de los hombres en el sexo, son experiencias frustrantes que nos hacen sentir vulnerables, donde arriesgamos mucho para a veces ni siquiera tener un pinche orgasmo y por eso no es raro que a veces el sexo heterosexual se sienta como una estafa. Esto también hace que la expectativa de las mujeres heterosexuales en cuanto a su satisfacción sexual sea muy, muy baja. Una investigación reciente (2017) de Chapman University, Indiana University y el Kinsey Institute[230] estudió alrededor de 52.000 personas en Estados Unidos para ver cuándo tenían orgasmos. Quienes dijeron más veces que siempre tenían orgasmos fueron los hombres heterosexuales (95%), seguidos de los hombres homosexuales (89%), hombres bisexuales

---

230 Frederick, John, Garcia, & Lloyd, 2018.

(88%), luego las lesbianas (86%), las mujeres bisexuales (66%) y las mujeres heterosexuales (65%). ¿Por qué nos va tan mal en la cama a las mujeres heterosexuales? Cuando hay un altísimo desbalance de poder, los orgasmos están casi que garantizados, pero solo para una de las partes (los hombres). En cambio, cuando hay más igualdad, como sucede con las parejas homosexuales, los orgasmos son más frecuentes para ambas partes. Los orgasmos son una perfecta metáfora –metáfora, no indicador– para la capacidad que existe en una pareja para satisfacer las necesidades de cada uno de sus integrantes.

Para explicar este desbalance, la feminista Peggy Orenstein cita el concepto de "justicia íntima" de Sara McClelland, psicóloga de la Universidad de Michigan, en su TED Talk: "Es la idea de que el sexo tiene implicaciones políticas y personales, al igual que quién lava los platos en la casa, o quién pasa la aspiradora. Y plantea cuestiones similares sobre la desigualdad, sobre la disparidad económica, la violencia, la salud física y mental. La justicia íntima nos pide que consideremos quién tiene derecho a participar en una experiencia. ¿Quién tiene derecho a disfrutarlo? ¿Quién es el principal beneficiario? ¿Y cómo define cada miembro de la pareja 'suficientemente bueno'? [...] En su investigación, McClelland encontró que las jóvenes eran más propensas que los jóvenes a usar el placer de su pareja como una medida de su propia satisfacción. Así que decían cosas como: 'Si él está sexualmente satisfecho, entonces yo estoy sexualmente satisfecha'. Los jóvenes eran más propensos a medir su satisfacción por sus propios orgasmos. Las jóvenes también definieron el mal sexo de manera diferente. En la encuesta más grande jamás llevada a cabo sobre el comportamiento sexual estadounidense, informaron dolor en sus encuentros sexuales el 30% del tiempo. También usaron palabras como 'deprimente', 'humillante', 'degradante'. Los jóvenes nunca usaron esas expresiones. Así, cuando las jóvenes informan niveles de satisfacción sexual iguales o mayores que la de los jóvenes, y lo hacen en la encuesta, puede resultar engañoso. Si una chica entra en un encuentro con la esperanza de que no va a doler, esperando estar cerca de su pareja y esperando a que él tenga un orgasmo, ella obtendrá satisfacción si esos criterios se cumplen. Y no hay nada malo en querer sentirse cerca de su pareja, o querer que él sea feliz, y el orgasmo no es la única medida de una experiencia... pero sí la ausencia de dolor. Esa es una barra muy baja para la propia satisfacción sexual"[231].

Ampuero hace eco de muchas cuando pregunta "¿Dios mío, por qué me hiciste heterosexual?". No quiere decir que las relaciones entre lesbianas o personas *queer* (o cuir) estén exentas de machismos (la heteronorma crece hasta en los lugares que le son ajenos, pero eso lo discutiremos más adelante) pero sí señala que de todas las personas que pueden llegar a gustarnos, quienes menos incentivo tienen para deconstruir o tan siquiera ser buenos polvos son los Manes. Si a eso le sumamos la fragilidad de una masculinidad que nunca ha sido cuestionada, y una feminidad en donde nos reprimen nuestros deseos, tenemos lo que parece una receta para el desastre.

Una vez le escuché a la académica colombiana Nadia Celis que las mujeres accedemos al deseo a través del deseo del otro. Esto es, si yo quiero una casa, debo buscarme un hombre que desee una casa, para que pueda conseguirla. Si yo deseo a un hombre (o a una mujer) debo "hacerme desear" (piensen en cuántas veces nos han dicho que las mujeres debemos hacernos desear), si ese hombre llega a desearme entonces yo sacio mi deseo de tenerlo a él. Parece una vuelta ridícula y lo es, su absurdo es muestra de lo difícil que es, para las mujeres, acceder a lo que deseamos o siquiera admitir que queremos algo o que ese algo que queremos nos produce placer.

Silvia Federici ofrece otras razones en un ensayo de 1975 "¿Por qué la sexualidad es un trabajo?". "Poca espontaneidad es posible cuando los tiempos, las condiciones y la cantidad de energía disponible para el amor están fuera de nuestro control. Tras una semana de trabajo nuestros cuerpos y sentimientos están entumecidos y no podemos ponerlos en marcha como si fuésemos máquinas. Porque

---

231 Orenstein, 2016.

lo que surge cuando nos dejamos llevar es más a menudo nuestra violencia y nuestra frustración reprimida que nuestro propio yo oculto y listo para renacer en la cama"[232]. Federici añade que la sociedad también ha cargado a las mujeres con la responsabilidad de hacer un buen *performance* sexual: "El deber de complacer está tan imbuido en nuestra sexualidad que hemos aprendido a obtener placer de dar placer, del enardecer y excitar a los hombres"[233].

Federici señala que lo que llamamos "liberación sexual" nos dejó muchos grilletes todavía. Sin duda es bueno que no seamos apedreadas o excluidas de la sociedad si somos infieles o si "no somos vírgenes" –lo que sea que eso signifique– pero con la supuesta liberación vino una nueva tarea: "En el pasado solo se esperaba de nosotras que criáramos a nuestros hijos, ahora se exige que encontremos un trabajo asalariado, también que limpiemos la casa, y tengamos niños y, además, que, al final de una doble jornada laboral, estemos listas para saltar a la cama y seamos sexualmente tentadoras. [...] Para las mujeres el derecho a la sexualidad es la obligación de tener sexo y de disfrutarlo (y esto no es algo que se espere de muchos trabajos, es decir, que además resulten placenteros)"[234]. Para darnos instrucciones sobre cómo debemos coger para satisfacer a los hombres hay un sinnúmero de manuales y al menos un artículo con infografía por cada edición de la revista *Cosmopolitan*. El guión sobre lo que es un buen *performance* sexual por parte de una mujer es algo que seguimos a veces hasta sin darnos cuenta. "En resumen estamos demasiado ocupadas representando un papel, demasiados atareadas complaciendo, demasiado temerosas de fallar, para disfrutar haciendo el amor. Es nuestra sensación de valía la que está en juego en cada relación sexual. Si un hombre nos dice que hacemos bien el amor, que le excitamos, independientemente de que nos guste o no tener relaciones sexuales

---

232 Federici, 2013a, p. 45.

233 Ibíd.

234 Ibíd., p. 47.

con él, nos sentimos, sus palabras impulsan nuestra sensación de confianza, incluso aunque tengamos claro que después tendremos que fregar los platos"[235].

Para mí este ensayo de Federici resultó liberador porque es evidente que tanto tener como no tener sexo genera muchísima ansiedad en las mujeres de mi generación. Nos dicen que debemos ser sexualmente asertivas y amar nuestro cuerpo mientras nos obligan a seguir estrictas rutinas para que ese mismo cuerpo sea "deseable" cuando está desnudo. Nos piden que nos relajemos, que vivamos el momento, pero no nos quitan una sola de las presiones y expectativas sociales que caen sobre nosotras, sobre nuestra vida y desempeño sexual. "¿Cuánto?, es la pregunta que siempre domina nuestra experiencia con la sexualidad. Muchos de nuestros encuentros sexuales se van entre especulaciones y cálculos. Suspiramos, sollozamos, jadeamos, resoplamos, saltamos arriba y abajo en la cama, pero mientras tanto nuestro cerebro sigue calculando 'cuánto'. ¿Cuánto de nosotras podemos dar antes de perder o de malvendernos? ¿Cuánto lograremos que nos devuelvan? ¿Si es nuestra primera cita, cuán lejos le podemos dejar que llegue? ¿Puede levantarnos la falda, le dejamos abrirnos la blusa? ¿En qué momento deberíamos decirle "Hasta aquí"? ¿Cuán duramente debemos rechazarle? ¿Cuándo podemos decirle que nos gusta antes de que empiece a pensar que somos 'baratas'? [...] Si ya estamos en la cama los cálculos se vuelven más complicados, porque también tenemos que contar con las posibilidades de quedarnos embarazadas, lo que significa que entre jadeos y suspiros tenemos que calcular nuestro calendario menstrual. Fingir excitación durante el acto sexual, en ausencia del orgasmo, también es un trabajo, y uno duro, porque cuando finges nunca sabes hasta dónde deberías llegar y siempre acabas haciendo más de lo que deberías"[236].

---

235 Ibíd.
236 Ibíd., p. 49.

Esto no quiere decir que por ser feministas debamos renunciar a la posibilidad de tener un buen polvo con un Man o con una persona que asuma cualquier otro tipo de identidad. Lo que quiere decir es que tenemos que deconstruir nuestras conductas sexuales para poder tener también igualdad y justicia en la intimidad, en el deseo y en el placer, y que el trabajo que hace falta para asumir nuestros deseos sexuales y vivirlos de una manera segura y positiva sigue siendo considerable, aunque todo el mundo nos diga que estamos en tiempos de la liberación sexual.

El "sexo feminista" es buen sexo porque parte de esa "loca idea" de que las mujeres somos personas, entonces tenemos deseos, gustos, ganas, orgasmos, y todo eso quiere decir sexo generoso y sin una satisfacción desigual.

Puntualmente lo que llamo sexo feminista es aquel en donde tenemos:

¶   Consentimiento libre informado y entusiasta de ambas partes;
¶   Control y responsabilidad sobre nuestras posibilidades reproductivas;
¶   Buenas prácticas en salud sexual;
¶   La disposición de recibir placer y darle placer a la(s) otra(s) persona(s) (para lo cual es importante una buena comunicación y unos conocimientos mínimos de anatomía);
¶   La búsqueda activa y asertiva del placer propio y de la(s) otra(s) persona(s);
¶   Con respeto y reconocimiento de la humanidad de todas las personas involucradas.

Suena muy bonito, pero ¿cómo carajos llegamos a eso? Pues lastimosamente no hay una respuesta única y este no es un manual de sexo tántrico. Pero, este capítulo es un intento por revisar todos nuestros prejuicios sobre el sexo, cuestionar la teoría y ya sin tantos lastres mentales tratar de tener mejores polvos en la práctica. Siempre hemos sido buenas amantes, es momento de que seamos bien amadas.

Son varios los obstáculos para que podamos tener una vida sexual satisfactoria y hasta enriquecedora. Nuestra cultura nos rodea de prejuicios como que la heterosexualidad o la monogamia son naturales, o que las relaciones íntimas son una "cosa sagrada" que no puede entenderse como un trabajo —aunque muchas veces lo sea—, nos han dicho que las relaciones sexuales son machorgasmocéntricas, es decir, que comienzan y terminan con un pene que penetra una vagina y nuestras posibilidades para la planificación, y el control reproductivo están reguladas por los Estados. No sabemos expresar nuestros deseos de manera asertiva, a los hombres no les enseñan a buscar señales de consentimiento mientras que a nosotras nos enseñan a complacer. Aún ni siquiera hablamos de erotizar el consentimiento. Los prejuicios son muchos, pero también son inventos de nuestra cultura y desde la cultura los podemos desmontar. Llamémoslo *foreplay* si quieren: antes de follar rico hay mucho que deconstruir.

¿Cómo saber si hay consentimiento?

¿Cómo saber si hay consentimiento para tocar, besar o tener sexo con alguien? Fácil: preguntando. Aquí no se vale "el que calla otorga", el silencio no puede tomarse como una muestra de consentimiento. Pero además, todos y todas somos capaces de reconocer señales corporales de consentimiento, tan fácil como que si le vas a dar un beso y te quita la cara, pues es que no quiere. ¿Te están besando de vuelta o solo se están "dejando besar"? Hay una grandísima diferencia.

Es mentira que pedir consentimiento acabe con el romance o haga que el sexo parezca más un contrato que un polvo. Hay mil maneras de pedir consentimiento y ser sexy, preguntarle a alguien si quiere y cómo lo quiere puede ser lo más seductor del mundo.

También es importante crear un espacio seguro en donde la otra persona sepa y sienta que en cualquier momento puede decir no sin problemas, presiones o represalias. Prácticas como el sadomasoquismo son el mejor ejemplo de que lo violento no es pegar o aruñar o dar nalgadas, lo violento es violar el consentimiento de la otra persona, pues al negar su voluntad la estamos cosificando y deshumanizando. La diferencia entre un acto erótico y uno violento es que no puede haber erotismo sin consentimiento.

Para dar consentimiento una persona tiene que tener suficiente información para tomar una decisión, pero también debe respetar el derecho a la confidencialidad de su o sus parejas sexuales. No tenemos que contarle toda la vida a una potencial pareja sexual o revelarle nuestra historia clínica, pero, como mínimo, podemos ser honestas sobre nuestros motivos y sobre lo que somos capaces de aportar a ese encuentro sexual. Aunque el imperativo ético no es absoluto ni aplica para todos los casos, eso no nos exime de tratar de tener una actitud ética en nuestra vida sexual. Lo importante aquí es que no importa si se trata de una cogida de una sola noche, no importa si es "solo sexo", lo central es que tenemos sexo con personas, no con cosas, y que las personas tienen dignidad. Si sientes que tienes que mentir para que alguien tenga sexo contigo, probablemente no deberías tener sexo con esa persona.

El problema del consentimiento también se extiende a la planificación familiar, pero cada persona, al menos en principio, es responsable de su salud sexual y reproductiva y de las consecuencias materiales o emocionales de echarse un polvo. Muchas veces he oído a hombres cis decir que su pareja "se embarazó a la fuerza", quizás porque él nunca preguntó si ella estaba tomando anticonceptivos o quizás sí preguntó pero ella dijo mentiras (ella no tendría por qué darle explicaciones sobre sus métodos de planificación a nadie). Ese "ella se embarazó a la fuerza" es un perfecto ejemplo de cómo muchos hombres evaden la responsabilidad sobre su vida reproductiva: si el tipo está teniendo sexo contigo y no te quiere preñar, pues fácil, se puede poner un condón, o hacerse la vasectomía[237].

---

237 Para las mujeres y todas las personas que tienen sexo con hombres cis es muy frustrante tener que negociar una y otra vez el uso del condón. También es una práctica frecuente que los hombres cis digan tener puesto el condón

Aunque parece una obviedad, también es importante decir que si alguien acepta tener sexo o hacer alguna práctica sexual en un momento determinado, no quiere decir que vaya a aceptar hacerlo siempre. Es importante buscar señales de consentimiento a cada paso: si a uno le importa que la otra persona quiera coger con uno es muy fácil notar reticencias o incomodidades, así como es fácil notar si la otra persona está en capacidad de tomar una decisión. Por ejemplo: si una persona está siendo amenazada con una pistola contra su cabeza, no tiene la libertad para dar consentimiento. Si una persona está tan borracha que no puede caminar, mantener los ojos abiertos, decir una frase completa, pues no está en capacidad de consentir. Si una persona tiene suficiente poder sobre la otra como para hacer sanciones profesionales o académicas (si es el o la jefe, si es el o la profesora), no hay libertad real para consentir.

También hay contextos en los que tenemos sexo con personas que por una u otra razón tienen más poder que nosotros, aunque no directamente, por ejemplo, cuando hay una disparidad grande de edad y experiencia entre dos personas mayores edad, de clase social o de género, y en estos casos lo ético es que la persona que tiene más poder dentro de la relación tenga la responsabilidad de asegurarse de que hay consentimiento. Lo mismo opera si estamos tomando o consumiendo otras sustancias, y vamos a tener sexo con alguien: si la otra persona no está hablando claro, o está diciendo o haciendo cosas poco características que no haría sobria, es mejor no tener sexo. Si esta persona rechazó nuestros avances cuando estaba sobria, pero los recibe cuando está borracha, eso no es dar consentimiento y asumirlo así es aprovecharse de una situación de vulnerabilidad.

Algo que pasa con mucha frecuencia es que las mujeres estamos enseñadas a aceptar, a ceder y a no confrontar. Si estamos con una persona que puede no ser lo suficientemente asertiva para decir

---

y sea falso (como Julian Assange) o que intenten penetraciones a la fuerza por vía anal, oral o vaginal. Muchas personas se enfrentan con una reacción violenta si intentan negociar el uso del condón con sus parejas.

"NO", debemos ser claros en nuestra búsqueda de consentimiento. Muchas veces las mujeres nos encontramos en esa situación porque en la vida diaria, que una mujer diga "No" suele ser un gran escándalo, y con frecuencia decimos que sí para evitarnos el problema. Yo, por ejemplo, tengo gastritis, sin embargo y en muchas ocasiones cuando me ofrecen un café, digo que sí. Sé que me va a caer mal, pero parece que es tan difícil decir que no. Y lo mismo pasa con el sexo, especialmente pasa con las mujeres heterosexuales. ¿Cuántas veces no nos hemos aguantado un polvo solo porque queremos salir de eso y seguir con nuestras vidas? ¿Cuántas veces hemos dicho que sí o consentido a tener sexo sin realmente desearlo? Muchísimas. Por eso vale la pena preguntarnos a nosotras mismas si de hecho estamos consintiendo, si el sexo que estamos teniendo es bienvenido o si solo lo estamos aceptando porque nos sentimos obligadas o manipuladas de alguna manera. Algunas preguntas que podríamos hacernos son:

¶ Si esta persona no hubiese tomado la iniciativa, ¿lo habría hecho yo?

¶ ¿Hay algo que me sienta "obligada" a hacer?

¶ ¿Hasta qué punto me siento cómoda con hacer esto para darle placer a mi pareja?

¶ ¿Tomaría estas mismas decisiones si estuvieses sobria?

¶ ¿Si en algún momento quiero parar, siento que puedo hacerlo en confianza, con la seguridad de que mi pedido será escuchado y acatado sin hostilidad?

¶ ¿Estoy esperando algo a cambio de este encuentro sexual?

¶ ¿Estoy totalmente segura de que mi pareja quiere esto?

Se puede ir un poco más allá: Gloria Steinem dijo una vez[238] que el mero consentimiento no es suficiente: más que admitidos, los actos sexuales deben ser *bienvenidos*, y hoy podría agregarse que deben ser

---

238 Kahn, 2015.

bienvenidos de una manera *entusiasta*. El consentimiento entusiasta es un término relativamente reciente, pues no basta decir sí y tener los ojos abiertos para que un acto sexual no sea una violación. El sexo es una conversación entre dos —o más— personas, y si se está sintiendo como un monólogo eso es un pésimo indicador, tanto para las conversaciones como para el sexo.

¿Qué es la heteronorma?

Cuando me mudé a Ciudad de México a vivir con quien hoy es mi marido, llegué con mi perra dálmata, que entonces tenía 13 años, Rafaela. Mi marido tenía un perro rescatado de la calle que se llamaba Jaibo. Ambos eran perros viejos, tranquilos, y vivieron sus últimos días juntos gracias a la coyuntura de que sus humanos se casaran el uno con el otro. A pesar de lo azaroso de sus destinos, cuando subí a mi Facebook una foto de los dos perros caminando por Reforma una amiga de mi mamá comentó: "Rafaela también consiguió novio".

Luego de bloquear a la señora por razones obvias, me quedé pensando en cuán cargada estaba esa frase tan corta. Ese *consiguió* que enfatizaba el hecho de "tener novio" como un logro de mi vida, como si las parejas se *consiguieran* como se consiguen los trabajos. Ese *también* que mostraba que en realidad no hablaba de la perra sino de mí. Y ese *novio*. ¿Por qué asumía que el perro macho de mi novio era el *novio* de mi perra? ¿Por qué no "hermano"? Si me pidieran un término para su relación, yo diría que Jaibo y Rafaela eran cohabitantes, pero que fueran macho y hembra bastaba para que la señora se imaginara una historia de romance entre los animales. Lo mismo pasa con cosas inanimadas que vienen por pares y solo por eso ya los imaginamos macho y hembra: el sol y la luna, la sal y la pimienta. ¿De qué se trata esta absurda obsesión por "las parejitas"? Se llama "la heteronorma" y es la raíz de muchos de nuestros problemas.

La primera en hablar de la heterosexualidad como un régimen social fue la feminista Adrienne Rich en 1980 en un ensayo titulado

"Heterosexualidad obligatoria y la existencia lesbiana"[239]. Wikipedia define el concepto así: "Heteronorma o heteronormatividad es un régimen social, político y económico que impone las prácticas sexuales heterosexuales mediante diversos mecanismos médicos, artísticos, educativos, religiosos, jurídicos, etc.". Es decir, que en casi todos los espacios que habitamos, públicos y privados, se da por descontado que todas las personas somos heterosexuales.

Como mínimo nos debe parecer extraño que algo tan íntimo como nuestras preferencias sexuales y sexoafectivas sean supuestas por extraños sin siquiera preguntarnos. A los y las heterosexuales nadie nos pregunta "cuándo nos dimos cuenta" de nuestra heterosexualidad, porque antes de que nos gustara la primera persona en nuestras vidas ya todos y todas a nuestro alrededor asumían que éramos heterosexuales. Tampoco lo cuestionamos, porque ser heterosexual es muy fácil, es dejarse llevar por la corriente de la cultura a nuestro alrededor. Además, diversas instituciones presentan la heterosexualidad como necesaria para el funcionamiento de la sociedad y como el único modelo válido de relación sexoafectiva y de parentesco, ese que los políticos conservadores llaman "familia", aunque las familias de hecho sean bastante diversas.

Dice Rich en su ensayo de 1980 que esta heterosexualidad obligatoria "convence a las mujeres de que la maternidad, el matrimonio y la heterosexualidad son componentes naturales e inevitables de sus vidas, aunque sean insatisfactorios u opresivos". Rich también habla de la "ideología del romance heterosexual" que "se transmite desde la infancia mediante los cuentos de hadas, la televisión, las películas, la propaganda, las canciones populares o las ceremonias nupciales, para naturalizar el deseo de las mujeres hacia los hombres"[240].

Para que sea más fácil voy a explicarlo con comida. Pensemos en la heteronorma como el chile para las y los mexicanos. Aunque

---

239 Rich, 1980.
240 Curiel, 2013, p. 47.

sabemos que todos los y las mexicanas, como individuos, tienen cuerpos diferentes, unos más tolerantes al picante que otros, se dice que a "todos" los y las mexicanas les gusta el picante. Desde que son bebés comen chile habanero para ir generando tolerancia. Cada vez que alguien "se pica" o "se enchila" es objeto de burla por toda su familia. "Los verdaderos mexicanos no se enchilan", dicen. "No pica" le dicen –para luego burlarse– a los turistas. A pesar de la ubicuidad del discurso de "a los y las mexicanas les gusta el chile", existen los y las mexicanas a las que ni les gusta, ni les ha gustado, ni les gustará jamás el chile. Los mexicanos que se pican, los y las que no soportan el chile, guardan un bajísimo perfil y algo de vergüenza. A otros y otras les parece que el chile está bien, pero si hubiesen nacido en otro país, como digamos, Colombia, podrían haber vivido felices toda su vida sin comer picante.

Es evidente que toda esta metáfora es un gran albur. Un albur que funciona porque compartimos el campo semántico de la heteronorma.

Otro ejemplo: el chontaduro es el fruto de una palma, de pulpa fibrosa y almidonosa y anaranjada. En el Pacífico colombiano se come con mucha frecuencia, lo venden con sal en la calle y es tremendamente popular, pero en otras regiones la recepción del chontaduro es más bien controversial. No es una fruta dulce, tiene un olor muy penetrante, y para muchos es un gusto aprendido, que tiene que ver con algún recuerdo de la infancia, alguna conexión afectiva, vaya uno a saber. Imaginen que dividimos el mundo entre las personas a las que les gusta el chontaduro y a las que no. Podemos argumentar que el gusto por el chontaduro no es "natural", porque lo "frecuente" es que nos gusten frutas dulces como las manzanas y entonces decretar que las personas que insistan en comer chontaduro tendrán menos derechos.

Los gustos de las personas son preferencias muy misteriosas que tienen que ver con las particularidades de cada cuerpo, con la cultura, con las expectativas que tiene la sociedad, con la memoria y los afectos. Parece una locura que algo tan privado y tan difícil de controlar como un gusto termine determinando quiénes tienen qué derechos, quiénes son ciudadanos de segunda categoría.

La feminista dominicana Ochy Curiel (citada en la sección sobre el giro decolonial) tiene un libro llamado *La nación heterosexual*, basado en su investigación de tesis para su Maestría en Antropología en la Universidad Nacional de Colombia. El libro analiza el proceso de la Constituyente de 1991 para entender cómo la Constitución vigente está planteada desde la idea incuestionada de la heterosexualidad. Curiel retoma a Adrienne Rich y señala que esa heterosexualidad obligatoria también es un sistema económico, que se formaliza a través del contrato del matrimonio, en donde el hombre es el asalariado cabeza de familia y la mujer, dependiente de su salario, se encarga del trabajo doméstico y de cuidado. La división se mantiene cuando las mujeres acceden al trabajo asalariado y en la esfera pública.

Curiel analiza las gacetas de la Constituyente de 1991 para explicar cómo Colombia es una "heteronación", es decir "cómo la nación y su construcción imaginaria tienen como base fundamental el régimen de la heterosexualidad, a través de la ideología de la diferencia sexual, y esta, a su vez, en las instituciones como la familia, el parentesco, la nacionalidad, todo ello expresado en los pactos sociales que son reflejados en un texto normativo como la Constitución"[241]. Curiel analiza las gacetas de la Constituyente para mostrar que el régimen heterosexual no se cuestiona en ningún momento y hace unas preguntas muy importantes que muestran cómo esa división del trabajo binaria que implanta la heterosexualidad invisibiliza el trabajo de las mujeres, incluso durante la realización de una Constitución que tenía por propósito ser verdaderamente incluyente: "¿Cuántas mujeres tuvieron que hacer la comida, lavar y planchar los trajes formales de la mayoría de las y los constituyentes (incluyendo los de los indígenas y sectores progresistas) para que pudieran definir los términos en que se reformaría la constitución y se definiría la nueva nación? ¿En

---

241 Ibíd., p. 56.

quiénes descansó el cuidado de sus hijas e hijos, si tenían? ¿Cuántas secretarias tuvieron que redactar las actas de sus discursos? ¿Cuántas trabajadoras domésticas tuvieron que brindar el café para los momentos de receso y limpiar los salones donde se llevaban a cabo las sesiones? ¿Cuántas mujeres tuvieron que satisfacer sexualmente a los varones constituyentes?"[242]. Las preguntas apuntan a mostrar que la heteronormatividad crea una división del trabajo por género e invisibiliza y borra del discurso a una de esas mitades.

La heteronorma tiene más consecuencias: implica que las mujeres existen en tanto su relación como madres, hijas o esposas de los hombres. Noten que en la práctica la heteronorma poco tiene que ver con nuestra orientación sexual. Los hombres cisgénero blancos y educados siempre han sido reconocidos como ciudadanos por el Estado, incluso si esto implicaba permanecer en el closet. La heteronorma los reprime o reprimía, pero no los desaparece. En cambio, para las mujeres lesbianas (y las personas *queer*, trans, no binarias) la heterosexualidad como modelo de Estado las desaparece, a menos que estén dispuestas a aceptar el modelo heteronormado y vincularse con un hombre.

Dice Curiel citando a Monique Wittig, una de las primeras teóricas sobre el tema: "Es más: 'lesbiana' es el único concepto que conozco que está más allá de las categorías de sexo (mujeres y hombres), porque el sujeto designado (lesbiana) no es una mujer, ni en lo económico, ni en lo político, ni en lo ideológico. Porque de hecho, lo que constituye una mujer es una relación social específica con un hombre, relación que otrora hemos llamado servidumbre, relación que implica obligaciones personales y físicas, tanto como obligaciones económicas ("asignación a residencia", tediosas tareas domésticas, deber conyugal, producción ilimitada de hijos e hijas, etc.), relación de la cual escapan las lesbianas, al negarse a ser heterosexuales"[243].

---

242 Ibíd., p. 107.
243 Ibíd,. p. 54, citando a Wittig, 2006.

Esa "negativa" tiene más implicaciones. Hacia el final de su libro, Curiel cuenta una anécdota verdaderamente ilustrativa sobre las consecuencias, en términos de derechos, que tiene el régimen heterosexual estatal:

"El año pasado, recibí una llamada telefónica de una amiga, para darme la noticia de que yo iba a poder tener papeles para estabilizar mi situación de extranjería en Colombia, pues la Corte Constitucional de Colombia acababa de emitir una sentencia sobre derechos de parejas del mismo sexo, que decía que se podía obtener la nacionalidad colombiana como pareja de una colombiana, si se cumplía con los requisitos que exigía la ley. En ese momento, me alegré por la felicidad de mi amiga, sobre todo porque ella sabía todas las calamidades y los miedos que pasaba en Colombia cada vez que se me terminaba un contrato de trabajo y tenía que esperar los trámites de la Universidad para que saliera el otro. Mientras eso pasaba, tenía el riesgo de tener que salir del país o quedarme en situación de ilegalidad. La sentencia de la Corte podría quitarme esa angustia, a condición que yo entrara a una 'unión de hecho' con mi compañera. Pero se me presentó una contradicción: por un lado, resolver el problema de los papeles, por el otro, tener que legitimar un modelo heterosexual de pareja y de 'matrimonio' como requisito para poder obtener documentación como 'natural nacional'"[244].

Yo también soy una mujer migrante, pero soy heterosexual, y pude legalizar mi estadía en México un mes después del matrimonio. Nuestro matrimonio fue un trámite sencillo e incuestionado por la ley o la sociedad, también debido a que somos heterosexuales. Como México también es una heteronación, ni más faltaba, solo tendré la residencia permanente luego de dos años de matrimonio, y mi esposo tiene que ir a Migración a dar fe de que el matrimonio "aún funciona". Pero, a pesar de eso, yo tengo acceso a muchos derechos en México solo porque encajo dentro del modelo heterosexual.

---

244 Ibíd., p. 169.

Una de las corrientes del feminismo es el Lesbianismo Feminista, que se construye desde la interseccionalidad y que enmarca la orientación sexual, la elección de una pareja como una acción política. En 1981 la lesbiana feminista afroamericana Cheryl Clarke escribió: "Ser lesbiana en una cultura tan supramachista –capitalista– misógina- racista-homo-fóbica e imperialista, es un acto de resistencia, una resistencia que debe ser acogida a través del mundo por todas las fuerzas progresistas. La lesbiana, esa mujer 'que ha tomado a otra mujer como amante', ha logrado resistir el imperialismo del amo en esa esfera de su vida. La lesbiana ha descolonizado su cuerpo. Ella ha rechazado una vida de servidumbre que es implícita en las relaciones heterosexistas/heterosexuales occidentales y ha aceptado el potencial de la mutualidad en una relación lésbica, no obstante los papeles"[245]. En los años 70 se crearon en Latinoamérica varios grupos lésbico feministas, como el Grupo de Acción Lésbico Feminista GALF y el grupo Lesbos en México, y Um Outro Olhar en Brasil. Por supuesto, estos grupos feministas no buscaban "imponer" su orientación sexual a nadie, eran formas de crear espacios seguros y visibilidad, ambos tremendamente necesarios. Son estas reflexiones lésbicas feministas las que logran mostrar que la heterosexualidad im-puesta y omnipresente es otro de tantos modelos de control político y económico de las vidas de las personas y no algo "natural".

En 1995 Jonathan Ned Katz publicó el libro *La invención de la heterosexualidad (The Invention of Heterosexuality)*, en donde rastrea el concepto de "heterosexualidad" hasta comienzos del siglo XX. En ese entonces el significado de la palabra era más cercano al de "bisexuali-dad" y se veía veía como una "anormalidad". Antes de mediados del siglo XIX no había ni homosexuales ni heterosexuales, había compor-tamientos sexuales, algunos de los cuales estaban catalogados y hasta prohibidos, pero el énfasis estaba en el acto, no en los sujetos[246]. Más

---

245 Clarke, 2009.

246 Blank, Hanne, *The Surprinsingly Short History of Heterosexuality*, citado en un artículo de la BBC de 2017 (Ambrosino, 2017).

puntualmente, los actos sexuales se entendían como actos procreativos y no-procreativos.

En una conferencia sobre poder y sexualidad en la Universidad de Nueva York en 1978, Jonathan Ned Katz dijo: "La investigación sobre el pasado de la homosexualidad nos inspira a cuestionar la necesidad de la presente división de las personas, las actividades, y los sentimientos entre heterosexuales y homosexuales. La investigación sobre el pasado de las relaciones entre personas del mismo sexo cuestiona qué tan aplicable es el modelo hetero-homo en sociedades que no reconocen esta polaridad. Si tenemos problemas para imaginarnos un mundo sin heterosexuales y homosexuales, esta historia es útil. El término 'homosexual' fue inventado en 1969 [hoy se dice que fue en 1968]. El primer uso de 'heterosexual' listado en el Diccionario Oxford se remonta a 1901. [El más reciente suplemento del Diccionario Oxford data la palabra hasta 1892, y la palabra también fue usada en 1868]. Los términos heterosexual y homosexual aparentemente empezaron a usarse de manera común en el primer cuarto del siglo xx; antes, si las palabras son un indicador de los conceptos que existen, las personas no concebían un universo social polarizado entre heteros y homos"[247].

Dice Ned Katz que cuando se cuestiona la heterosexualidad hay tres argumentos que se suelen esgrimir para defender su supuesta "naturalidad":

"(1) el imperativo procrear-o-morir que muestra a la heterosexualidad como una necesidad eterna;

(2) todas las sociedades reconocen distinciones básicas entre humanos femeninos y masculinos, niñas y niños, mujeres y hombres, y que estas diferencias culturales y biológicas son la fuente de una sexualidad inmortal que es hetero;

---

247 Ned Katz, 2007, p. 11.

(3) el placer físico que generan las uniones de genitales femeninos y masculinos es la base incambiable de una heterosexualidad eterna"[248].

La premisa del libro de Ned Katz es que estos tres argumentos son falacias: la cópula sexual no es lo mismo que la heterosexualidad, la diferencia de género o sexo no equivale a la heterosexualidad y el erotismo entre hombres y mujeres tampoco. La heterosexualidad es un pacto social que no tiene más de tres siglos en vigencia. Luego Ned Katz afirma que "la necesidad reproductiva, las distinciones entre los sexos, el erotismo entre los sexos, han existido por mucho tiempo. Pero la reproducción sexual, la diferencia sexual y el placer sexual se han producido y combinado en diferentes sistemas sociales en formas radicalmente diferentes"[249].

Hacia el siglo XVII en Europa se empiezan a fusionar las ideas de instinto reproductivo con deseo erótico. Esto también sirve para reforzar el modelo político de la monogamia (que, sorpresa, también es una construcción social). El cuento de la monogamia viene con truco, porque supuestamente solo se nos da naturalmente a las mujeres mientras que los hombres son promiscuos también "por naturaleza". Nos han echado el cuento de que esto se debe a que los hombres son cazadores que iban de "presa en presa" mientras que las mujeres eran agricultoras que se quedaban quietas viendo crecer las plantitas y supuestamente por eso ellos son promiscuos y nosotras fieles. Nos dicen que es inevitable el modelo binario en donde "el macho" debe asegurarse de quién es su hijo y que la "hembra" le guardará fidelidad a cambio de que él sea un buen proveedor.

¡Son patrañas! Lo que se cree hoy desde la antropología es que las primeras sociedades humanas eran tremendamente igualitarias y comunitarias, "si compartían todo, por qué vamos a creer que com-

248 Ibíd., p. 14.
249 Ibíd.

partían todo menos sus parejas sexuales" dice el investigador Christopher Ryan en uno de los capítulos de la serie *Explained*, hecha por la revista *Vox* para Netflix en 2018, dedicado a la monogamia. En el mismo episodio, la historiadora Stephanie Coontz muestra un texto de 1610-1791 escrito por un jesuita francés que vivió con los indios Naskapi a orillas del golfo de San Lorenzo en Quebec. El jesuita les preguntó: "Si dejan que las mujeres se acuesten libremente con quien quieran, ¿cómo sabrás que el hijo que tiene es tuyo?". Uno de los Naskapi le contestó: "Eso no tiene sentido, ustedes los franceses solo aman a sus hijos, pero nosotros amamos a todos los niños y niñas de nuestra tribu". Coontz también cuenta que en el sistema social de los y las indígenas Bari, en Venezuela, cada hombre que tiene sexo con una mujer mientras está embarazada se asume como padre de ese hijo o hija. En este modelo a las mujeres les conviene ser promiscuas, pues mientras más padres tenga su bebé, más cuidado estará. La invención de la monogamia atada a la reproducción heterosexual tiene que ver con la invención de la propiedad privada, que es lo que en últimas obliga a pensar en los linajes y por lo tanto tener un estricto control de la reproducción. Para variar, esto se convierte en control y vigilancia sobre los cuerpos de las mujeres. Lo importante es no olvidar que la heterosexualidad es un sistema cultural dominante que responde a unos intereses económicos, no un resultado de la biología.

Jonathan Ned Katz dice que los crecimientos de los centros urbanos estadounidenses a mediados del siglo XIX llevaron a buscar un modelo sistemático, reproducible y universalmente aplicable para el control de la población. Un científico de la época como el psiquiatra Richard von Krafft-Ebing[250] publicó en 1889 un catálogo

---

250 Ned Katz cuenta en su libro que Krafft-Ebing hacía terapias hipotónicas para "curar la homosexualidad" en donde le sugería a su cliente que repitiera: "1. Aborrezco el onanismo porque me hace enfermo y miserable. 2. Yo ya no tengo inclinaciones hacia otros hombres, pues el amor a los hombres va en contra de la religión, la naturaleza y la ley. 3. Yo siento una inclinación hacia las mujeres, pues las mujeres son adorables y deseables, y creadas para

de psicopatías sexuales en donde la palabra heterosexual aparece 24 veces. Por ese entonces Darwin, quien pensaba que las mujeres eran inferiores a los hombres, justificaba su prejuicio con la idea de la selección natural, en donde la reproducción heterosexual se convierte en un imperativo evolutivo. El lenguaje científico sirvió para pasar de la idea de que el sexo no procreativo era pecado a pensar que el sexo homosexual es antinatural y degenerado. En 1885, un ideólogo del darwinismo, Karl Pearson, sacó un ensayo titulado "*The Woman Question*" ("La pregunta por la mujer"), en donde concluía que la evolución era algo así como la nueva mano de Dios, le había dado a las mujeres un deseo instintivo por tener hijos y a los hombres un deseo instintivo por las mujeres[251]. Luego Freud presentó la heterosexualidad como algo que se construye, sí, pero también como una suerte de logro psicológico, un indicador de que se lograron navegar exitosamente los traumas de su infancia.

Entre 1948 y 1953[252], el investigador estadounidense Alfred Kinsey publicó dos reportes que estudiaban el comportamiento sexual en los seres humanos "femeninos" y "masculinos". Kinsey propone una escala –que hoy lleva su nombre– para determinar la orientación sexual de una persona. La escala va del 0 al 6, 0 siendo totalmente heterosexual y 6 totalmente homosexual. La escala, que hoy se sigue usando, tuvo un impacto importante porque propone pensar la orientación sexual como un continuum y porque considera la posibilidad de la bisexualidad (aunque ese término no le gustaba a Kinsey por-

---

el hombre". Luego Ned Katz cita un reporte sobre cómo había "progresado" el paciente siete años después, en el que señalaba que "el paciente aún tiene sentimientos simpáticos hacia algunos hombres, pero nunca nada parecido al amor. Ocasionalmente ha tenido coito placentero con mujeres y ahora piensa en el matrimonio". Krafft-Ebing también sugería el matrimonio como tratamiento contra la homosexualidad (Ned Katz, 2007, p. 25).

251 Segal, 2015, p. 80.

252 Kinsey, Pomeroy, & Martin, 1948; Kinsey, Pomeroy, Martin, & Gebhard, 1953.

que lo equiparaba con "hermafrodita") como un comportamiento normal. Sin embargo, la escala tiene tres problemas: primero que entiende la bisexualidad como una suerte de intermedio, segundo que no se desmarca del modelo binario hetero-homo, y tercero que asume la orientación sexual como algo natural e inamovible a lo largo de la vida de las personas. Aunque parece reivindicativo decir que la bisexualidad o la homosexualidad son "naturales", al hacerlo estamos olvidando que ambas solo existen en un marco semántico en donde la sexualidad es binaria, inamovible y vinculada a nuestra biología.

En la reedición de *La invención de la heterosexualidad* publicada en el 2007[253], Ned Katz incluye un prefacio en el que reexamina la primera edición: "En las páginas finales de *La invención de la heterosexualidad* enfatizo que *no* creo que la invención de la palabra heterosexual y su concepto crearán una erótica sexual diferente. [...] Hoy pienso que mi prevención intelectual subestimó el rol de las palabras y las ideas en la producción social e histórica de la heterosexualidad (y por extensión la homosexualidad, y todas las sexualidades). Desde 1995 he pensado mucho sobre el rol del lenguaje en la construcción de sexualidades históricas y hoy pienso que tiene un papel fundamental. Hoy pienso que los seres humanos usamos palabras como herramientas para crear sexualidades como si fueran fenómenos específicos, y que la realidad de una sexualidad es dependiente e inseparable de las palabras que usamos socialmente para describirlas"[254].

Cuando empezamos a cuestionar la heterosexualidad entendemos que esa idea de la identidad sexual como algo inmutable y constitutivo de la personalidad es bastante reciente. Afortunadamente hoy se habla de sexualidades fluidas y muchas personas asumen identidades que no encajan dentro de las limitadas posibilidades para la sexualidad que se naturalizaron en el siglo XX. Hoy existen identidades no binarias asumidas por personas que no se identifican con lo masculino o lo

253 Ned Katz, 2007, p. viii.
254 Ibíd.

femenino. También se usa mucho el término *queer*, que originalmente en inglés significaba "raro", para subvertir el modelo heteronormado, y en Latinoamérica se ha adaptado la palabra *cuir*, pues en el contexto de nuestra región los anglicismos suelen marcar diferencias de clase. Que seamos capaces de inventarnos múltiples identidades a partir de nuestra libre sexualidad no es malo, ni confuso, ni atenta contra los derechos de nadie. Al contrario, es síntoma de que como sociedad hemos empezado a dejar de ver la sexualidad como algo normativo que se impone desde fuera para dar paso a una concepción de sexualidad que valora y respeta la voluntad de las personas y que no las sanciona ni excluye por las formas en que su identidad se expresa a través del deseo.

Putiavergonzar

Hay un chiste que dice que si una mujer invita a un hombre a ir al cine, el tipo piensa que lo están invitando a coger. Si lo invitas a cenar, el tipo piensa que lo estás invitando a coger. Si lo invitas a una fiesta, el tipo cree que lo estás invitando a coger. Ah, pero si lo invitas a coger, ¡se asusta porque eres muy directa!

Nos reímos porque es cierto: a las mujeres nos han enseñado que si enunciamos y afirmamos nuestro deseo, seremos temidas y castigadas. Por eso nos toca andar con rodeos. Además sobre nuestras cabezas pende una amenaza muy efectiva: toda la vida nos han dicho que de una "moral sexual intachable" (es decir, obediente al patriarcado) depende que nos respeten en todos los campos de la vida. Esto es algo que en inglés se llama *"slut-shaming"* y podríamos traducir al español como putiavergonzar, y son todos esos mensajes que nos manda la sociedad para castigarnos por asumirnos como seres sexuales y así controlar nuestra sexualidad. Muchas mujeres ni disfrutan el sexo porque tendrían que desaprender años y años de mensajes negativos. Por eso es responsabilidad de todas dejar de juzgar a las personas, especialmente a las mujeres, a partir de sus decisiones sexuales, pues ya sabemos que hay un doble estándar: a los hombres se les celebra la promiscuidad y a las mujeres se les castiga. Mantener esos prejuicios nos jode a todas, porque ¿a las cuántas parejas se es promiscua? Bajo ese estándar que tiene por objeto controlar a las mujeres, todas somos susceptibles de ser juzgadas por nuestra moral sexual.

La putivergüenza está construida sobre un aparato de estigmas alrededor de la promiscuidad de las mujeres y todos parten de una necesidad de control sexual y reproductivo. Esa es la razón real, pero las mujeres terminamos siendo juzgadas moralmente por manifestar nuestro deseo sexual. La promiscuidad hasta da pie para que la gente comente que "no nos queremos a nosotras mismas", o que nuestro comportamiento es "autodestructivo" porque se asume que las mujeres solo podemos amar en la monogamia o que la promiscuidad destruye. También se cree que si una mujer es promiscua, entonces va a querer acostarse con todo el mundo o con cualquiera y esto no solo es mentira, muchas veces es el argumento que ha servido para justificar una violación. Incluso que digamos públicamente que nos gusta el sexo justifica insultos, desvalorizaciones y hasta que "nos estábamos buscando" la violencia sexual.

A las mujeres se nos juzga en todos los campos de nuestra vida desde nuestra moral sexual. Si somos promiscuas o peor, metemos cachos, esto no hace solo parte de nuestra vida privada, nos deslegitima ética y profesionalmente, algo que jamás les pasa a los hombres, es más, en los Manes tiene el efecto contrario. Atacar nuestra moral sexual es una de las formas más comunes de joder a las mujeres. Nadie vale menos o más dependiendo de con quién se acuesta o cómo es que tiene sexo, eso lo sabemos en abstracto, pero aun así las mujeres nos pasamos la vida cuidando una suerte de cinturón de castidad metafísico que llamamos "reputación".

No todo encuentro sexual tiene que llevar a una relación monógama, romántica y duradera. Pero a veces las mujeres tememos cualquier cosa que no sea monogamia porque el sexo casual suele estar lleno de

Las mujeres que luchan se encuentran

tropos machistas, cultura de la violación, heteronormatividad y dobles estándares. Muchas veces uno se levanta después de una noche de sexo casual sintiendo todo eso, sintiendo que "por habérselo dado a ese *man* me degradé a mí misma", las palabras no son nuestras, nos las ha embutido en la cabeza nuestra sociedad.

Esa sensación no viene del sexo casual en sí, viene de haber tenido sexo con una persona que nos trató como una cosa. Que nos "deshumanizó". Tener sexo casual no quiere decir que podemos usar a la otra persona como un gran masturbador. El sexo será casual, pero la otra persona sigue siendo una persona, y el sexo sigue siendo un gesto íntimo de conexión. No toca casarse, ni siquiera involucrarse emocionalmente, pero tampoco se vale maltratar a nadie. Por ejemplo, si el tipo con el que uno cogió es de esos demasiado persistentes, a los que les importa un carajo tu placer, y que luego de venirse te ignoran, pues uno no puede sentirse sino mal.

El problema no es necesariamente la cosificación (aunque esto es un síntoma) sino la deshumanización. Una cosa es que una mujer decida de manera voluntaria ser cosificada, esa también es una expresión del deseo, pero lo importante es que haya opción. Pensemos en Madonna y su libro, LP, obra de arte, *Erótica*. Sí, Madonna salía desnuda, amarrada, cosificada, pero ¿quién tenía el control sobre la creación y divulgación de esas imágenes? ¿Quién se lucró de todo ese trabajo? La misma Madonna. Es una estrategia muy parecida a lo que hace Kim Kardashian. No toda cosificación es victimización o deshumanización.

No es necesario tener "sexo con amor" o "monógamo" para que no nos deshumanicen. Nuestro deseo puede pasar por querer ser cosificadas al ser deseadas pero eso de ninguna manera nos convierte en "una cosa". Nada puede ser una excusa para deshumanizarnos.

El problema es que a muchos hombres les enseñaron a tratar a las mujeres como una especie de masturbadores gigantes, y más a esas que "no quieren llevar a su casa para que sean la madre de sus hijos". También les enseñan a deshumanizar e irrespetar a las mujeres y venerar a las madres. Eso sí, placer para ninguna. Porque ni eso que llaman "hacer el amor", ni el sexo casual, se inventaron para el placer de las mujeres. Además con frecuencia las mujeres no nos atrevemos a afirmar lo que queremos, especialmente en el sexo con un hombre, porque si uno se muestra muy asertiva entonces llega la putivergüenza, el tipo de pronto te estigmatiza y no te respeta. La putivergüenza sirve para que no podamos decir lo que nos gusta ni en el sexo monógamo, ni en el poliamor, ni en el sexo con hombres ni en el sexo con mujeres. Solo es necesario que nuestra pareja o parejas sexuales tengan el prejuicio.

Todas las personas sentimos el deseo sexual de formas diferentes. Lo importante (y bastante difícil) es que seamos capaces de distinguir entre lo que nosotros queremos y lo que la sociedad quiere que queramos. Cuando esta distinción no es clara, podemos llegar a, por ejemplo, probar cosas antes de estar preparadas, o a veces eso significa reprimir nuestros deseos en lo más profundo de nuestra cabeza para encajar con los estándares de la sociedad.

Una forma de explorar y conocer nuestro deseo es la masturbación, que nos permite conocer nuestros gustos y nuestros ritmos y las formas en que llegamos al placer. La masturbación nos permite explorar nuestro propio deseo sin tener que ponernos en el lugar de un Otro.

Algunas podremos decir que una las ventajas del sexo monógamo, por ejemplo, es que con una pareja estable hay más tiempo para conocer el cuerpo de la otra persona, para construir intimidad, en cambio los primeros polvos suelen ser más una cosa de ensayo y error. Pero es distinto ser monógama por elección a ser monógama porque no hay otra opción. Para muchas personas funciona perfectamente el modelo del poliamor, la diferencia clave está en que para que estos modelos de relación funcionen tiene que haber reglas claras y honestidad. La lealtad es mejor indicador de compromiso en una relación que la fidelidad.

María del Mar Ramón, colombiana y fundadora de la Red de Mujeres en Argentina, escribe en la revista *Volcánica*: "Fingir acabar para que él acabe. Cerrar y apretar los ojos en nuestra primera vez, aproximándonos al desconocido territorio del debut sexual. Tocarnos en la ducha siendo preadolescentes sin entender la sensación de un primer orgasmo, sin saber de qué trataba esa sensación, sin tener información. No decir qué queremos o qué nos gusta. Ceder ante la presión y seguir sin convencimiento. Soportar incomodidad, irritación, incluso dolor. Todas experiencias repetidas en la historia y la biografía de las mujeres que conozco. Todas escenas que también sucedieron en la mía. ¿Por qué el placer de las mujeres es un tema tan irrelevante en nuestra formación sexual?"[255].

Porque el control de nuestros cuerpos por parte del patriarcado comienza por convencernos de que no podemos disfrutar nada sin sentirnos culpables. El ejercicio social de putiavergonzar es el mecanismo por medio del cual la sociedad nos obliga a conectar esas dos emociones. Una de las consignas de la Red de Mujeres es "si la culpa es patriarcal, el placer es feminista"; esa liberación del deseo de las mujeres, ese permiso de sentir placer, es también un imperativo para reconocer el dolor y alejarse de él. Esto parece sencillo, pero nos han enseñado que soportar lo que nos duele nos hace virtuosas y buenas y que si buscamos de manera activa y entusiasta nuestro propio placer, somos egoístas y degeneradas. Entender que aguantar dolor físico o emocional en vez de sublimarnos nos disminuye y hasta nos pone en peligro, y entender que decidirnos por poner primero el placer de nuestros cuerpos es una forma de afirmar nuestra vida, es el primer paso para desconectar ese perverso juego psicológico que hace que la putiverguenza funcione en primer lugar. Lograr dejar de sentirnos culpables por nuestros deseos es una revolución feminista en cada mujer.

¿El sexo es un trabajo?

Uno de los insultos más frecuentes que recibimos las mujeres es "puta". La palabra "puta" denomina un oficio y no tendría por qué ser un in-

---

255 Ramón, 2018.

sulto, a lo sumo suele ser una imprecisión. Pero todas sabemos lo que nos están diciendo: no eres más que un coño y no mereces respeto porque ese coño se ha hecho público, se ha "desacralizado", ya no tienes valor. La idea detrás del insulto es que las mujeres que tienen una vida sexual valen menos, y que si esa vida sexual es además un trabajo, la degradación es máxima. En cambio, las mujeres que conservan sus coños en estricto secreto hasta para ellas mismas, las que lo privatizan para el servicio de un solo hombre, esas son las mujeres virtuosas, "las que valen". Y con esas amenazas nos traen de las narices: si un tipo te invita a cenar luego cree que le debes sexo porque tuvo la amabilidad de gastar la cuenta, muchos hombres creen que el sexo con mujeres es una transacción pero luego se ofenden si esa transacción se hace explícita. Si eres "una buena chica" solo tendrás sexo devoto, exclusivo y gratis bajo la consigna de que es "por amor" porque el erotismo genital es "una cosa mágica y sagrada, un regalo que solo se le puede *dar al* elegido". En contraste, la palabra "prostitución" hoy es sinónimo con la corrupción y falta de principios morales.

Los argumentos en contra del trabajo sexual tienen la misma matriz argumental que los argumentos de los antiderechos: que es algo que las mujeres no pueden disfrutar porque es un flagelo, a pesar de sus propios testimonios, que las mujeres no podemos tener todo el poder de decisión sobre nuestros cuerpos, y que el trabajo sexual es "un fracaso de la humanidad". "Nadie quiere comprar la vaca si regala la leche", nos dicen, como si fuéramos vacas, dando por sentado que nuestra expresión sexual es siempre comodificable. Pero si a alguna de nosotras se le ocurre decir "Va, que no me compre nadie, ¡voy a vender mi propia leche!", ah, eso lo toman como una decrepitud moral. Porque no se trata de vender o no vender la leche sino de quién se lucra de esas transacciones: ¿la vaca? O el dueño, o padre, o pareja de la vaca. Repito, de entrada esta lógica es perversa porque las mujeres somos personas y no vacas.

Valeria flores, quien firma su nombre en minúscula y se presenta como "escritora activista de la disidencia sexual tortillera feminista heterodoxa cuir masculina maestra prosexo" dice en su ensayo "impropio": "El dispositivo de feminización nos enseña a temer al sexo, la pasividad, la espera, la gratuidad, a hacerlo por amor, quienes se apropian de ciertas prerrogativas masculinas como la iniciativa sexual y la autonomía económica y erótica son socialmente sancionadas y estigmatizadas. Se han apropiado de algo impropio para su género. Y rápidamente aparece la dignidad para clasificar la vida de las personas. ¿Por qué medir con la vara de la dignidad el acto voluntario y con fines económicos de chupar una pija por dinero o el de escribir un *paper* o lavar un inodoro o patear una pelota?"[256].

Silvia Federici afirma en el ensayo "¿Por qué la sexualidad es un trabajo?" que la sexualidad es un deber, un trabajo para muchas mujeres. Y estoy segura de que para muchas mujeres es fácil encontrar un ejemplo de un polvo, o muchos, que tuvo o tuvieron que ver más con la obligación que con el deseo. Y no es que eso esté mal en sí mismo, todas entendemos que cuando cogemos sin ganas y por obligación estamos prestando un servicio. ¿Por qué entonces parece tan aberrante que una mujer decida cobrar por prestar servicios sexuales? Muchos trabajos asociados con el rol femenino han logrado que se reconozcan como trabajos asalariados: la educación temprana, la enfermería, el trabajo doméstico, todos tienen en común que son trabajos feminizados en los que con frecuencia hay explotación, pero al menos son reconocidos y respetados socialmente. ¿Por qué el trabajo sexual no?

En *Calibán y la bruja*, Federici explica que antes de la llegada del capitalismo y la caza de brujas, las trabajadoras sexuales eran vistas como un "mal necesario". "Así, entre 1350 y 1450 en cada ciudad y aldea de Italia y Francia se abrieron burdeles, gestionados públicamente y financiados a partir de impuestos, en una cantidad muy superior a la alcanzada en el siglo XIX. En 1453, solo Amiens tenía 53 burdeles. Además, se eliminaron todas las restricciones y penalidades contra la prostitución. Las prostitutas podían ahora abordar a sus clientes

---

256 Flores, 2015, p. 144.

en cualquier parte de la ciudad, incluso frente a la iglesia y durante la misa. Ya no estaban atadas a ningún código de vestimenta o a usar marcas distintivas, pues la prostitución era oficialmente reconocida como un servicio público"[257].

Con la llegada de la cacería de brujas, que fue en esencia un proyecto biopolítico para tomar control de la reproducción y por ende de los cuerpos de las mujeres, la prostituta, quien "vendía su cuerpo a los hombres", era la forma cotidiana de la bruja, quien "vendía su alma al diablo". Ambas representaban la sexualidad no procreativa. "Así, mientras en la Edad Media la prostituta y la bruja fueron consideradas figuras positivas que realizaban un servicio social a la comunidad, con la caza de brujas ambas adquirieron las connotaciones más negativas –relacionadas físicamente con la muerte y socialmente con la criminalización– y fueron rechazadas como identidades femeninas posibles. La prostituta murió como sujeto legal solo después de haber muerto mil veces en la hoguera como bruja"[258].

En nuestras sociedades Latinoamericanas el trabajo sexual es visto como una actividad inmoral, pero a quien se margina es a las trabajadoras y no a sus clientes. En nuestras ficciones existe, o bien la prostituta sabí que aconseja entre sábanas al protagonista de la historia para luego desaparecer en el fondo, o la mujer miserable y explotada cuya única opción es el trabajo sexual. Son caricaturas que o bien no nos permiten cuestionar las condiciones laborales de las trabajadoras sexuales o nos las presentan como víctimas sin agencia que necesitan ser salvadas. Ambos estereotipos son falsos, y la mayoría de las trabajadoras sexuales viven en medio de los amplios grises de ambos estereotipos.

"El trabajo sexual es brindar un servicio sexual a cambio de una remuneración económica preestablecida en tarifas y en tiempos, siempre como un acuerdo entre personas mayores de edad que en el ámbito privado realizan tal intercambio, es decir, existe un horario a cumplir,

---

257 Federici, 2010, p. 81.
258 Ibíd., p. 221.

un lugar donde se desarrolla la actividad y tarifas claramente definidas para los servicios que le ofrecen, características de cualquier trabajo. Del mismo modo, existe más precariedad y explotación a medida que más clandestina resulta su práctica, al tiempo que hay menos posibilidades de organizarnos para defender nuestros derechos, entendemos que en el trabajo sexual, como en el resto de los trabajos reconocidos, se involucra el cuerpo inevitable e indefectiblemente"[259]. Estas son las palabras de Eugenia Aravena, Patricia Figueroa, Blanca Mendoza, Rosario Suárez y María Giménez, integrantes de la organización AMMAR[260] (Asociación de Mujeres Meretrices) de Córdoba, en Argentina[261].

Gail Pheterson en *The Prostitution Prism* dice: "Significativamente, aquellas personas que prestan servicios sexuales son definidas por su actividad y llamadas prostitutas, mientras que quienes pagan por sexo no están definidos por esta actividad. Decir que te has ido de putas no te margina ni te hace objeto de todo tipo de proyecciones fantásticas, no te hace marginal, o marca tu sexualidad o te define. Asumimos que los clientes de las prostitutas son diversos en cuanto comportamiento y motivación, edad, raza, cultura o situación social. En cambio las personas que hacen el trabajo sexual inmediatamente son estigmatizadas y tomadas por víctimas"[262].

---

259 Aravena, Figueroa, Mendoza, Suárez, & Giménez, 2015, p. 30.

260 "AMMAR Córdoba se fundó en la provincia de Córdoba [Argentina] en el año 2000. Cansadas de sufrir la violencia policial y la persecución sistemática, que en muchas ocasiones significa soportar hasta 180 días presas en calabozos, golpes, asesinatos y una constante violencia psicológica que no nos permitía ser dueñas de nuestra propia vida. Hartas de la constante y sistemática represión de la que venimos hablando y la discriminación por parte de múltiples sectores de la sociedad, comenzamos a luchar por nuestra visibilidad como mujeres con voz propia. Siendo un *colectivo* entendimos que la organización es la fuerza y el motor que necesitamos para derribar prejuicios, mitos y conquistar nuestros derechos. Apuntamos a salir de la clandestinidad que sólo beneficia a las mafias que históricamente se lucran con nuestras persecuciones" (Aravena et al., 2015, p. 29).

261 Aravena et al., 2015, p. 30.

262 Despentes, 2010, p. 62.

En un mundo ideal el trabajo sexual sería un trabajo como cualquiera, con prestaciones, salud, vacaciones, con dignidad y respeto. En ese mundo ideal cada mujer podría escoger entre ser abogada o trabajadora sexual o presidenta. El problema es que en el mundo real todos los prejuicios sobre los roles femeninos y el trabajo sexual se juntan para que muchas trabajadoras sexuales no estén ahí por gusto sino porque no tienen otra opción de empleo. Sucede mucho con las mujeres migrantes, con las mujeres trans, con personas pobres, racializadas, pues es un trabajo informal y precarizado para el que no se exigen papeles o títulos universitarios. Y sí, hay mucha violencia y explotación al interior del trabajo sexual, pero esto no es culpa de las mujeres que prestan servicios sexuales sino de un sistema que las margina y las deja vulnerables.

También es cierto que la mayoría de los clientes son hombres y que la mayoría de las trabajadoras son mujeres, y esta desigualdad existe gracias a la idea de que las mujeres somos comodificables y que nuestro deseo no importa. Pero este problema no se resuelve con la abolición del trabajo sexual, las políticas prohibicionistas solo marginan aún más a las trabajadoras sexuales, dejándolas vulnerables; si lo que nos importa son las mujeres que se dedican a este oficio, debemos enfocarnos en luchar por sus derechos laborales en vez de hacerles la vida más difícil. Y sobre todo es necesario escucharlas, las feministas blancas cisgénero educadas tenemos una larga historia de condescendencia frente a las trabajadoras sexuales, y esa condescendencia es violenta porque les quita agencia sobre sus luchas.

En el libro *Parate en mi esquina: aportes para el reconocimiento del trabajo sexual*, Aravena, Figueroa, Mendoza, Suárez y Giménez, de AMMAR, dicen: "No nacimos vulnerables, nos hacen vulnerables las condiciones bajo las que ejercemos nuestra actividad, es decir, sin ningún marco legal que garantice nuestros derechos: derecho a no ser explotadas, por ejemplo, ni a tener seguridad social o sanitaria, derecho a no ser empujadas a 'ese margen tan fino' de lo que se está permitido y lo que es delito, todos derechos humanos básicos, tratarnos como víctimas es otra forma de quitarnos la palabra... Cada vez que nos consideran como puras víctimas lo único que hacen es quitarnos el derecho a hablar por nosotras y desde nosotras"[263]. El feminismo abolicionista es problemático porque traiciona la primera premisa del feminismo: que las mujeres somos seres humanos, sujetos autónomos capaces de decidir sobre nuestras vidas y nuestros cuerpos. Lo más triste es que al ver a las trabajadoras como "menores de edad" se cae en un paternalismo que, dado que las trabajadoras sexuales son mujeres adultas, solo se explica en la diferencia de clase.

Si el trabajo sexual se regula y legaliza, esto permite que se ejerza en condiciones justas y dignas. Esa es la mejor manera de acabar con el gravísimo problema de trata de personas (especialmente mujeres jóvenes) con fines de explotación sexual. Si se dan las condiciones para que las trabajadoras sexuales accedan a sus derechos laborales, será muy evidente quién está siendo obligada y explotada y quién no. La lucha debe ser contra la trata, no contra el derecho al trabajo de las trabajadoras sexuales.

Todos los trabajos son realizados con el cuerpo, estas líneas no fueron escritas por la forma metafísica de mi mente, detrás de estas letras hay unas manos, brazos, un cuerpo de mujer cisgénero que gasta energía y requiere un salario para comprar comida. No tenemos más que nuestro cuerpo. ¿Entonces por qué aceptamos la transacción económica en unos oficios y en otros no? Las integrantes de AMMAR preguntan: "¿Por qué señalar al trabajo sexual como si fuera la única actividad laboral donde se involucra el cuerpo? Escuchamos afirmaciones de que nosotras 'vendemos el cuerpo', sin poder aceptar que solo ofrecemos un servicio y no la venta del cuerpo, una empleada de una fábrica, una médica, una oficinista o una obrera textil del campo también utilizan su cuerpo para trabajar, corren el riesgo de sufrir enfermedades profesionales y hasta la muerte, en estas actividades también hay situaciones de explotación y en muchos casos también existe la trata de personas. ¿Por qué entonces querer abolir nuestro tra-

---

263 Aravena et al., 2015, p. 31.

bajo y no los otros del mismo sistema opresor? ¿No será que hay una pretensión de que la actividad sexual solo pueda darse en un ámbito de relaciones emocionales 'moralmente aceptables'? ¿Qué impediría que no pueda darse en un intercambio sexual no reproductivo?"[264].

Virginie Despentes reflexiona en *Teoría King Kong* sobre el tiempo en que fue trabajadora sexual: "Las prostitutas son las únicas trabajadoras cuya alienación moviliza a las clases altas, al punto en que mujeres a quienes jamás les ha faltado nada en la vida salen a decir dogmáticamente que la prostitución no debe ser legalizada. No les importa la explotación de las mujeres pobres o la miseria de salario por el que venden su tiempo y su trabajo. Pero si vendes sexo, a todo el mundo le importa. [...] Suponen entonces que cualquier intercambio de servicios sexuales por dinero, incluso en las mejores condiciones, incluso si es tu decisión, eso va en contra de la dignidad de las mujeres. Dicen que si las prostitutas tuviesen elección, no serían trabajadoras sexuales. Qué tal el argumento. ¡Como si la señora que te hace la cera lo hiciera por pura vocación estética! Luego te dicen que las prostitutas están expuestas a todo tipo de violencia, pero no quieren crear los marcos legales para evitar esa violencia"[265]. Despentes dice que si el contrato de prostitución se hiciera parte de la vida diaria, veríamos con más claridad lo que es un contrato de matrimonio en el que una mujer acepta realizar un monto de trabajos para un hombre, trabajos sexuales incluidos, para que ese hombre esté cómodo.

Dice Virginie Despentes: "Cuando los hombres se imaginan como mujeres, se imaginan como putas, marginales y libres de moverse por donde quieran, antes que como madres, preocupadas por la casa y la limpieza. La mayoría de las veces las cosas son exactamente lo opuesto de lo que nos dicen que son. El personaje de la prostituta es un buen ejemplo: cuando escuchamos que la prostitución es violencia contra las mujeres se supone que debemos olvidar que el matrimonio y el

---

264 Ibíd.
265 Despentes, 2010, p. 54.

control de nuestra salud sexual y reproductiva también son violencia contra las mujeres. No podemos olvidar el hecho de que más mujeres mueren por violencia doméstica que por ser trabajadoras sexuales"[266].

Hoy las trabajadoras sexuales hacen parte del movimiento feminista y en su lucha por el reconocimiento de su trabajo nos recuerdan algo muy importante: el criterio de la moral sexual es una trampa, todas trabajamos, de una forma u otra, con nuestro cuerpo, y como seres humanos y ciudadanas tenemos derecho a elegir qué hacer con nuestro cuerpo, a qué trabajo dedicarlo.

Nadie pierde su dignidad por trabajar. Nadie pierde su dignidad por cobrar por sexo. Claro, muchas trabajadoras sexuales son mujeres o personas que existen en los márgenes de nuestra sociedad, como es el caso específico de las personas trans o migrantes indocumentadas, pero es perfectamente sensato que algunas mujeres prefieran prestar servicios sexuales a lavar baños, recoger frutas en plantaciones, o quemarse las pestañas en las maquilas. La clave está en que nuestras sociedades puedan garantizarles a todas las mujeres todos los derechos, incluido el derecho al trabajo, la salud, la educación, a una vida libre de violencia. Y cuando eso suceda, si es que sucede algún día, seguramente habrá un cambio en las dinámicas de oferta y demanda del trabajo sexual. Pero seguramente todavía habrá trabajo sexual, porque es una opción de trabajo válida. Avanzar en derechos para todas significa lograr que el sexo, cuando sea gratuito, sea deliberado, entusiasta, bienvenido y voluntario, y que cuando sea pago, sea con respeto y condiciones laborales justas y con consentimiento informado de todas las partes involucradas, que deben ser personas adultas.

¿El porno puede ser feminista?

En 2006 se crearon en Estados Unidos los Feminist Porn Awards (FPA). Los criterios son:

---

266 Ibíd., p. 80.

1. Que haya una mujer detrás de la producción, guiones, dirección, etcétera;
2. Que muestre el placer femenino de manera genuina;
3. Que amplíe las barreras de la representación de los cuerpos o los actos sexuales y rete a los estereotipos que suelen encontrarse en el porno *mainstream*;
4. Que sea *hot*.

"Los filmes ganadores suelen considerar la perspectiva de las espectadoras mujeres desde el comienzo hasta el final. Esto significa que se hace más probable ver deseo activo y señales de consentimiento o mujeres tomando control de sus propias fantasías (incluso cuando estas fantasías significan ceder el control)"[267]. Parece que estos premios fuesen un absurdo, una burla al feminismo, después de todo, académicas estadounidenses como Catharine Mackinnon y Andrea Dworkin abanderaron en los años 80 una campaña para prohibir la pornografía, llegando a decir que la misma iba en contra de los derechos civiles de las mujeres. La feminista Phyllis Schlafly dijo: "La pornografía debe definirse como la degradación de las mujeres. Casi todo el porno involucra el uso de mujeres de forma subordinada, posturas degradantes y actos sádicos y violentos para el placer de los hombres". El argumento, que a la fecha sigue siendo bastante popular, es que el porno de alguna manera es causa de las malas conductas sexuales o, en palabras de Mackinnon, "la pornografía funciona como un acondicionador social, refuerza un estímulo y casi que entrena a los hombres en malas prácticas sexuales".

Pero no todas las feministas estamos de acuerdo con esta mirada del porno. Yo soy de la línea de Betty Dodson, artista y sexóloga dedicada a abogar por la salud y el placer de las mujeres, quien dice

---

267 Feminist Porn Awards (ver http://goodforher.com/feminist_porn_awards), citado en Taormino, Penley, Shimizu, & Miller-Young, 2013, p. 12. Traducción de la autora.

en *My Romantic Love Wars: A Sexual Memoir* que "asumir que el sexo es inherentemente opresivo para las mujeres, y que las mujeres se degradan por tener sexo frente a una cámara, ignora y reprime la sexualidad de las mujeres"[268]. Aunque las críticas de Mackinnon y Dworkin aplican a la gran mayoría del porno *mainstream*, el problema no es el porno en sí, sino que este (como casi todos los campos humanos) reproduce estructuras de discriminación y de explotación.

Cuando planteamos una dicotomía en la que hay una forma de sexo malo (el pornográfico) y uno bueno, estamos cayendo en la trampa de los grupos conservadores, exigiendo al sexo ser una cosa decente y respetable. "Nuestro primer error como feministas fue establecer una forma de sexo políticamente correcta, definido como el ideal del amor entre iguales con ambas partes en un acuerdo de monogamia"[269].

Ese tipo de sexo, según dijo Gayle Rubin, es ese que es "heteronormado, vainilla, con carácter procreativo, entre dos, entre personas de la misma generación, en la privacidad de la casa, solo con el contacto de los cuerpos y evitando la comercialización o la pornografía"[270]. Todas las prácticas sexuales que caen por fuera de este círculo son entendidas como desviaciones. Se supone entonces que "el sexo pornográfico implica 'usar a la otra persona' y es un 'performance para otros', una 'mercancía pública', 'ajena al amor', 'emocionalmente distante', 'degradante', 'irresponsable, falso, vergonzoso y solo para la satisfacción de impulsos'. En contraste el sexo saludable se trata de 'querer y cuidar a otro', 'compartir con una pareja', es una 'experiencia privada', 'un tesoro personal', 'una expresión de amor' siempre 'respetuoso, honesto, responsable'"[271].

Parece entonces que el sexo "bueno" es cuando hay amor, pero ¿no es un estándar muy alto y bastante restrictivo valorar el sexo solo en la

---

268 Taormino et al., 2013, p. 12.
269 Dodson, 2013, p. 25. Traducción de la autora.
270 Rubin, 1984.
271 Smith & Attwood, 2013, p. 51. Traducción de la autora.

medida en la que produce intimidad? Hay sexo casual, sexo rudo, sexo
producto de la rutina o del aburrimiento, sexo solo por diversión, y todas
estas son formas de expresión sexual válida que no implican "amor". En
ambos casos hay una narrativa transversal en donde los instintos sexuales
de los hombres deben ser civilizados, y el comienzo es apartarlos de la
pornografía. Estos argumentos no se detienen a mirar si hay una variedad
de pornografías con diferentes orígenes y que representan diversas cosas
para una variedad de subjetividades sexuales. Por otro lado, defender la
pornografía con el argumento de la libertad de expresión hace poco por
cuestionar esa idea de que todo el porno tiene una sola forma y que en
él siempre se degrada o subordina a las mujeres[272].

Betty Dodson cuenta que en 1970 hizo una exposición de arte
mostrando dibujos de mujeres masturbándose y que una mujer se
acercó a decirle que su arte era "desagradable y pornográfico". La artista entonces se preguntó en voz alta frente a su amigo Grant Taylor:
"¿Por qué será que la gente no distingue entre arte erótico y arte pornográfico?"[273], y su amigo le contestó: "Betty, todo es arte. La belleza
o la pornografía siempre estarán en el ojo de quien lo mire". Dodson
cuenta que Taylor le dijo que era un error tratar de definir uno u otro,
"una trampa intelectual que llega a debates infinitos". En ese momento
Dodson decidió dejar de definirse como una artista erótica y empezar
a presentarse como pornógrafa. Dodson, como sexóloga, también
hizo filmes sobre educación sexual, pero estos fueron tildados de pornografía inmediatamente porque mostraban penes y vulvas. "Pero no
puedes enseñar sobre sexo si no eres explícita, así que de nuevo me
vi a mí misma acogiendo el rol de pornógrafa"[274]. Luego investigó la
etimología de la palabra, del griego *pornographos*, que significa "lo que
escriben las prostitutas", lo que la llevó a decir: "Si nuestra sociedad
tratara el sexo con dignidad y respeto, tanto las pornógrafas como las

---

272 Ibíd.
273 Dodson, 2013, p. 24. Traducción de la autora.
274 Ibíd., p. 29.

prostitutas tendrían estatus, como es evidente que lo tuvieron en la antigüedad, en donde las trabajadoras sexuales eran también las artistas y las escribanas del amor sexual". Finalmente, Dodson concluye que "para que las mujeres podamos progresar debemos cuestionar todas las formas de autoridad, estar dispuestas a cuestionar cada regla dirigida a controlar nuestro comportamiento sexual"[275].

Prohibir el porno nos obliga a crear distinciones entre las formas de entretenimiento con contenido sexual "buenas" y las "malas" y esto muchas veces nos hace caer en un pánico moral. Y al hacerlo caemos en la trampa de los argumentos conservadores. Clarissa Smith y Feona Attwood, investigadoras de las universidades de Sunderland y Middlesex, respectivamente, hablan sobre el fenómeno social del "pánico sexual", una eficiente estrategia para la movilización masiva que ha sido usada para impedir que haya educación sexual con perspectiva de género en los colegios, para justificar intentos absurdos de prohibir el reguetón o para ganar votos con el cuento de la prisión perpetua para violadores de niños.

Un ejemplo de pánico sexual que me encanta citar ocurrió en el 2016 en la ciudad de Cartagena[276]. Gran escándalo generó un video realizado por unos jóvenes del barrio El Pozón (Blessed Productions) para invitar a otros jóvenes a la fiesta de cumpleaños del, ahora famoso, John Wilches. Subieron el video a YouTube, y mientras Wilches se cortaba el pelo alcanzaron 20.000 reproducciones pues algún mojigato incorregible (como abundan en la Heroica) posteó el video en Denuncias Ciudadanas, una de esas páginas de Facebook que suplen las tareas que otrora tenía la Inquisición. ¡Qué horror!, ¡drama moral en Cartagena!, ¡dijeron triple X!, ¡triple X!

Un periodista del periódico *El Universal* de Cartagena, Ernesto Taborda, escribe en su blog, en el mismo periódico: "Como quien

---

275 Ibíd., p. 25.

276 Algunos de los párrafos siguientes fueron publicados en su primera versión en agosto de 2016 en el periódico *El Heraldo* en la columna de la autora titulada "Los Bien Miamor". Ver: https://www.elheraldo.co/columnas-de-opinion/los-bienmiamor-263315.

dice una especie de Woodstock criollo en donde las relaciones libres y disfrutar del rock eran el objetivo hippie, pero que en este caso será con champeta, reggaeton [sic], baile plebe y relaciones abiertas entre jóvenes imberbes que no han tenido en la mano siquiera un libro de Carlos Cuauhtemoc[277] [sic] y si lo tuvieron, ni lo ojearon"[278]. El pánico social que suscitó el video logró que al joven lo castigaran antes de lograr hacer su fiesta, y que quedara invisibilizado su gran talento para la producción de video, que no es cualquier cosa.

Smith y Atwood definen el "pánico sexual" como una "densa mezcla afectiva de miedo y entusiasmo, vergüenza, miedo, rabia y desagrado. El pánico sexual también provoca un raro placer en las audiencias, llevadas por la sensación de estar haciendo algo moralmente bueno y la emoción de la rabia colectiva"[279]. La narrativa que

---

277 Claramente Taborda no tenía a la mano el libro *Juventud en Éxtasis* para revisar la correcta ortografía del apellido de su autor, y quizás recuerda con su emoción esa conferencia carísima que vino a dar el tipo a la Costa en la que vació los bolsillos de todos los y las adolescentes de colegios bilingües. El libro de Cuauhtémoc predicaba la abstinencia, con una historia profundamente discriminatoria para las personas que viven con VIH: una chica se iba de "fiesta loca" a alguna playa y allí conocía un tipo con el que tenía sexo casual, y luego, el tipo le manda un paquete con una rata y una nota que le anuncia que "tiene sida". La historia de *Juventud en Éxtasis* estigmatiza a las personas que viven con VIH como seres malvados tratando de vengarse, en vez de lo que son: personas, con derechos, que viven con un virus. Por otro lado, les advierte a las chicas que si son promiscuas o tienen sexo casual serán castigadas por el "Universo". Eso es mentira. Pura y llana mentira: el riesgo de contraer VIH está en tener sexo sin protección, no en tener sexo casual. Y no necesariamente, porque muchas personas que están avanzadas en su tratamiento con retrovirales pueden tener sexo sin condón sin transmitir el virus. Cuauhtémoc no menciona en su libro la importancia de usar condones, o de hacerse exámenes regulares, o la importancia de la vacuna del papiloma; no les da a los jóvenes herramientas para vivir su sexualidad (que es una sexualidad muy real, innegable, y a la que además tienen derecho) de manera segura. En cambio, los deja llenos de prejuicios y con una idea de control de la sexualidad (especialmente de las mujeres) en donde el mensaje central es que serás castigada por tener sexo.

278 Taborda, 2016.

279 Smith & Attwood, 2013, p. 47. Traducción de la autora.

alimenta el pánico sexual consiste en decir que tal o cual acción pone en peligro la sexualidad ideal y normativa, y aunque sea bienintencionado, termina sirviendo a los discursos conservadores de la derecha. Simith y Attwood señalan que los discursos anti-porno, que nacen de ese pánico sexual, se enfrentan con tener que describir una y otra vez cómo es el sexo apropiado, natural y decente.

No se trata de un relativismo absoluto, lo mínimo es que este tipo de entretenimiento sea realizado por adultos y de forma voluntaria. Por supuesto, nadie está diciendo que la violación es una forma de entretenimiento con contenido sexual, la violación es un crimen, y los crímenes en la no ficción no caben en la categoría de entretenimiento ni de arte. En 2013, Bernardo Bertolucci dio una entrevista en la Cinémathèque Française, dos años después de la muerte de María Schneider, la protagonista de su célebre cinta *El último tango en París*: "Pobre María, después de la película no volvimos a vernos porque ella me odiaba [...] La escena de 'la mantequilla' fue una idea que tuvimos en la mañana antes de rodar. Estaba en el guion que él tenía que violarla de alguna manera y Marlon Brando estaba desayunando, había una baguette y él estaba poniéndole mantequilla, untándose. Solo nos miramos, no tuvimos ni siquiera que hablar de aquel detalle [...] Pero me he portado de una forma horrible con María, porque no le dije que iba a pasar, porque quería que reaccionara como una chica, no como una actriz, que se sintiera humillada. Ni yo, ni Marlon le contamos ese detalle, me siento culpable, no le dijimos de este detalle de la mantequilla"[280]. Y luego agrega: "En las películas para obtener cosas tienes que ser frío, no quería que ella actuara su humillación, quería que la sintiera, no que la actuara, y luego ella me odió toda la vida. Terrible"[281]. Una vez sabemos que la actriz de *El último tango en París* fue víctima de una

---

280 Puede ver fragmentos de la entrevista en https://www.youtube.com/watch?v=RMl4xCGcdfA ("Bertolucci over Maria Schneider," 2013).

281 Ibíd.

violación frente a la cámara, la película pasa de ser "arte erótico" a ser el testimonio de un acto criminal.

¿Y si en vez de "prohibir" el porno, lo sometemos a la crítica feminista que se ha hecho sobre todos nuestros productos culturales? ¿Es posible exigir que el porno sea feminista? "Es cierto que muchas mujeres que realizan trabajo sexual lo hacen por razones poco positivas, porque tienen sentimientos de que no valen o porque se están castigando a sí mismas. Pero también es cierto que muchas mujeres lo hacen porque les gusta tener sexo y no les molesta la idea de hacerlo por dinero"[282]. Candida Royalle, quien fue estrella porno entre 1975 y 1980 y hoy es presidenta de Femme Productions, señala en su ensayo *"What's a Nice Girl Like You..."* ("¿Qué hace una chica buena como tú...?") que la pornografía no es una novedad de nuestros tiempos, está presente en el Kama Sutra, en los libros antiguos japoneses conocidos como *Pillow Books*, en Anaïs Nin, en el Marqués de Sade. "Es claro para mí que la gente siempre ha tenido curiosidad por cómo se ve el sexo y cómo coger, mi conclusión es que no hay nada malo con el entretenimiento erótico para adultos, el problema con la pornografía contemporánea [al menos la *mainstream*] es que hace falta el punto de vista de las mujeres"[283].

Con esto en mente, Royalle fundó Femme Productions, una productora de porno feminista, junto con Lauren Neimi. Esto presentaba un problema de entrada: ¿cómo sería el porno feminista? "Acordamos que el sexo sería explícito, no estábamos interesadas en cortes gráficos de genitales gigantes conocidos como '*shots* ginecológicos' pero tampoco queríamos reforzar la idea de que los genitales son feos y deben esconderse. Lo segundo que decidimos es que no haríamos el '*money shot*' [que es cuando se muestra la eyaculación] pues ya que el 99,9% del porno termina con la toma de una eyaculación, la gente tenía suficientes opciones. Nos decantamos por tomas de las caras de

---

282 Royalle, 2013, p. 63. Traducción de la autora.
283 Ibíd., p. 62.

las personas cuando tenían un orgasmo, o sus manos tensándose. Y tercero, la 'fórmula del porno' se tenía que ir. Queríamos mostrar un sentido de conexión, ternura, comunicación, pasión, emoción y deseo. Queríamos mostrar a mujeres con cuerpos reales, de todas las edades y tipos, para que nuestras espectadoras mujeres pudieran sentirse identificadas, y hombres que mostraban interés por satisfacer sexualmente a sus parejas. [...] También queríamos que las actrices pudieran escoger con quién trabajar, y comenzamos trabajando con parejas reales pues esto nos daba un sentido del deseo más genuino"[284].

Ms Naughty, también conocida como Louise Lush, dirige el sitio de entretenimiento para adultas ForTheGirls.com y en el ensayo "My Decadent Decade: Ten Years of Making and Debating Porn for Women" ("Mi década decadente: diez años de hacer y debatir el porno para mujeres") cuenta que su primera impresión del porno era que le gustaba, pero no le gustaba sentirse ignorada como espectadora. "El porno siempre estaba dirigido a hombres y solo les hablaba a ellos. [...] La cámara nunca mostraba la cara del hombre durante el orgasmo, lo cual para mí era un absurdo. Las caras de los hombres son bellas en ese momento. [...] Sabía que el porno no era perfecto pero eso no quería decir que tenía que descartarlo del todo"[285]. Así que la pregunta clave para la línea editorial del sitio fue: "¿Qué quieren las mujeres?". "Y estuvimos de acuerdo en que no había una sola cosa que desearan las mujeres. También era claro para nosotras que las mujeres pueden tener gustos diferentes en distintos días"[286]. El plan también era contrarrestar esa idea de que las mujeres "no somos visuales", es decir, que no nos excitamos con las imágenes, a diferencia de los hombres, el clásico "me enamoro por los ojos, y tú, por los oídos". Para Lush, el porno para mujeres se define por la audiencia a la que está dirigido y no por los actos sexuales que

---

284 Ibíd., p. 65.
285 Naughty, 2013, p. 71. Traducción de la autora.
286 Ibíd., p. 73.

involucran. "Mi definición de buen porno para mujeres es aquel que involucra representaciones del sexo en donde el placer de la mujer es lo más importante. Tiene que ser sobre las experiencias sexuales de ELLA, el placer de ELLA, el orgasmo de ELLA. Todo lo demás son arandelas"[287]. Sin embargo, Lush es consciente de que hablar de porno para mujeres es problemático, pues ese "mujeres" no necesariamente implica a mujeres *queer*, lesbianas o trans. También señala que los procesos de producción son igualmente importantes, el porno es una forma de entretenimiento que se realiza con ánimo de lucro y los que se lucran siguen siendo hombres blancos cisgénero.

Quizás no se trata de hablar de "porno para mujeres" sino de que el porno no envíe mensajes misóginos, y de paso tampoco mensajes racistas u homofóbicos o transfóbicos, en donde se respeten los derechos laborales y autonomía de los y las trabajadoras, y donde también haya diversidad de identidades frente y detrás de cámaras y en las casas productoras.

La actriz porno Sinnamon Love complica la pregunta cuando dice: ¿dónde está el porno para mujeres negras? "Las mujeres con culos más grandes, cuerpos más curvilíneos, pieles más oscuras y facciones afro terminaban relegadas a películas con bajo presupuesto y títulos ofensivos. No fue sino hasta que directoras y productoras negras empezaran a influenciar el mercado que los videos porno empezaron a mostrar otros aspectos de la vida de las parejas negras o interraciales. [...] Además a las actrices negras o latinas suelen ponernos nombres de comida, carros, países, especias u objetos inanimados: Chocolate, Champagne, Mocca, Mercedes, Toy, Persia, África, India, y claro, Sinnamon. Nadie me dijo, ni a mí ni a las actrices de mi generación, lo importante que era tener un nombre de mujer real, algo que nos permitiera llegar a una audiencia más amplia. Las Jennas, las Brittanys de mi generación tenían mucho éxito"[288]. Hoy Love, que se

---

287 Ibíd., p. 74.
288 Love, 2013, p. 101. Traducción de la autora.

identifica como feminista negra, dice que solo trabaja para directores y compañías que muestran la sexualidad de las personas negras en maneras que a ella le parezcan interesantes y progresistas. "Mi feminismo negro se trata de ayudar a otras mujeres como yo a reclamar su sexualidad frente a años de mala educación sexual, especialmente para las mujeres afroamericanas a quienes nos han hecho creer que tenemos que escoger entre la educación, la familia y el matrimonio o la libertad sexual"[289].

Quizás la gran mayoría del porno no se rige por estos estándares, pero los productos culturales, porno incluido, son una conversación entre creadores y audiencias. Las audiencias exigen productos y demuestran su interés a través del consumo de estos productos, y los creadores o productores alimentan las necesidades de esas audiencias, pero las creadoras verdaderamente buenas las retan un poquito, y a partir de estos contrapunteos la cultura va cambiando. ¿Influye el porno en nuestras prácticas sexuales? Sí y no, depende de quién lo mire y cómo. Por eso es tan importante, para el caso del porno pero también para el cine, la literatura, la música y todos los productos culturales, crear audiencias críticas que no se conformen con la oferta más popular. Abolir el porno, desaparecer de la faz de la tierra a los y las consumidoras de porno, es quizás una tarea imposible, pero los y las consumidoras sí pueden decidir ser éticos.

¿Y cómo es una consumidora ética del porno? Cada persona con agencia y capacidad autocrítica puede observar sus formas de consumo y buscar activamente formas de su deseo que no pasen por la discriminación o la deshumanización. Un ejemplo que me encanta es el de Jane Ward; en su "Manifiesto de la cerda chovinista *queer*" (en parte en respuesta al conocido libro de la feminista Ariel Levy, *Cerdas chovinistas*) plantea una postura ética para los, las y les consumidores de porno:

---

289 Ibíd., p. 104.

1. Consumo porno de manera inteligente y consciente. Estoy interesada en mi deseo. No presumo que es natural, estático o predecible. Observo su forma y figura, no porque quiera entender cómo mis experiencias de la infancia o condicionamientos sociales pudieron llegar a determinar mi deseo más allá de mi control, las observo porque quiero conocer su relación con mi felicidad y mi sufrimiento, mi creatividad y mis ideas políticas.

2. No me tomo demasiado en serio como espectadora. No siento la necesidad de conformar ninguna expectativa por parte del mercadeo, o de mi comunidad, ni siquiera de mí misma, sobre lo que "la gente como yo" debe desear.

3. Soy responsable por el impacto de mis deseos sexuales y consumo sexual en otros y en mí misma. Seré consciente de a dónde y a quién se dirige mi deseo, poniendo especial atención a que siempre haya consentimiento y nunca deshumanización.

4. Cultivo un espacio privado, interno, en donde puedo observar y honrar la complejidad de mi sexualidad a medida que esta se expresa y se desarrolla. Aunque en lo público me comporto como una persona que puede y debe ser llamada a cuentas, me permito a mí misma momentos de exploración creativa y sorpresas orgásmicas. Dejo que mi sexualidad me tome por sorpresa cuando bajo la guardia. Confío en que puedo darme estas libertades en la intimidad de mi pensamiento y a la vez ser crítica desde lo *queer* y lo feminista sobre mi propio deseo.

5. Celebro a todas aquellas que ayudan a desmantelar el racismo y derretir el heteropatriarcado con su arte y su porno. Me aburre la normatividad. Creo que la sexualidad le da un aliento de vida a la revolución. Celebro las imágenes *queer*, antirracistas, feministas, que reflejan la diversidad de nuestra realidad y de nuestros cuerpos y sexualidades y que sirven de modelo para lo que nuestros cuerpos pueden hacer y ser[290].

---

290 Ward, 2013, p. 139. Traducción de la autora.

¿Qué onda con el sexting?

A juzgar por las revistas y los medios de comunicación, el gran terror de los padres y madres de familia contemporáneos es el *sexting*. El primer artículo que me aparece al buscar en Google, "¿Qué es el '*sexting*'? La moda que se extiende entre los jóvenes"[291] del diario español *Abc* en 2014, dice que "con la popularización de las nuevas tecnologías, el uso del '*sexting*' –contracción de *sex* y *texting*– entre los adolescentes se expande cada vez más. En un principio comenzó haciendo referencia al envío de mensajes de naturaleza sexual y con la evolución de los teléfonos móviles ha derivado en el envío de fotografías o vídeos de contenido sexual. Esta práctica puede causar graves daños psicológicos a los jóvenes que en la mayoría de los casos desconocen el destino final de sus fotografías íntimas, según expertos en psicología, quienes advierten que se trata de una práctica de alto riesgo". El texto resume bastante bien el pánico sexual que rodea el tema, y muchos de los prejuicios que rondan por ahí, como que es una práctica *solo* de "jóvenes" o la idea revictimizante de que si una foto es divulgada es culpa de la ingenua que se tomó la foto y no de quien la divulgó.

La verdad es que el *sexting*, es decir, la práctica de mandar mensajes con contenido erótico a otra persona para seducirla, es parte normal y cotidiana de la vida sexual de muchas personas en el mundo hoy y no tiene nada de malo, al contrario, puede ser un punto de quiebre para cambiar y sobre todo diversificar las narrativas de nuestra sexualidad.

Lastimosamente el principal riesgo de muchas prácticas sexuales es la violencia de género. Con el *sexting* ha llegado una forma de violencia sexual que se conoce, equivocadamente, como "pornovenganza", que consiste en divulgar fotos de desnudos o con contenido sexual que –usualmente una mujer– le ha mandado a su pareja y esta

---

291 "¿Qué es el «sexting»? La moda que se extiende entre los jóvenes", 2014.

u otra persona las han divulgado contra su voluntad. Digo que no debe llamarse "porno", pues el porno es contenido sexual de entretenimiento, y divulgar –o ver– este tipo de fotos sin consentimiento es una violación a los deseos de otra persona. La culpa no es de quien toma la foto y la manda –esa persona está expresando su sexualidad–, es de la persona que la divulga sin consentimiento. También es inapropiado mandar fotos de contenido sexual no pedidas, como las insoportables "*dick picks*", pero el problema no es la foto, es si el uso que se le da a la foto es ético, impositivo, violento, o no. No hay encriptación que prevenga que el receptor de la imagen la divulgue, pues no hay soluciones tecnológicas a problemas humanos. Eso solo se previene con una cultura de respeto por la intimidad. En vez de tratarnos a mujeres y adolescentes como si fuéramos tontas y recurrir a la putivergüenza, una estrategia efectiva para contrarrestar los riesgos del *sexting* se enfocaría más en campañas de educación para que vivamos una sexualidad ética y respetuosa del consentimiento. Una estrategia que no caiga en la ingenuidad de creer que alguien va a renunciar al erotismo.

¿Qué pasa cuando se viola el consentimiento de una mujer divulgando sus fotos íntimas y de contenido sexual? Es interesante que en nuestra sociedad la imagen de una mujer desnuda sea algo que la deshonra, como si todo el mundo no supiera que bajo la ropa hay pezones y vello púbico, como si las imágenes de mujeres desnudas no fueran ubicuas. Los desnudos de los hombres cisgénero no les generan tanta humillación, si a uno de esos tipos en Tinder le divulgan una *dick pick* no será un grave problema para su reputación.

El mejor ejemplo reciente de este doble estándar es cuando un congresista colombiano se bajó los pantalones en la posesión del nuevo Congreso el 20 de julio de 2018. Antanas Mockus, un importante líder político de valores progresistas, exrector de la Universidad Nacional, es conocido por sus medidas cívicas y pedagógicas como alcalde de Bogotá y porque hace 24 años, en un encuentro de Artes de la Universidad Nacional, se bajó los pantalones y le mostró su culo blanco al auditorio. Que se bajara los pantalones esta vez en el Congreso fue más un *modus operandi* que una protesta sorpresa. Sin embargo, el gesto fue tremendamente celebrado pues mostraba "irreverencia y honestidad". Eso es lo que sucede cuando vemos el culo de un hombre blanco. ¿Qué hubiese pasado si una mujer congresista se baja los pantalones? Los memes de violación habrían estado fuera de control y probablemente perdería su curul. Hay más preguntas incómodas: ¿cómo habríamos reaccionado al ver el culo de una persona racializada en el Congreso?

La sexualidad humana existe en el campo de lo simbólico y de la representación. Un cuerpo desnudo, o su imagen o representación, no están inherentemente sexuados[292]. En inglés existen las palabras "*naked*" y "*nude*" para marcar una diferencia. Nosotros podríamos decir "desnudos" y "encuerados" (¿quitarse los nudos o quitarse el cuero?). Por ejemplo: no es lo mismo estar sin ropa frente a mi mascota que frente a mi pareja o frente al lente de Spencer Tunick (el fotógrafo conocido por sus desnudos masivos). Es clave señalar que venimos de una larga tradición de imágenes europeas u "occidentales" en donde cualquier cuerpo femenino desnudo se asume sexuado, y donde lo sexuado se entiende como bajo, malvado, mundano o sucio.

Hay una larga iconografía de cuerpos de mujeres desnudas, desde la *Venus dormida* de Giorgione hasta la despiertísima *Maja desnuda* de Goya, uno de los primeros desnudos de la tradición europea en donde la mujer retratada le devuelve una desafiante mirada al espectador. Algo que es importante notar es que las mujeres no hemos imaginado ni producido estas imágenes. John Berger, en el segundo episodio de su serie audiovisual *Ways of Seeing* (*Maneras de ver*) dice: "Los hombres sueñan con las mujeres, las mujeres sueñan con ser soñadas por alguien más. Los hombres miran a las mujeres, las mujeres ven cómo las miran. Una mujer siempre está acompañada por su propia

---

292 El texto de esta sección fue publicado en su primera versión el 20 de julio de 2016 en la revista VICE.

imagen, no importa si está caminando por una habitación o llorando por la muerte de su padre, las mujeres no pueden evitar pensar en cómo se ven mientras caminan por la habitación o lloran. Desde su primera infancia se le enseña a vigilarse a sí misma, tiene que vigilar todo lo que es y todo lo que hace, porque la manera en que la gente la ve, especialmente los hombres, es de crucial importancia para lo que se asume como el éxito en su vida. En la pintura europea se ha retratado a hombres y a mujeres, pero hay un tema de la pintura en el que usualmente solo aparecen mujeres: el desnudo. [...] Un desnudo debe ser visto como un objeto para ser un desnudo. En la pintura europea la desnudez es una vista para aquellos que están vestidos. [...] Cuando un cuerpo desnudo se expone lo que sucede es que nuestra propia piel se convierte en un disfraz"[293].

Berger también habla de cómo en estos desnudos no les pintaban pelo púbico a las mujeres porque eso se asociaba con el poder sexual, también las presentan dormidas y lánguidas para que todo el poder de la acción erótica estuviera en el espectador. Incluso cuando hay otros hombres en las pinturas, los cuerpos de las mujeres se acomodan para la mirada de ese espectador por fuera del cuadro. En las pinturas hechas para ser vistas, el único rival para el espectador masculino es cupido, por la misma razón salimos lánguidas dormidas, estamos ahí para alimentar un apetito sexual, no para tener deseo propio.

La erotización histórica de nuestros cuerpos se ha dado a través de lo que se conoce hoy como el *male gaze*. El término viene de un ensayo de la feminista y teórica de cine británica Laura Mulvey, quien lo usó en su ensayo de 1975 *"Visual Pleasures and Narratives in Cinema"* ("Placeres visuales y narrativas en el cine"), y lo define como la construcción de obras de carácter visual en torno a la mirada masculina "relegando a la mujer" —o a los personajes feminizados— "a un estatus de objeto para ser admirado por su apariencia física y para satisfacer los deseos y las fantasías sexuales del hombre" para-

293 Berger, 1972.

digmático, que en este libro llamamos Man. El ejemplo clásico es el de la película de 1946 *El cartero llama dos veces*: aquí la cámara hace un *close up* y un paneo desde abajo cuando aparece por primera vez en escena el personaje de Cora. La cámara en subjetiva asume la mirada del personaje masculino y con sus encuadres nos dice que "Cora es sexy" incluso antes de que sepamos su nombre. Esta forma de mirar, que es casi ubicua en la publicidad, nos dice mucho sobre quiénes tienen acceso a crear y difundir las imágenes que vemos, y cuál es el espectador al que se dirigen esas imágenes. La respuesta histórica a ambas preguntas es: Manes.

No es sino hasta avanzado el siglo XX que las mujeres tuvimos acceso a la creación de imágenes, y fotógrafas como Cindy Sherman empezaron a tomarse autorretratos y a cuestionar esta mirada. Fue también a finales del siglo XX que se empezó a hacer pornografía hecha por y para mujeres, o para personas *queer*. Quién tiene acceso a los medios de producción y distribución de las imágenes es un asunto siempre político.

Con la llegada de las cámaras digitales y el teléfono celular se dio una revolución en el acceso a la creación de las imágenes y con esto vino también una revolución en la autonomía de la representación de la identidad. Quizás muchas personas repliquen los códigos estéticos establecidos para los roles de género de esa tradición visual blanca, europea, heteronormada, pero para otras, esto es una posibilidad inusitada de autorrepresentación. Tomarse una *selfie* es un ejercicio óntico, estamos tomando decisiones y haciendo un anuncio sobre quiénes hemos decidido ser, implica una curaduría del propio cuerpo, nuestra mirada sobre nosotros mismos se puede extrapolar a la mirada ajena, y muchas veces también la erotización de uno mismo. Y por qué no, también es aprender a amarnos y a coquetearnos. Una *selfie* desnuda implica el ejercicio de autoerotizarse, que con frecuencia es placentero.

El autorretrato es un privilegio reciente para muchos cuerpos: los de las mujeres, de las personas pobres, de los y las negras e indígenas retratados en *National Geographic*, de las personas *queer*, eran inimaginables hace unas décadas. De hecho, en su edición de abril de 2018, la revista *National Geographic* reconoció públicamente que su cubrimiento de las personas del mundo a través de sus fotografías ha sido históricamente racista[294]. El artículo fue escrito por la editora en jefe, Susan Goldberg, la primera mujer y judía en el cargo, y se titula "Por décadas nuestra cobertura fue racista. Para reivindicarnos por nuestro pasado debemos asumirlo". Esta es otra muestra de que cuando se incluyen otros cuerpos, y con ellos otros puntos de vista, en los cargos de producción y curaduría de imágenes, los resultados cambian.

Nuestras narrativas sobre el sexo también han sido inventadas por y para un tipo muy específico de cuerpo. ¿Qué pasa cuando otros cuerpos, al *sextear*, crean nuevas narrativas sobre el sexo? Con la multiplicación de los sujetos llega una multiplicación de la representación. Por eso, no es menor ni es banal tomarnos una foto desnudos frente al espejo. Se están ejerciendo en pleno los derechos a la autonomía, al libre desarrollo de la personalidad y a la libertad de expresión. Una *selfie* desnuda es señal de un pensamiento simbólico, un ejemplo de autodeterminación, el lenguaje en lo más humano de su humanidad.

Y por eso la gente seguirá *sexteando*. Así se lancen miles de campañas (dirigidas principalmente a mujeres jóvenes) pidiendo "no caer en la trampa" de *sextear*. El *sexting* es una práctica sexual moderna, las *selfies* sexis, *emojis* tan pretendidamente inocuos como el durazno y la berenjena hoy hacen parte de la vida sexual de muchas personas en el mundo y es poco probable que los discursos mojigatos lo vayan a cambiar.

¿Separar el sexo de la reproducción?

Tener control de nuestras decisiones reproductivas es básico para poder tener control de nuestro proyecto de vida y agencia sobre nuestras prácticas sexuales. La historia del sexo heterosexual está marcada

---

294 Victor, 2018.

por los esfuerzos humanos para crear anticonceptivos eficientes. Es un progreso médico que está marcado por una importante decisión ontológica: separar el placer de la reproducción.

Esto no suele ser un problema para los hombres heterosexuales, quienes se encuentran en una situación de poder y por eso pueden decidir si responder o no por un embarazo no deseado, contando con que la sanción social para los abandonadores es mínima en nuestra región. En cambio, para las personas con útero y en edad reproductiva, la consecuencia de un embarazo no deseado tanto en su salud mental, física y en su entorno social son graves, y usualmente ineludibles. Poder tener sexo por placer, cuando nos dé la gana, es un hito que se convertiría en piedra angular de la revolución sexual. Poder tener control de nuestro cuerpo pasa por poder decidir cuándo, con quién y en qué condiciones reproducirnos.

Pero la cosa no es tan sencilla. La historia de la anticoncepción humana es paradójica y a veces macabra. Los avances científicos en esta materia han servido tanto para oprimir a las mujeres como para liberarlas. Esto es lo que conocemos:

El primer método anticonceptivo del que se tiene noticia, aparte del método del ritmo, está en el Papiro de Petri, encontrado en Egipto y que data del 1850 a.C. En él aparecen algunas recetas anticonceptivas, entre ellas una pasta a base de excremento de cocodrilo que se usaba como espermicida. Se cree que Hipócrates, en el siglo IV a.C., fue el precursor del dispositivo intrauterino, pues descubrió el efecto anticonceptivo derivado de la colocación de un cuerpo extraño en el interior del útero de algunos animales. Esta idea es retomada por el alemán Richard Richter en 1928 y dio paso a la anticoncepción intrauterina moderna. Los condones ganaron popularidad en 1880 por su bajo costo, nulos efectos secundarios y protección ante el embarazo no deseado y las enfermedades de transmisión sexual. Sin embargo, se calcula que en Egipto, al menos desde el año 1000 a.C., se usaban fundas de tela sobre el pene, en Grecia y Roma eran membranas o tripa de animales y en 1872 se comienza su fabricación industrial con caucho indio en Gran Bretaña. Por otro lado, el primer diafragma femenino data de 1880.

Pero esto es apenas una milésima parte de la historia. Antes de las cacerías masivas de brujas en Europa, las mujeres tenían conocimiento sobre hierbas y tomas tanto para prevenir un embarazo no deseado como para abortar. Uno de los móviles de la quema de brujas, dice Silvia Federici, fue acabar con todas las mujeres que tenían conocimientos curativos y ginecológicos para que así los "médicos", por supuesto hombres, dominaran la vida reproductiva de las mujeres.

Que las mujeres tengamos control de nuestra vida reproductiva es muy peligroso porque ya no vamos a estar cogiendo obligadas ni teniendo hijos para la nación sino para satisfacernos a nosotras mismas, y eso no le conviene al capitalismo. Después de todo no olvidemos que sin re-producción no hay producción. Por eso a lo largo de la historia el uso de anticonceptivos ha llegado a estar prohibido en muchos países (la España católica, Estados Unidos a finales del siglo XIX y comienzos del siglo XX), muchas veces bajo la consigna de que es inmoral tener sexo sin fines reproductivos. A comienzos del siglo XX la mayoría de las mujeres se cuidaban con el ritmo, que en ese entonces era mucho más incierto, pues no se había estudiado bien el sistema reproductivo de las mujeres ni existían aplicaciones para llevar un registro detallado de tu ciclo. Eso sin contar con que muchas mujeres no sabían leer y escribir y que el método se pasaba de generación a generación a través del voz a voz.

En 1914 Margaret Sanger[295] tuvo la idea de que existiera una pastilla que le permitiera a las mujeres ganar control de sus vidas

---

295 Sanger ha sido muy criticada por sus declaraciones racistas y clasistas. En *Mujeres, raza y clase*, Angela Davis dice: "Margaret Sanger brindó su aprobación pública a este acontecimiento. En una entrevista emitida por la radio, sostuvo que habría que esterilizar quirúrgicamente a 'los retrasados, a los deficientes mentales, a los epilépticos, a los analfabetos, a los indigentes, a los incapacitados laboralmente, a los delincuentes, a las prostitutas y a los

reproductivas. Sanger fundó la Birth Control Federation, que luego se conocería como Planned Parenthood. Pero como la anticoncepción era tabú, Sanger tuvo que esperar hasta 1950 para encontrar a un científico que se le midiera a crear la pastilla, Gregory Pincus, un hombre brillante pero con pocos escrúpulos, que había sido despedido de Harvard recientemente. Alrededor de 1942 se descubrió que la saponina del ñame mexicano no comestible (Dioscorea mexicana), encontrada en las selvas tropicales de Veracruz cerca de Orizaba, era una excelente materia prima para hacer progesterona sintética. Entonces se unió al equipo Katherine McCormick, bióloga de MIT quien luego heredó una inmensa fortuna que permitió financiar todo el proyecto. Al comienzo tuvieron resultados exitosos inyectando con progesterona a ratas y conejos, pero debían hacer la prueba en mujeres. Entonces John Rock, católico practicante y uno de los expertos en fertilidad más respetados de Estados Unidos, quien se había deslindado de la Iglesia al entender que "tener demasiados hijos era tan terrible como no tener ninguno", decidió unirse al equipo para avanzar la investigación.

Al comienzo Pincus y Rock buscaron mujeres que voluntariamente quisieran participar en el estudio, pero cuando les contaban que era sobre anticonceptivos o que habría riesgos, obviamente les decían que no. Hasta un grupo de presas se resistió a participar. Las pocas que quisieron participar se retiraron del estudio por mareos, nauseas. Y aquí es cuando la historia se pone fea.

En Puerto Rico la anticoncepción y hasta el aborto eran legales porque se temía la sobrepoblación de la isla. De hecho, Sanger y McCormick preferían el discurso del "control de la natalidad" al de "planificación familiar" porque eso de controlar a esas "hordas de demografías salvajes que se reproducían sin parar" no les parecía

---

adictos a las drogas'. No quiso ser tan intransigente como para no dejarles elección y dijo que, si ellos querían, podrían escoger una existencia segregada de por vida en campos de trabajo" (Davis, 2005, p. 214).

racista o clasista. Pero las puertorriqueñas no quisieron participar voluntariamente en el estudio, así que el cuarteto buscó mujeres que pudieran forzar.

Encontraron algunas en un asilo mental en Massachusetts. A las estudiantes de medicina en Puerto Rico les dijeron que si no participaban las iban a expulsar. Muchas prefirieron la expulsión. Finalmente terminaron yendo a los barrios más pobres de la isla, y para buscar participantes les contaban a las mujeres que la pastilla servía para que no quedaran embarazadas. Muchas se apuntaron, pero nadie les contó de los efectos secundarios y hasta tres mujeres murieron durante el estudio sin que se revisara si había algún vínculo con la pastilla. La pastilla llegó pronto al mercado con el nombre de Enovid, pero en ese entonces contenía diez veces más hormonas de las necesarias para prevenir el embarazo.

En ese entonces también se contempló la posibilidad de crear anticonceptivos hormonales para hombres, pero se descartó que los hombres estuvieran dispuestos a soportar los efectos secundarios. Hace poco, en 2016, se desarrolló una pastilla anticonceptiva para hombres que mostró efectividad en un 96%. Pero pararon el estudio porque 20 de 320 hombres (el 6%) que la probaron dijeron que no se aguantaban los efectos secundarios, como acné, cambios de ánimo, baja libido. En contraste, desde que se empezó a usar la píldora un 64% de las mujeres han reportado efectos secundarios que incluyen además de cambios de ánimo y baja libido, depresión, disminución de la visión, aumento de peso, náuseas, riesgo de coágulos de sangre, riesgo de infarto, migraña, infertilidad. Pero nadie se toma en serio nuestras quejas por usar la pastilla, porque la mayoría de los hombres ni saben cómo y cuándo se toma la pastilla ni saben cuáles son sus efectos secundarios. De hecho, estudios recientes estiman que al tomar la píldora aumenta en un 80% las posibilidades de sufrir depresión, algo que las mujeres llevan 50 años diciendo, sin que la medicina contemporánea nos tome en serio.

Y es que parte del problema es que la responsabilidad de la reproducción ha caído históricamente en las personas con útero. La

responsabilidad y las consecuencias, pero las decisiones y los beneficios no los hemos tenido nosotras. Para que ganemos mayor libertad
sexual debemos compartir las responsabilidades reproductivas.

Buenas prácticas en salud sexual: profilácticos, virus y vacunas

Saber cómo planificar no es lo único necesario para mejorar nuestra
experiencia del sexo. También es importante tener buenas prácticas
en salud sexual para evitar tener alguna infección o adquirir alguna
enfermedad de trasmisión sexual (ETS). Tomar control de nuestra salud sexual y reproductiva es afirmarnos como personas, es una forma
de adquirir agencia y todos y todas tenemos el derecho a disfrutar de
los avances científicos en materia de prevención.

Parece una cosa evidente y sencilla, pero el acceso a información
útil y de calidad sobre salud sexual y reproductiva es precario en Latinoamérica y no es solamente por malas prácticas de los gobiernos,
como la corrupción. Hay una agenda política para controlar nuestros
cuerpos y nuestra vida sexual y una de las formas más efectivas de
lograrlo es hacer que el sexo se perciba no solo como algo "malo",
sino también como algo peligroso para nuestra salud.

A los y las jóvenes latinoamericanas no suelen darles ni las recomendaciones básicas para tener sexo seguro entre dos personas o
entre más y en parejas heterosexuales y del mismo sexo. Ni siquiera
cosas básicas como que hay que tener una ginecóloga o ginecólogo,
uróloga o urólogo de confianza, y visitarlo al menos una vez al año,
o que hay que lavarse las manos antes y después de coger o que
debemos ser conscientes si tenemos alguna herida pequeña en las
manos o en la boca; todos estos son detalles que escapan a la más
básica educación sexual. Algunas pocas ginecólogas nos dicen que
personas con vagina deberían orinar después de coger para prevenir
una infección urinaria y como nadie habla de juguetes sexuales no nos
dicen que hay que mantenerlos limpios y usar condón en los jugue-

tes siempre que sea necesario, especialmente si es una pareja nueva o si se trata de sexo anal. Y por los miles de estigmas que rodean a las enfermedades y virus de trasmisión sexual, no nos dicen que es recomendable vacunarse en contra de la hepatitis A y B y hacer un examen de VIH una vez al año.

El caso paradigmático de cómo la información falaz y malintencionada sobre nuestra salud sirve para controlar nuestra sexualidad es la mala fama que tiene la vacuna contra el virus del papiloma humano. Una de las enfermedades de transmisión sexual para las personas con vulva y útero es el virus del papiloma humano, pues algunas vetas pueden producir cáncer cervical, cáncer rectal, anal o de garganta. El cáncer de cuello uterino es una de las principales causas de muerte en las mujeres cis. Esto se puede prevenir del todo con una vacuna, pero lastimosamente para que sea efectiva debe ponerse alrededor de los 11 años o antes de iniciar la vida sexual. No basta usar condón u otros profilácticos de tipo barrera, pues la transmisión se puede dar si hay contacto en cualquier parte de la piel de los genitales. En vulvas y vaginas es poco frecuente que se note el virus del papiloma, solo en algunos casos aparecen unas verruguitas pequeñas que se pueden cauterizar. En el caso de las personas con pene, el virus del papiloma es asintomático, pues son portadores pasivos, pero más fácil de observar, pues pueden salir pequeñas verruguitas color piel debajo de la cabeza del glande o en otras partes de la piel genital. Si se detectan estas verruguitas, no es recomendable tener relaciones sexuales, pues pueden ser contagiosas. Para la prevención en las personas con pene es importante usar siempre condón, pues el virus del papiloma humano es tremendamente común y se ha llegado a calcular que hasta el 80% de las personas lo tienen, y no hay nada de qué avergonzarse, pero es importante ser cuidadosos.

En los últimos años un movimiento antivacunas ha tomado fuerza alrededor del mundo con consecuencias fatales como el regreso de enfermedades mortales que ya se habían erradicado. Enfermedades casi erradicadas como el sarampión y la rubéola vuelven a tener bro-

402   Las mujeres que luchan se encuentran

tes por todo el mundo gracias a la difusión de un mito absurdo que

tes por todo el mundo gracias a la difusión de un mito absurdo que sataniza las vacunas. En España pasaron de dos casos de sarampión en 2004 a más de 2.000 en 2011 y la cifra sigue en aumento. Se estima que para frenar la transmisión es necesaria una cobertura vacunal infantil de más del 95%, una cifra que viene bajando gracias a las patrañas de grupos antivacunas que insisten en disparates como que las vacunas producen autismo, citando sospechosas páginas de internet ultraconservadoras que no se molestan en contar que el artículo que citan, escrito en 1998 por el investigador Andrew Wakefield, fue retirado de la prestigiosa revista científica *The Lancet*, porque el autor había falseado datos, y por eso también le quitaron la licencia para practicar medicina[296].

El movimiento antivacunas se ha opuesto particularmente a la vacuna contra el virus del papiloma humano, pues se ha difundido la noticia falsa de que esta vacuna tiene terribles efectos secundarios. En Colombia contamos con un trágico ejemplo de cómo este tipo de noticias falsas tienen impacto en la salud de mujeres y niñas. Hace unos años, unas niñas se empezaron a desmayar en el Carmen de Bolívar. Primero dijeron que era el diablo. Pero pronto los padres y madres de familia y hasta el personal de los colegios estaban convencidos de que la culpable era la vacuna contra el papiloma humano, que les había sido aplicada meses atrás en una campaña del Ministerio de Salud. La vacunación masiva se debió a que esta vacuna, que previene el virus de transmisión sexual del papiloma humano, el cual produce el cáncer de cuello uterino, es una de las principales causas de mortalidad de mujeres en Colombia. La vacuna solo es efectiva si se aplica antes de comenzar la vida sexual, y por eso se les puso a niñas en los primeros años de bachillerato. La historia tuvo eco en los medios de comunicación, que llegaron hasta a afirmar que la vacuna causaba suicidios. Aunque el Ministerio de Salud sacó miles

---

296 Esta sección fue publicada en su primera versión en la columna "Enfermedades 'vintage'" publicada el 28 de febrero de 2015 en *El Heraldo*.

de estudios e informes, no hubo poder humano para desmentir el mito de que la vacuna era nociva, y hasta la fecha, la cosa se discute.

Algunos dirán que el mito de la vacuna está protegido por la libertad de expresión. Sin embargo, decir que la vacuna causa suicidios o parálisis no es una opinión, es una simple y llana mentira, pues en asuntos médicos los ciudadanos comunes no tenemos suficientes conocimientos para opinar, y menos los tienen los padres y madres de familia sin formación en medicina, ni los medios de comunicación[297]. En estos casos, tenemos que ceñirnos a lo que dicen los estándares en medicina, como la Organización Mundial de la Salud. Sin embargo, las fuentes de autoridad no fueron tales. La gente no confió ni en el Ministerio ni en la OMS, y nunca nos preguntamos de dónde salía esa información, cuáles eran las fuentes de autoridad que sí se respetaban en el Carmen de Bolívar.

La superchería de las vacunas está montada sobre dos verdades: que algunos organismos pueden tener una reacción mínimamente adversa, como ocurre con absolutamente todos los medicamentos o tratamientos de salud, incluso los "orgánicos"; y que las farmacéuticas multinacionales son corporaciones neoliberales del mal. De las malas prácticas de las multinacionales no se sigue que las vacunas sean un fraude, y menos cuando muchas se distribuyen gratis gracias al apoyo de varias organizaciones y filántropos como Melinda Gates, que también intervienen para regular y bajar los precios de las vacunas. De todos los medicamentos que producen las malvadas multinacionales, las vacunas están entre los menos rentables.

A la fecha no hay alternativas reales para la prevención de estas enfermedades. Ningún tratamiento homeopático ha probado mostrar, ni lejanamente, la misma efectividad que las vacunas. Más allá de una decisión personal, no vacunar es un problema de salud pública pues contribuye a la propagación de enfermedades raras y mortales. Ade-

---

297 Esta sección fue publicada en su primera versión en la *Revista Contacto* de la Universidad del Norte, Barranquilla, edición de diciembre de 2016.

más hay niños y niñas que no pueden ser vacunados y ellos cuentan con que otros niños sí lo hagan para no enfermarse. La información mentirosa sobre las vacunas ni siquiera debe estar protegida por la libertad de expresión, pues causa un daño real y colectivo, es una mentira que mata, no una creencia inofensiva. No es justo que una moda terca e irracional traiga de vuelta enfermedades mortales que hoy son perfectamente prevenibles.

En realidad, por los hechos, lo que podemos saber es lo siguiente: hay niñas enfermas en el Carmen, física y emocionalmente. Los síntomas físicos parecen causados por metales pesados, que pudieron ingerir por muchos medios, por ejemplo ¿alguien ha investigado las fuentes de agua disponibles a las niñas para ver si están contaminadas?, ¿hay alguna otra sustancia con metales con la que hayan podido estar en contacto? Por otro lado, hay muchas razones más comunes y probables para los intentos de suicidio, como la violencia sexual y familiar, y un amplio rango de problemas emocionales, físicos y psicológicos que afectan especialmente a los adolescentes. Por otro lado también está documentado que los suicidios son "contagiosos", es decir, cuando la prensa empieza a hablar una y otra vez de casos de suicidio y, sobre todo, cuando lo hacen de una manera romántica, los casos de suicidio aumentan. Por eso, la prensa tiene una responsabilidad altísima cuando se trata de hablar de casos de salud pública como este. La información que se da, y la manera en que se presenta, puede ayudar a controlar o exacerbar el problema. También hay que recordar que en Colombia mueren seis mujeres a diario por el cáncer de cuello uterino que previene la vacuna contra el papiloma[298].

Tener acceso a información oportuna y de calidad sobre nuestra salud sexual y reproductiva no debería ser una excepción ni un privilegio, hace parte de nuestros derechos fundamentales y es obligación

---

298 Esta sección fue publicada en su primera versión en una columna titulada "Vacunas; falacias y lenguaje," publicada el 15 de agosto de 2015 en *El Heraldo*.

de los Estados. Pero la desinformación también sirve para que los mismos Estados evadan sus responsabilidades. Aún así es clave que entendamos que la salud es un derecho humano cuya garantía es indispensable para que podamos tener control y agencia sobre nuestra vida sexual.

Vivir con un virus

En el año 2010 conocí a la activista argentina Mariana Iácono y desde entonces se convirtió en una de mis mejores amigas. Aunque siempre hemos vivido en distintos países, tenemos la misma edad, ambas somos feministas y activistas y hasta nos casamos con sendos defensores de derechos humanos más o menos en el mismo año y en los últimos años hemos empezado a pensar en la posibilidad de la maternidad.

Mariana es activista por los derechos sexuales y reproductivos, particularmente por los derechos de las personas con VIH, pues desde que tiene 19 años adquirió el virus. Conocerla me obligó a cuestionar todos los prejuicios que tenía sobre el virus, todas esas películas de los 90 que lo presentaban como una suerte de neoplaga, castigo divino para los y las promiscuas y homosexuales. Paradójicamente, estos prejuicios que aterrorizan a la gente solo ayudan a que haya más barreras de acceso a la salud y a que esto no se discuta, y por lo tanto no se puedan tomar medidas efectivas para controlar la epidemia.

"Primero yo sentí que algo dentro del cuerpo me avisó de alguna manera, porque después de que me infecté, la semana siguiente estuve con una fiebre que no me bajaba. Dos veces tuve relaciones sexuales sin preservativo con el contagiador. Después de que terminé de tener relaciones sexuales le dije a él que qué pasaba si me había contagiado de sida y él me dijo que si me iba a vivir con él. Claro, no fue esa la notificación oficial de que yo tenía VIH. Me di cuenta en realidad porque estaba llena de HPV (las verruguitas del virus del papiloma humano) entonces busqué que era el HPV, leí que era un virus, busqué qué médico atendía los virus, busqué una infectóloga, ella me mandó a hacer todos los tests de sífilis, hepatitis, VIH. Me llamaron para decirme que había pasado algo con la muestra, en realidad era para decirme que era positivo. Si no fuera por el HPV me habrían pasado muchos años antes de hacerme el test de VIH"[299], cuenta Mariana. Es una historia que ha contado miles de veces en su carrera como activista.

El virus de inmunodeficiencia humano o VIH se transmite por relaciones sexuales, en el parto, por vía intravenosa en el caso de usuarios de drogas inyectables o algún accidente intrahospitalario. Se transmite vía relaciones sexuales solo cuando no se está tomando la medicación o bien porque no sabe, no quiere, o no tiene acceso a los medicamentos (algo que debería garantizar el Estado). El VIH no se adquiere a través del tacto, o con el intercambio de saliva y besos, ni por ningún tipo de actividad sexual siempre y cuando se tomen algunas precauciones sencillas como usar condón. Cuando una persona se está tomando regularmente su medicación, puede llegar a un punto en el que la carga viral es indetectable, y en ese momento se puede tener sexo sin preservativo sin la posibilidad de transmisión a otra persona, o un embarazo sin que el virus se transmita a un embrión o feto. Una persona que no tenga el virus se puede tomar un cóctel de medicamentos (tenofovir y emtricitabina) conocido como el PrEP o profilaxis preexposición que disminuye altamente las posibilidades de adquirir el virus si uno tiene sexo sin preservativo con una persona seropositiva. El PrEP se puede tomar a diario y se recomienda para parejas serodiscordantes (una tiene el virus, la otra no), o para personas que tienen múltiples parejas sexuales no estables a las que no les van a estar preguntando su historia clínica antes de coger.

Este es un punto importante del activismo de Mariana. Primero porque la estrategia de los antiderechos es decirnos que las únicas formas de no contagiarse son la abstinencia o la monogamia, y nin-

---

[299] Entrevista a Mariana Iácono realizada por la autora el 30 de agosto de 2018.

guna es del todo cierta. Son muchas la mujeres monógamas y casadas que son contagiadas por sus maridos, y hay otras formas de trasmisión, no solo la actividad sexual. Esos discursos conservadores que pretenden controlar nuestro cuerpo y restringir nuestra vida sexual, supuestamente para protegernos, en realidad nos dejan más vulnerables. Segundo porque las personas con o sin VIH tienen derecho a la confidencialidad: no tienen que estarles anunciando su historia clínica a otras personas y mucho menos a potenciales parejas sexuales. "Si le cuentas a otra persona después de tener sexo te va a decir que tenía derecho a tener la información y que tenía derecho a enterarse antes para poder tomar la decisión sobre tener relaciones sexuales o no" dice Mariana. "Entonces se enfrentan el derecho a la información y el derecho a la autonomía de los cuerpos, pero la realidad es que también está el derecho a la confidencialidad, nadie le pregunta a otra persona si tiene hepatitis o sífilis"[300].

Las personas con VIH, como es más que obvio, pueden tener hijes, pues el virus no causa esterilidad. La pregunta es quizás si pueden tener hijes sin transmitirles el virus y sí, si la persona con útero está tomando su medicación y tiene una carga indetectable, o incluso se pueden hacer lavados de semen para que haya menos riesgos de infección con parejas serodiscordantes.

En realidad, si los Estados garantizan el derecho a la vida, el derecho a recibir tratamiento, el derecho a la salud integral, los derecho sexuales y reproductivos y el derecho a acceder a un trabajo digno de las personas con VIH, el VIH no sería un problema de salud pública. Garantizar el acceso a la salud de las personas se traduce en bienestar y salud para toda la sociedad. El problema no es que las personas tengan VIH (aunque ya es hora de una cura de libre acceso para todxs), es que las personas con VIH muchas veces no tienen garantizados sus derechos fundamentales. Y por eso es que la lucha por el acceso a la salud y el feminismo son interdependientes. Explica Mariana: "Todas

---

300 Ibíd.

las defensas de todos los derechos tienen que ver con el feminismo porque el feminismo lucha por la igualdad y la salud es un derecho humano, no el privilegio de unos cuantos. No se puede garantizar el acceso a la salud sin una lucha por la igualdad"[301].

Mientras me encuentro dándole la última revisada a todo este libro, Mariana me llama a contarme que está embarazada y que estará dando a luz por las mismas fechas en que el libro será publicado. Poder contar esto me llena de emoción y espero que para cuando la hija de Mariana pueda leer este libro, muchos de los retos a los que nos enfrentamos hoy estén más que superados. Para mí esta noticia es una prueba más de que los triunfos del feminismo son también un triunfo de la vida.

¿El aborto es un derecho?

Sí, garantizar el libre acceso a un aborto seguro hace parte del derecho a la vida, a la salud y al libre desarrollo de la personalidad de las mujeres.

Aunque no lo crean, hubo un tiempo en mi vida en el que yo me decía "en contra del aborto". Mis razones eran dos: que podía contar con que mi mamá pagara mensualmente por las carísimas pastillas anticonceptivas y no podía imaginar que existieran adolescentes menos privilegiadas, y que nunca había tenido nada ni medianamente cercano a una relación sexual, nunca había estado desnuda frente a otra persona en una situación erótica. Así que yo no podía entender por qué alguien dejaría de tomar las precauciones necesarias para evitar un embarazo no deseado.

Comienzo por evidenciar los privilegios que me hacían estar en contra del aborto porque creo que está en la base de todas las falacias que atacan la garantía de este derecho. Hombres cisgénero o mujeres con dinero y educación suficiente para acceder a anticonceptivos son

---

301 Ibíd.

quienes suelen liderar el debate en contra del derecho de todas las personas con útero a decidir si quieren o no continuar con un embarazo.

Por fuera de la burbuja moral de los antiderechos resulta que ningún método anticonceptivo es 100% infalible. Que para saber que los anticonceptivos existen y cómo se usan toca tener un mínimo de educación sexual, que brilla por su ausencia en las escuelas latinoamericanas. Que luego toca tener plata para comprar los anticonceptivos y no es fácil. Cuando alguien tiene que escoger entre comer y comprarse un paquete de condones para coger, sencillamente come y luego coge sin condón. Resulta también que el machismo hace que muchas mujeres tengan que esconder la planificación de sus parejas, quienes podrían acusarlas de infieles o golpearlas. Y como si fuera poco, muchos de los embarazos no deseados en Latinoamérica son de niñas menores de 14 años, embarazos que muy probablemente son fruto de una violación y que luego las condenan a la maternidad forzada.

Cuando una mujer o niña decide abortar, hace lo que tenga que hacer para poder abortar. Si cuenta con la suerte de vivir en un país en donde el aborto es legal y de libre acceso, esta decisión no pondrá en peligro su vida, todo lo contrario, permitirá que esas mujeres y niñas vivan sus vidas en sus propios términos. Hoy en día los abortos realizados de forma segura, vía succión (con un AMEU) o pastillas, son procedimientos sencillos y ambulatorios; con decirles que un parto es más peligroso que un aborto seguro. También hay abortos ilegales que son seguros, a lo largo de Latinoamérica y el Caribe hay redes de mujeres que dan información sobre cómo usar de manera segura el misoprostol y la mifepristona, que son los medicamentos usados en el aborto con pastillas, una forma de abortar segura, efectiva, sencilla, barata y que las mujeres pueden hacer en sus propias casas. "Seguro" no quiere decir "sin molestia alguna", sino "sin riesgo para la salud o la vida de la mujer". Por ejemplo, los abortos con pastillas producen cólicos, fiebre, náuseas, sangrado, pero estos son síntomas pasajeros que se enmarcan dentro de lo normal; mientras más información tengamos sobre el procedimiento más tranquilas nos sentiremos.

Según la International Women's Health Coalition: "Dado que la mifepristona es un fármaco registrado para el aborto, su venta y uso no se permiten en la mayoría de países que cuentan con una legislación restrictiva en materia de interrupción del embarazo. En contraste, el misoprostol es una medicación contra las úlceras que está registrada con varios nombres comerciales a nivel global. Las investigaciones han evidenciado que, por sí solo, el misoprostol tiene una efectividad de entre el 75 y 85% para la inducción de un aborto en el primer trimestre del embarazo, siempre que se use según las recomendaciones. A pesar de ser menos efectivo cuando no se combina con la mifepristona, el misoprostol ofrece una alternativa segura y accesible a las mujeres. Normalmente, el misoprostol se vende en farmacias, en tabletas de 200 mcg. Se recomiendan cuatro tabletas para iniciar un aborto temprano. Se pueden requerir cuatro más (o, en casos poco frecuentes, ocho) para completarlo. Es mejor utilizar el misoprostol dentro de las nueve semanas contadas a partir de la última menstruación —es decir, antes de 63 días contados desde el primer día del último periodo regular—. Cuanto más temprana la etapa del embarazo en la que se administre el misoprostol, mejor, porque es más seguro, más efectivo y menos doloroso"[302]. En el portal de la International Women's Health Coalition y en la página de la Organización Mundial de la Salud se pueden encontrar las instrucciones detalladas para el uso del Misoprostol[303].

Un aborto ilegal puede ser seguro, pero expone a la persona a una criminalización injusta. Ahora, si tienes dinero todo el panorama cambia, si el aborto es ilegal en tu país es probable que encuentres la forma de realizarte un aborto seguro, pagando caro por él, o te

---

302 "Aborto con misoprostol autoadministrado: Una guía para las mujeres," 2016.

303 Varios colectivos feministas también tienen esta información en línea, por ejemplo, "Red Nosotras En El Mundo", en Argentina, y "Las Parceras", en Colombia, una red feminista de acompañamiento en caso de aborto. En Twitter se encuentran como @lasparcerascol.

compras un pasaje y viajas a Miami, Uruguay o Ciudad de México, en donde el aborto es legal. Pero si no tienes plata para hacerte un aborto (y mucho menos para mantener un hijo o hija luego), te expones a muchas formas de abortos inseguros que llevan matando mujeres durante siglos. Hoy la silueta de un gancho de ropa se usa como el símbolo de los abortos inseguros, y también hay mujeres que han tomado cloro, se han tirado cuesta abajo en unas escaleras y han hecho todo tipo de prácticas desesperadas y peligrosas.

Así que la lucha por la legalización del aborto es un problema de salud pública y una lucha de clases. Las mujeres y personas gestantes que mueren con abortos inseguros son las más jóvenes, las más pobres, las más vulnerables. Algunos sectores políticos religiosos con mucho dinero se han dedicado a tratar de impedir que las personas, mujeres y niñas del mundo puedan tomar control sobre sus cuerpos y vidas con la interrupción de un embarazo. El argumento es efectivo y populista: abortar es matar, porque el cúmulo de células que es el embrión del primer trimestre o el feto del segundo trimestre "tiene vida", y nada con vida se puede matar. Es más que evidente que la gente que dice que "la vida es sagrada" no lo dice de manera absoluta. No les importa matar a los animales o las plantas, y mucho menos están en contra de cosas que atentan directamente contra la vida como la guerra y el servicio militar obligatorio. Más absurdo todavía es que para las personas que están en contra del derecho al aborto la vida de un embrión es más valiosa que la vida de una mujer o persona embarazada que tiene memorias, sueños, amigas. ¿Qué nos están diciendo cuando les importa más un embrión que una persona? Pues que las personas con útero valemos en tanto pongamos esos úteros a producir gente o bien para heredar los bienes de la clase alta o para engrosar las filas del proletariado. Y nosotras como si fuéramos fábricas ambulantes de personas no más trascendentes que una fotocopiadora.

Hay muchas cosas que "tienen vida" pero extirpamos de nuestro cuerpo sin remilgo alguno: amígdalas, tumores, teratomas. La diferencia con el embrión y el feto es que tienen un valor simbólico en nuestra cultura: son una persona en potencia. Este valor simbólico suele hacer parte de un sistema religioso. Pero es importante recordar dos cosas: primero, que las religiones son construcciones humanas y se rigen por la interpretación que se da de ciertos textos o ideas en el contexto del tiempo. Si los católicos se tomaran la Biblia en serio y al pie de la letra no podríamos comer camarones. Así que flexibilidad hay para unas cosas y para otras no. También es importante señalar que hay segmentos de la Iglesia católica que están a favor del derecho a elegir, célebremente la organización Católicas por el Derecho a Decidir, quienes hacen un excelente trabajo en América Latina y el Caribe y que ya han planteado argumentos teológicos a favor, por ejemplo que en la Anunciación el ángel le pregunta a María si quiere llevar en su vientre al hijo de Dios o no, es decir que Dios le da el derecho a decidir.

La discusión sobre cuándo comienza la vida humana es apasionante, especialmente porque se trata de escoger eso que nos hace humanos y a partir de lo cual vamos a definirnos[304]. La vida humana se puede definir desde muchos sistemas religiosos, desde la biología o desde los derechos y marcos jurídicos, y esas distinciones son clave para no caer en falacias.

Unos dicen que la vida humana necesita pensamiento y por eso la diferencian de la vida vegetativa, un estado en el que se está vivo, sí, pero con menos facultades que las de una planta. Para algunas religiones la vida humana comienza cuando el óvulo es fecundado por el espermatozoide, un momento en el que, además, ese embrión adquiere un alma que será su condición primera para la humanidad.

Todos estamos de acuerdo en que la vida es un derecho humano. Algunos incluso dirán que es derecho fundamental de todos los seres vivos. Todas las constituciones coinciden en que la vida es el derecho fundamental de todos los humanos, pero muy pocas aclaran cuándo,

---

304 Esta sección se publicó en su primera versión en la columna titulada "50 sombras de gris", publicada el 9 de enero de 2013 en *El Espectador*.

específicamente, comienza esa vida. Ahí aparecen una cantidad de problemas pragmáticos que han dado pie a encendidas discusiones ideológicas que parten del acuerdo de defender la vida, pero se pelean por el cómo y el cuándo, dejando a su paso una gran ironía: muchas muertas. A esas muertas, entre las que se cuentan muchas mujeres y niñas que se vieron obligadas a llevar a término un embarazo fatal, se suman muchas otras a quienes se les han vulnerado sus derechos a la dignidad, a la reproducción autónoma y al libre desarrollo de la personalidad.

En el año 2000, el Tribunal Constitucional de Costa Rica prohibió la fertilización in vitro alegando que iba en contra del derecho a la vida, protegido desde la concepción. El Tribunal entendió "concepción" como "fecundación" (cuando óvulo y el espermatozoide se juntan) y afirmó que ese embrión era sujeto de derechos humanos. Llegar al radicalismo de proteger la vida desde la fecundación implica que todos los embriones que se originan en la fertilización in vitro son sujetos de derechos, y como garantizar esos derechos es absurdo e imposible hasta lo cantinflesco, Costa Rica tuvo que prohibir de tajo estos tratamientos.

El caso fue llevado ante la Corte Interamericana de Derechos Humanos, que falló en 2013 para decirle al Estado costarricense (y a todos) que prohibir la fertilización in vitro va en contra de los derechos reconocidos en la Convención Americana de Derechos Humanos. El fallo marca un hito decisivo en un debate tan infinito como el del huevo y la gallina. La sentencia de la Corte marca un límite pragmático para un problema real: ¿quién es una persona o sujeto de derechos? La Corte hace una importante diferencia entre fecundación e implantación. Si bien un óvulo fecundado es vida, esta vida no tiene posibilidades reales de desarrollo a menos que esté implantada en un útero, que necesariamente está dentro de una mujer, quien es a su vez sujeto de derechos. A partir de esto la Corte concluye que un embrión no es titular de derechos, pues todos los tratados de derechos humanos se pensaron para las personas nacidas. La protección del no nacido viene a través de la mujer embarazada, quien sí tiene el estatus de "persona".

Defender la vida como un derecho absoluto, además de ser hipócrita, puede llevar a escenarios tan absurdos como una ley que obliga a unos a llevar a término una preñez peligrosa, inviable o no deseada, mientras niega la posibilidad de acceder a avances científicos a quienes sí quieren un embarazo. Lo que precisa la Corte es que la vida es un derecho incremental; no un problema en blanco y negro, sino de una infinidad de matices de gris que van desde la vida en potencia hasta la vida potenciada. Un embrión está vivo, pero no es viable hasta que esté implantado; un feto está vivo, pero no es autónomo, y hasta cierto punto del embarazo, su vida depende única y exclusivamente de estar contenido dentro de una persona. Esa persona, humana, viva, autónoma, con historias y proyectos, es quien finalmente es sujeto de derechos.

Hay varios mitos sobre el aborto que están profundamente incrustados en nuestra cultura y que se convierten en barreras de acceso social a la interrupción de un embarazo:

¶   **Que un aborto te pone en peligro de muerte.** Falso. Según un estudio realizado en 2012 en Estados Unidos, un parto es 14 veces más peligroso que un aborto seguro[305]: "Estimamos las tasas de mortalidad asociadas con partos y los abortos inducidos legalmente en los Estados Unidos entre 1998-2005. Utilizamos datos del Sistema de Vigilancia de la Mortalidad por Embarazo de los Centros para el Control y la Prevención de Enfermedades, certificados de nacimiento y encuestas del Instituto Guttmacher. Además, buscamos datos basados en la población que comparan la morbilidad del aborto y el parto"[306]. Los resultados fueron que "la tasa de mortalidad asociada al embarazo entre las mujeres que dieron a luz a neonatos fue de 8,8 muertes por cada 100.000 partos. La tasa de mortalidad relacionada con el aborto

---

305 E.G. & D., 2012.
306 Ibíd.

inducido fue de 0.6 muertes por cada 100.000 abortos. En el reciente estudio comparativo de la morbilidad del embarazo en los Estados Unidos, las complicaciones relacionadas con el embarazo fueron más comunes con el parto que con el aborto"[307]. El estudio concluye que "el aborto legal es notablemente más seguro que el parto. El riesgo de muerte asociado con el parto es aproximadamente 14 veces mayor que con el aborto. Del mismo modo, la morbilidad general asociada con el parto supera la del aborto"[308]. Por supuesto, hasta la sacada de una muela puede poner en peligro tu vida si se realiza en condiciones insalubres, estas cifras solo reafirman la importancia de que tengamos acceso a abortos seguros.

¶ **Que al abortar la madre mata a su bebé.** En el primer trimestre, que es cuando se practican el 80% de los abortos, aproximadamente, lo que hay en el útero es un embrión, en el segundo trimestre un feto y luego de los siete meses se habla de parto inducido, entonces es incorrecto y manipulador decir "bebé". Por otro lado, ninguna mujer es madre a menos que la fuercen o lo decida, yo puedo subrogar mi vientre y quedar embarazada y no ser en ningún momento una "madre".

¶ **El "síndrome post aborto" afecta psicológicamente a las mujeres.** Todas las personas que se han practicado un aborto seguro tienen diferentes experiencias emocionales del procedimiento, que están mediadas por sus creencias y contextos, y todas son experiencias válidas y ciertas. Pero el mentado síndrome no está reconocido por la comunidad médica, de hecho, se ha demostrado que las mujeres que tienen acceso a un aborto elegido, legal y seguro no suelen arrepentirse de su decisión a menos que grupos antiderechos se dediquen a mortificarlas y hacerlas sentirse culpables. Es decir, lo que afecta la mente no es el

---

307 Ibíd.
308 Ibíd.

procedimiento de interrupción del embarazo, que cuando es realizado de manera segura no presenta riesgos médicos ni deja secuelas, sino el castigo social que algunas personas y grupos antiderechos ejercen sobre las personas, mujeres y niñas.

¶   **Puedes quedar estéril.** Hoy en día tenemos la fortuna de gozar de avances científicos que hacen del aborto un procedimiento sencillo y seguro, como el aborto con pastillas o la aspiración manual endouterina, conocida como AMEU. El legrado que nos mostraron en el colegio ya casi nunca se practica, a menos que se trate de un caso extremo, o si el AMEU o el aborto con pastillas fallan.

¶   **La legalización del aborto hará que lo usemos como método anticonceptivo.** Esta mentira es un contrasentido: un aborto no puede practicarse antes de la concepción. La consigna de las feministas en cuanto al aborto siempre ha sido "educación sexual para decidir, anticonceptivos para no abortar, aborto legal, seguro y gratuito para no morir".

¶   **El aborto es un método eugenésico:** Últimamente, los antiderechos han empezado a decir que la causal "malformación incompatible con la vida extrauterina" es eugenésica y que atenta contra los derechos de las personas que viven con alguna discapacidad. Esto es falso, por un lado, omite que si la malformación es incompatible con la vida fuera del útero, el producto del embarazo no puede sobrevivir luego del parto. Por otro lado, hay muchas mujeres que eligen llevar a término un embarazo, incluso cuando se ha descubierto que el feto tiene alguna condición congénita que luego se expresará como una discapacidad. No podemos poner los derechos o supuestas discriminaciones que experimentaría una vida en potencia con las vidas de las mujeres. Respetar las vidas de las mujeres es reconocer que la única que puede decir qué es lo mejor para su vida es cada mujer.

¶   **¿Y si el hombre (o persona sin útero) sí lo quiere tener?** Es curioso que la gente pregunte esto siempre tratando de deslegitimar el derecho al aborto. Latinoamérica está llena de padres que abandonan a sus hijos y nadie los mete a la cárcel, como sí sucede actualmente con muchas mujeres en Centroamérica. Cada tanto aparece la posibilidad de este hombre ficticio que quiere darlo todo por ese embrión con la intención de mostrar que "ellos" no pueden decidir. Pero sí pueden decidir si usar condón o no, lo que no pueden hacer es decidir sobre lo que pasa en el cuerpo de otra persona. Además hay una cosa que se llama maternidad subrogada: este hombre ficticio podría pagar por todas las citas y exámenes médicos durante el embarazo y la lactancia, por las horas en que la persona no pudo asistir a trabajar por el embarazo, su transporte, su alimentación durante el embarazo –pues no olvidemos que estar embarazada es un trabajo que hace el cuerpo–, indemnizaciones por todos los cambios que esos nueve meses y la sucesiva recuperación trajo a la vida de la persona. Usualmente el hombre ficticio (y los reales) ve la cuenta y sale corriendo despavorido dejando en el aire sus buenas intenciones.

¶ **Las feministas odiamos a las mujeres religiosas o que militan con los antiderechos:** Falso, hay mujeres religiosas que son feministas y que defienden el derecho al aborto. Por otro lado, las feministas defendemos los derechos de todas las mujeres, incluso de las mujeres antiderechos. Preferimos verlas vivas, insultándonos, a muertas por un aborto inseguro.

El feminismo pasa por defender también el derecho de las personas, niñas y mujeres de decidir sobre sus cuerpos. Desde varias esquinas de los feminismos hemos tratado de explicar que es una tortura obligar a una mujer a llevar a término un embarazo cuando el feto es incompatible con la vida, hemos tratado –muchas veces sin suerte– de hacer que la gente sienta empatía con las víctimas de violación y con el horror que significa tener el hijo del agresor. Hemos repetido una y otra vez que, aunque el aborto es un procedimiento sencillo y ambulatorio, la decisión, y más en un contexto como el nuestro, nunca es trivial. En sociedades aferradas a una moral machista como las nuestras, el aborto, si no es un crimen, por lo menos sigue siendo un pecado –inventado por hombres que después se creen magnánimos al "absolverse"–, por eso humanizar a las mujeres que deciden tener un aborto es necesario, mostrar los horribles escenarios a los que se enfrentan las víctimas de la prohibición es necesario. Pero ya es hora de también decir que el aborto debe ser opción para todas, no solo para las mujeres que enfrentan violencias o situaciones médicas extremas. El acceso a los derechos no puede ser solo para las mártires[309].

El derecho a decidir sobre nuestro proyecto de vida debe ser para todas, y en ese marco, la maternidad no es una decisión menor. Todas las mujeres deberíamos poder elegir cuándo, cómo y si queremos ser madres, pero para que esto suceda se tienen que juntar un montón de factores que van desde la educación sexual oportuna hasta la posibilidad de abortar (pues ningún anticonceptivo, y, sobre todo, ninguna persona es infalible) y también la posibilidad de abortar o hacerse fertilización in vitro. El acceso a un derecho como el aborto está mediado también por la raza, la etnia y la clase social. En los países en donde está prohibido, las condiciones del aborto dependen de cuánto puedas pagar. En los países en donde el derecho al aborto está garantizado por la ley, la educación en derechos sexuales y reproductivos se imparte con la misma desigualdad de clase, y las mujeres pobres ni se enteran de que pueden abortar. Todas las personas, mujeres y niñas deberíamos tener la información y las condiciones legales y médicas para tener soberanía sobre nuestros cuerpos.

A mí me encanta un replanteamiento de la clásica consigna feminista sobre el aborto que hizo la activista argentina Georgina Orellano en su Facebook el 28 de septiembre de 2018: "Educación sexual para descubrir, anticonceptivos para disfrutar, y aborto legal para decidir".

---

309 Esta sección se publicó en su primera versión el 2 de octubre de 2015 en *Sin Embargo*.

¿Cuál es el proyecto político detrás de la prohibición del aborto?

Cuando muchas llegamos al debate del aborto, creemos que lo que motiva a los antiderechos es la fe ciega en una religión patriarcal que pretende dominar nuestros cuerpos, y quizás es el caso de muchas personas, además de sentido de pertenencia a un grupo y la sensación de que se está luchando por una causa justa. Y como casi todas en Latinoamérica, feministas, antiderechos y hasta las mujeres que no han tomado una postura respecto al aborto, hemos sido criadas en un ecosistema católico o cristiano, es fácil creer que el aborto ha estado prohibido y ha sido tabú "desde siempre", y que el motivo siempre han sido las creencias religiosas. Pero esto, de hecho, es bastante injusto con las comunidades religiosas (no todas son dogmáticas), y echarle toda la culpa a la fe esconde el proyecto político que hay detrás del control de los cuerpos de las mujeres.

En *Calibán y la bruja* (quizás el texto que más he citado en este libro), Silvia Federici hace una crítica al análisis marxista, en donde le dice a Marx: tu crítica al capitalismo tiene un punto ciego y es que no tomas en cuenta el trabajo de las mujeres. A estas alturas no nos vamos a extrañar de que Marx, como todos, fuera un macho, pero la crítica de Federici es reveladora porque, en realidad, el sistema capitalista no funcionaría sin la explotación e invisibilización del trabajo de las mujeres.

El argumento por la defensa de la vida es bastante sospechoso, y más cuando su consecuencia práctica es la muerte de tantas mujeres por abortos inseguros; la verdadera pregunta es qué vidas se defienden y por qué. "Podemos observar que la promoción de crecimiento poblacional por parte del Estado puede ir de la mano de una destrucción masiva de la vida; pues muchas circunstancias históricas, como por ejemplo, la historia de la trata de esclavos –es una condición de la otra—"[310]. El capitalismo, en palabras de Federici, es un sistema "donde la vida está subordinada a la producción de ganancias" y por eso "la promoción de las fuerzas de la vida no resulta ser más que el resultado de una nueva preocupación por la acumulación y la reproducción de la fuerza de trabajo"[311]. Esto, en otras palabras, significa que el capitalismo necesita fuerza de trabajo que produzca lucro, y que esas ganancias valen más que las vidas de las personas que las producen.

"Esto explicaría el motivo por el cual, cuando el crecimiento poblacional se convirtió en una preocupación social fundamental durante la profunda crisis demográfica y la escasez de trabajadores a finales del siglo XIV, la herejía comenzó a ser asociada a los crímenes reproductivos, especialmente la 'sodomía', el infanticidio y el aborto"[312]. Es con la llegada del capitalismo a Europa que el aborto se convierte en un problema, para los Estados, claro, y luego poco a poco se fue convirtiendo en un pecado. La condena al aborto tiene el mismo origen que la condena a la homosexualidad (la Iglesia católica no la condenó sino hasta el año 1179), pues ambos contravenían las políticas de reproducción masiva, que se mantienen hasta la fecha. Eso también explica por qué el sistema de la prohibición del aborto perjudica de manera desproporcionada a las mujeres pobres, pues lo que se necesita es mano de obra barata. En cambio las mujeres ricas, cuyos hijos no irán a las fábricas, tienen más facilidades para abortar o tener control de su natalidad. "Es en este contexto donde el problema de la relación entre trabajo, población y acumulación de riqueza pasó al primer plano del debate y de las estrategias políticas con el fin de producir los primeros elementos de una política de población y un régimen de 'biopoder'. La brutalidad de los medios por los que el Estado comenzó a castigar cualquier comportamiento

---

310 Federici, 2010, p. 30.

311 Ibíd.

312 Ibíd., p. 61.

que obstruyese el crecimiento poblacional no debería engañarnos a
este respecto"[313].

La llegada del capitalismo también está marcada por el descubrimiento de América, que por supuesto implica el nacimiento de
las campañas imperialistas y la trata masiva de personas que hoy
llamamos esclavitud. "Así, a partir de mediados del siglo XVI, al mismo tiempo que los barcos portugueses retornaban de África con
los primeros cargamentos humanos, todos los gobiernos europeos
comenzaron a imponer las penas más severas a la anticoncepción,
el aborto y el infanticidio. Esta última práctica había sido tratada
con cierta indulgencia en la Edad Media, al menos en el caso de las
mujeres pobres; pero ahora se convirtió en un delito sancionado con
la pena de muerte y castigado con mayor severidad que los crímenes
masculinos"[314]. Había penas extremas como el ahogamiento y en
Nuremberg en 1580 empalaron, al mejor estilo *Game of Thrones*, a
tres mujeres acusadas de infanticidio. "También se adoptaron nuevas
formas de vigilancia para asegurar que las mujeres no terminaran sus
embarazos. En Francia un edicto real de 1556 requería de las mujeres
que mostrasen cada embarazo y sentenciaba a muerte a aquellas cuyos
bebés morían antes del bautismo después de un parto a escondidas,
sin que importase que se las considerase inocentes o culpables de su
muerte. Estatutos similares se aprobaron en Inglaterra y Escocia en
1624 y 1690"[315].

En el modelo económico de la Europa medieval no existía el
modelo de propiedad privada que tenemos hoy en día, es decir, una
tierra no era tuya porque "la compraras", sino porque la habitabas, la
conquistabas, las heredadas o porque te la daba el rey. Por otro lado,
en la sociedad medieval "las relaciones colectivas prevalecían sobre
las familias, y que la mayoría de las tareas realizadas por las siervas

---

313 Ibíd., p. 132.
314 Ibíd., p. 135.
315 Ibíd., p. 136.

(lavar, hilar, cosechar y cuidar los animales en los campos comunes) eran realizadas en cooperación con otras mujeres"[316]. Para Federici, en el medioevo "la división sexual del trabajo, lejos de ser una fuente de aislamiento, constituía una fuente de poder y protección de las mujeres"[317]. Con el capitalismo llegaron la privatización de las tierras, el trabajo asalariado y la invención de la familia nuclear en Europa, esa que tanto defienden los grupos conservadores. El modelo de la familia nuclear está centrado "en la dependencia económica de las mujeres a los hombres –seguida de la expulsión de las mujeres de los puestos de trabajo remunerados–"[318].

Con la llegada del capitalismo "en el nuevo régimen monetario, solo la producción para el mercado estaba definida como actividad creadora de valor, mientras que la reproducción del trabajador comenzó a considerarse algo sin valor desde el punto de vista económico, e incluso dejó de ser considerada un trabajo. El trabajo reproductivo se siguió pagando –aunque a valores inferiores– cuando era realizado para los amos o fuera del hogar. Pero la importancia económica de la reproducción de la mano de obra llevada a cabo en el hogar, y su función en la acumulación del capital, se hicieron invisibles, confundiéndose con una vocación natural y asignándose trabajo de mujeres. Además se excluyó a las mujeres de muchas ocupaciones asalariadas, y en el caso en que trabajaran por una paga, ganaban una miseria en comparación con el salario masculino medio"[319]. Hoy nos dicen que embarazarnos, reproducirnos y criar es nuestra "realización como mujeres", y para algunas puede serlo, pero el modelo de la "ama de casa" cuyo trabajo no se considera trabajo pues se hace "por amor" está basado en la explotación del trabajo que hacemos las mujeres para la reproducción y el cuidado de la vida.

---

316 Ibíd., p. 41.
317 Ibíd., p. 41.
318 Ibíd., p. 31.
319 Ibíd., p. 112.

"Esta fue una derrota histórica para las mujeres. Con su expulsión del artesanado y la devaluación del trabajo reproductivo la pobreza fue feminizada [reduciendo a las mujeres a una doble dependencia: de sus empleadores y de los hombres]. [...] en el nuevo régimen capitalista las mujeres mismas se convirtieron en bienes comunes, ya que su trabajo fue definido como un recurso natural, que quedaba fuera de la esfera de las relaciones de mercado"[320]. De esta manera nos hacen creer que tener hijos es algo que hacemos solo por el beneficio de nosotras y de nuestras familias, y nadie menciona que además es un servicio gratis para el Estado que necesita que hagamos personas (porque las hacemos) y luego las criemos gratis para que salgan a trabajar al sistema capitalista. Nuestros países están llenos de estatuas de soldados que "murieron por la patria", que devienen héroes por arriesgar su vida matando a otros hombres. Pero nadie habla de lo riesgoso que es un embarazo o un parto. Así que nosotras arriesgamos la vida pariendo, lo hacemos gratis, y gracias a nosotras existen las naciones, pero a las mujeres que mueren en el parto nadie les hace ninguna estatua.

Con el control de la natalidad también llegó una fuerte sospecha sobre todas las parteras, y esto ayudó a que fueran siendo reemplazadas por doctores hombres. "Con la marginación de la partera, comenzó un proceso por el cual las mujeres perdieron el control que habían ejercido sobre la procreación, reducidas a un papel pasivo en el parto, mientras los médicos hombres comenzaron a ser considerados como verdaderos 'dadores de vida'. Con este cambio empezó también el predominio de una nueva práctica médica que, en caso de emergencia, prioriza la vida del feto sobre la de la madre"[321]. La criminalización de la anticoncepción y el aborto nos expropió a las mujeres de esos conocimientos sobre nuestra salud sexual y reproductiva que nos daban autonomía, y nuestra reproducción empezó a ser controlada por la Iglesia y el Estado.

---

320 Ibíd., p. 148.
321 Ibíd., p. 137.

"Como resultado, las mujeres han sido forzadas frecuentemente a procrear en contra de su voluntad experimentando una alienación con respecto a sus cuerpos, su 'trabajo' e inclusos su hijos, más profunda que la experimentada por cualquier otro trabajador. Nadie puede describir en realidad la angustia y desesperación sufrida por la mujer al ver su cuerpo convertido en su enemigo, tal y como debe ocurrir en el caso de un embarazo no deseado"[322]. Los embarazos y la maternidad forzados son profundamente violentos porque hacen que nuestro cuerpo y nuestra familia se conviertan en una cárcel. Las sociedades que valoran la vida de los embriones más que la vida de las mujeres son sociedades para las cuales no somos personas sino máquinas desechables que sirven para parir obreros.

Gracias al análisis económico de Federici uno por fin entiende por qué los Estados están legislando sobre nuestros cuerpos y hasta por qué el movimiento antiderechos tiene tanto dinero. La retórica de "salvemos las dos vidas" suena muy bonita pero lo que oculta es una agenda de explotación de las mujeres, de nuestros cuerpos y de nuestro trabajo. El debate sobre el aborto antes que filosófico, teológico o legal es un debate económico.

La lucha por la legalización en América Latina

Centroamérica y el Caribe son las regiones del mundo más restrictivas en cuanto al derecho a decidir. En el mundo solo hay ocho países que prohíben el aborto en todos los casos: Malta, el Vaticano, El Salvador, Nicaragua, Honduras, República Dominicana, Haití y Suriname.

Antes de 1998 en El Salvador se podía abortar si el embarazo era fruto de una violación, por malformaciones incompatibles con la vida o si la mujer corría riesgo de muerte, pero el código penal que entró en vigencia ese año eliminó las causales. Allí hay decenas de mujeres encarceladas incluso por abortos espontáneos, como Teodora

---

322 Ibíd., p. 141.

Vásquez, a quien se llevaron detenida todavía con la hemorragia y fue condenada a treinta años de prisión por "homicidio agravado de su hija". Gracias al trabajo de los grupos activistas feministas fue liberada en febrero de 2018 después de haber cumplido 10 años de su condena. También es muy conocido el caso de Beatriz. En 2013, Beatriz tenía 22 años y un hijo de un año con una discapacidad para caminar por su nacimiento prematuro. Beatriz, diagnosticada con lupus eritematosos sistémico, insuficiencia renal y preeclampsia, tenía 26 semanas de embarazo de un feto con anencefalia (un padecimiento que no permite el desarrollo del cráneo y por lo tanto hace imposible la vida extrauterina, diferente de la microcefalia, con la cual sí es posible vivir). Sin embargo, en mayo de 2013 la Corte Suprema de Justicia de El Salvador rechazó la solicitud de interrupción y la forzó a continuar con el embarazo. Beatriz murió en octubre de 2017.

En 2009 en República Dominicana se aprobó una enmienda a la Constitución en la que se declaró ilegal el aborto, incluso cuando está en peligro la vida de la mujer o niña. En 2012 se conoció mundialmente el caso de Rosaura Almonte, más conocida como "Esperancita", una niña de 16 años con leucemia a quien el Estado no permitió que trataran, pues estaba en su séptima semana de embarazo. Esperancita murió, pero su caso logró que en 2014 el Congreso dominicano aprobara un nuevo Código Penal donde se incluyeron como excepciones a la penalización del aborto tres supuestos: malformación fetal, salud y violación; aunque luego en diciembre de 2015 el Tribunal Constitucional dominicano emitió una sentencia por la que declaraba inconstitucional todo el nuevo Código Penal y regresaba a la versión de 1884.

En Nicaragua las reformas prohibicionistas al código penal se hicieron en julio de 2008 y en Honduras el aborto está prohibido en cualquier condición, incluso si hay peligro para la vida de la madre o el feto, y las penas son de tres a diez años de cárcel. Chile por poco entra en la lista, pero en 2018 se expidió la Ley 21.020 que permite el aborto en tres causales: peligro para la vida de la mujer, patología incompatible con la vida fuera del útero y embarazo resultado de una violación.

Siguiendo de cerca a estos países están Brasil, donde solo se permite un aborto legal bajo la causal de violación. En Guatemala, Venezuela, Haití y Paraguay solo se permite para salvar la vida de la mujer o niña. En México el aborto es legal en todos los casos en Ciudad de México, pero está prohibido en casi todo el resto del territorio con la excepción de la causal violación. En Panamá se permite para salvar la vida de la mujer o niña, por malformación o por violación. En Costa Rica está permitido para salvar la vida o la salud física o mental de la mujer. En Bolivia el aborto solo es legal en casos de violación o incesto, y en Ecuador solo se permite en caso de violación y cuando la persona embarazada tiene "una discapacidad mental", lo cual es bastante capacitista. En Perú el aborto solo es permitido cuando la vida o la salud de la mujer están en riesgo. Como es evidente, el panorama regional es bastante malo en materia de derechos sexuales y reproductivos. El aborto solo está libre de restricciones en Cuba, Puerto Rico y Uruguay.

El Instituto Guttmacher y Amnistía Internacional estiman que el 25% de los embarazos terminan en un aborto, seguro o no[323]. Según el Guttmacher (2009), en México la tasa de aborto se estimó en 38 abortos por 1,000 mujeres entre los 15 y 44 años[324]. En Colombia, al año, hay un promedio de 400.000 abortos inducidos y unos 911.897 embarazos no deseados al año, según datos de 2011[325]. El aborto no es un evento excepcional, es parte de la experiencia de la vida de muchísimas mujeres. Quienes nunca han tenido un embarazo indeseado y no se han enfrentado a esta decisión quizás han apoyado y acompañado a alguien que sí.

---

323   "Datos clave sobre el aborto", 2018.

324   Juárez et al., 2013.

325   Prada, Singh, Remez, & Villarreal, 2011.

Así que el problema no es que se practican abortos, eso es de toda la vida, el problema es que teniendo la tecnología médica disponible, las mujeres aún tienen que ponerse en peligro de muerte para tomar una decisión sobre su vida. Esto nos convierte a las mujeres en ciudadanas de segunda categoría, pues significa que el Estado nos niega la libertad sobre nuestros cuerpos y nuestra autonomía.

Colombia

Deliberadamente no mencioné arriba los casos colombiano y argentino, pues me parecen paradigmáticos y me parece importante discutirlos en detalle.

El caso colombiano fue definitivo para mi carrera como periodista y activista: cuando entré como columnista a *El Espectador* en 2008, en Colombia el debate sobre la despenalización en tres causales, que se había logrado en 2006, estaba encendido, y como veinteañera que era en ese entonces, abortar o no abortar era más que un dilema abstracto, era una decisión que potencialmente tendríamos que tomar en cualquier momento o mis amigas o yo y por eso se convirtió en un tema bandera de mi Columna en *El Espectador*. Esto me permitió conocer a muchas activistas feministas colombianas y fue mi entrada a cubrir las causas feministas como periodista.

Antes de 2006, Colombia tenía uno de los marcos legales más restrictivos del mundo con respecto a la interrupción voluntaria del embarazo, una prohibición total[326]. Las mujeres seguían muriendo por abortos inseguros y el debate no estaba en la agenda de los medios de comunicación. La despenalización del aborto en Colombia era algo que las feministas venían discutiendo desde hacía años: La Mesa por la Vida y Salud de las Mujeres se formó a mediados de los noventa para crear estrategias de despenalización que en un comienzo estuvieron orientadas a crear nuevas leyes, o cambiarlas, desde el

---

326 La primera versión de esta sección se publicó en mayo de 2016 en *El Espectador*.

Congreso. Pero un tema tan impopular como la despenalización del aborto difícilmente sería bandera de nuestros congresistas.

El proyecto Laicia: Litigio de Alto Impacto en Colombia partió de ese trabajo que durante años había estado haciendo el movimiento de mujeres y juntó a médicos, abogados y periodistas, alrededor de una tutela presentada por la abogada Mónica Roa, que, desde la organización Women's Link Worldwide, demandó la despenalización del aborto argumentando que la penalización es inconstitucional. La tutela llegó a la Corte, acompañada de una estrategia de comunicaciones que elevó enormemente el debate en los medios: las fuentes dejaron de ser, únicamente, "feministas versus sacerdotes", se incluyó una perspectiva legal, médica y técnica, y se empezó a hablar del aborto como una necesidad para resolver un problema de salud pública: las colombianas se estaban muriendo cruelmente por abortos clandestinos (además de otros problemas relacionados, como embarazos riesgosos o niños y niñas abandonadas). El caso de Martha Sulay González, una mujer con hijas que mantener, enferma de cáncer, y que no pudo abortar para salvar su vida, le dio otra cara a las mujeres que necesitaban interrumpir su embarazo. Gracias a ella, Colombia, o al menos una parte del país, pudo entender que la despenalización total acaba con muchas más vidas que las que pretende salvar. Martha Sulay alcanzó a vivir para ver el aborto despenalizado, murió un año después, en 2007, dejando cuatro hijas, y un ejemplo de valentía y fortaleza para todo el país.

En mayo de 2006, la Corte Constitucional declaró, en la Sentencia C-355, que el aborto en Colombia era un derecho en las tres consabidas causales: malformaciones del feto incompatibles con la vida, violencia sexual, y cuando está en peligro la vida o la salud de la mujer. Colombia pasó de ser uno de los países más restrictivos del mundo con respecto a este derecho a ser un líder en la vanguardia progresista de la región. La sentencia se convirtió en un hito porque fue el comienzo de un movimiento de despenalización por causales en toda América Latina. También nos mostró, a la ciudadanía en Colombia, que había otra manera de defender nuestros derechos, desde los argumentos y sin el populismo de los políticos, desde el marco de la Constitución de 1991 y a través de la Corte Constitucional, una revolución orientada a la rama judicial y no a la legislativa. Esto tuvo un impacto importante en el movimiento de derechos humanos en Colombia, y desde entonces, y por la misma vía, hemos logrado garantizar otros derechos, como la adopción por parte de parejas del mismo sexo y el matrimonio igualitario.

Por supuesto, no bastaba con una sentencia constitucional. El aborto en Colombia aún tiene serios problemas de implementación y todavía hay un gran desconocimiento de la Sentencia, especialmente en las regiones. En muchas facultades de medicina no se enseñaba y no se enseña cómo hacer el procedimiento haciendo uso de avances científicos como el AMEU (aspiración manual endouterina) o usando pastillas en los primeros meses; el misoprostol y la mifepristona ni siquiera estaban incluidas en el Plan Obligatorio de Salud o POS. El derecho llegó al papel en el 2006; desde entonces, el trabajo ha sido por lograr su implementación.

El 2008 llegó además con uno de los mayores obstáculos para la implementación de este derecho en Colombia: Alejandro Ordóñez asumió el cargo de Procurador y comenzó una cruzada religiosa, que usaba el poder del Estado para perseguir a las mujeres, a los y las médicas, a los y las juezas y defensoras de derechos humanos y a todas las instancias involucradas con la interrupción voluntaria y legal del embarazo.

Paradójicamente, la juiciosa y constante cruzada del procurador ha fortalecido el movimiento de derechos humanos y sofisticado los argumentos y las estrategias. Por ejemplo, en 2012 la Corte Constitucional emitió otra sentencia revolucionaria, la T-627, en respuesta a una tutela interpuesta por más de 1.800 mujeres, para defender nuestro derecho a la información completa y oportuna sobre nuestros derechos sexuales y reproductivos. La sentencia ordenó que el Procurador y otros servidores públicos a su cargo corrigieran la información errónea que habían difundido a través de los medios de comunicación, especialmente sobre el derecho al aborto. La Sentencia conjugó el derecho al acceso a la información con los derechos sexuales y reproductivos y envió un mensaje a los servidores públicos: no se puede mentir usando la voz del Estado[327].

En 2015, otro posible traspié en el avance de este derecho se convirtió en victoria. La fiscalía criminalizó injustamente a la actriz Carolina Sabino por practicarse un aborto por causal salud mental. La Fiscalía encontró una conversación privada con su hermana en la que discutían un aborto por causal salud mental, sin embargo, ni los jueces, ni la Fiscalía sabían que un procedimiento así era legal, y sin siquiera leerse la sentencia de la Corte comenzaron a hacerle un linchamiento mediático a la actriz, e incluso le filtraron a la prensa su historia clínica. Contrario a lo que se esperaba, la opinión pública se indignó con la Fiscalía. Obviamente muchos dijeron que la "actriz era una irresponsable" (como si hubiera algo de responsable en tener un hijo que uno ni quiere ni puede tener) y otros cuestionaron la causal salud mental (como si llevar a término un embarazo indeseado no afectara la salud mental de cualquiera), pero al final primó la defensa de la actriz, y el fiscal, con el rabo entre las patas, se vio obligado a retirar los cargos.

---

327 Alejandro Ordóñez fue destituido de su cargo por corrupción en 2016. Su reelección fue anulada por haberla logrado a través de prácticas clientelistas y corruptas, nombrando en cargos de la Procuraduría con salarios de 25 millones de pesos a familiares de quienes votaron por su reelección. Volvió a la vida política en 2018 con el regreso de la ultraderecha militarista colombiana conocida localmente como Uribismo. Ordóñez pertenece a una secta radical de la Iglesia católica llamada Lefebvrista, que por negarse a respetar la separación entre Iglesia y Estado propuesta en el Concilio Vaticano II fue excomulgada por el mismo Vaticano. Ordóñez quemó libros que consideraba prohibidos en una plaza pública en Bucaramanga "como ejercicio pedagógico". En agosto de 2018 el presidente electo de Colombia pagó los favores de su alianza electoral nombrando a Ordóñez como representante de Colombia ante la OEA, en donde se espera que busque debilitar el sistema interamericano, ya que, entre otras cosas, es el protagonista de varios casos de violaciones a derechos humanos ante la CIDH.

Esto evidenció que no había claridad sobre la aplicación de las causales, y se convirtió en una gran oportunidad para difundir la definición de salud que hace la sentencia, sustentada en la definición de la Organización Mundial de la Salud, que entiende la salud como el bienestar físico, mental y psicosocial de una persona. Es indudable que cuando un embarazo no deseado se lleva a término se pone en peligro la salud física, y especialmente mental, de la mujer, pues su relación con su entorno y consigo misma cambia, y se la obliga a cargar con un estigma que puede tener serias consecuencias, como la depresión.

En Colombia, desde 2006, se puede abortar de manera legal con una certificación que puede ser emitida por un médico o psicólogo que afirme que la salud mental de la mujer está en riesgo. Gracias al sonado caso de la criminalización de Sabino, todo el país se enteró de la aplicación de esta causal. Y es más, el Fiscal de entonces, Eduardo Montealegre, terminó por emitir una directriz que afirma, entre otras cosas, que los fiscales deben rechazar las denuncias que se hagan en violación del secreto profesional; que bajo ninguna circunstancia los fiscales podrán revelar información que viole el derecho a la intimidad de la mujer, niña o adolescente que haya accedido a una interrupción voluntaria del embarazo; que en los casos de la causal por violación, debe partirse de la buena fe de denuncia; y que, en los casos de menores de 14 años, dicha denuncia es una mera formalidad, pues se entiende que no estaban en edad para dar consentimiento informado para tener relaciones sexuales.

El ministro de Salud, Alejandro Gaviria, también hizo dos anuncios importantes en el 2015: que se eliminarían restricciones para el acceso al misoprostol y que se incluirá la mifepristona en el POS, ambos medicamentos usados en la interrupción del embarazo. Estos avances son definitivos para una implementación exitosa del derecho al aborto en Colombia. El 2016 también llegó con una epidemia de zika, un virus que puede causar malformaciones como la microcefalia, entre otros trastornos del sistema nervioso, y que ha expandido el debate de la despenalización a toda la región.

"Un país nunca está listo para la revolución de los derechos. Hay que lucharlos y se ganan a pulso. No son por generación espontánea. No se debe pensar en si el país está listo, sino si hay gente lista para dar la pelea"[328], dijo Mónica Roa en una entrevista publicada en *El Espectador* en mayo de ese mismo año. Roa interpuso la tutela que logró la legalización del aborto diez años antes y desde entonces se ha dedicado a defender los derechos sexuales y reproductivos de las mujeres en Colombia y el mundo. En 2019, aunque la implementación de la ley ha avanzado mucho, las verdaderas garantías de acceso e implementación del derecho al aborto dependen de un cambio cultural. Hoy la discusión se centra en la aplicación de las causales y no en si el aborto es un derecho o no: es un derecho, y lo ha ratificado la Corte Constitucional ampliamente en sentencias posteriores a la C-355 (T-946/08, T-388/09, T-841/11, T-636/11, entre otras, la C-754 de 2015 que dice por primera vez que el aborto es "un derecho fundamental de las mujeres, como un derecho reproductivo").

Aún más importantes que las leyes han sido las conversaciones que ha generado el debate sobre este derecho. Después de todo, el principal obstáculo para la implementación del aborto es que nuestra sociedad aún ve a las mujeres como máquinas generadoras de humanos antes que como seres humanos. El debate sobre el aborto abrió la puerta a que discutiéramos la importancia de las libertades individuales, y sobre todo, a entender que una democracia no es la imposición de la mayoría sino la defensa de los derechos de las minorías o de los grupos más vulnerables. En 2019 se cumplen trece años de un derecho que generó, y sigue construyendo, un verdadero cambio cultural en Colombia: el comienzo del fin de las ciudadanías de segunda categoría.

---

328 Durán Núñez, 2016.

Argentina

Para terminar, no se puede hablar del movimiento por la despenalización del aborto en Latinoamérica sin mencionar la movilización sin precedentes que se dio en 2018 en Argentina. Aunque el movimiento feminista para legalizar el aborto en Argentina lleva décadas, hace un año ni siquiera se mencionaba la palabra "aborto" en la televisión nacional[329]. En 2005, en uno de los Encuentros Nacionales de Mujeres que se hacen anualmente en Argentina, se tomó la decisión de lanzar una campaña que reúne a 500 organizaciones. Pero la campaña tomó un giro vertiginoso en 2018: las marchas de Ni Una Menos y el entusiasmo de las chicas más jóvenes (entre 14 y 20 años) por las luchas feministas ayudaron a que el reclamo por el derecho al aborto se hiciera *mainstream*. El pulso se jugó en las calles, la marea verde que empezó a llenar las calles de las ciudades argentinas obligó a que diputadas hasta de partidos opuestos se sentaran a negociar. La "viralización" de la lucha por el aborto se dio gracias a liderazgos colectivos y descentralizados con una organización flexible. Las discusiones públicas empezaron a transmitirse por televisión nacional todos los martes y jueves antes de llegar a que se discutiera y aprobara en la cámara baja de diputados. Esto también permitió que los argumentos a favor del aborto, como un derecho, pasaran de los espacios públicos a los privados y cotidianos, dejaron de ser un asunto de unas cuantas entendidas, fueron apropiados por la gran mayoría de las mujeres argentinas.

El aborto es legal en Argentina desde hace varias décadas bajo el sistema de causales, el mismo que tenemos en Colombia. Como la Organización Mundial de la Salud entiende la salud como el bienestar físico, emocional y social de una persona, la causal salud permite que

---

329 Algunos de los párrafos siguientes fueron publicados en su primera versión en la columna "Aborto legal, libre, seguro y gratuito para todas", publicada en el periódico *El Espectador* el 9 de agosto de 2018.

el aborto sea técnicamente legal en todos los casos: todo embarazo no deseado y toda maternidad forzada ponen en riesgo nuestra salud física y mental. Como vimos antes, en Colombia, aunque el derecho existe desde 2006, ha sido muy difícil de implementar, el aborto es legal en el papel pero tabú en la cultura, y en la cultura está el origen de gran parte de las barreras para el acceso. En Argentina la implementación ha sido aún más complicada porque el sistema federal exige una reglamentación de cada provincia, y a pesar de que la Corte Suprema lo ordenó hace cinco años, solo nueve jurisdicciones han cumplido con la orden de tribunal. En algunas provincias, como Rosario, la causal salud basta y sobra, y allí no hay muertes por abortos clandestinos desde 2012, pero otras provincias ni siquiera tienen protocolo. Es por esto que las argentinas le exigen a Congreso que el aborto sea ley.

El 9 de agosto de 2018 el congreso argentino hundió el proyecto de ley. Sin embargo, independientemente de la votación, hay un hecho innegable: en Argentina el aborto ya está cultural y socialmente despenalizado. Muchos de los argumentos de los antiderechos, como la personificación de fetos y embriones a los que les atribuyen hasta ambiciones profesionales, como ocurrió con "el feto ingeniero", se desarmaron a punta de humor, a punta de memes, y hoy suenan anacrónicos y ridículos. Incluso si la ley se vota en contra, el cambio social que produjo la ola verde feminista es irreversible, la liberalización del aborto en Argentina –y ojalá en toda la región– es cuestión de tiempo.

La periodista feminista María Florencia Alcaraz lo cuenta así en su libro, publicado en noviembre de 2018, *¡Qué sea ley!*: "Por la memoria de las que no sobrevivieron a un aborto en la clandestinidad, por aquellas a las que les negaron ese derecho y murieron, por los fragmentos de libertad que les quitaron a muchas criminalizadas y por los futuros autónomos de las presentes y las que vendrán: el pañuelo verde es una responsabilidad ética y política. Es parte de los mosaicos que pueden construir una identidad, la de un 'pueblo feminista'. Frente al pacto de una democracia de machos que expropia las más íntimas decisiones de mujeres, lesbianas, travestis y trans, que aplasta con el mandato de la maternidad, que relega a una ciudadanía subordinada y propone una vida repleta de riesgos, la generación de la revolución verde forjó un pacto feminista con la época, pero también con el pasado y el futuro. Cada vez que el pañuelo verde se cruza en el paneo que hace una mirada en la calle, en el subte, en el colectivo, en el tren, en el barrio, en el trabajo, en cualquier lugar, es como un golpe de rayo. Su aparición genera una atmósfera de confianza. Se trata de una contraseña con un mensaje claro: no estamos solas"[330].

Es innegable que nuestra sociedad está cambiando. Quiero pensar que en algunos momentos y lugares de Latinoamérica, estamos listos para decir en voz alta una verdad evidente: que el aborto no es cosa solo de víctimas o de putas, que hace parte de la vida de muchas, y que no hay un solo buen argumento para su restricción. Son muchas las violencias que enfrentamos las mujeres en Colombia, pero quizá la primera es que no podemos tomar decisiones sobre nuestras vidas y cuerpos de manera completa y asertiva. Las personas, mujeres y niñas tenemos tres opciones ante un embarazo: la maternidad, la adopción o el aborto. Al creer en la autonomía de las mujeres para tomar estas decisiones, construimos sujetos que pueden tomar las riendas de sus vidas y eso a su vez permitirá una sociedad menos violenta. La discusión sobre la autonomía de las mujeres pasa por entender que el derecho a la vida no es blanco y negro, estar vivo no basta si no hay bienestar, autonomía, derechos. La paz se trata de que todos y todas tengamos vidas que valgan la pena ser vividas[331].

Para que las mujeres latinoamericanas podamos por fin tener abortos seguros y oportunos se necesitan muchas cosas. Sin duda, debemos exigir la abolición de todas las leyes prohibitivas de la interrupción del embarazo, pero también debemos empezar a hablar del

---

330 Alcaraz, 2018, p., 19.

331 Este párrafo se publicó en su primera versión en la columna "Vidas que valgan la pena ser vividas" publicada el 11 de noviembre de 2015 en *El Espectador*.

aborto como algo que hace parte normal de la vida de las mujeres. Afortunadamente esa ola verde feminista se está expandiendo por toda América Latina y el Caribe y la lucha por la despenalización del aborto está sumando a las latinoamericanas más jóvenes, quienes hoy están incursionando en la creación de sus propios movimientos feministas locales. El acceso a un aborto seguro nunca ha sido ni será un problema de moral, es un problema de salud pública y de clase y esto cada vez es más evidente para más mujeres, niñas y adolescentes que hoy no tienen miedo de decir en voz alta, en las calles, en sus redes: "¡El embarazo será deseado o no será!".

Dice Alcaraz: "La lucha por el aborto legal es una lucha subversiva y es una lucha por la soberanía, por el poder. Es una disputa de los sentidos y de las leyes. Decir que no a la obediencia de un mandato de un único modo de ser mujer dócil, cuidadora, que coloca su sexualidad y su deseo en la maternidad y el matrimonio, a maternar como único destino. Decir que no a la reproducción biológica como esclavitud. Decir que no al sacrificio, y a la tortura que plantea la maternidad forzada. Decir que no es un profundo cuestionamiento al orden social. Decir que no debe dejar de ser un privilegio de la mitad de la población de este país"[332].

Las movilizaciones por la despenalización del aborto en Argentina ya están teniendo un impacto en toda la región y significan la posibilidad de que personas, mujeres y niñas tengamos por fin eso que siempre nos han negado: ciudadanías plenas. Lo dice mejor la feminista salvadoreña Virginia Lemus:

"Los criterios básicos para ostentar ciudadanía, es decir, para tener derecho a opinar y decidir sobre los asuntos públicos, pueden resumirse en dos: ser hombre y tener posesiones. Por mucha vuelta que le demos al asunto y por mucho que se empeñen en Derecho por decir que no es cierto, el acceso a la palabra, la opinión y la toma de decisiones está condicionado por el *ser* y el *tener*, cosas a las que las

---

332 Alcaraz, 2018, p. 21.

mujeres históricamente no hemos tenido acceso. Nuestro estatus ha sido casi siempre el de *cosa tenida*. El jornalero más pobre, el migrante despojado y desplazado al menos tendrá *mujer*. Lxs menores de edad, así, pertenecen a (el término elegante es "son tutelados por") sus padres o un adulto que pueda decidir por ellxs. Son, pues, también una *cosa tenida*. [...] Es justamente eso lo que me resulta tan fundamentalmente transgresor de las muchachas tomando sus colegios, saliendo a la calle reclamando su cuerpo, su vida para sí sin ser aún nominalmente ciudadanas, pero siéndolo más que muchísima gente a sus 14 años, a mis 31 o en la misma tumba. Los feminismos están cambiando, van a cambiar quiénes y cómo tienen la palabra, ejercen el poder de decisión, manejan los asuntos públicos. [...] ¿Qué tipo de política se hará cuando estas muchachas lleguen a la mayoría de edad (ese constructo tan raro) y comprueben que no hay opción partidaria que les reconozca como ciudadanas plenas porque siempre negocian usando como moneda de cambio sus derechos, su humanidad misma? [...] Lo que es seguro es que ni los panoramas electorales ni las formas de hacer política van a ser iguales ahora que lxs niñxs toman institutos, colegios, trenes y han experimentado esa sensación tan extraña de estar en la calle, ese espacio que siempre hemos temido, de noche, rodeadas de mujeres.

Saben que se tienen a sí mismxs, a sus compañeras, a nosotras. De ahí no hay marcha atrás"[333].

¿Sexo contra el patriarcado?

Una vez le escuché decir a una colega feminista y lesbiana que "acostarse con un hombre es acostarse con el patriarcado". En ese momento me quedé callada porque la afirmación sonaba cierta: yo estaba harta del "machorgasmocentrismo" y es innegable que el lenguaje que usamos para hablar del sexo hace énfasis en darle placer a los

---

333 Lemus, 2018.

hombres cis. En *Cosmopolitan* hay millones de artículos sobre cómo dar un buen *blow job* pero en las revistas "para hombres" nadie los confronta con sus torpezas con el sexo oral.

Luego, cuando por fin se empezó a hablar de cómo darnos placer a las personas con vulva, el sexo se volvió una suerte de competencia en donde el amante, usualmente un hombre cis, suma puntos por cada orgasmo. En ese sistema el placer de las mujeres se convierte en una reafirmación de la competencia sexual del tipo, los orgasmos dejan de ser sobre ella y se convierten en una puesta en escena para él. El hecho de que nuestra concepción del placer esté centrada en los hombres, sumado a la pregunta de María Fernanda Ampuero con la que comenzó este capítulo, una pregunta que nos hemos hecho muchas feministas heterosexuales, hacían que su premisa sonara cierta. Y sí, era una postura política pero también, en el contexto, se sentía un poco cruel. Si bien la sexualidad es fluida, no podemos hacer mandatos racionales sobre nuestros propios deseos para que solo nos guste lo que nos parece correcto. Si acostarse con un hombre es acostarse con el patriarcado, yo estaba "condenada" a acostarme con el patriarcado por más luchas feministas que diera por fuera de la cama.

Pero la afirmación o el silogismo tienen un truco: incluso al interior de parejas del mismo sexo se reproducen los modelos de la heteronorma. La gran verdad es que la mayoría de nuestras interacciones sexuales no escapan al sistema. Así que a mí me gustaría replantear la pregunta: ¿cómo tener sexo que no sea patriarcal, sin juegos de poder, sin replicar la heteronorma?

Quizás es necesario comenzar por una pregunta menos compleja: ¿cuáles son los hitos que marcan esos roles de género binarios y cómo se relaciona esto con nuestra sexualidad? Para Lynne Segal, feminista australiana, quien expone sus ideas en un libro que para mí fue muy revelador, *Straight Sex: Rethinking the Politics of Pleasure* (*Sexo hetero/correcto: repensando las políticas del placer*), la masculinidad en Occidente se afirma al tener sexo con mujeres, y con una agresividad que delata un gran miedo a la intimidad o a cualquier manifestación de debilidad. Segal se pregunta por la ansiedad que debe generar tener que estar tomando todo el tiempo tu masculinidad, incluso si el mundo te ha dado status o autoridad. En paralelo, el discurso patriarcal sobre el cuerpo de las mujeres ha elegido el ciclo reproductivo como "la esencia de la feminidad" y, aunque algunas narrativas sobre la reproducción se refieren al pene, no son comparables con la centralidad que toma el discurso sobre el embarazo y la lactancia cuando se habla de la sexualidad de las mujeres y nuestro lugar en el mundo como un destino biológico. Sin embargo, el clítoris es la mejor prueba de que poco tiene que ver la sexualidad de las personas con vulva con su capacidad reproductiva[334]. Todos estos discursos afectan nuestras experiencias sexuales, que no pueden desligarse de su dimensión simbólica.

Segal muestra en su libro cómo, en cierto momento, la iconografía de Hollywood empezó a construir la idea de que las mujeres solteras, exitosas y activas sexualmente serían irremediablemente infelices. Es el mensaje que se reafirma en películas como *Atracción fatal* y *Bajos instintos*. Por ese entonces también se creó el mito del "reloj biológico", que le ponía una fecha de caducidad a los úteros de esas mujeres que "querían tenerlo todo" y ahora se verían obligadas a criar y parir en la cresta de sus carreras profesionales. El mito del reloj biológico también sirvió para que las mujeres que estaban tomando control de su sexualidad no pudieran separarla, al menos mentalmente, de su función reproductiva.

Moira Weigel de la Universidad de Yale, autora del libro *Labor of Love: The Invention of Dating (Labor de amor: la invención de las citas)*, muestra que la expresión "reloj biológico" no se empezó a usar sino hasta finales de los setenta. En 1978 Richard Cohen publicó una columna en el *Washington Post* titulada *"The Clock Is Ticking for the Career Woman"* ("El reloj está corriendo para las mujeres de carrera") en donde decía: "A veces la mujer en cuestión está casada, a veces

---

334 Segal, 2015, p. 218.

no. A veces, terriblemente no hay ningún hombre en el horizonte. Lo que siempre está, a pesar de todo, es esa sensación de que las manecillas del reloj están corriendo. Tendrá que tomar una decisión. Una decisión que será para siempre. Escuchas el reloj correr a donde quiera que vas"[335]. Weigel muestra que el cuento de que solo una de tres mujeres entre 25 y 39 años es capaz de concebir viene de un estudio sobre registros de nacimiento en Francia entre 1670 y 1830[336]. Estudios basados en datos más recientes[337] ponen el porcentaje de mujeres entre 35-39 años que quedan embarazadas en el primer año entre el 82% y el 78%. Entonces sí, la fertilidad disminuye, pero no es tan dramático, depende mucho más de la fertilidad del cuerpo de cada persona. Otra cosa que no nos dicen es que la fertilidad de los hombres cis también decrece, pero eso rompería el mito de la siempre eterna potencia masculina. A pesar de los mandatos culturales que nos dicen que las mujeres profesionalmente exitosas son de malas en el sexo, "las mujeres solteras y profesionalmente exitosas, lejos de estar deprimidas tienen niveles más altos de satisfacción sexual y satisfacción consigo mismas. Los índices más altos de depresión en las mujeres siguen estando en las más pobres o vulnerables y las mujeres casadas. De hecho, en las últimas décadas la salud mental de las mujeres ha mejorado. En resumen, la independencia no nos ha traído ansiedad y miseria a las mujeres, pero sí a los hombres"[338].

Lo que todas estas narrativas binarias esconden es que hay hombres "amables, cariñoso, célibes, pasivos, dependientes, así como hay mujeres lujuriosas, autoritarias, agresivas, insensibles, independientes y controladoras, además de por supuesto todo lo que está en medio"[339]. También ocultan que para los hombres cis el sexo, a diferencia de

---

335 Cohen, 1978.

336 Twenge, 2013.

337 Dunson, Baird, & Colombo, 2004.

338 Segal, 2015, p. 280.

339 Ibíd.

otros contextos, deja al descubierto sus inseguridades y su miedo a la dependencia, fundado en la supuesta autonomía que se asocia con la masculinidad.

Un intento por subvertir estos roles sexuales tuvo que ver con la afirmación de la potencia sexual de las "mujeres" (es decir, de los cuerpos con clítoris y vulva) a mediados del siglo XX. Varios científicos estadounidenses, Virginia Johnson y Bill Masters por un lado y Alfred Kinsey por el otro, empezaron a estudiar lo que hoy se conoce como la ciencia del orgasmo. Se empezó a estudiar el clítoris (único órgano del cuerpo humano cuya única función es producir placer) y esto ayudó a derribar mitos sobre los roles sexuales. Sin embargo, pronto volvimos a caer en los viejos vicios. La idea subyacente a estas investigaciones es que se puede estudiar el placer como algo mecánico, y esta retórica posicionó el orgasmo como "el objetivo" del sexo.

Sobre esto, Lynne Segal dice que "una vez más, una retórica igualitaria aparentemente en pro de las mujeres se convierte en un set de instrucciones y reprimendas para ellas. Ahora las mujeres deben hacerse responsables por sus propios orgasmos, y deben también eliminar los miedos de los hombres al fracaso. Por un lado, hombres y mujeres deben aprender que la forma más efectiva del sexo no es esa: el sexo no es algo que un hombre hace a una mujer sino algo que hacen hombres y mujeres juntos como iguales. [...] Con la equidad ahora definida en términos de *performance* sexual, y el *performance* sexual convertido en una serie de instrucciones y tareas para las mujeres, la nueva retórica igualitaria empezó a servir una agenda conservadora muy antigua: que las mujeres sirvieran a los hombres"[340]. Segal argumenta que no se puede entender el sexo por fuera del contexto social, porque las políticas del género juegan dentro y fuera del dormitorio. Y así fue como la investigación científica sobre el placer fue dejando de lado la complejidad de la vida emocional de las mujeres

---

340 Ibíd., p. 98.

que se iba reduciendo al conocimiento de un "potencial biológico" para los orgasmos.

Así fue como llegamos a hablar de un misterioso lugar llamado Punto G, supuestamente el epicentro de los "orgasmos vaginales", y luego se dijo que no hay suficiente evidencia científica para delimitar el dichoso punto. En 1968 Anne Koedt publicó el ensayo "El mito del orgasmo vaginal" en la primera Women's Liberation Conference (Conferencia sobre la libración de las mujeres) en Estados Unidos. Finalmente pudimos acordar que los orgasmos de las personas con vulva no están divididos en "clitoridianos" y "vaginales" sino que involucran una cantidad de músculos y zonas erógenas de formas complejas que no pueden dividirse en "a" y "b" porque en realidad todos los orgasmos son "clitoridianos", pues el tejido del clítoris rodea por dentro de la vulva a la entrada de la vagina.

Sin embargo, la lógica del orgasmo como objetivo del sexo plantea una pregunta que no resuelven estas investigaciones biologicistas: si ya está más que estudiado cómo producir orgasmos en las personas con vulva, ¿por qué las mujeres cis heterosexuales siguen teniendo malos polvos? Y si ya conocemos la ciencia precisa para tener orgasmos y además tenemos vibradores, ¿por qué seguimos cogiendo con otras personas cuando masturbarse es muchísimo más eficiente?

Sí, el feminismo nos dio a las mujeres el impulso y los espacios para quejarnos de nuestros malos polvos, del egoísmo y la ineptitud en la cama de muchos hombres cis, y eso es importante y necesario para mejorar nuestras prácticas sexuales. Pero la cosa no se soluciona con que los Manes decidan estudiarse unos manuales para "mejorar su rendimiento". Además, ser capaces de tener orgasmos no equivale a hacer las paces con nuestro cuerpo ni es necesariamente una muestra de que nos amamos y nos aceptamos a nosotras mismas. Tener orgasmos, así sin más, no nos da poder ni frente a nuestras parejas ni en el mundo. Los orgasmos no son suficientes.

En nuestra experiencia del deseo siempre está el otro, una persona (o varias) que queremos tocar, abrazar, oler. Que haya necesidad y deseo de un otro no implica que tenga que haber una conexión romántica o afectiva. También existe ese amor sexual en donde decimos que queremos tener una relación afectuosa, íntima y llena de contacto físico con otra persona, con la sensación de completitud al acceder al cuerpo de ese otro.

Segal explica que nuestras experiencias corporales están atravesadas por discursos sociales, los cuerpos se ven afectados por la cultura, pero también por otros factores como el ejercicio, la dieta, la edad o la enfermedad. Nuestras experiencias sexuales son más que un conteo de orgasmos y tienen todo que ver con nuestras esperanzas y carencias, y por eso nuestras expresiones sexuales también abren una puerta a nuestras inseguridades y ansiedades. Por ejemplo, las mujeres cogemos para buscar emoción o placer, o quizás para encontrar la confirmación de que somos deseables. Algo muy importante en un mundo que nos ha hecho creer que nuestro valor depende de que seamos "apetecibles". Otras mujeres cogen por dinero, otras cogen para mantener una relación afectiva. "Por ejemplo, podemos en un momento querer tener mucho sexo, sin deseo, pero en nombre del amor; o quizás queremos tener mucho sexo, para saciar el deseo, sin amor. En ambos casos eso que llamamos 'placer' no es una experiencia sencilla ni unidimensional"[341].

La pregunta para tener un mejor sexo quizás es: ¿cómo se han codificado nuestros cuerpos y cómo los podemos recodificar desde una narrativa que no sea subalterna o binaria y que nos permita el placer? Sin duda es importante dejar de ver el orgasmo como algo "que nos pasa" y empezar a verlo como algo que hacemos. Pero la liberación sexual de las mujeres no puede continuar asumiendo la pasividad como algo malo, pues esa es la mirada patriarcal del sexo.

"Estudiar cómo vivimos nuestras identidades sexuales y de género como *performances* altamente regulados nos dice algo sobre la inestabilidad en ambas categorías. Sin embargo, no somos libres de elegir nuestros *performances* o mascaradas a nuestro capricho como

---

341 Ibíd., p. 49.

si fuera teatro de improvisación. La mayoría de nosotros repetimos comportamientos que nos son familiares, por más que nos demos cuenta de que nuestra identidad se ha formado a punta de la fiscalización de nuestro cuerpo y nuestras relaciones en una cultura sexista y heterosexual. La amenaza que la comunidad LGBT representa para el sistema tiene que ver con que reta las certezas sobre el género de una cultura heterosexual dominante, y esto revela a la heterosexualidad no solo como una serie de leyes impuestas sino también como una comedia, una parodia de sí misma"[342].

Tener una vida sexual feliz y plena es político porque nos obliga a cuestionar nuestras prácticas sexuales como las conocemos, a conversar con nuestras parejas sexuales para despatriarcalizarnos. El buen sexo también es un asunto político y feminista porque para negociar asertivamente las condiciones en que tenemos sexo, las personas tenemos que sentirnos validadas y afirmadas en nuestra sexualidad y reconocidas como sujetos, humanas, personas. Esto no se reduce a un problema individual, son muchos los proyectos políticos antiderechos que con el discurso paternalista de "cuidarnos" terminan quitándonos poder, y con la pérdida de poder perdemos autonomía y agencia sobre nuestra vida sexual y sobre nuestros cuerpos, perdemos derechos. Cada vez que tenemos sexo heterosexual bueno y placentero, es decir, con la seguridad de que eso es lo que queremos y como lo queremos, eso inmediatamente reta el significado político de la heterosexualidad como discurso dominante.

Segal habla en su libro del placer que dicen sentir las personas, hombres y/o mujeres, al ser penetradas, del placer de sentirse poseídas por otra persona. Pero nuestra cultura nos ha dicho que "dejarse" poseer o penetrar es una suerte de humillación o victimización o como mínimo una forma pasiva de la expresión sexual. Segal cita a la sexóloga Shere Hite en su reporte de 1981 "*Report on Men and Male Sexuality*" ("Reporte sobre los hombres y la sexualidad masculina"): "La mayoría

---

342 Ibíd., p. 212.

de los hombres, heterosexuales u homosexuales, que han experimentado ser penetrados durante el sexo, dijeron que lo disfrutaron" y para describirlo usaron expresiones como "sentirse llenos", hablan de un "delicioso dolor", de "apertura, vulnerabilidad"[343]. Segal quiere mostrar con este ejemplo que, aunque los hombres cisgénero heterosexuales dicen o aparentan no querer ser penetrados –física ni emocionalmente–, las investigaciones sobre el placer han mostrado que también quieren perder el control, "tomar y ser tomados, penetrar y ser penetrados"[344].

Pero estas son cosas que no se dicen en voz alta, pues amenazan nuestra idea de masculinidad. Y es que uno de los problemas neurales de nuestra concepción del sexo heterosexual –dice Segal– es la idea de que "los hombres son activos" y "las mujeres son pasivas". Para Segal (y yo concuerdo con ella), el problema es esa dicotomía pasivo-activo, no el deseo heterosexual. Decir que el deseo heterosexual es intrínsecamente violento o malo para las mujeres por un lado es caer en esa odiosa fiscalización del deseo que intentamos combatir y por otro solo consigue cortar el diálogo necesario entre las mujeres heterosexuales, las lesbianas, las *queer*, sobre sus diversas experiencias o expresiones sexuales. Quizás si tuviéramos estas conversaciones diríamos que el buen sexo, para todas, implica un "salirse de sí", por minutos o segundos, un acallar momentáneo de los mandatos en nuestra cabeza y nuestros discursos sobre la identidad que es como perderse y encontrarse al mismo tiempo, entregarse y poseer.

Estas son experiencias que pueden darse con o sin orgasmo pero que sí necesitan una interacción íntima con el Otro, con una o más personas. Por eso, para Segal es precisamente en el sexo, heterosexual o no, en donde se borran esos roles de género, donde las categorías activo-pasivo son constantemente intercambiables. Entonces quizás sí hay una manera de coger con un hombre cis sin acostarse con

---

343 Ibíd., p. 110.
344 Ibíd.

el patriarcado, pero todo comienza con entender que el sexo es un espacio político para borrar o jugar con nuestros guiones de género.

Ya, pero ¿cómo follaremos las feministas?

Juro que cuando comencé a escribir este capítulo pensaba que la respuesta era mucho más sencilla. Pero para llegar hasta acá era necesario entender por qué y con qué dispositivos culturales se ha controlado históricamente la sexualidad de las mujeres. Era necesario hablar del sexo como trabajo (tanto de la pornografía como del trabajo sexual), pues son temas ineludibles del feminismo, y también era necesario hablar de temas de salud pública y derechos, es decir, vacunas, VIH, anticonceptivos, aborto. Y luego de ese largo rodeo volvimos a una conclusión recurrente en este libro: nuestra cultura ha creado unos roles de género desconectados de la realidad e inflexibles que han servido para establecer relaciones de poder y explotación y que nos tienen la vida jodida.

Y sí, esa es la respuesta. Pero yo no quiero esperar a derrocar al patriarcado para que el placer que experimentamos las mujeres aumente. Y a la vez estoy convencida que que si la respuesta hubiese estado en las recetas de *Cosmopolitan,* no estaríamos aún dándole vueltas al problema.

La respuesta la encontré gracias al encuentro inesperado con una amiga colombiana, Adelaida Pardo, durante un viaje que di para una conferencia. Adelaida se había encontrado en la casa de otra amiga el libro *Come as You Are* (*Vente como eres*) de la sexóloga estadounidense Emily Nagoski y le había cambiado la forma de entender el placer y el sexo. Cuento esta anécdota porque con frecuencia la solución a nuestros problemas está en hablar con otras mujeres.

Para mí el libro también resultó revelador y quiero recomendarles que lo compren, pero también sé que hay muchas mujeres que no saben inglés, para quienes mucha de la sabiduría del libro permanecerá inalcanzable. Nagoski escribe al final de su libro: "Hice este libro porque estoy cansada de vivir en un mundo en el que a las mujeres se les miente sobre sus cuerpos, donde las mujeres son objetos de deseo sexual pero no sujetos de placer, donde el sexo es usado como un arma en contra de las mujeres y donde las mujeres creen que sus cuerpos están rotos simplemente por tener cuerpos diferentes a los cuerpos de los hombres. Y estoy cansada de vivir en un mundo en donde las mujeres están entrenadas desde el nacimiento a tratar a sus cuerpos como el enemigo"[345]. Yo no podría estar más de acuerdo, así que me gustaría compartir con ustedes algunas de las recomendaciones de Nagoski para tener una sexualidad mejor y más placentera.

La premisa de su libro es que todas las personas tenemos las mismas partes pero organizadas de manera diferente, y hasta cambiantes a lo largo de nuestra vida. Es decir, todas las personas, mujeres, hombres, personas no binarias, cisgénero, trans, heterosexuales, homosexuales, bisexuales, *queer*, todas sentimos excitación sexual, orgasmos, deseo, amor, todas nos masturbamos y fantaseamos sobre sexo a través de un mismo *software* que tiene dos mecanismos mentales que Nagoski llama "aceleradores" y "frenos", lo que cambia en realidad es cómo están configurados los aceleradores y los frenos. Estos aceleradores y frenos se ven afectados por nuestra cultura, nuestros cuerpos y nuestra interpretación del entorno. Nuestro deseo no es binario, sino que es como una serie de ecualizadores con distinta combinación para cada persona. De la misma manera, nuestros cuerpos y genitales no son binarios ni complementarios, son las mismas partes organizadas de distinta forma en cada persona.

Cuando los hombres (no las mujeres) empezaron a estudiar y nombrar los genitales humanos, se pensó que las vaginas eran una especie de funda para los penes, como las fundas de las espadas (cuánta arrogancia), y por eso la palabra "vagina" tiene la misma raíz de la palabra "vaina". La idea subyacente es que los genitales de "hembra" y "macho" son opuestos. Claro, en los tiempos en que se inventaron esas

---

345 Nagoski, 2015, p. 332. Traducción de la autora.

palabras nadie les preguntó a las mujeres y no se había "descubierto" el clítoris (el verbo descubrir usado de la misma forma en que se habla del "descubrimiento de América", que ya se había descubierto a sí misma pero no a los ojos de los hombres europeos). Lo que no nos dicen, ni siquiera cuando nos enseñan biología en el colegio, es que nuestros genitales en toda su diversidad son esencialmente variaciones de un mismo *hardware*. El clítoris es el equivalente al pene. Es menos obvio que el pene porque es más pequeño, y no es más pequeño porque se haya subdesarrollado sino porque los genitales de las hembras humanas no están diseñados para introducir material genético en otro cuerpo. El equivalente del escroto son los labios mayores de la vulva, y los ovarios el equivalente a los testículos[346].

"Tomemos el ejemplo de dos mellizos, uno genéticamente macho y otro hembra. Ambos desarrollarán las mismas partes del cuerpo: dedos, pies, ojos, pero incluso a pesar de la similitud de su material genético, estas se desarrollarán de formas diferentes que harán que cada mellizo sea único. Así como sus caras ambas tendrán dos ojos, una nariz, una boca, pero se verán diferentes, sus genitales tienen los mismos elementos básicos organizados más o menos igual, pero uno se verá como un pene con testículos y el otro como una vulva. Seis semanas después de que el óvulo fertilizado es implantado en el útero hay una descarga de hormonas masculinas. Los 'blastocitos' (grupos de células que luego se convertirán en un embrión) XX no tendrán respuesta a estas hormonas y desarrollarán el *hardware* universal de los genitales —que es por defecto el de las hembras— y los XY se verán afectados y desarrollarán el pene, los testículos y el escroto. Las características homólogas son aquellas que tienen el mismo origen biológico pero distintas funciones. Esta es la razón por la cual los mellizos macho y hembra ambos tendrán pezones. En la hembra los pezones tendrán la función de lactancia, en el macho no tendrán función. Los genitales humanos son homólogos. Ambos tienen te-

---

346 Ibíd., p. 17.

jido sensible y cavernoso que se infla con sangre ante la excitación sexual. Al igual que el pene, el clítoris está compuesto por tres patas, cavernas o secciones, las dos 'crura' que hacen parte del tejido interior de la vulva y el bulbo conocido como clítoris o cabeza del pene"[347].

Y lo más importante que reitera una y otra vez Nagoski: todos los genitales humanos, que varían no solo de "hembra a macho", sino de persona a persona, son normales, no hay tal cosa como clítoris *demasiado* grandes, o penes *muy* chicos, y no son complementarios, positivo o negativo, todas estas narrativas son culturales. "Las personas intersex, cuyos genitales no son obviamente femeninos o masculinos en el momento del nacimiento, tienen genitales en algún rango del espectro entre los genitales hembra o macho que nuestra cultura ha denominado como el estándar"[348].

En este libro he dado miles de ejemplos de cómo nuestros discursos sobre los cuerpos son políticos y no biológicos. Nagoski menciona en su libro una parte del cuerpo que ha sido un particular dolor de cabeza para las mujeres y si no fuera por el patriarcado sería bastante inocua: el himen.

"El himen es una membrana delgada en el borde inferior de la apertura vaginal que algunas mujeres tienen y otras no. Su existencia o ruptura no causan dolor cuando hay penetración –lo que genera dolor es la falta de lubricación–. El himen no se 'rompe' por siempre como un sello de comida, sana, se repara, y se hace más flexible en la adolescencia"[349]. "El himen es un excelente ejemplo de cómo los humanos hacemos metáforas a partir de la anatomía. Aquí tenemos un órgano sin función biológica sobre el cual nuestra cultura ha creado una historia. Esta historia no tiene nada que ver con la biología y mucho con controlar los cuerpos de las mujeres. Una idea tan loca como que el himen es una marca de pureza solo pudo ser inventada

---

347 Ibíd., p. 23.
348 Ibíd., p. 32.
349 Ibíd., p. 23.

en una sociedad donde las mujeres son vistas como propiedad y sus vaginas como una propiedad de bienes raíces valiosa que literal tiene una reja de entrada. Aunque el himen no tiene una función física o biológica, muchas culturas han creado mitos a propósito del himen que se han creído tan profundamente que de hecho hay 'cirugías' para reconstruirlo –se reconstruye solito– como si fuera una necesidad médica. ¿Para cuándo la cirugía para perfeccionar los pezones de los hombres? Pero en cierto sentido el himen es relevante para la salud de las mujeres: algunas mujeres son golpeadas o asesinadas por no tener himen. Así que tener o no tener himen tiene un impacto real en su bienestar, no por su anatomía, sino por lo que su cultura cree sobre su anatomía"[350].

Pero nuestra sexualidad no se reduce a nuestro *hardware*. Nagoski explica que la respuesta sexual humana tiene una especie de *software* de dos velocidades: un Sistema de Estimulación Sexual (SES), y un Sistema de Inhibición Sexual (SIS). El SES recibe los estímulos sexuales del entorno (cosas que percibimos a través de nuestros sentidos o imaginamos) y le envía la señal a nuestro cuerpo de excitarse sexualmente. El SIS es una suerte de freno a la excitación y es activado si detectamos alguna amenaza en el entorno (física mental o emocional), incluida la posibilidad de contraer una enfermedad de trasmisión sexual o un embarazo no deseado. El SIS les envía mensajes constantes a nuestro cuerpo y cerebro para que nos controlemos cuando nos llega un mensaje de *sexting* en plena reunión de la oficina. Algunas personas tienen un SES sensible y se sienten exitadas sexualmente con facilidad, incluso y comúnmente en situaciones de mucho estrés. Otras personas tienen un SIS sensible y les cuesta trabajo excitarse sexualmente a menos que sientan mucha seguridad (quizás aquí caben los y las demisexuales). Otras personas tienen SIS y SES sensibles al mismo tiempo o difíciles de estimular, y la gran mayoría cae en un rango medio.

---

350 Ibíd., p. 29.

Una persona con un SIS sensible, explica Nagoski (y de hecho su libro incluye un test), necesita estar en "el momento perfecto" para excitarse y su deseo sexual se baja con mucha facilidad si se siente juzgada o si se siente presionada a tener un orgasmo. Una persona con un SES sensible se excita solo con sentir el olor de otra persona que le gusta, o cuando ve a su pareja hacer algo de forma exitosa, aunque no tenga contenido sexual manifiesto, o le gusta tener sexo en lugares nuevos, públicos, arriesgados, o se excita con solo fantasear con una persona que le gusta. Todas las personas tienen SIS y SES diferentes, todas son normales, y están determinados por su cuerpo, es decir su *hardware*, pero sobre todo por su *software*, único para cada persona pues tiene que ver con nuestras experiencias de vida, psicológicas y culturales. Tanto el SIS como el SES cambian dependiendo del momento en que estamos de nuestra vida, nuestra edad, o si estamos o no en una relación. A medida que crecemos aprendemos y nuestro entorno nos dice lo que es un estímulo relevante sexualmente y lo que no. Por supuesto, estas enseñanzas son diferentes según, adivinen, ¡el género!

De entrada, las mujeres y niñas vivimos en un mundo bastante peligroso para nosotras con la amenaza permanente de violencia sexual, con mensajes constantes que nos exigen que nos juzguemos sin compasión a nosotras mismas y que tengamos culpa y reprimamos nuestro deseo sexual. Todos esos mensajes culturales afectan nuestro SIS y nuestro SES. Quizás no podamos cambiar del todo y conscientemente cómo funcionan en nosotros estos mecanismos, pero sí podemos cambiar nuestro entorno y controlar sus estímulos (por ejemplo, podemos usar anticonceptivos para no tener que coger con el miedo de un embarazo no deseado o cambiar algo de nuestro entorno que nos tiene muy estresadas). O también para estimular nuestro SES podemos recibir señales de amor y afecto, o señales explícitamente eróticas, o señales de reafirmación del deseo de nuestra pareja.

Para conocer mejor nuestro propio deseo sexual, Nagoski propone un ejercicio en el que recordemos una situación en la que nos sentimos muy excitadas sexualmente y otra en la que no nos hayamos sentido sexis para nada y luego nos pide que recordemos el contexto: ¿cómo era nuestro estado de salud? ¿Nos gustaba nuestro cuerpo? ¿Estábamos distraídas por algo o teníamos ansiedad? ¿Qué de esos contextos estimulaba nuestro SES y disminuía nuestro SIS?

Esto lleva a Nagoski a señalar algo que para muchas mujeres ya es obvio: todo depende del contexto. "Si tu pareja te pega una nalgada mientras estás tratando de lidiar con tu hijo de tres años que no quiere amarrarse los zapatos te vas a molestar. Si tu pareja te da una nalgada en un contexto sexual, eso puede ser muy sexy. La sumisión sexual implica relajarse y confiar en la otra persona, se necesita un contexto altamente erótico y muy seguro para que nuestro cerebro registre un latigazo como un estímulo y no como una amenaza. En una cultura en la que las mujeres tenemos que estar diciendo NO todo el tiempo, no extraña que muchas tengan fantasías sexuales con dejarse ir y perder el control. Pero una cosa es estar sola y segura en tu casa fantaseando con ser poseída sexualmente por un musculoso hombre desconocido y otra que cinco tipos desconocidos te acorralen y te violen, en un caso así tu cerebro responderá con una de las tres reacciones posibles al peligro: correr, pelear o congelarse"[351]. "Si creemos que no podemos sobrevivir a la amenaza, nuestro cerebro nos dice ¡corre! Si creemos que podemos conquistar la amenaza, nuestro cerebro nos dice ¡pelea! Pero si nuestro cerebro determina que no podemos sobrevivir a la amenaza ni huyendo ni peleando, la respuesta de nuestro cerebro es pedirnos que nos congelemos, y este es nuestro mecanismo de respuesta para los contextos más peligrosos. Tu cuerpo se apaga, puedes experimentar inmovilidad tónica, lo que quiere decir que realmente no te puedes mover. Otros animales, como los conejos, lo hacen todo el tiempo, la idea que subyace a esta respuesta es que si tu amenaza cree que ya estás muerta no querrá hacerte daño"[352]. Nagoski escribe esto

---

351 Ibíd., p. 83.
352 Ibíd., p. 116.

en el año 2015, antes de que le diera la vuelta al mundo el oprobioso caso de la Manada[353].

Así como muchas personas apagan su deseo sexual en condiciones de alto estrés o estrés crónico, otras aumentan su deseo, pues su SES es más sensible. Este es un comportamiento que no tiene nada de particular, es una de tantas respuestas al estrés, como tener insomnio o mucho sueño, como tener comportamientos riesgosos, evadirse de la realidad o comer compulsivamente o dejar de comer. Por supuesto, estos sistemas también se ven afectados por experiencias traumáticas como la violencia sexual. "Es imposible hablar de la salud sexual de las mujeres sin hablar del trauma del abuso sexual que afecta de manera desproporcionada y sistemática a mujeres y niñas. [...] Así que si las mujeres tienen más problemas con el sexo que los hombres, es por una buena razón. El trauma es el resultado de que a una persona le quiten el control sobre su cuerpo contra su voluntad"[354]. Pero esto no quiere decir que las mujeres o las personas que hayan sido víctimas de violencia sexual tengan todas problemas con su sexualidad, todas las mujeres tienen experiencias distintas y consciente o inconscientemente han usado alguna estrategia de manejo del estrés para seguir adelante. Su sexualidad no es cosa inmutable, es cambiante, diversa, y siempre puede mejorarse.

Nagoski habla también de la discordancia que puede haber entre nuestra respuesta física y nuestro deseo sexual, es decir, que un hombre tenga una erección o que una mujer se moje no equivale a que sientan deseo o al consentimiento, y viceversa. También hay personas que sienten deseo sexual de forma espontánea y otras que sienten deseo en respuesta a estímulos sexuales directos. El deseo sexual en las personas humanas no es un impulso como saciar el hambre o la sed, nuestro deseo sexual siempre, en mayor o menor

---

353 Ver "¿La masculinidad se convierte en violencia?", capítulo 4, "Violencia de género".

354 Nagoski, 2015, p. 125.

medida, está estimulado por motivaciones externas. El sexo es un gusto o un deseo, pero nunca una "necesidad" (como le gusta decir a muchos violadores). Los orgasmos no son una adaptación evolutiva necesaria para la sobrevivencia, son un fantástico bono. No tienen función biológica alguna más que nuestro placer, y no suceden en nuestros genitales, suceden en nuestro cerebro.

Nagoski explica que nuestra cultura crea mujeres sexualmente disfuncionales pues primero nos prohíben todo lo que tenga que ver con el placer y luego se espera de nosotras que seamos unas seductoras desinhibidas. "Hay un mensaje moral (que si tienes sexo eres mala), uno médico (la forma en que vives tu sexualidad es equivocada o enferma) y el de los medios (que eres inadecuada)"[355]. A esto se suma que las mujeres tienen muchos problemas de autoestima y autoimagen, pues nuestra cultura "nos da permiso cultural de criticarnos públicamente y nos castiga si nos celebramos a nosotras mismas"[356]. Otras mujeres aprenden que deben criticarse a sí mismas constantemente, pues es su forma de motivarse a ser mejores. Todas estas presiones que tienen que ver con las formas en que nuestra cultura enseña el género tienen un impacto en nuestra vida sexual. Para remediar todos estos problemas, Nagoski recomienda algo mejor que la autoestima (pues tener autoestima implica una constante autoevaluación): la autocompasión; y lo dice anticipando la angustia que nos da a todas cuando los medios y los libros de autoayuda nos dicen que debemos tener alta autoestima a la fuerza aunque el mundo entero nos esté diciendo que estamos mal. La autocompasión no es autoindulgencia, es aceptar que no somos perfectas y entender que lo podemos, poco a poco, trabajar.

No vamos a arreglar nuestra sexualidad de la noche a la mañana, pero lo que Nagoski nos propone es un método para entendernos y observarnos, y desde ahí tratar de entender cómo funciona nuestro

---

355 Ibíd., p. 157.
356 Ibíd., p. 163.

deseo sexual. También es muy liberador saber que no estamos dañadas, ni enfermas, que no hay tal cosa como "genitales normales" o formas "normales" de sentir deseo sexual. En vez de juzgarnos dañadas por tener poco, o demasiado deseo, por creer que nos sentimos excitadas por las cosas incorrectas y en los momentos incorrectos, Nagoski nos invita a ser más amables con nosotras mismas, a tratar de entender cómo es que nuestra sexualidad llegó a ser como es, y a comprender que no somos las únicas que sentimos ansiedades frente al sexo, y también nos da un lenguaje para hablar de nuestras experiencias sin juicios patriarcales. Si hablamos honestamente con otras mujeres, sabremos que no estamos solas. Quizás nos cueste tiempo y trabajo desmarcarnos de los guiones culturales sobre el sexo que nos han hecho tanto daño, pero el punto de Nagoski es que lo mejor que podemos hacer para mejorar nuestra vida sexual es darle la bienvenida a nuestra sexualidad así como es en este momento, incluso si no es lo que queremos o lo que esperamos[357]. Ese es el punto de partida de una gran revolución. Porque darle la bienvenida a nuestros cuerpos y nuestras sexualidades es político, y radicalmente feminista.

---

357 Ibíd., p. 330.

Violeta Parra,
Chile

Violeta Parra se inventó el sonido de la música de protesta latinoamericana. Nació en 1917, su padre era profesor de música y su madre campesina. Luego de trasladarse a la ciudad de Santiago para estudiar en la Escuela Normal, dejó sus estudios para dedicarse a trabajar cantando con sus hermanos. Impulsada por su hermano, el antipoeta Nicanor Parra, se dedicó a rescatar, recopilar e investigar la auténtica música folclórica chilena. Compuso sus primeras canciones basadas en las formas folclóricas tradicionales y grabó dos *singles* para el sello EMI Odeón que llegaron a ser los primeros en listas de popularidad. Viajó por primera vez a Europa invitada al V Festival Mundial de la Juventud y los Estudiantes, en Varsovia. Desde allí se trasladó a París, donde vivió durante dos años y grabó en la Fonoteca Nacional del Musée de l'Homme de La Sorbonne.

Al regresar a Chile realizó investigaciones sobre el folclore musical de la zona para la Universidad de Concepción y allí fundó el Museo Nacional del Arte Folclórico Chileno. Esta labor de recopilación está plasmada en más de tres mil canciones, reunidas en el libro *Cantos folclóricos chilenos* y en sus primeros discos en solitario, lanzados por EMI Odeón. De regreso a Santiago incursionó en la cerámica y la pintura.

En abril, Violeta expuso sus arpilleras, óleos y esculturas de alambre en el Museo de Artes Decorativas, Pabellón Marsan, del palacio del Louvre. Fue la primera exposición individual de un artista hispanoamericano en este museo.

Violeta Parra se suicidó en 1967 debido a una fuerte depresión, pero nos dejó canciones, como "Gracias a la vida", que estremecieron a la región y han motivado a las defensoras de derechos humanos latinoamericanas. Una de sus canciones más famosas, "Volver a los 17", fue prohibida durante la dictadura de Pinochet, pues su letra era tan poderosa que atemorizaba al dictador: "Lo que puede el sentimiento / No lo ha podido el saber / Ni el más claro proceder / Ni el más ancho pensamiento / Todo lo cambia el momento / Cual mago condescendiente / Nos aleja dulcemente / De rencores y violencias / Solo el amor con su ciencia / Nos vuelve tan inocentes".

Matilde Hidalgo, Ecuador

Matilde Hidalgo es conocida como la primera mujer en América Latina en ejercer su derecho al voto. Matilde nació en Loja, Ecuador, en 1889 en una familia liberal que le ayudó a continuar sus estudios, y se convirtió en la primera mujer bachiller en Ecuador, aunque en su pueblo la tildaron de "loca endemoniada". Su padre murió cuando era una niña y su madre, Carmen Navarro (venezolana), trabajó duramente como costurera para mantener a sus seis hijos. En 1914 entró a estudiar medicina en la Universidad del Azuay en Cuenca y en 1921 se convirtió en la primera médica graduada de Latinoamérica.

En 1924 Matilde intentó inscribirse para votar en las elecciones a Congreso y Senado y los miembros de la Junta Electoral de Machala se negaron a registrarla. Pero entonces Matilde sacó un ejemplar de la Constitución que llevaba bajo el brazo y leyó en alto un artículo en el que se señalaba que "para ser ciudadano ecuatoriano y poder ejercer el derecho al voto el único requisito era ser mayor de 21 años y saber leer y escribir". Su solicitud fue llevaba hasta el Consejo de Estado, que, por unanimidad, decidió autorizarla a votar y, por extensión, a aceptar el sufragio universal; de esta manera

Ecuador se convirtió en el primer país de la región en darles el derecho al voto a las mujeres en 1929.

Matilde estudió hasta conseguir un doctorado en la Universidad de Quito. Murió en Guayaquil en 1974 a los 84 años. Fue la primera concejala del cantón Machala, la primera vicepresidenta de un consejo cantonal y la primera mujer diputada elegida en comicios populares (por la provincia de Loja). También fue poetisa y uno de sus poemas más famosos se titula "El deber de la mujer": "No contentarse tan solo / con el Rosario en la mano / y el breviario del cristiano / querer la vida pasar. / Es preciso abrirse paso / entre envidia y mezquindades / y burlando tempestades / dedicarse ya a estudiar".

CAPÍTULO 5

Amor

¿Amor y feminismo?

Este capítulo comienza presentando tres obstáculos machistas que están puestos en medio para que las mujeres no podamos amar y ser amadas de una manera sana, libre y asertiva: la misoginia, el amor romántico y la explotación, en nombre del amor, de nuestro trabajo no remunerado. Luego, desde las voces de varias teóricas feministas, les presento algunas propuestas no solo para que nuestro ejercicio de amor sea feminista en lo íntimo, sino también para pensar el amor en su potencial para la revolución política.

El amor es un tema importante para el feminismo porque ha sido a la vez una excusa para explotarnos y una posibilidad para liberarnos. Ha sido además una amenaza reiterada: si eres feminista NADIE te va amar. Es un falso dilema que resulta aterrador para cualquier persona, pues los seres humanos somos sociales e interde-pendientes, no tener amor es una amenaza de ostracismo, abandono, olvido. Y es una amenaza especialmente aterradora para las mujeres, pues nos han dicho que es a través del amor, el amor de esposa, de madre, de hija, que encontramos un lugar en el mundo. Quizás esta es la amenaza más efectiva para que nos quedemos encasilladas en nuestro rol de género.

La amenaza es certera en primera medida. Hacerse feminista a veces trae como consecuencia sentir una gran distancia con amigos o amigas y familiares que no están dispuestos a deconstruir su machismo, implica ser la incómoda de la familia, implica luchar contra un problema que la mayoría de las personas ni siquiera cree que existe. Pero después de atravesar esa amenaza de soledad tan aterradora, uno suele darse cuenta de que hay mucho amor en el feminismo. Amor de otro tipo, amor por las amigas, por las mujeres que nos defienden, amor de pareja del bueno, que es el que busca que ambas partes crezcan con apoyo mutuo y también con libertad.

La redefinición del amor es una tarea urgente del feminismo. Nosotras, juntas, cada una desde su orilla, podemos dejar de llamar amor a esas ficciones que nos han dado para someternos y construir algo mejor, una emoción que implique solidaridad, empatía, que nos saque de lo individual y nos lleve a luchar por el colectivo, que no nos hiera, que no nos explote, que no nos mate, que verdaderamente merezca llamarse amor.

¿Qué es la misoginia?

Odiar a las mujeres se siente delicioso. Se siente cómodo, se siente familiar. Nuestra cultura lleva siglos entrenándonos para odiar a las mujeres y ese odio es lo que nos pone en "nuestro sitio", es decir, el sitio que nos ha dado el patriarcado. Cuando era niña, a mí, y a mis amigas (en compañía de mujeres adultas), nos parecía que era un "gran plan" ver el reinado de belleza para juzgar y criticar a las reinas. Había una cierta reafirmación de nosotras mismas en demostrar que ninguna de ellas era perfecta: quizás las rodillas estaban un poco torcidas, o tenía el talle muy corto, o era inescrutablemente bella pero contestó una tontería a una pregunta tonta. Esta forma de ver el reinado no tenía nada de original, en YouTube hay miles de videos que nos "prueban" lo "brutas" que son las reinas de belleza. Es uno de tantos entrenamientos que hacemos en nuestra cultura para odiar a las mujeres.

Piensen en cómo cada vez que decimos públicamente algo machista en contra de otra mujer (que es una zorra, una trepadora, una farsa, una idiota) recibimos todo tipo de celebraciones y refuerzos, nos dicen que somos valientes y sensatas, pero lo que está en el fondo es el morbo de ver a dos mujeres pelearse en el lodo. La putivergüenza que se usa para controlar la vida sexual y reproductiva de las mujeres también es una efectiva forma de misoginia.

Lo difícil es que la misoginia es un prejuicio casi imperceptible, una desconfianza hacia las mujeres que sentimos hombres y mujeres, un desprecio por lo femenino que corre profundo en nuestra cultura. Entonces, cuando ejercemos esa misoginia es probable que no nos demos cuenta, es más, lo más probable es que nos sintamos muy bien, moralmente superiores a esa mujer que criticamos. No quiere decir, claro, que toda crítica a una mujer es misoginia, sino que incluso en las críticas justificadas, hay un cierto gusto conocido que no es más que nuestra propia misoginia.

Hay muchas mujeres que "caen mal" y "nadie sabe por qué". Los desagrados irracionales suelen ser clasismo, racismo o machismo soterrados. La lista es infinita, desde Piedad Córdoba hasta Hillary Clinton, o un clásico: Yoko Ono. Recuerdo un meme que dice: "En tiempos de Kim Kardashian sé una Diana". Un meme muy perverso, porque mientras Kim Kardashian maneja la prensa y los paparazzi con un dedo, a la princesa Diana la mataron. Pero el mundo ama a la víctima y odia a la poderosa. Pensemos en esas mujeres y hagámonos la pregunta: ¿por qué exactamente es que las odiamos? A veces es el tono de su voz, o quizás son "orgullosas", "creídas y altaneras", "falsas" o "tontas". Y la mayoría de las veces nuestras animadversiones no vienen de algo que hayan hecho, sino que son detonadas por "una manera" de ser, caminar, decir las cosas, que hace que nos rechinen los dientes. O quizás sí hicieron algo que pensamos que justifica nuestro odio y rechazo, pero a un hombre que haya hecho lo mismo no disfrutamos odiarlo tanto.

Tenemos además arquetipos listos en nuestra cultura para odiar a las mujeres de manera colectiva: la zorra, la hueca, la arpía, la suegra, la nuera, la ex, la *femme fatale*, la bruja, la otra, la *gold digger*. La televisión, el cine, las telenovelas (la mayoría ficciones imaginadas por hombres) tienen ejemplos de sobra para alimentar estos estereotipos que se pueden resumir en "la mujer buena" y "la mujer mala"; Eva y la Virgen María. Condenar todos estos arquetipos de las "mujeres malas" en realidad no hace más que reafirmar el poder de los hombres. Y somos nosotras las que hacemos también las burlas, las que seguimos el juego. Lo cruel de la operación es que ayudamos a condenar a todas las mujeres que no se ajusten a un modelo que resulta inalcanzable hasta para nosotras mismas.

Se supone que podemos ser la mujer perfecta que se salve del yugo de la misoginia, pero para eso tenemos que ser lo que Virginie Despentes en *Teoría King Kong* llama: "El ideal de belleza de esta mujer blanca 'atractiva pero no puta', en un buen matrimonio pero en el que deja a su marido brillar, delgada pero sin neurosis con la comida, siempre joven sin ser desfigurada por el cuchillo del cirujano, madre radiante que no se abruma con los pañales y tareas del colegio, quien maneja la casa bellamente sin convertirse en una esclava del trabajo doméstico, que sabe un par de cosas pero siempre menos que un hombre, esta mujer blanca feliz que nos embarran en la cara todo el tiempo, la mujer que debemos parecer, no importa si parece demasiado trabajo para tan pocas congratulaciones, yo por mi parte no la conozco, y tengo la sospecha de que no existe"[358].

En su libro de 2018 *Down Girl: The Logic of Misogyny*[359] (*Abajo niña: la lógica de la misoginia*) la filósofa Kate Manne argumenta que la misoginia es algo así como el brazo policial del patriarcado. Manne dice que la misoginia no se trata de un odio que algunos hombres sienten contra algunas o todas las mujeres, no es un problema psicológico individual sino de discriminación estructural, de un sistema social que controla, fiscaliza, castiga y exilia a las "malas mujeres" que retan al dominio masculino, al patriarcado. La misoginia también premia a las

---

358 Despentes, 2010, p. 11. Traducción de la autora.
359 Manne, 2017.

"buenas mujeres", que son las mujeres que celebran el sistema, para enviarles un mensaje a todas las mujeres sobre qué comportamientos se permiten y cuáles no.

Por eso es que Despentes identifica la feminidad (o al menos la forma de feminidad que nos impone el patriarcado) con el servilismo: "Puedes llamarla seducción para que suene más glamuroso, pero para la mayoría de las mujeres es el sencillo hábito de comportarse como si fuéramos inferiores. Entrar al cuarto y revisar si hay hombres, querer complacerlos. No hablar muy duro, no ser muy fuerte, no sentarte con las piernas abiertas, no hablar con autoridad, no buscar la gloria, no reírse muy duro, no ser muy chistosa. Complacer a los hombres es un arte complejo, que requiere que uno elimine cualquier cosa que se pueda asociar con el poder. [...] Ser insegura, eso es la feminidad, no ser creída, ser buena escuchando, no ser demasiado impresionante intelectualmente, solo lo suficiente para entender lo que ese cretino vino a decirte"[360].

Todas sabemos muy bien que si nos portamos así, seremos universalmente celebradas y aceptadas por todos y también por todas. También sabemos que nuestra reputación, estatus social, y hasta salud mental estarán en juego si nos salimos del corral y hacemos cualquier cosa asociada con lo masculino. Dice Despentes: "Tomar trago es masculino, tener amigos: masculino, payasear: masculino, ganar mucha plata: masculino, tener un carro muy rápido: masculino, reírte mientras te fumas un porro: masculino, ser competitivo: masculino, ser agresivo: masculino, querer coger con muchas personas: masculino, responder con violencia al ser atacado: masculino, no tomar tiempo para arreglarte en las mañanas: masculino, usar ropa porque es práctica: masculino. Todo lo divertido es masculino, todo lo que tiene que ver con la ambición y la supervivencia, masculino"[361].

La agenda política detrás de lo que está o no permitido para las mujeres se entiende mejor usando las categorías de Manne, quien di-

---

360 Ibíd., p. 120.
361 Ibíd.

ferencia entre misoginia y sexismo (o machismo). El sexismo es una ideología o un sistema de creencias que refuerza que es natural y deseable que tengamos roles asignados por género y que las mujeres somos inferiores. La misoginia es una suerte de fuerza policial que castiga a las mujeres que se rebelan y celebra a las mujeres que avanzan los intereses patriarcales. Por eso es que el progreso de ciertas mujeres en ciertos campos no necesariamente significa un avance en derechos de género. Martha Lucía Ramírez, una política conservadora quien llegó al techo de cristal más alto de la historia de Colombia, la vicepresidencia, tuvo que hacerlo aliándose con lo más recrudecido del patriarcado colombiano. La ironía es que sin las luchas de las mujeres y grupos feministas en Colombia, ella nunca habría podido ser vicepresidenta.

Las mujeres que retan el sistema son las que sufren el castigo de la misoginia colectiva, las percibimos como insubordinadas, negligentes, "fuera de control". "Mejor ser la esposa que te apoya, la novia *cool*, la asistente leal, la mesera servil", dice Manne y añade que "la misoginia celebra a las mujeres que prestan servicios relacionados con la feminidad a los hombres y castiga a las que quieren acceder a los privilegios masculinos como el dinero, la autoridad o el status y el poder"[362].

Manne señala que el ejercicio de la misoginia tiene tres reglas: "(i) que las mujeres le debemos a los hombres servicios como sexo, cuidado, trabajo doméstico, (ii) que no debemos pedirles estas cosas de vuelta a los hombres y (iii) que las mujeres no pueden tener acceso a los privilegios masculinos". Por eso hay "buenas y malas formas" de que las mujeres "se empoderen" o se tomen el centro de atención; como este ejemplo de Despentes: "Las mujeres empoderadas de la publicidad que parecen decir 'mira qué buena estoy, a pesar de mi independencia, mi cultura, mi inteligencia, a pesar de todo eso, solo me importa complacerte. Puedo hacer lo que se me dé la gana, pero elijo alienarme a mí misma con estas efectivas estrategias de destruc-

---

362 Manne, 2017.

ción"[363]. El ejemplo de "mujer empoderada que acepta el patriarcado" que presenta Despentes cumple las tres reglas del "código penal" de la misoginia que propone Manne.

Otro de los puntos importantes del análisis de Manne sobre la misoginia es que es un sistema que se "autoenmascara". La misoginia hace que en general tengamos mayor empatía hacia los hombres, y como es un sentimiento que aprendemos desde la niñez, es muy difícil entenderlo desde lo racional: podemos tener comportamientos misóginos incluso si nuestras creencias morales y nuestros compromisos políticos son feministas. Las mujeres nos salimos del corral cuando cuestionamos a los hombres y a otras mujeres por sus abusos de poder, transgredimos cuando hacemos trabajos en lo público y asociados con los masculino, y transgredimos el doble cuando desde esos espacios llamamos a las mujeres a rebelarse. Todas estas transgresiones son socialmente castigadas a través de la misoginia, y cuando se señala la misoginia solo se genera más misoginia. Odiar a las mujeres es más fácil y satisfactorio que tener que lidiar con la incomodidad y rabia que vienen con cuestionar al patriarcado.

Al entender cómo funciona la misoginia, dejé de tener rabia contra las mujeres machistas y empecé a tener un poco de compasión. Todas esas madres imaginarias que siempre vienen a cuento para decirnos que "somos las mujeres las que enseñamos el patriarcado a los hijos" (en gran medida porque los hombres no suelen estar ahí para enseñarles un carajo) o que "las más machistas son las mujeres con otras mujeres". Poder librarse del castigo de la misoginia, lograr que finalmente te importe un pepino que te odien o te reprueben, implica o unos contundentes privilegios de clase o raza o el carísimo precio de hacerle el favor al patriarcado. Y para muchas mujeres, aliarse con el patriarcado es una simple cuestión de supervivencia, porque "esas ideas feministas" pueden despertar una misoginia tal que te terminan dando en la jeta. No todas las mujeres pueden ser como la pintora

---

363 Despentes, 2010, p. 21.

colombiana Débora Arango, quien, en una Medellín conservadora de los años 50, se dedicó a denunciar en sus cuadros al patriarcado y luego terminó exiliada de Colombia; no todas pueden ser la feminista de Twitter que a diario se da la batalla de ridiculizar a sus troles, pero todas nos hemos beneficiado de las rebeliones contra la misoginia. Y si podemos rebelarnos, es también nuestra responsabilidad hacerlo, especialmente por todas las mujeres que no pueden. Entender la misoginia como un problema estructural pasa por superar los odios y las molestias individuales, que solo son cortinas de humo para un problema real que nos impide desde tener participación política hasta querernos a nosotras mismas.

Como la misoginia funciona como un sistema de puntos a través de la aprobación de los hombres, el padre, el marido, el profesor, Dios, la Iglesia, los ricos, los blancos, el patriarcado y todas sus encarnaciones, una buena forma de comenzar a desactivarla es cuestionar a todas estas instituciones y en el cotidiano, mandar al carajo la necesidad de aprobación de los hombres, los señores, o incluso esas mujeres que están hablando con la voz del patriarcado. Otra forma radical de combatir la misoginia es amarnos entre nosotras, aliarnos, ser mentoras entre nosotras. La revolución feminista no vendrá de nuestros logros individuales, sino de los lazos de apoyo que construyamos entre nosotras, los mismos que la misoginia busca destruir.

Contra el amor romántico

Estamos llenas de mensajes contradictorios sobre el amor de pareja o el amor romántico. Nos dicen que el amor es un logro, un indicador de éxito en nuestras vidas, pero también nos dicen que no podemos buscarlo activamente porque es algo que "llega". Nos dicen que el amor duele, nos dicen que si amamos a una persona debemos dedicarnos en cuerpo y alma a esa persona, pero a la vez debemos darle total libertad (a los hombres no les dicen la parte de la libertad). A las mujeres también nos dicen que nuestra vida no está completa y realizada si no hemos encontrado el amor de un hombre que quiera casarse con nosotras y tener una familia. Que su voluntad de estar con nosotras excusa todas sus mentiras o deslealtades, pues "siempre es mejor estar con un hombre a estar solas".

Esto nos deja en otra de esas encrucijadas perversas que nuestra cultura nos reserva a las mujeres: emparejarnos con un hombre y tener sus hijos es lo que "dará sentido a nuestras vidas" y al mismo tiempo la violencia de pareja es la principal causa de muerte violenta para las mujeres. En febrero de 2018, Paula Guisado y Marta Ley dicen en *El País* de España: "De las más de 2.000 mujeres que han muerto de forma violenta en España desde 1999, el 52,5% fue a manos de su pareja o expareja. Esta proporción, que se repite año tras año en nuestro país, es una tónica habitual en las sociedades más desarrolladas, donde la violencia machista destaca por encima del resto de motivaciones homicidas. En ese mismo periodo, una de cada seis del total de muertes por agresión en España ha sido causada por violencia de género"[364]. Si bien a nivel mundial la violencia ejercida por la pareja o expareja causa el 13,5% de los homicidios, entre las mujeres el porcentaje asciende a un 38,5%, frente al 6,3% entre los hombres, según un artículo publicado en 2013 en la revista médica británica *The Lancet*[365]. El artículo de *El País* también afirma que "a día de hoy, el 80% de las víctimas de homicidios intencionales a nivel mundial son hombres. La reducción general de los índices de violencia en las sociedades más desarrolladas está contribuyendo a cerrar esa brecha de género: mientras que la tendencia para los hombres es claramente a la baja, las muertes violentas de las mujeres se mantienen estables desde los años 80 hasta nuestros días"[366]. Según el portal mexicano Animal Político en un artículo de mayo de 2017, "los datos oficiales de mortalidad del Instituto Nacional de Estadística y Geografía INEGI

364 Guisado & Ley, 2018.
365 Watts & Pilger, 2013.
366 Guisado & Ley, 2018.

(que llegan hasta el año 2015) indican que, de 2012 a 2015, un total de 555 mujeres fueron víctimas de homicidios violentos en la CDMX. En ese mismo lapso, la PGJDF reportó como víctimas del delito de feminicidio a 217 mujeres, que representan el 39% de todas las mujeres que perdieron la vida en condiciones violentas, según INEGI"[367]. En resumidas cuentas, para las mujeres, entablar una relación romántica con un hombre es una actividad de alto riesgo. Pero no porque el amor en sí sea necesariamente malo o peligroso, sino porque nos han enseñado a decirle amor a algo muy distinto: violencia.

El peor novio que tuve una vez me dijo que yo le recordaba a la protagonista de *El Túnel*, de Ernesto Sábato. Me citó un pedazo del libro en donde el protagonista le dice a su amada, María Iribarne: "A veces me parece como si esta escena la hubiéramos vivido siempre juntos. Cuando vi aquella mujer solitaria de tu ventana, sentí que eras como yo y que también buscabas ciegamente a alguien, una especie de interlocutor mudo. Desde aquel día pensé constantemente en vos, te soñé muchas veces acá, en este mismo lugar donde he pasado tantas horas de mi vida"[368]. Yo no me había leído la novela así que todo me pareció muy romántico en ese momento. Lo que yo no sabía es que Juan Pablo Castel, el protagonista de la novela, era un macho controlador y obsesivo que manejaba la frustración saliendo a pelearse a puños borracho y a maltratar mujeres. Finalmente Castel asesina a María: "Tengo que matarte, María. Me has dejado solo. Luego clavó el cuchillo varias veces en el pecho y vientre de María". Afortunadamente, el machiprogre que tenía por novio no resultó ser un maltratador, al menos no físico, pero que yo sienta que es necesario hacer esta aclaración solo muestra cuán bajo es nuestro estándar para los hombres con quienes tenemos relaciones sexo-afectivas. El tipo me estaba avisando que era un misógino, pero yo no pude verlo porque el mundo me había dicho que *El Túnel* era una historia de

---

367 Angel, 2017a.
368 Sabato, 2003.

amor, y no la historia de un feminicidio. Y es precisamente por eso que nuestras narrativas culturales sobre el amor romántico nos dejan tan vulnerables.

Cuando era niña, una de mis grandes ansiedades sobre crecer y convertirme en una adulta mujer (que no es lo mismo que adulta a secas) era el amor[369]. Mejor dicho, el rol que me tocaba en nuestra concepción heteronormada del amor romántico. Hoy me impresiona darme cuenta de cómo mi clara sospecha se fue borrando con la llegada de la adolescencia y para mis veinte ya estaba dispuesta a tragar entero todos esos discursos violentos sobre el amor. De niña veía, con angustia, que tarde o temprano mis amigas de 12 u 11 años "se enamoraban" de un chico, y de repente todas sus conversaciones, poses, silencios, todas tenían que ver con el tipo en cuestión que mientras tanto jugaba a pellizcarse las tetillas con otros varones de su edad. Enamorarse era presentado como algo inevitable que debía pasar tarde o temprano, pero también era un logro y un indicador de éxito… para las mujeres. Y por supuesto, declarar y actuar tu amor heterosexual por un chico es un ritual de paso a la feminidad. Yo recuerdo que constantemente todo el mundo me preguntaba "que si me gustaba alguien" (con alguien se referían a un hombre, por supuesto) y si contestaba que no, la gente se sentía defraudada y sin tema de conversación (y aunque no me lo dijeran estoy segura de que cuestionaban "mi heterosexualidad"). Que me gustara alguien era una confirmación, un ritual de paso a la feminidad. Virginie Despentes dice en *Teoría King Kong* que "para las mujeres no amar a los hombres es patológico. Para los hombres no amar a las mujeres es una actitud"[370].

Luego si este gusto prosperaba a un noviazgo, vendrían cartas interminables, cartas sobre nada, escritas en clase de matemáticas para

369 Algunos de los párrafos de esta sección fueron publicados en su primera versión en la revista *Cromos* en su edición de septiembre de 2018.
370 Despentes, 2010, p. 112.

no poner atención, que iban firmadas con un rimbombante "tu nena" en marcadores. A todas les decían "nena", "nena y nene" eran los apodos románticos de moda. Como no había mucho que contar en las dichosas cartas, pues poco pasaba entre una clase de bachillerato y otras, era menester que las cartas estuvieran adornadas con esmero, ahí se notaba el amor. Por ese entonces la moda era dibujar Piolines o Demonios de Tasmania en las hojas cuadriculadas que luego se doblaban en origamis misteriosos. Para mi fortuna, yo sabía dibujar Piolines y Demonios de Tasmania, así que les vendía los dibujos y luego ellas escribían sus cartas en la plantilla de papel. Hacer el *performance* de novia implicaba muchas cosas y sobre todo mucho trabajo, tanto que yo me lucraba, pero yo era apenas una de tantas mujeres (peluqueras, manicuristas, psicólogas, madres, hermanas, amigas) en la cadena de producción de la novia perfecta. En *All About Love* (*Todo sobre el amor*), bell hooks[371] dice: "Cuando el romance es presentado como un proyecto, las mujeres somos las planeadoras y las arquitectas. A todo el mundo le gusta imaginar que es que las mujeres somos románticas y sentimentales, que los hombres nos siguen en nuestras empresas románticas"[372]. Y así es como nosotras terminamos planeando las bodas, hacemos todo ese trabajo como si fuera natural, mientras ellos se relajan y contestan: "Lo que tú quieras, mi amor".

Otra sospecha que de niña tenía frente al amor romántico era que la principal ansiedad de todas las mujeres con pareja parecía ser que no les metieran cachos. Mientras tanto, mis amigos me contaban de sus infidelidades a sus novias. Como yo era "la amiga", a mí me decían "la verdad". Por obra y gracia de la misoginia yo prefería ser "una de ellos", pues así me hablaban como una persona y no como a una

---

371 La escritora, poeta y feminista negra y estadounidense conocida como bell hooks nació en 1952 bajo el nombre de Gloria Jean Watkins, pero adoptó como seudónimo el nombre de su bisabuela, Bell Hooks, quien fue una gran influencia en su trabajo. Hooks no usa mayúsculas en su nombre como un llamado a que la gente se enfoque en sus ideas antes que en su personalidad.

372 Hooks, 2001, p. 171.

presa; claro, el precio que tenía que pagar era aguantar en silencio sus comentarios machistas y declarar una y otra vez el juramento misógino que reza "no soy como las demás". Yo quería ser uno de los chicos porque a "las mujeres" estos chicos les mentían, constantemente y a veces hasta sin razón.

Observando los toros desde la barrera era evidente que muchos de estos noviazgos (que luego serían como mis propios noviazgos) implicaban una condición de monogamia solo para ellas. Ellos eran como niños pequeños en un centro comercial en Navidad, antojándose en cada vitrina, y ellas tenían que halarlos como si fueran sus madres para que no se fueran a quedar. Y así hay mil chistes sobre esas mujeres que son "la ley", "la grúa", que los persiguen mientras ellos se escapan muy traviesos. "Cuando salga de mi casa y me demore por la calle no te preocupes, Anita"[373], como reza el emblemático vallenato colombiano. Mis sospechas de niña eran más que intuiciones, eran razones de peso para no querer entrar en ese "juego del amor".

Ese amor romántico que nos han enseñado y que tanto critica el feminismo es perverso porque a punta de mentiras mantiene a las mujeres en un lugar de subordinación. Es un ciclo: vigilar hasta encontrar la mentira, castigar con una prueba quizás discutida en grupo y que le permita a él lucirse al demostrar su "verdadero amor", un regalo, una serenata que ponga fin a los rumores del barrio, un juramento de arrepentimiento, y luego perdonar. Una y otra vez, generación tras generación. Y es un juego que a ellos les gusta, se quejan y se burlan de las mujeres controladoras y celosas, pero deliberadamente las hacen sufrir para minar su autoestima y mantenerlas en alerta permanente. Así ellos se sienten importantes y ellas se ven obligadas a darles su devoción.

---

373 "Cuando salga de mi casa y me demore por la tarde no te preocupes, Anita. Porque tú muy bien lo sabes que me gusta la parranda y tengo muchas amistades. Y si acaso no regreso por la tarde, volveré al siguiente día en la mañanita. Pero nunca me recibas con desaires, porque así tendré que irme nuevamente". El compositor vallenato Sergio Moya escribió esta canción para su esposa Juanita Fula en los años 70.

Dice bell hooks en *All About Love* que los hombres usan las mentiras para mantener el control y la subordinación: "Hasta la profesional más exitosa puede ser disminuida por estar en una relación en donde quiere ser amada y en cambio le mienten todo el tiempo. Si no puede confiar en que su pareja hombre le diga la verdad, no puede contar con que no haya otras formas de traición y esto irá en detrimento de su confianza y autoestima"[374]. Y lo dice por experiencia: "Los hombres que he amado siempre han mentido para evitar la confrontación o para no tomar responsabilidad por sus comportamientos inapropiados"[375].

En su libro, hooks habla específicamente del amor romántico heterosexual, que es la matriz sobre la cual hemos hecho nuestras narrativas sobre el amor, pero esto no quiere decir que las relaciones entre personas del mismo sexo o *queer* estén exentas de los vicios machistas del amor romántico, pues a casi todas las personas nos han enseñado que el amor es eso, incluso antes de que sepamos nuestra orientación sexo-afectiva, así que no es raro que los mismos patrones se repliquen en relaciones que aunque no son heterosexuales sí replican la heteronorma. Hooks cita a Dorothy Dinnerstein en su libro *The Mermaid and the Minotaur: Sexual Arrangements and Human Malaise* (*La sirena y el minotauro: arreglos sexuales y malicia humana*), quien dice que "cuando un niño pequeño se da cuenta de que, a pesar del patriarcado, frente a su madre no tiene poder pues ella controla su vida, mentir se convierte en una forma estratégica para sentirse poderoso. Las personas masculinas aprenden a mentir como una forma de obtener poder, y las femeninas aprenden a hacer lo mismo, pero también mienten para fingirse desvalidas"[376]. Así que de muchas maneras nuestro entrenamiento para las relaciones afectivas comienza con la mentira, especialmente en el caso de los hombres o las personas que juegan un rol masculino en sus relaciones.

---

374 Hooks, 2001, p. 41. Traducción de la autora.
375 Ibíd., p. 36.
376 Ibíd., p. 37.

Las mentiras se hacen necesarias en el juego del amor romántico porque permiten una dinámica de poder: "Muchos hombres me han dicho que les cuesta trabajo decir la verdad si ven que puede herir a un ser querido. [...] Otros hombres me han confesado que mienten porque pueden, y que sus mentiras son perdonadas. Para entender por qué las mentiras de los hombres son más aceptadas en la vida cotidiana, tenemos que entender el poder y privilegio que tienen en una cultura patriarcal. [...] El patriarcado nos enseña a diario a través de la televisión, las películas, las revistas, que los hombres con poder pueden hacer lo que se les dé la gana, y es esa libertad lo que los hace hombres. [...] Cuando a los niños pequeños les enseñan que no deben llorar o expresar sus sentimientos de vulnerabilidad y soledad, están aprendiendo a ocultar sus sentimientos. En el peor de los casos están aprendiendo a no sentir nada. [...] Incluso los niños criados en las familias más progresistas pueden elegir aliarse con la masculinidad patriarcal para ser aceptados por otros niños y verse afirmados por figuras masculinas de autoridad"[377].

Hooks dice muchas cosas interesantes sobre la educación afectiva de los hombres, paradójicamente basada en negar y ocultar sus sentimientos y en llamar "amor" a lo que en realidad es un juego de poder: "La masculinidad patriarcal exige a los hombres y niños que se vean a sí mismos más poderosos que sus parejas y superiores a las mujeres y que hagan lo que sea necesario para mantener ese control. [...] El patriarcado nos ha hecho creer que el amor puede estar presente en una situación en donde un grupo o individuo domina al otro"[378]. En consecuencia, dice hooks: "Esta inhabilidad para conectar con otros conlleva una inhabilidad de asumir la responsabilidad por causar dolor. Esta negación es más evidente en casos en los que los hombres buscan justificar su violencia extrema contra quienes tienen menos poder, usualmente mujeres, sugiriendo que son ellos los victimizados por las mujeres"[379].

---

377 Ibíd., p. 38.
378 Ibíd., p. 39.
379 Ibíd., p. 38.

Lo anterior aplica para muchas formas de masculinidad, especialmente las más tradicionales, pero hooks también habla de hombres que buscan a una madre en sus parejas para no tener que hacer el trabajo de crecer: "Muchos de estos hombres parecen suaves y no patriarcales, pero es porque no quisieron convertirse en hombres y lo único que les quedó fue permanecer siendo niños"[380].

Y, aunque las mujeres llevamos las de perder en el amor romántico, nosotras también hacemos parte del juego. Dice hooks: "Muchas mujeres también se sienten cómodas mintiéndoles a los hombres para manipularlos y conseguir eso que creen que merecen o también para elevar la autoestima del hombre. Muchas veces esto implica fingir y exagerar nuestras vulnerabilidades"[381]. De esta manera, explica hooks, los hombres aceptan que les mientan y los manipulen porque así ya tienen a quien culpar por su misoginia. Otras mujeres quedan atrapadas en los juegos del amor romántico porque lo ven como su única forma de acceder a algo de poder: "Las mujeres que le dan aparente absoluta adoración y cuidado a los hombres en sus vidas parecen estar obsesionadas con el amor, pero en realidad sus acciones son una forma soterrada de mantener el poder. Como sus contrapartes masculinas entran a relaciones usando las palabras del amor, incluso cuando sus acciones muestran que lo que quieren es tomar control. Lo que no quiere decir que no haya afecto y amor, pero el amor no puede permanecer en una relación que se trata de controlar al otro"[382].

Esto nos deja dos preguntas importantes: ¿puede "la subalterna" amar a "su superior"? ¿Puede uno amar a alguien al tiempo que la considera inferior? Si solo se puede amar a quien consideramos nuestro igual, eso significa que en muchas de las relaciones de pareja que conocemos y hemos conocido hay afecto, hay sexo, pero quizás no hay amor. Muchos hombres nunca serán capaces de amar

---

380 Ibíd., p. 150.
381 Ibíd., p. 43.
382 Ibíd., p. 152.

a sus parejas mujeres pues las consideran inferiores y las quieren subordinadas, pero en cambio serán capaces de amar a sus amigos hombres (incluso platónicamente, sin llegar jamás a manifestar su erotismo de forma física), a los que sí consideran sus pares. Para Virginie Despentes, los hombres cis podrán ser heterosexuales pero son siempre homoafectivos: "Escriben para otros hombres, felicitan a otros hombres, apoyan a otros hombres, se apoyan entre ellos"[383]. Estos hombres no pueden amarnos porque no nos ven sino que nos imaginan. Para ellos somos una presa, un premio, un símbolo de estatus, están interesados en nosotras no por nosotras mismas, sino por lo que representamos para sus egos y sus vidas.

Estos son solo los problemas que están en la raíz de nuestras ideas sobre el amor romántico, pero desde el feminismo se han identificado otras formas de manipular, crear una desigualdad de poder y mantener el control en una relación sexo afectiva, estas son algunas:

Celos y deslealtad

Todo el mundo está de acuerdo con que los celos son malos, pero nadie nos ha dicho cómo hacer para dejar de sentirlos. Decía antes que en Latinoamérica el sistema está dado para que los hombres sean infieles, y por eso, a las mujeres nos enseñan a amar de una manera observante y alerta, "uno no sabe cuándo el *man* va a meter cachos". De entrada, esto vicia nuestras relaciones. Pero no es tan fácil como decir "deja de pensarlo", porque los celos son algo que se siente, y a veces, muchas veces, son señales de alerta que nos da nuestro cuerpo de que algo va mal: o bien uno no se siente suficientemente valorado en la relación, o bien es cierto que nos están metiendo cachos.

Algunas feministas afirman que la monogamia es un invento del patriarcado, porque, como dice la feminista Coral Herrera Gómez en la revista española *Pikara*, "El engaño consiste en hacernos creer que

383 Despentes, 2010, p. 134.

el adulterio no es la norma sino la excepción, y que podemos evitarlo si somos complacientes con nuestros maridos, si obedecemos sus normas, si cubrimos sus necesidades, y si evitamos que otras mujeres se acerquen a ellos. Algunas viven resignadas a que de vez en cuando se les escape el pajarito de la jaula. Cuando descubren las infidelidades les mandan a dormir al sofá unos días, para pocos días después ser readmitidos en el lecho conyugal"[384]. Pero si los hombres infieles reciben perdón, por obra y gracia de la misoginia, las mujeres con quienes fueron infieles reciben la ira de la "esposa burlada" y a veces de la sociedad entera. Dice Herrera: "La cultura patriarcal nos lleva a la competición y a la rivalidad entre nosotras, por eso se perdona al marido y se culpa a todas las demás. Lo dice el patriarcado: los hombres tienen un apetito sexual desmesurado y aunque hagan grandes esfuerzos por controlarse, son personas de carne y hueso. Sucumben a los encantos femeninos porque son débiles y no siempre logran resistir a las tentaciones. Por eso se dejan llevar por los amigotes al puticlub, o se dejan seducir por perversas mujeres robamaridos"[385]. Herrera también señala que si nosotras rompemos el pacto de la monogamia, nuestras infidelidades nunca quedan impunes: "Todas las malas mujeres son descubiertas y castigadas, tanto en la realidad como en la ficción. Unas sufren torturas, otras son violadas y asesinadas: el patriarcado nos somete a los peores castigos para disuadir a las demás"[386]. A nosotras la infidelidad no se nos permite porque evidencia que nuestro deseo es nuestro y no propiedad de nuestra pareja y porque es una afrenta pública a la virilidad de un hombre patriarcal, señal de que no puede "controlar a su esposa".

Pero además de que la infidelidad de los hombres está culturalmente aceptada y perdonada, lo cual hace que muchas mujeres se ocupen en la permanente sospecha, nuestra cultura nos dice que los

---

384 Herrera Gómez, 2017.

385 Ibíd.

386 Ibíd.

celos son una señal de amor, nos dice que nos celemos los unos a los otros y que de esa manera estamos demostrando cuánto nos importa la otra persona. Muchas veces, esos celos, reales o inventados, terminan por usarse como excusa para el control y la agresión física. Muchas veces son incluso una excusa para el feminicidio.

La pregunta no es cómo desaparecer los celos sino cómo manejarlos. Muchas personas generan vínculos afectivos pero viven en la permanente ansiedad del abandono debido a alguna experiencia de desconexión o literal abandono, quizás en la infancia. No podemos simplemente exigirle a la gente que "no sea celosa" porque "los celos son malos", pues muchas veces están vinculados a emociones que se conectan con nuestros miedos más antiguos. Pero lo que es inexcusable es usar los celos como una excusa para el control o la violencia hacia nuestras parejas.

Tenemos que lograr tener relaciones en donde podemos admitir los celos con franqueza y podemos hablar con nuestras parejas para entender qué es lo que nos hace falta que nos hace sentir así, y luego de saberlo valorar si se puede resolver. Decirlo es más fácil que hacerlo, porque los celos son una emoción que a veces se siente incontrolable, pero puede ser un objetivo de la relación para alcanzar poco a poco y con paciencia, que implica inventarse nuevas formas de mostrar empatía y de demostrar el amor.

Gaslighting

La palabra *gaslighting* es casi intraducible ("hacer luz de gas", dice Wikipedia) y casi impronunciable en español, así que tarde o temprano tendremos que inventar nuestro propio verbo. La expresión viene de una película que se llamó *Gas Light* en donde "un hombre intenta convencer a su mujer de que está loca, manipulando pequeños objetos de su entorno e insistiendo constantemente en que ella está equivocada o que está padeciendo lagunas de memoria cada vez que ella menciona estos cambios"[387]. Básicamente es una forma de tortura psicológica en donde sistemáticamente te dicen que estás exagerando, que eso que sientes no existe o no es correcto, que eso que viste no lo viste y que lo que pasó no pasó. Parece una locura, pero es tremendamente común, en parte porque mucha gente no tiene la valentía de aceptar los hechos o sus sentimientos. Pero además, como la palabra de las mujeres en nuestro sistema está devaluada, y sistemáticamente la sociedad nos dice que nuestras percepciones son exageradas, hipersensibles, y de poco fiar, esto se traslada a la relación y con mucha frecuencia nos encontramos siendo víctimas de la terrible luz de gas.

En relaciones abusivas esto se vuelve cruel y sistemático y poco a poco va minando la autoestima de la parte abusada, muchas veces la mujer, para que deje de confiar en su propio juicio y se haga más dependiente del agresor.

Trabajo emocional

Las mujeres y las personas femeninas solemos estar entrenadas, desde pequeñas, para reconocer nuestras emociones y las de los demás y reaccionar según estas emociones. Es un entrenamiento que se adquiere en muchas de las actividades que se consideran femeninas: hablar sobre los sentimientos (que algunos llaman, peyorativamente, echar chisme), cuidar enfermos o niños o hasta ver telenovelas (que son un excelente catálogo de emociones humanas). Las mujeres tenemos un rico abanico de lenguaje para hablar sobre nuestras emociones: estamos tristes, o melancólicas, o nostálgicas, o con una sensación de vacío. Sabemos perfectamente los matices que diferencian a una y a otra.

Los hombres, en cambio, en general han sido entrenados para ocultar sus emociones y no hablar al respecto. Casi que la única emoción permitida a la masculinidad es la rabia, entonces les pasa a

---

387 "Hacer luz de gas", 2018.

muchos que es la única manera en la que saben expresar sus emociones: ¿felicidad?: balazos al aire; ¿tristeza?: un golpe en la pared; ¿frustración?: un golpe sobre alguna otra superficie (o persona). Por supuesto, no todos los hombres son así (#NoTodosLosHombres), hay hombres tremendamente empáticos y hay mujeres que son pésimas para lidiar con las emociones. Pero como cada género tiene exigencias diferentes, desarrolla habilidades diferentes conforme a estas exigencias. Por ejemplo, es muy común que las mujeres noten cuándo necesitan ir a terapia (y de hecho van), o reconozcan que están estresadas y se metan a clases de yoga (tanto la terapia como el yoga son grandes privilegios). Pero ¿qué pasa con esas emociones que la mayoría de hombres ni siquiera reconocen y mucho menos trabajan?

En *All About Love* (*Todo sobre el amor*), bell hooks dice que muchos hombres se niegan a escuchar a las mujeres o a los niños y las niñas porque si lo hacen tendrán sentimientos de vulnerabilidad con los que no quieren lidiar, y los hombres que no quieren lidiar con sus sentimientos buscan mujeres que lo hagan por ellos. "El pensamiento patriarcal nos ha dicho que el trabajo emocional no vale e incluso les ha enseñado a los hombres a rechazarlo. A otros les enseñan que no hablar de sus sentimientos es una virtud masculina que nosotras tenemos que aceptar incluso si causa aislamiento emocional"[388]. Y dice hooks más adelante: "Con frecuencia las mujeres me dicen que se sienten agredidas emocionalmente cuando sus parejas hombres se niegan a hablar y escuchar. Eso que las mujeres comunican muchas veces desde un lugar de dolor lo llaman 'cantaleta'"[389].

Alguna vez le leí a la bloguera feminista Emma Lindsay[390] un ensayo verdaderamente iluminador sobre cómo las mujeres nos convertimos en una especie de pararrayos de la rabia y las emociones negativas de los hombres. Recordé inmediatamente una vez que mi

---

388 Hooks, 2001, p. 155. Traducción de la autora.
389 Ibíd., p. 157.
390 Lindsay, 2016.

abuela me dijo que "a los hombres no les gusta que los contradigan en público", a propósito de quién sabe qué habré dicho a quién. Es una advertencia común, a veces viene disfrazada de un "ser inteligente", es decir, que los infantiliza y maneja sus emociones como si fueran niños incapaces de hacerse responsables. Lo que dice esta advertencia es que 1. La masculinidad es frágil y los hombres se ofenden fácilmente; 2. Si se siente herido u ofendido, la va a emprender contra alguien, probablemente una mujer, seas tú, o su mamá, o su novia, hasta que se sienta poderoso y reconocido de nuevo. Entonces me di cuenta de que las mujeres solemos ser hiper conscientes de las emociones de los hombres a nuestro alrededor y todo el tiempo estamos tratando de hacerlos sentir bien, como si fueran bebés. Incluso cuando uno le dice a un tipo "¡Hey estás siendo machista!", luego siente el impulso de decirle: "Bueno, pero ya sé que no eres así siempre, tú puedes cambiar, ánimo", es decir, de consolarlo o protegerlo de la frustración que puede sentir al darse cuenta de que está siendo machista. La mayoría de nosotras hacemos todo esto sin siquiera darnos cuenta, pero eso no quiere decir que implique menos esfuerzo. ¿Cuántos polvos nos hemos echado solo porque sabemos que si no le damos gusto luego nos va a armar un problema por otra cosa que aparentemente no tiene nada que ver, pero tú sabes que en realidad está molesto porque no obtuvo sexo? Uf.

Esto no es algo que sucede solo al interior de las parejas románticas, sucede en todo momento, con nuestros amigos, nuestros compañeros de trabajo, hermanos, padres, que llegan a contarnos sus problemas y a pedirnos consejos, pero que no están dispuestos a devolver el favor de escucharnos si somos nosotras las que necesitamos apoyo emocional.

Dice Lindsay: "Recuerdo que un hombre una vez me dijo que las mujeres debíamos rechazar los avances sexuales de los hombres de una manera en que no hiera sus sentimientos. Esto parece razonable a primera vista. Desafortunadamente, una comunicación honesta, para las mujeres, muchas veces implica decir 'no me siento atraída por ti' y esto es considerado hiriente por muchos hombres. Así que las mujeres se ven forzadas a no comunicar sus sentimientos para proteger al hombre de que se vaya a sentir mal". Lindsay explica que, para muchas mujeres, como ella, esto implica hacer como "que su abuso sexual no fue nada" para "no herir los sentimientos de su agresor". Y esto no es cualquier cosa, tragarse las emociones, especialmente cuando son traumáticas, tiene un gran precio. Sin duda, dice Lindsay, que te rechacen es doloroso, pero no se compara con los efectos del acoso o el abuso sexual. Volvemos a la frase de Margaret Atwood: "Los hombres tienen miedo de que las mujeres se rían de ellos, las mujeres tienen miedo de que los hombres las maten". Muchos de estos hombres podrían, como las mujeres, ir a terapia para lidiar con sus sentimientos, pero no, porque con sus sentimientos lidiamos nosotras.

Y lo hacemos porque históricamente los hombres han tenido poder sobre nosotras, así que, a veces, nuestro bienestar depende de su buen genio. Hasta hace nada, la epístola de Melchor Ocampo, que se leía al casar por lo civil a las parejas en México, decía: "La mujer, cuyas principales dotes son la abnegación, la belleza, la compasión, la perspicacia y ternura, debe de dar y dará al marido obediencia, agrado, asistencia, consuelo y consejo, tratándolo siempre con la veneración que se debe de dar a la persona que nos apoya y defiende y con la delicadeza de quien no quiere exasperar la parte brusca, irritable y dura de sí mismo"[391]. Muchos hombres no pueden vivir una vida sin una mujer (esposa, amante, hija, madre, secretaria, trabajadora sexual) porque necesitan que ella se encargue de protegerlos de los sentimientos negativos que vienen de las malas decisiones. Dice Lindsay: "Creo que educamos a los hombres para sentir rabia por defecto. Les negamos

---

391 El 23 de julio de 1859 en México el entonces presidente interino D. Benito Juárez expide en el Puerto de Veracruz la "Ley de Matrimonio Civil" que contiene 31 artículos. En el artículo 15°, a manera de formalización ceremonial del matrimonio, se incluyó la famosa epístola atribuida a Melchor Ocampo.

la habilidad para sentir o nombrar sus emociones, lo cual también les niega la habilidad de entender realmente sus necesidades. Esto lleva a una especie de rabia omnipresente, ya que no saben cómo llenar sus necesidades. Sin embargo, si les das una pareja, especialmente si les das una pareja femenina, esta se ocupará de manejar esa rabia y sus necesidades serán atendidas, de manera que ellos no tengan que enfrentarse con entender sus emociones o saciar sus necesidades"[392].

Esto no quiere decir que no podemos escuchar y apoyar a nuestras parejas o amigos, pero debemos ser conscientes de que estamos haciendo un trabajo, y que este debe ser recíproco. Si solamente nos cuenta sus problemas y no nos escucha los nuestros o los minimiza, pues no hay reciprocidad. También es importante que los hombres aprendan a hacerse cargo de sus emociones, sus parejas no son sus terapistas y de hecho la terapia es más que necesaria porque los hombres tienen un historial peligroso de no atender su salud mental y es muy difícil deconstruir el machismo solo, sin un proceso de cambio sostenido que muchas veces necesita de apoyo profesional.

El opio de las mujeres

"El amor ha sido el opio de las mujeres, como la religión el de las masas. Mientras nosotras amábamos, los hombres gobernaban. Tal vez no se trate de que el amor en sí sea malo, sino de la manera en que se empleó para engatusar a la mujer y hacerla dependiente, en todos los sentidos. Entre seres libres es otra cosa"[393]. Esta es una de las citas más famosas de la feminista estadounidense Kate Millett, dicha en su clásico *Sexual Politics* (*Políticas sexuales*). ¿Qué quiere decir Millett con esto? Por un lado, que la ideología del amor romántico ha servido para que las mujeres no nos rebelemos contra nuestras

---

392 Lindsay, 2016.

393 Es posible que, como está redactada, esta frase fuera dicha a la periodista Lidia Falcón en 1984 (Falcón, 1984).

múltiples opresiones, para que no las notemos siquiera, y hasta nos ha dormido la ambición.

La pregunta que sigue es: ¿por qué amar nos quita tanto tiempo que no podemos ni soñar con gobernar? Porque amor es una palabra sombrilla para todos los trabajos reproductivos y de cuidado que realizan las mujeres que han sido naturalizados, invisibilizados, no reconocidos, y en las pocas ocasiones en que se realizan por fuera del hogar y se cobra un salario este suele ser muy bajo, rayando con la explotación.

Imaginemos que de un momento a otro desaparecen todas las mujeres: el mundo, como lo conocemos hoy, colapsaría[394]. Y no porque los hombres sean del todo inútiles o las mujeres imprescindibles, sino porque es el trabajo invisible de las mujeres lo que sostiene la economía en todas las sociedades humanas.

Lo primero que causaría el gran colapso es la división por género del trabajo. Las mujeres hacemos casi todos los trabajos de cuidado y crianza, somos las profesoras, las enfermeras, las secretarias, todos campos mal pagados y poco apreciados, pero sin los cuales no funcionarían ni las empresas, ni los hospitales, ni los colegios. Claro, habría médicos (cuyos pacientes morirían en el quirófano porque nadie desinfectó la mesa ni les pasó el bisturí) y jefes (que no tendrían ni idea de cómo funciona la oficina en realidad) y ni hablar de los bebés y los ancianos, que no durarían vivos más de dos días sin profesoras y enfermeras. También está el trabajo doméstico, que casi en su totalidad, en el mundo, está realizado por mujeres (usualmente de bajos recursos) y sin el cual nuestras vidas y rutinas laborales sencillamente no funcionan. No hay mujer exitosa (ni hombre) que no haya construido esos éxitos desde el privilegio de poder delegar en otra mujer (empleada, madre, abuela) el funcionamiento de un hogar.

Pero incluso las mujeres que pueden pagar por estos oficios dedican, en promedio, 27 horas más a la semana que los hombres al

---

394 Algunos de los párrafos de esta sección fueron publicados en su primera versión en *El Espectador* el 22 de febrero de 2017.

trabajo doméstico y de cuidado no remunerado. Mientras tanto, ellos duermen, descansan y hasta ven televisión. En México, que es un país bastante similar a Colombia, según datos del instituto Nacional de Estadística y Geografía (INEGI), las mujeres trabajan en total 20,6% más horas que los hombres, si se contabiliza el trabajo realizado dentro y fuera del hogar[395]. Además, se estima que las mujeres dedicamos el 65% de nuestro tiempo a labores no remuneradas en el hogar, que no incluyen prestaciones, ni reconocimiento ni protección. Y a esto se suma el trabajo reproductivo y el trabajo emocional de escuchar y consolar a todas las personas (pero especialmente a los hombres) a nuestro alrededor. Algo por lo que un psicólogo cobra, por hora. Según el INEGI de México, el trabajo no remunerado en labores domésticas y de cuidados tuvo un valor económico superior a 4,6 billones de pesos durante 2016 y el 73,5% de ese trabajo fue generado por mujeres durante 2,027 millones de horas[396].

En Colombia, según los datos de la Encuesta Nacional de Usos del Tiempo (ENUT), en el periodo 2016-2017 "el 12,7% de las mujeres sintió que el tiempo no le alcanzó para realizar todas sus actividades. En el caso de los hombres, este porcentaje fue 8,1%"[397] y las mujeres trabajaron en promedio, sumado el trabajo remunerado y no remunerado, 13 horas 24 minutos al día, mientras que los hombres sumando trabajo remunerado y no remunerado trabajaron en promedio 11 horas y 16 minutos al día. En palabras de Natalia Moreno Salamanca e Irene Arenas para *La Silla Vacía*: "De acuerdo a las estadísticas del DANE (2018), las mujeres destinan en promedio al día 7 horas y 14 minutos a los trabajos del hogar no pagos, mientras los hombres 3 horas y 25 minutos, la mitad. En sentido contrario, mientras los hombres destinan en promedio al día 9 horas y 14 minutos al trabajo

---

395 *Estadísticas a propósito del día internacional de la mujer (8 de marzo)*, 2018.

396 "Trabajo doméstico no remunerado, 23.3% del PIB en 2016; tuvo un valor de 4.6 billones de pesos: Inegi", 2018.

397 "Encuesta nacional de uso del tiempo (ENUT)", 2017.

remunerado (empleo), las mujeres destinan 7 horas y 35 minutos, casi dos horas menos. Las mujeres destinan más tiempo a las actividades no pagadas y menos tiempo a las que sí perciben un salario respecto a los hombres"[398]. Según un estudio de Ximena Peña y Camila Uribe, economistas de la Universidad de los Andes, el trabajo doméstico en Colombia "equivale al 19,3% del producto interno bruto, lo que significa que esta cifra es mayor a la contribución de las exportaciones al PIB, que es del 16,3%"[399]. Peña y Uribe también señalan que "a esta situación se suma el hecho de que las mujeres, que aportan el 15,4% al trabajo doméstico del total de 19,3% del PIB, no cuentan con pensión a pesar de que están trabajando todo el día"[400].

Si les dijéramos a los hombres que van a trabajar 27 horas extra a la semana sin que esto se vea remunerado y que les vamos a pagar con besos y abrazos, serenatas y dándoles las gracias, se reirían en nuestra cara. Nos dirían: ¡es esclavitud! Y tendrían razón. Lo es. Y doblemente cruel, pues es una forma de explotación de la que las mujeres no pueden renegar, pues supuestamente es "su lugar natural" (como cuando decían que los esclavos negros estaban hechos para los trabajos pesados porque "son más fuertes") y porque se nos tacha de malvadas o malagradecidas si no hacemos de buena gana y con perfecta abnegación todos estos trabajos que se invisibilizan económicamente con el cuento del amor.

Eso que hoy se llama "segunda jornada" recibe su nombre gracias a la socióloga Arlie Hochschild. En primera instancia parece tener una explicación medio racional: si hay dos personas en una relación y una de ellas gana más, lo lógico sería que quien gane menos dedique más tiempo a los trabajos no remunerados. Uno creería entonces que en la medida en que las dos personas de la pareja ganen cantidades similares, las cargas del trabajo doméstico se equilibran. Sin embargo,

---

398 Moreno Salamanca, 2018.
399 "Trabajo doméstico aporta más al PIB que las exportaciones," 2014.
400 Ibíd.

la socióloga Sampson Lee Blair descubrió que esto solo sucede hasta el punto en que ella gana igual que su pareja hombre. Si ella gana más que él, paradójicamente, esto suele significar un aumento en las horas de trabajo doméstico para ella[401].

Nuestros derechos sociales y políticos no pueden disfrutarse si no tenemos derechos económicos. Gloria Steinem dice que la actividad económica internacional es como ese mito del mundo y la tortuga: el mundo entero se sostiene sobre el caparazón de una tortuga sin ser consciente de su existencia. Las mujeres somos esa tortuga, sosteniendo el mundo con una actividad económica invisibilizada y usualmente sintiendo culpa por no poder cargar más peso. La figura sirve para mostrar que las mujeres, históricamente y alrededor del mundo, hemos estado en una situación de explotación, pero que además nos han hecho creer que esa esclavitud es nuestro lugar en el mundo y que, además, nos tiene que gustar. Si vamos a hablar de acabar con la desigualdad, empecemos por destapar esa explotación, velada, subrepticia, endulzada con miel en la que viven la mayoría de las mujeres en el mundo. La explotación invisible que aún no somos capaces de abolir.

"Uno no puede pensar bien, amar bien, dormir bien, si no ha comido bien". No lo dice Pambelé, lo dice Virginia Woolf en su célebre ensayo feminista "Una habitación propia" [402]. Pensar, soñar, parecen actividades baratas, pero son carísimas: su prerrequisito es tener las necesidades básicas garantizadas (algo que pocos, pero especialmente pocas, tienen en este país); y no solo eso, también se necesita tiempo libre. Algo que históricamente las mujeres no hemos tenido, porque hemos estado encargadas del funcionamiento de los hogares, de la comida, de la reproducción, la crianza y la educación. Virginia Woolf fue la escritora prolífica que fue porque pudo mandar al carajo todas

---

401 Fine, 2010, p. 80.

402 Algunos de los párrafos de esta sección fueron publicados en su primera versión en *El Espectador* el 1 de marzo de 2017.

esas obligaciones. Pero no porque "fuera una rebelde"; también y sobre todo, porque era de una clase social que podía pagar por los trabajos de cuidado y de servicio, porque tenía propiedades, dinero para comer y vestirse asegurados y un marido que le permitía tener esa habitación propia (otros maridos recluían a sus esposas "creativas" por "locas"). De nada sirve tener la mente de Virginia Woolf si no se tienen todos esos privilegios.

Sin ir más lejos, todo mi trabajo, este libro incluido, es posible gracias al trabajo de mi familia: a mi madre y abuela, que trabajaron sin parar para no solo cubrir mis necesidades básicas, sino también para darme una buena educación. Ellas no habrían podido trabajar sin las empleadas domésticas que ayudaron a mi abuela con la casa; sin aquellas que me cuidaron a mí al llegar del colegio para que mi mamá pudiera trabajar hasta las siete de la noche, como hacen los hombres, y sin mi bisabuela, que fue quien siempre me cuidó por las tardes, y que antes que a mí cuidó a mi mamá, y no solo nos metió el bichito del feminismo sino que ayudó a darnos las condiciones materiales para realizarnos profesionalmente. Este libro también se escribe gracias al apoyo de mi esposo y de mi mamá, gracias al trabajo de las dos empleadas domésticas que en Barranquilla (Manuela Valdez) y en Ciudad de México (Mariana Mextly Carrillo Gutiérrez) se ocuparon del trabajo doméstico para que nosotros podamos realizar nuestros trabajos asalariados y creativos. A eso se suma la red de amigos y amigas que nos ayudan a realizar nuestras labores de cuidado, que nos cuidan, que nos apoyan, que nos escuchan y que nos leen. Este libro existe gracias a todo un sistema, que en mi caso está en su mayoría compuesto por mujeres; y sin embargo yo lo firmo, aunque yo sea, apenas, quien lo escribe.

Las mujeres gastamos la mayor parte de nuestro tiempo y nuestras energías en realizar esos trabajos de cuidado que nadie toma en cuenta. Los realizamos desde que somos niñas hasta que somos abuelas, sin pensión, ni prestaciones, ni retiro, salvo la enfermedad incapacitante. Las pocas veces que estos trabajos son pagos se pagan mal, y son realizados, de nuevo, por mujeres, lo que significa que las pocas privilegiadas que podemos zafarnos de estos oficios solo nos liberamos individualmente, delegando en otra mujer los trabajos que "nos tocaban" por nuestro género. Aunque estos trabajos invisibles sostienen la economía humana en todos los países y todas las culturas, suelen ser invisibilizados, y lo que se considera como "trabajo trabajo", el pagado, no está diseñado para personas que tienen responsabilidades de cuidado. Por eso, las mujeres con hijos o que tienen a su cargo adultos mayores o familiares enfermos ven truncadas sus carreras profesionales, especialmente si trabajan en campos en donde no hay horarios flexibles ni apoyo para guarderías, que son básicamente todos.

"Es importante reconocer que cuando hablamos de trabajo doméstico no estamos hablando de un empleo como cualquier otro, sino que nos ocupa la manipulación más perversa y la violencia más sutil que el capitalismo ha perpetrado nunca contra cualquier segmento de la clase obrera"[403], dice Silvia Federici en su libro *Revolución punto cero: trabajo doméstico, reproducción y luchas feministas.* "El salario por lo menos te reconoce como trabajador, por lo que puedes negociar y pelear sobre y contra los términos y la cantidad de ese trabajo. Tener un salario significa ser parte de un contrato social, y no hay duda alguna acerca de su sentido: no trabajas porque te guste, o porque venga dado de un modo natural, sino porque es la única condición bajo la que se te permite vivir [...]. La diferencia con el trabajo doméstico reside en el hecho de que este no solo se les ha impuesto a las mujeres, sino que ha sido transformado en un atributo natural de nuestra psique y personalidad femenina, una necesidad interna, una aspiración, proveniente supuestamente de las profundidades de nuestro carácter de mujeres. El trabajo doméstico fue transformado en un atributo natural en vez de ser reconocido como trabajo ya que estaba destinado a no ser remunerado. [...] Aun así, lo poco natural que

---

403 Federici, 2013b, p. 36.

es ser ama de casa se demuestra mediante el hecho de que requiere al menos veinte años de socialización y entrenamiento día a día, dirigido por una madre no remunerada, para preparar a una mujer para este rol y convencerla de que tener hijos y marido es lo mejor que puede esperar de la vida"[404].

El análisis de Federici muestra que la invisibilización del trabajo doméstico tiene todo que ver con la llegada del capitalismo: "Mediante la negación del salario para el trabajo doméstico y su transformación en un acto de amor, el capital ha matado dos pájaros de un tiro. Primero, ha obtenido una cantidad increíble de trabajo casi gratuito [...] de la misma manera que Dios creó a Eva para dar placer a Adán, el capital creó al ama de casa para servir al trabajador masculino, física, emocional y sexualmente; para criar a sus hijos, coser sus calcetines y remendar su ego cuando esté destruido a causa del trabajo y de las (solitarias) relaciones sociales que el capital le ha reservado. [...] No es casual que la mayor parte de los hombres comiencen a pensar en el matrimonio tan pronto como encuentran su primer trabajo. Esto no sucede solo porque económicamente se lo puedan permitir sino porque el que haya alguien en casa que te cuide es la única posibilidad para no volverse loco después de pasar el día en una línea de montaje o en una oficina"[405].

Federici denuncia que mucha de la fuerza laboral de las mujeres no ha sido reconocida porque supuestamente limpiamos, cuidamos, parimos, criamos, aconsejamos, toleramos y aguantamos todo en nombre del amor[406]. Y que al final el amor es una moneda muy flaca y poco duradera, un pago de humo por nuestro trabajo. No porque el amor a la pareja, la familia, los hijos, no sea real y sincero. El "hombre de la casa" va día a día a un trabajo explotador y la mayoría de

---

404 Ibíd.

405 Ibíd., p. 38.

406 Algunos de los párrafos de esta sección fueron publicados en su primera versión en *El Espectador* el 7 de marzo de 2018.

las veces mal pago por el amor que le tiene a su familia o a su ego. Pero al menos puede elegir la actividad. Al menos la gente le cree que trabaja. Al menos puede coger esa plata y hacer con ella lo que se le dé la reverenda gana. El dinero, a diferencia del amor, depende casi exclusivamente de lo que uno haga, pero el amor depende de otro, u otros, y a las mujeres nos han enseñado a manifestarlo con la forma de trabajos de cuidado, incluso sin esperar nada a cambio. Es hora de reconocer que nuestro trabajo, esas casi 25 horas extra a la semana en que las mujeres en Colombia hacen trabajos de cuidado, es importante y decisivo para la economía del país, aunque parece que beneficia a todos menos a nosotras.

Dice Federici: "Queremos llamar trabajo al trabajo para que así eventualmente podamos redescubrir lo que es amar y crear nuestra propia sexualidad, aquella que nunca hemos conocido. Y desde el punto de vista laboral, podemos reclamar no solo un salario sino muchos salarios, puesto que se nos ha forzado a trabajar de muchas maneras. Somos amas de casa, prostitutas, enfermeras, psicoanalistas; esta es la esencia de la esposa 'heroica', la esposa homenajeada en el 'Día de la Madre'. Decimos dejad de celebrar nuestra explotación, nuestro supuesto heroísmo. A partir de ahora queremos dinero por cada uno de estos momentos y poder así negarnos a llevar a cabo parte de él y eventualmente todo ello"[407]. Y añade luego: "Los hombres son capaces de aceptar nuestros servicios y adquirir placer de ellos precisamente porque presumen que el trabajo doméstico es una tarea sencilla para nosotras y que la disfrutamos porque lo hacemos por su amor. De hecho, esperan que estemos agradecidas porque cuando se casan con nosotras o viven con nosotras consideran que nos han otorgado la oportunidad de realizarnos y expresarnos como mujeres (esto es, serviles). [...] No tendrán miedo ni se sentirán socavados como hombres hasta que miles de mujeres salgan a la calle para gritar que las tareas inacabables de limpieza, que la total

---

407 Federici, 2013b, p. 41.

disponibilidad emocional, que follar cuando se nos exige por miedo a perder nuestros trabajos es un trabajo duro, odiado, que desgasta nuestras vidas"[408].

Desde el 2017 y por iniciativa de los movimientos feministas latinoamericanos, se propuso que los 8 de marzo las mujeres hiciéramos huelga en nuestro trabajo, especialmente si nuestro trabajo está invisibilizado, para que se note que existe, y especialmente para que se entienda que sin trabajos domésticos, de crianza, de cuidado, nuestra economía no sería posible. El 2018 la huelga se extendió por casi 60 países del mundo, y cada vez más mujeres se suman a la reflexión de lo injusto que es que no se reconozca o incluso que se demerite de manera sistemática el trabajo que hacemos las mujeres. Claro, muchas mujeres, aunque les gustaría, no pueden sumarse a la huelga, no pueden, no podemos parar. En el mejor de los casos porque estamos haciendo activismo y, en el peor, porque muchas mujeres tienen cargas tan urgentes y vitales que resultan imprescindibles. Es el caso de las madres solteras, de las abuelas, de todas las mujeres cabeza de familia. También de aquellas que se han vuelto "indispensables" en su trabajo, quizá porque "trabajan con amor". La reflexión también va en ese sentido. ¿Por qué algunas no pueden parar? ¿Cuáles son todas las cosas que están mal en mis condiciones de trabajo si la empresa no puede (o no quiere) ni siquiera darme un día para unirme a una huelga más que justa? Si una mujer no puede parar ni un día porque se hace cargo de su familia, ¿qué pasará cuando, tarde o temprano, esa mujer falte a su familia? ¿Qué podemos hacer como sociedad para que estas redes de cuidado dependan de todos y no solo de las mujeres?

---

408 Ibíd., p. 43.

Reinventarse el amor[409]

Hace unos años, Zygmunt Bauman sacó un libro *best seller* llamado *Amor líquido* en donde habla de las formas posmodernas que adopta esa experiencia misteriosa que siempre hemos llamado "amor". El libro me pareció desolador porque básicamente propone que los vínculos humanos contemporáneos son, de manera casi irremediable, tremendamente frágiles, y están caracterizados por una carencia de solidez, calidez y una tendencia a ser cada vez más fugaces y superficiales. Para Bauman, el amor posmoderno es una suerte de consumo mutuo en donde las costumbres económicas invaden las relaciones personales y las personas se convierten en objetos de consumo con quienes resulta costoso crear un vínculo profundo. Aunque muchas de nuestras experiencias nos pueden hacer pensar que esto es verosímil, sigue existiendo el desafío empírico de que, incluso siendo esquivos o azarosos, estos vínculos profundos existen, y hay una experiencia común de este amor, "amor amor", que parece darles sentido e intensidad a todos los ámbitos de nuestras vidas.

Quiero partir de que yo, como persona enamorada, y con esa fe (o locura) que el enamoramiento da sobre la experiencia del amor, afirmo que este tipo de vínculos significativos siguen siendo importantes. No soy la única que lo afirma y todas estas experiencias en donde uno manifiesta "que ama" tienen unas señales comunes, son todas únicas y a la vez todas transversales. Como la única prueba de una cosa tan subjetiva como el amor es que haya personas que digan que el amor existe, la duda puede saciarse en que nuestra cultura en todas sus manifestaciones parece ser un largo y variado testimonio del amor. ¿Podemos pensar en un amor que sea una experiencia significativa, impredecible, cambia-vidas (o lo que en filosofía se llama un "acontecimiento")?

---

409   Esta sección fue publicada en su primera versión el 18 de diciembre de 2015 en *Sin Embargo*.

Lo interesante del libro de Bauman no es la teoría que propone, que es más bien un refrito complaciente, un libro sobre el consumo hecho para consumidores, sino que esta idea de la fragilidad de los vínculos resonara en tantas personas. Como es evidente que el amor existe, lo que hay que entender por la crisis planteada por Bauman es que esas "muertes" de las cosas son una buena excusa (y esto que lo diga Hegel) para cuestionar los conceptos de esas cosas.

Nuestra idea del amor romántico quizás comienza con un mito inventado por Platón, en el diálogo "El Banquete", en boca del poeta Aristófanes. Dice que aquellos que están enamorados se sienten "completos", puesto que, en nuestros inicios, los humanos éramos seres redondos con dos caras, cuatro brazos, cuatro piernas, y había tres sexos: unos tenían dos cuerpos de hombre (hijos del sol), otros dos cuerpos de mujer (hijos de la tierra) y otros uno de cada uno (hijos de la luna). (¡Ven que los griegos no eran heteronormados!) Estos humanos trataron de subir al Olimpo y por eso Zeus los cortó en dos. Desde entonces, los humanos buscamos esa "otra mitad". Esa idea de la otra mitad dejó hace rato de ser platónica y se convirtió en un cliché de tarjetas de Hallmark, perdió su contexto y se hizo parte de las formas en que hablamos del amor: la media naranja.

En el mundo contemporáneo, esta idea de la media naranja tiene mil implicaciones nefastas en la psiquis de las personas, nos dice que somos incompletos y dependientes o nos aboca a una suerte de "monogamia trágica". Los contemporáneos vivimos en esta fantasía o manía megalómana que nos hace creer que lo podemos todo, como el Llanero Solitario (y miren que hasta el Llanero Solitario tenía un amigo y un caballo). Básicamente creemos que la independencia nos hará sentir completos, y como la absoluta independencia es imposible porque los humanos somos necesariamente interdependientes, vivimos en una constante idea de vacío (al ver que la independencia no nos hizo sentir completos). Pero este es un vacío basado en una falsa asociación. No vemos (como dice Judith Butler) que la dependencia no es trágica sino inevitable, y que nuestra ética debe estar basada en el reconocimiento de nuestra interdependencia.

En la caricatura de esta supuesta aporía del amor contemporáneo (en la que también metió sus manos Sartre), uno desea que lo amen, pero no por alguien que se ha tomado una poción de amor, sino por alguien que, en plena libertad, ha elegido amarnos a nosotros. Hasta aquí lo que decía Sartre me parece hermoso, porque habla de un amor que es una opción, en el que no se restringe el libre albedrío de los individuos. Y ojo, que esa libertad de todos los individuos es una cosa materialmente nueva y en muchos casos meramente teórica. Como bien enseñan las novelas mexicanas, no todo el mundo tiene el privilegio de elegir cómo y a quién amar. Después Sartre habla de que queremos "poseer" al ser amado (que es distinto que "poseer" una cosa, pues la cosa no puede poseernos de vuelta). Pero "poseer" es una palabra muy fea, y desencadena un drama, en Sartre, y en todos nosotros, que tristemente conocemos muy bien: el amante (quien ama) quiere el amor de la otra persona porque siente que en ese amor se revela su identidad. En ese deseo se arriesga a pasar de sujeto a objeto, a ser poseído unilateralmente por quien ama y, paradójicamente, a perder su identidad. Esto resuena especialmente con mi generación de "hijos del divorcio", que muchas veces crecimos desencantados del "amor eterno" que no les funcionó a nuestros padres, y que sabemos que muy probablemente tampoco a nuestros abuelos –aunque ellos no podían divorciarse–. Sartre nos presenta una paradoja que resume el desencanto de toda mi generación: quien ama no quiere que su amor termine, ni que su amado o amada encuentre el amor en otra persona, pero eso no es algo que una persona libre pueda garantizar, pues la verdadera libertad de escoger implica poder escoger dejar de amar.

Pero en esa posibilidad está la condición necesaria y lo extraordinario del amor: tiene que ver con una elección, o mejor dicho, un riesgo que se toma cada día y de esta manera, cada día en que uno sigue amando es en sí mismo un evento extraordinario. El filósofo

Baruch Spinoza, en la tercera parte de su *Ética demostrada según el orden geométrico*, se plantea la paradoja de que para encontrarse hay que perderse, y de esta manera se le puede contestar a Sartre (aunque Spinoza es del siglo XVII y Sartre y su pregunta son del siglo XX) que no hay tal cosa como la identidad del amante y del amado como indistintas, cuando una afecta a la otra de tal manera que se mantienen en conversación. En Spinoza el amor al otro pasa por el amor a uno mismo, y por eso deja de ser una cuestión de completarse. Además no tiene ni siquiera que ser materialmente correspondido: el otro está en nuestro determinar, determinándonos. Spinoza además dice que la entrega del amor libre es libre pero no necesariamente voluntaria. En el amor libre no se elige entre un desprendimiento absoluto y un cálculo de ventajas. En el amor libre se entiende explícitamente que ya siempre la decisión ha sido tomada y que lo que se ha decidido es amar. El amor libre es por tanto ese saber que siempre ya he tomado partido por amar.

El filósofo contemporáneo Alain Badiou tiene un librito que se llama *In Praise of Love*, o *Elogio al amor* (compren este en vez de leer a Bauman), donde reafirma que no se puede pensar en un amor seguro en donde no tomamos riesgos. Ese amor de Bauman de comprar y tirar no es amor, sino una forma en que nos relacionamos sin arriesgarnos. Badiou dice que el amor es una búsqueda por la verdad que responda a esta pregunta: "¿Cómo es el mundo que uno ve cuando lo experimenta desde el punto de vista de dos y no de uno?" (a Badiou se le olvido decir "o de tres, o de cuatro", pues su texto sigue siendo binario, aunque creo que las premisas que presenta son extensivas al poliamor). El amor aquí es un proyecto existencial de construir un mundo con un punto de vista descentrado de uno mismo y de nuestro mero impulso de sobrevivir y reafirmar nuestra identidad. Un mundo pensado desde la diferencia.

El amor entonces es a la vez un azar del destino, y una decisión, a la vez libre e irremediable. Hay un encuentro, significa algo, funda algo, y construye algo, y esto depende de una persistente elección cada día. Yo añadiría que el amor se siente como un inmenso riesgo, porque no puede ser sin abrirse sin tregua a la vulnerabilidad. Esto es en realidad poderoso porque, como Judith Butler nos dijo, la fuerza se construye en el reconocimiento de dicha vulnerabilidad.

Sin embargo, de todas las definiciones de amor contemporáneas, la que me parece más bella y más útil es la de bell hooks en *All About Love*, lo cual no debe ser una sorpresa pues la he citado varias veces. Hooks define el amor como "un acto de la voluntad, a la vez una intención y una acción. La voluntad también implica una intención. No tenemos que amar, elegimos amar"[410]. Y añade que "para amar verdaderamente debemos aprender a mezclar varios ingredientes: respeto, compromiso, confianza, comunicación abierta y honesta"[411].

Hooks explica que cuando nos sentimos profundamente atraídas a alguien hacemos "*cathexis*", que significa "invertir nuestros sentimientos y emociones en alguien", algo que muchas veces confundimos con "amor". Pero la *cathexis* puede ser dolorosa o agresiva. Para hooks, cuando entendemos el amor como la voluntad de nutrir la vida espiritual, física y emocional de otro y la nuestra, el amor no puede ser definido como algo que es dañino o abusivo. "Muchas veces vemos que un hombre que le pega a su mujer y a sus hijos luego proclama apasionadamente cuánto los ama. Y si hablas con la esposa ella seguro insistirá en que él la ama a pesar de la violencia. Muchas de nosotras necesitamos aferrarnos a una noción de amor que hace que el abuso sea aceptable, porque al menos eso nos hace pensar que el abuso no fue tan malo"[412]. Por eso hooks afirma que "muchas veces lo que nos dan es cuidado, y el cuidado no es lo mismo que amor"[413].

Por eso hooks, al pedirnos pensar el amor como un acto de la voluntad y no como un sentimiento o algo "que nos sucede", nos

---

410 Hooks, 2001, p. 5. Traducción de la autora.

411 Ibíd.

412 Ibíd., p. 6.

413 Ibíd.

hace entender que amar implica una responsabilidad. "Quizás no podemos elegir nuestros sentimientos pero sí nuestras acciones. Pensar que el amor es una acción conlleva a asumir que las acciones tienen consecuencias. Expresiones como '*fall in love*' (caer en enamoramiento) hasta los 'crímenes pasionales' son formas de hablar de nuestros sentimientos como si fueran inescapables"[414]. A esto se suma que "en la niñez aprendemos o que el amor es algo que nos duele pero que es 'por nuestro bien" o que se expresa complaciendo y dando gusto a otras personas, una noción de amor conectada a saciar caprichos, desde un abrazo hasta un viaje a Disneylandia"[415].

La premisa esencial de hooks es que no hay amor sin justicia. Esto significa que "si un hombre ama más su hombría que la justicia", no podrá tener buenas relaciones afectivas con otras personas (hombres o mujeres). Amar para hooks significa poner los intereses del otro en el mismo lugar que los nuestros, y esto para las mujeres también implica un reto, pues nos han enseñado a poner los intereses del otro antes que los nuestros. La justicia también es un requisito para que haya confianza y gracias a la confianza es posible que tengamos intimidad. Conexión, admiración, confianza, cuidado, hooks no es la primera persona en usar estas palabras para caracterizar el bienamar. Pero en esa voluntad del bienamar hooks precisa que no se trata de "aceptar a la otra persona como es", porque el amor te cambia y nos ayuda a ver esas partes de nosotras mismas (y mismos) que queríamos ocultar y esconder en vez de cambiar.

Autocuidado

Dice bell hooks: "Tenemos esa máxima que dice que si no te amas a ti misma, no puedes amar a otras personas. Suena bien, pero es una afirmación confusa, pues las personas que se piensan a sí mismas

---

414 Ibíd., p. 8.
415 Ibíd., p.18.

como imposibles de amar seguro tienen esta percepción porque en un punto de sus vidas fueron socializadas por fuerzas externas a su control para verse a sí mismas como personas que no merecen amor"[416]. Esto es algo que, como ya sabemos bien, afecta de forma desproporcionada a las mujeres, pues todas terminamos por interiorizar algo de la misoginia que nos ronda a lo largo de nuestras vidas. Luego nos dicen que el primer paso para tener todo lo que queremos en la vida, sea vínculos afectivos o éxito profesional o algo tan simple y sencillo como la paz mental, se consigue si "nos amamos a nosotras mismas". Llega un punto en el que ese mandato de amarnos a nosotras mismas parece una obligación más en nuestro día de más de 13 horas de trabajo. Esto termina en un bucle de frustración en donde no solo tenemos que lidiar con esas voces duras y críticas que hemos interiorizado y que nos disminuyen y vigilan constantemente, sino que ahora además sentimos culpa por "no amarnos lo suficiente".

Por eso es que el mercado de la autoayuda es tan lucrativo. Porque nos han vendido la idea de que nuestro destino va a plegarse a nuestra voluntad si tan solo somos optimistas y vehementes, en esa medida los obstáculos que encontramos para alcanzar nuestros sueños dejan de ser problemas estructurales para convertirse en obstáculos autoimpuestos que podemos desaparecer si tan solo nos concentramos lo suficiente en "amarnos a nosotras mismas". No es así. Pero al sistema le sirve que creamos que la responsabilidad de nuestras desdichas es solo nuestra (no vaya a ser que culpemos al Estado y le exijamos que garantice nuestros derechos) y de paso esa insatisfacción sirve para vendernos cosas. Entre ellas, el autocuidado.

Como la autoayuda, el autocuidado es una industria muy lucrativa. Y es que tenemos que comprar un montón de cosas para "cuidarnos" y así demostrarnos a nosotras mismas y a los demás que sí nos queremos. Y no hay duda de que irse un fin de semana a la playa le cae bien a cualquiera, pero no si te toca trabajar montones de horas

---

416 Ibíd., p. 53.

extra o incluso endeudarte para financiar las rutinas de autocuidado. Un camino más barato, aunque sin duda largo y complicado, es
preguntarnos de quién o quiénes son todas esas voces autoflagelan-
tes de las cuales nos hemos apropiado y por qué nos sentimos tan
incómodas con nosotras mismas. Para variar, Silvia Federici tiene
algunas respuestas:

"Somos almas incorpóreas para nuestras amigas mujeres y cuerpos sin alma para nuestros amantes masculinos. Esta división no
solo nos aleja de las otras mujeres sino que nos separa de nosotras
mismas en relación con lo que aceptamos o no de nuestros cuerpos y
sentimientos, de esas partes 'puras' que están ahí para su exhibición,
y aquellas 'sucias', las partes secretas que solo pueden ver la luz (y así
transformarse en partes puras) en el lecho conyugal, punto de partida
de la producción. [...] Esta es la razón que nos lleva a que, seamos
flacas o gordas, tengamos la nariz pequeña o grande, seamos bajitas
o altas, todas odiemos nuestro cuerpo. Lo odiamos porque estamos
habituadas a observarlo desde fuera con los ojos de los hombres que
conocemos, y con la mente puesta en el cuerpo como mercancía. Lo
odiamos porque estamos acostumbradas a verlo como algo que hay
que vender, algo que está alienado de nosotras y que está siempre
en el mostrador. Lo odiamos porque somos conscientes de todo
lo que depende de él. De nuestra apariencia corporal depende que
podamos encontrar un trabajo mejor o peor (ya sea en casa o fuera
de ella), que podamos adquirir cierto poder social, algo de compañía
para así vencer la soledad que nos espera cuando envejezcamos y, a
menudo, también durante la juventud. Y estamos siempre temerosas
de que nuestro cuerpo pueda volverse contra nosotras, que tal vez
engordemos o nos salgan arrugas, nos hagamos viejas rápidamente
y esto provoque la indiferencia de la gente, de que perdamos nuestro
derecho a la intimidad con alguien, que malogremos la oportunidad
de que nos toquen o abracen"[417]. Y más adelante, en el mismo ensayo

---

417 Federici, 2013b, p. 47.

sobre el trabajo doméstico, dice: "En resumen, estamos demasiado ocupadas representando un papel, demasiados atareadas complaciendo, demasiado temerosas de fallar, para disfrutar haciendo el amor. Es nuestra sensación de valía la que está en juego en cada relación sexual. Si un hombre nos dice que hacemos bien el amor, que le excitamos, independientemente de que nos guste o no tener relaciones sexuales con él, nos sentimos bien, sus palabras impulsan nuestra sensación de confianza, incluso aunque tengamos claro que después tendremos que fregar los platos"[418]. Todas estas son opresiones sistemáticas que nos hacen infelices y que afectan más a las mujeres racializadas, pobres, que viven con discapacidad, o que han sido víctimas de violencia física o sexual, pero para todas por igual es nocivo que nuestro estándar de aprobación sean los hombres a nuestro alrededor.

En los últimos años ha cobrado fuerza un movimiento que en inglés se ha llamado "*body positive*", que busca la aceptación de la diversidad de nuestros cuerpos. La fotógrafa y activista feminista tapatía Andrea B. Ivich ha acuñado el término "gordiamor" para hablar de un proceso de reconciliación de las personas gordas con su cuerpo y de la reivindicación de los cuerpos gordos en el espacio público: "En algún punto de mi proceso de aprendizaje empecé a usar la palabra 'gordiamor' para reivindicar a mi cuerpo y mi derecho a existir en él y amarlo como es. Casi de la noche a la mañana mi uso de la palabreja suscitó reacciones muy intensas en redes sociales, me llovió mucho odio y mucha mierda. Gente que yo consideraba querida y cercana se burló de mí, me dejaron de hablar, decían que yo promovía 'la obesidad' y que discriminaba a la gente delgada. Que seguramente ya estaba a punto de que me diera diabetes, que me iba a morir antes de los 30 y que nadie me creía que pudiera ser feliz en este cuerpo"[419].

Esto sucede porque, aunque todo el tiempo nos dicen que es nuestra responsabilidad amarnos a nosotras mismas para así ser me-

---

418 Ibíd., p. 49.
419 Ivich, 2017.

jores, si a una mujer se le ocurre decir en voz alta que se ama a sí misma, eso pone en jaque a un sistema que nos crea una sensación de autodesamparo para luego explotarnos. Dice bell hooks: "Tomar responsabilidad por nuestros actos y afectos no significa ignorar los problemas de discriminación estructural. El sexismo nos enseña a las mujeres que afirmarnos es una amenaza a la feminidad. Afirmar tus opiniones es una señal de masculinidad. A las mujeres nos dicen que esto es un comportamiento poco atractivo. Muchas personas exitosas también se odian a sí mismas y viven vidas de secreto desespero pues no le pueden decir a nadie que el éxito profesional no repara la autoestima"[420].

En un texto posterior, también publicado en la revista *Volcánica,* Andrea B. Ivich dice: "¿Gordiamor significa que me tengo que amar siempre a fuerzas? No. El gordiamor en realidad tiene que ver más con reconciliación y compromiso, con reconocer los obstáculos estructurales que enfrentan las personas consideradas gordas, como el prejuicio antigordura de los profesionales de la salud y la constante presión moralina para disminuir nuestro tamaño por parte de la industria de las dietas cuyos beneficios a la salud a largo plazo no son comprobables y de hecho pueden incrementar el problema, pero gordi-todo-eso no suena chido. Amarse a unx mismx no es una obligación, es un derecho. Tú puedes estar en cualquier punto en la relación con tu cuerpo pero otrxs no tienen derecho a discriminarte o faltarte al respeto por tu tamaño. Tampoco 'aceptarse' es obligación. Es tu derecho y está chingón pero yo difiero con muchas de las corrientes *mainstream* del '*body positive*' que aseguran que todo radica en aceptarse unx mismx. Yo puedo aceptarme todo lo que quiera y el mundo de todas maneras me va a tratar distinto por ser gorda, por ejemplo. También hay personas trans que experimentan sensaciones complejas en la relación con su corporalidad y no es cuestión de simplemente 'aceptarse' y ya, no es tan fácil. Nadie está obligado a

---

420 Hooks, 2001, p. 60.

aceptar nada. Reapropiarnos de nuestros cuerpos también es dejar que sean/se conviertan en lo que sea que queramos. El gordiamor se trata de luchar por el acceso y la agencia para hacerlo de manera segura bajo nuestros propios términos, sin pedir perdón ni permiso"[421].

Hacia el final de su ensayo *El mito de la belleza*, Naomi Wolf habla de cómo podemos subvertir esos cánones de belleza patriarcales que nos ponen en situación de guerra con nuestro cuerpo. La industria de la belleza nos vende productos para "la mujer empoderada y decidida", pero esa mujer no será posible hasta que de hecho cambiemos la inclinación de la balanza de poder. Wolf dice que este cambio solo será posible cuando decidamos aliarnos entre nosotras en vez de competir: estamos asustadas y dispersas en vez de rabiosas y unidas. La misoginia ha servido para que nuestros cuerpos se conviertan en instrumento para castigar a otras mujeres y vigilarlas. Nada más pensemos por un momento en cuántas veces le hemos dicho a una mujer que nos parece bella, medio en broma, medio no, "te odio". Lo hacemos sin detenernos a pensar que esa mujer que nos parece bella seguro está tan peleada con su cuerpo como nosotras y de nada le sirve nuestra pasivo-agresividad. Dice Wolf que criticamos a los hombres por vernos y no escucharnos, pero con frecuencia nosotras hacemos lo mismo con otras mujeres.

Wolf propone que pensemos en una reinterpretación de la belleza que no sea jerárquica y violenta. También que uno de los trucos del "mito de la belleza" es decirnos que las mujeres, a medida que envejecen, se hacen feas y obsoletas y esto ha sido muy efectivo para lograr un enfrentamiento entre generaciones de mujeres al mejor estilo de Blanca Nieves. ¿Se imaginan si la Reina Malvada, en vez de intentar asesinar a la princesa, le hubiera enseñado magia y preparado para ser su sucesora?

Para contrarrestar la misoginia que llega con el mito de la belleza, Wolf nos invita a coquetearnos y galantearnos las unas a las otras. "En-

---

421 Ivich, 2018.

cantémonos las unas a las otras, dediquémonos esa brillante atención que usualmente reservamos para los hombres, hagámonos cumplidos, admirémonos. [...] Cuando crucemos miradas con otras mujeres, ¿qué tal si sonreímos?"[422]. Se trata entonces no de cambiar cómo nos vemos sino cómo miramos a otras mujeres. "No tenemos que cambiar nuestros cuerpos, tenemos que cambiar las reglas"[423], pues "las mujeres bellas no ganan bajo el paradigma del mito de la belleza, en el que no gana nadie. Las mujeres que ganan frente al paradigma son aquellas que se declaran bellas y desde esa declaración retan al mundo a cambiar para poder verlas bien. Las mujeres que ganan son aquellas que se dan permiso, a sí mismas y a otras mujeres, de comer, de ser sexuales, de envejecer, de usar overoles, tiaras, un vestido de Balenciaga, una capa de segunda para ir a la ópera, botas machitas; de estar totalmente cubiertas o totalmente desnudas, o hacer lo que se les venga en gana siguiendo o ignorando nuestros parámetros estéticos. Las mujeres ganamos cuando sentimos que lo que cada mujer hace con su cuerpo de manera libre es su problema"[424].

Wolf concluye que redefinir la belleza es también redefinir el poder: "¿Por dónde comenzar? Seamos desvergonzadas. Seamos codiciosas. Busquemos activamente el placer. Evitemos el dolor. Pongámonos y toquemos y comamos y tomemos lo que nos dé la gana. Toleremos las elecciones de otras mujeres. Busquemos el sexo que queremos y rechacemos fieramente el sexo que no queremos. Escojamos nuestras propias luchas. Y cuando logremos romper el mito de la belleza y logremos cambiar las reglas de manera que nuestra seguridad en nuestra propia belleza sea inquebrantable. Cantemos al mundo nuestra belleza, hagamos alarde de nuestra belleza, y disfrutémosla. En las políticas de la sensualidad lo femenino es bello"[425].

---

422 Wolf, 2015, p. 104. Traducción de la autora.
423 Ibíd., p. 106.
424 Ibíd., p. 107.
425 Ibíd., p.108.

Pero una de las claves sobre la reconciliación con nuestro cuerpo es entender que eso que llamamos "mente" no es algo metafísico escindido de nuestra corporalidad, sino nuestro cuerpo mismo. Cuando nuestro cuerpo se afecta, nuestra mente también. Esto además quiere decir que las enfermedades o condiciones mentales –algunas congénitas y hereditarias como el autismo, la bipolaridad, el trastorno por déficit de atención, la depresión, trastornos de ansiedad y la esquizofrenia y otras– también son producto de "factores ambientales" (mejor dicho, sociales) como traumas o daños emocionales que pueden ser causados por violencia física o sexual, pérdida de un ser querido, desplazamiento forzado, discriminación, que pueden producir trastornos depresivos o de ansiedad. Como las condiciones mentales son en realidad condiciones físicas de nuestro cerebro, no basta con la buena voluntad o con "echarle ganas"; una parte clave de las prácticas de autocuidado es la atención psicológica y psiquiátrica. Reconciliarse con una condición mental (en realidad, física) no es fácil y es algo que muchas personas sufren en silencio, pues muchas de estas condiciones están altamente estigmatizadas y no son visibles. Entender que nuestros cuerpos no solo son diversos, sino también neurodiversos, es una medida de autocuidado para nosotras mismas (pues nadie es inmune a las afecciones mentales y menos en contextos de violencia) y a las personas a nuestro alrededor.

Quizás no podremos amarnos a nosotras mismas de forma inmediata y como por arte de magia, quizás muchas no logremos nunca amarnos del todo, pero sin duda podemos proponernos tener prácticas de autocuidado y entenderlas como algo político. ¿Qué significa cuidarnos? ¿Qué significa el bienestar? ¿Cómo entendemos la salud?: ¿como la ausencia de enfermedad o como el bienestar físico y psicosocial? ¿Quiénes participan en las prácticas de autocuidado y en qué condiciones? ¿Quiénes no pueden tener prácticas de autocuidado porque sencillamente no tienen ni tiempo, ni dinero, ni ambos?

La idea de que el autocuidado es un acto político se la debemos a los movimientos de mujeres negras en Estados Unidos, puntualmente a una corriente feminista llamada *womanism* o womanismo (no uso lo que sería la traducción al español "mujerismo" pues es un término estigmatizado por los discursos patriarcales). El término *womanism* aparece con la intención de diferenciarse del feminismo blanco en donde las mujeres negras no tienen cabida y fue usado por primera vez por la autora y poeta Alice Walker en 1979, quien dijo "una womanista es a una feminista lo que el color morado es al color lavanda".

Según Layli Maparyan en *The Womanist Idea*[426] (*La idea womanista*): "La lógica del womanismo es experiencial, narrativa, ecológica, moral, emocional, comunitaria y mística. La validez y el valor de los argumentos y el conocimiento se evalúa de acuerdo a estos criterios. La experiencia personal y la realidad personal son el último estándar de arbitraje sobre la verdad, porque confiamos en nuestro 'yo' *(self)* para saberlo. La verdad que se obtiene a través del diálogo y en relación con las otras constituye un segundo estándar de validación, porque respetamos a nuestras compañeras y valoramos el proceso de compartir conocimientos y experiencias. La lógica womanista es narrativa porque los argumentos con frecuencia se presentan y se evalúan a través de historias, personales o alegóricas, en donde el contexto es tan importante, de hecho, es más importante que las formas silogísticas. Aún más, la lógica womanista es ecológica, lo cual significa que las verdades se entienden a través de redes: redes de verdades, redes de personas, redes ecológicas dentro de la naturaleza, o que conectan a los seres humanos con la naturaleza, o incluso redes supernaturales de símbolos. La verdad se valora de acuerdo al impacto que tiene un argumento o una acción en otras partes de la red/ecosistema. Los elementos que causan disrupción, desarmonía, o destrucción en el sistema son considerados inválidos"[427].

Una de las enseñanzas importantes del womanismo es la necesidad de valorar y escuchar nuestros sentimientos. A las mujeres nos dicen mucho que somos "demasiado" emocionales, o exageradas, o

---

426 Maparyan, 2012. Traducción de la autora.
427 Ibíd.

conflictivas, o hasta paranoicas, todos estos son mandatos a desoír nuestras emociones. El miedo, la rabia, el desagrado, emociones que suelen reprimirnos a las mujeres, pueden salvaros la vida, para eso existen en primer lugar. Pero nos han enseñado a negar de manera sistemática los mensajes de nuestras emociones y nuestros cuerpos. Aceptar todo el rango de nuestras emociones como válidas y reales es a la vez una medida de autocuidado y de autodefensa.

Maparyan también nos presenta una ideología womanista, que consiste en los siguientes valores: "La axiología es la base de la estética y la ética. Ofrecer una serie de preceptos de lo que es bueno, valioso o correcto sirve para que las personas tomen decisiones sobre qué es útil, benéfico, deseable, aceptable y hasta bello –o no–. No pretendo encapsular en esta lista todos los valores womanistas, sin embargo, me enfoco en algunos que para mí son notables. Veo estos valores como el centro de la idea womanista. Son valores que se enmarcan en cuatro espacios interrelacionados: lo personal, la comunidad, el entorno o medio ambiente y el ámbito espiritual, que corresponden a la cuatríada de puntos clave de los que se ocupa el womanismo. En el nivel personal, estos valores incluyen: autorrealización, bienestar y autocuidado. En el nivel comunitario incluyen compañerismo (*amity*), armonía y bienestar colectivo, y en el nivel del entorno o medio ambiente estos valores incluyen la reverencia, el balance y el cuidado"[428].

Todos estos valores hacen parte de una mirada más profunda y holística del autocuidado. Maparyan define cada valor de la siguiente manera:

¶ Autorrealización: la autorrealización comienza con el reconocimiento de la luz o divinidad interior de todas las personas, esto es, ver lo mejor en cada persona. Tiene que ver con la crianza de las nuevas generaciones preservando su autonomía y agencia.

---

428 Ibíd.

"Es una alternativa al proceso deshumanizante de domesticación que hoy en día pasa por socialización".

¶ Bienestar: el bienestar debe ser físico, emocional, mental, espiritual, social y del entorno o medio ambiente y no basta con que las condiciones sean apenas adecuadas, deben ser superlativas.

¶ Autocuidado: el bienestar implica el autocuidado, y esto significa hacer una pausa para cuidar de nosotras mismas incluso si los demás no pueden cuidarnos. "Este valor womanista se vincula con la historia de las mujeres, especialmente las mujeres de color, quienes tienen una historia de explotación, de trabajar hasta estar exhaustas para cuidar de otros, que ni siquiera nos han reconocido la necesidad de descansar. [...] Activistas y cuidadoras que no tienen prácticas de autocuidado son vulnerables a episodios de agotamiento y esto puede implicar una alienación tanto de sus comunidades como de sus luchas"[429].

¶ Compañerismo: sentido de conexión y acuerdo dentro del grupo social.

¶ Armonía: es un valor que se refiere a fomentar las buenas relaciones entre diferentes grupos de una comunidad.

¶ Bienestar colectivo: es llevar el bienestar personal a la comunidad, un compromiso con la supervivencia y el bienestar de todas las personas.

¶ Reverencia: admiración y respeto por la vida como una fuerza sagrada y respeto a todas las formas de vida.

¶ Balance: respeto y mantenimiento del equilibrio entre las comunidades y de las comunidades con el medio ambiente.

¶ Memoria: un énfasis en aprender de las estrategias que nuestras ancestras y abuelas usaban para resolver problemas, muchas de las cuales se mantienen en la tradición oral.

¶ Amor: una energía poderosa y transformadora que nos afecta en lo personal, interpersonal, y transpersonal de la experiencia humana.

---

429 Ibíd.

Otro de los aportes clave del womanismo es la relevancia que le
da a la espiritualidad en los procesos de autocuidado, cuidado colectivo, bienestar y liberación. Como la práctica de la religión cristiana
y católica históricamente ha sido machista y colonialista, muchas
de nosotras llegamos a creer que el origen de muchas de nuestras
opresiones está en la religión o espiritualidad. Pero como hemos
visto a lo largo de este libro, el discurso de la ciencia también tiene
agendas políticas hegemónicas y las religiones pueden reinterpretarse
de formas feministas, pues son prácticas vivas de los seres humanos
que se ajustan a su tiempo y contexto. Las prácticas espirituales son
necesarias para tener discusiones morales y para crear cohesión en una
comunidad y no tienen que ser inherentemente machistas o racistas.

En Latinoamérica también se han creado importantes iniciativas
de autocuidado. Una de las más notables viene de la Iniciativa Mesoamericana de Defensoras de Derechos Humanos (IMD). La Iniciativa
Mesoamericana de Defensoras "constituye el primer esfuerzo conjunto en gran escala para prevenir, responder, documentar y hacer
públicos los actos de violencia contra Mujeres Defensoras de Derechos Humanos en Mesoamérica"[430]. El trabajo de la IM Defensoras se
asienta sobre la premisa de que la creación y el fortalecimiento de redes de solidaridad entre defensoras sumadas a una evaluación precisa
de la escalada de violencia contra las mujeres activistas en defensa de
los derechos humanos, así como la protección adecuada, la seguridad
y el autocuidado, son fundamentales para garantizar la continuidad y
la supervivencia de los movimientos por la justicia social en los que
participan las mujeres defensoras de derechos humanos. Eso, en plata
blanca, significa que un grupo de mujeres especialmente vulnerables
(por ser mujeres, por ser defensoras de los derechos humanos, por ser
indígenas, por ser rurales, por ser latinoamericanas) se han unido para

---

430 "IM-Defensoras – Iniciativa Mesoamericana de Mujeres Defensoras de Derechos Humanos," 2019.

formar una comunidad, una red de apoyo que en conjunto alcanza un poderoso poder político e impacto internacional[431].

Durante el Primer Encuentro Mesoamericano de Defensoras de Derechos Humanos (2010, Oaxaca, México) las defensoras identificaron problemas de salud, estrés y cansancio, pues "vivir expuestas al constante riesgo en el que ejercemos nuestro trabajo, así como la discriminación que sufrimos como mujeres, genera formas de asumir el activismo personal y colectivo que, con frecuencia, deja de lado nuestras necesidades de bienestar y nos carga socialmente de la tarea de cuidar a los demás a costa de nuestros propios derechos. Las afectaciones de ello avanzan lentamente, y se instalan en nuestras vidas en forma de depresión, enfermedad, cansancio o muerte. Surgió así la preocupación de hablar con otras compañeras y saber cómo ellas practican la defensa de los derechos humanos y viven los retos de este quehacer"[432].

De estas conversaciones se derivan reflexiones: "a) Porque aceptamos que ninguna de nosotras es inmune después de escuchar, vivir y atender los testimonios de mujeres violentadas, de ver las notas en los diarios respecto a los feminicidios, violaciones, pérdida de la tierra y el territorio, incremento de la impunidad y falta de acceso a la justicia, entre otros. Vivimos múltiples afectaciones derivadas de la tarea que realizamos. No solo por la gravedad de cada caso que atendemos sino porque en muchas ocasiones, estos quedan impunes o porque nos reflejan algo de nuestra propia historia de vida. b) [...] los riesgos a los que nos enfrentamos como defensoras no tienen únicamente que ver con la criminalización de nuestras luchas y sus implicaciones: desapariciones, atentados, asesinatos, etc., sino que hay factores culturales y sociales asociados a la discriminación patriarcal que [...]

---

431 Este párrafo hace parte de la columna "Encarnación, notas sobre la conferencia de Judith Butler y el contexto mesoamericano", publicada el 25 de marzo de 2015 en *Sin Embargo*.

432 Burgos et al., 2014, p. 9.

dificultan el reconocimiento de nuestros aportes y derechos, que nos llevan al cansancio cotidiano, a la enfermedad, la tristeza o la soledad. c) Reflexionamos que nuestra región está caracterizada por la vivencia del 'duelo' y las pérdidas después de los Golpes de Estado, las Guerras Civiles, el incremento de la violencia y la crisis institucional que azota a nuestros países. Es decir, quisimos preguntarnos cómo afectan física, emocional y materialmente los fenómenos que comúnmente son analizados únicamente como hechos políticos. d) Sentimos una profunda necesidad de reunirnos como mujeres, como amigas, como compañeras de sueños no solo para discutir sobre el trabajo realizado y del que hablamos en cada reunión sino hablar de nosotras mismas, de nuestras vivencias y sentimientos. e) [...] Mirarnos en un espejo para felicitarnos por ser lo que somos y también para llorar por reconocer situaciones que nos duelen y que no nos gustan. Ambas dimensiones entrelazadas. f) Nos damos cuenta de que muchas de nosotras llegamos a la defensa y activismo con mucho entusiasmo y compromiso pero sin contar con todas las herramientas para identificar, enfrentar y disminuir el desgaste estructural que esta labor implica"[433].

La Iniciativa Mesoamericana define el autocuidado como un concepto en permanente cambio y construcción pero plantea algunas pautas importantes: "El autocuidado es una práctica de autorreflexión y acción concertada que cuestiona las condiciones de discriminación y violencia en las que realizamos nuestro trabajo y que generan mayor desgaste y riesgo. Es una acción política, un compromiso con el cuidado propio y el de las otras defensoras que nos permite coadyuvar a la permanencia de nuestros movimientos, es decir, como mujeres activas y defensoras de derechos"[434].

Hoy la Iniciativa Mesoamericana cuenta con un proyecto de autocuidado para defensoras de derechos humanos que ha llevado a

---

433 Ibíd., p. 14.
434 Ibíd., p. 49.

que el autocuidado sea una forma de protección: Casa la Serena, "un espacio de estancia temporal en Oaxaca, México para la recuperación, sanación, descanso y reflexión de defensoras de derechos humanos que atraviesan por situaciones de cansancio extremo, desgaste emocional o físico, crisis personales, duelos o pérdidas no resueltas u otras circunstancias que derivan del contexto de violencia y cultura patriarcal en el que desarrollan su trabajo y que obstaculizan su labor de defensa"[435]. La Casa la Serena "recupera en su modelo la salud holística, las terapias alternativas y la medicina tradicional de los pueblos ancestrales. Incorpora la creación y el arte, la literatura y la terapia narrativa como parte de los procesos de sanación. Por ello, contará con un grupo diverso de especialistas que durante las tres semanas de estancia temporal de las defensoras serán atendidas bajo el esquema de un programa personalizado, de espacios colectivos y de tiempos libres"[436]. Para asistir y realizar una estancia en Casa la Serena es necesario mandar una carta de exposición de motivos que luego es valorada por el equipo coordinador. El modelo de protección y autocuidado de Casa la Serena es una estrategia de vanguardia que ha probado su efectividad y que tendría que ser replicada para garantizar la sostenibilidad de los movimientos feministas y de mujeres en Latinoamérica.

El autocuidado no es autoindulgencia, es una apuesta política por la vida de las mujeres y es indispensable para que la lucha por la defensa de nuestros derechos sea sostenible. Por eso, aunque las prácticas de autocuidado serán particulares para cada persona, su impacto es colectivo, la reconciliación con nuestros cuerpos (incluidas nuestras mentes y nuestras emociones) es poner en práctica la premisa feminista de que lo personal es político, y a la vez es una estrategia

---

435 "Casa La Serena," 2019.

436 Consultar: https://im-defensoras.org/la-serena/. Para pedir una estancia es necesario escribir al correo asaserena.dh@gmail.com.

de supervivencia en un mundo en donde los cuerpos de las mujeres
están atravesados por tantas violencias.

Amistad

Sin lugar a dudas la mejor estrategia de autocuidado y autodefensa
es tener buenas amigas. Las amigas son un espejo de quienes somos,
pues son testimonio vivo de nuestras afinidades. Pero también son
un polo a tierra: nada que parta de lo individual para quedarse en lo
individual es feminista, los seres humanos somos interdependientes
y nuestras vidas y acciones solo tienen sentido en el colectivo. Lo
que somos depende intrínsecamente de nuestras interacciones y es
imposible tener una amistad sincera y comprometida con otra persona sin que ese vínculo nos cambie de formas trascendentales. En
palabras de Anaïs Nin: "Cada amiga representa un mundo en nosotras, un mundo posible, pero que no nace hasta que esta amiga llega
a nuestras vidas, y solo de este encuentro un mundo nuevo es capaz
de nacer"[437]. Las amigas nos ayudan a pensar nuestra experiencia no
desde dos sino desde muchas, desde el colectivo.

Las amigas son indispensables para el autocuidado porque el
amor que quizás no podamos darnos a nosotras mismas lo podemos
encontrar en los vínculos de amistad. Son las amigas, que quieren
lo mejor para nosotras, las que amorosamente nos llaman a cuentas
cuando la estamos cagando, las que se dan cuenta de que el estrés
nos está comiendo vivas antes de que nosotras podamos aceptarlo.

Tener buenas amigas es preciso para la autocrítica. Es vital tener
personas cercanas, que consideremos nuestros pares, con quienes
tengamos vínculos afectivos, y con quienes podamos ser realmente
honestas y que puedan ser honestas de vuelta. Esa conexión desde
la honestidad es la base para poder tener intimidad con otra perso-

---

437 Nin, 1969.

na, y la intimidad, a su vez, es necesaria para nuestra salud mental y supervivencia.

Autodefensa es muchas veces tener una amiga a quién textearle las placas del taxi, a quién llamar al llegar a tu casa a decirle que estás bien (un eufemismo que usamos para decir que llegamos vivas), también implica tener un círculo de confianza en donde podamos sentir nuestras emociones en todo su espectro, libremente y de forma segura. Y se trata, literalmente, de supervivencia, pues muchas mujeres que sufren violencia, discriminación y maltrato lo hacen desde una inmensa soledad, pues no tienen a quién confiarle que su marido les pega, o que tienen un desorden alimenticio, o un problema de adicción, o que están batallando con pensamientos suicidas y no tienen a nadie que las ayude, las acompañe, les dé un sentido de valor o en muchos casos literalmente les salve la vida con una visita o una llamada a tiempo.

Y así como la intimidad es un asunto de supervivencia, la complicidad es la base de la política feminista. Hacemos política feminista con nuestras cómplices de lucha, las mujeres con quienes, desde la diferencia, podemos pararnos a luchar hombro a hombro por la inclusión, la igualdad y la justicia, que son valores de todos los feminismos. El feminismo se hace con las amigas.

En 2018, luego de que en Argentina se diera una discusión masiva, nacional e internacional sobre la despenalización del aborto, una mujer, en un barrio periférico a Buenos Aires, murió al tratar de practicarse un aborto inseguro con perejil[438]. Imaginemos por un momento cómo eran las circunstancias de vida de esta mujer a quien el debate del aborto no le llegó, imaginemos lo sola que estaba, no tuvo una amiga, una colega a quien le pudiera decir que necesitaba abortar y que le diera la información necesaria para practicarse un

---

438 Algunos de estos párrafos fueron publicados en su primera versión en *El Espectador* el 18 de octubre de 2018 en la columna titulada "#ViejasVerdes".

aborto seguro. Este es un ejemplo de cómo la soledad y la desinformación también matan.

Desde siempre las mujeres nos hemos contado entre nosotras cómo cuidar nuestra salud sexual y reproductiva; seguir haciéndolo es un acto de resistencia, ser amigas, tejer redes, ser solidarias es un acto político. Cuando una de nosotras defiende en voz alta el derecho al aborto, otras mujeres escuchan; mujeres que quizás en un momento de sus vidas necesitarán contarle a alguien que quieren abortar y no saben a dónde ir. Por eso, el sencillo gesto de hablar del aborto públicamente puede salvar la vida de las mujeres a nuestro alrededor.

Con esta premisa en mente he participado en dos estrategias feministas que están directamente basadas en el poder de la amistad de las mujeres: #JuntasAbortamos y #ViejasVerdes. La campaña #ViejasVerdes (@lasviejasverdes) comenzó en septiembre de 2018 y es una campaña permanente en redes sociales que comenzó con un grupo de amigas de WhatsApp: Ita María Díez, Luisa Castellanos (quien también ilustra este libro), Gina Borré, María del Mar Ramón, Matilde de los Milagros Londoño, Sher Herrera, Juliana Abaúnza y yo, quienes decidimos divulgar información veraz, oportuna y sencilla sobre el derecho al aborto en Colombia y comenzar a tener conversaciones sobre aborto en nuestras vidas cotidianas para ayudar a romper el tabú sobre sus derechos. En una semana la campaña ya sumaba al menos 5.000 mujeres en redes sociales, dispuestas a continuar esa necesaria conversación sobre aborto en todos los espacios que habitan.

#JuntasAbortamos fue creado en equipo con la periodista argentina María Florencia Alcaraz y la feminista colombiana María del Mar Ramón[439]. El 28 de septiembre, en el Día de Acción Global por un Aborto Legal y Seguro, se lanzó en Argentina, desde la Red de Mujeres y Lat Fem en Argentina, el *hashtag* #JuntasAbortamos con la invitación a contar las historias de quienes alguna vez hemos

---

439 Algunos de estos párrafos fueron publicados en su primera versión en *El Espectador* el 27 de septiembre de 2017 en la columna titulada "Entre Mujeres".

apoyado y acompañado la decisión de una mujer a abortar. El *hashtag* se convirtió en *trending topic* regional, con 778 tuits de 631 cuentas en las primeras dos horas de su lanzamiento. Leerlos es profundamente conmovedor: "Me llamó un exjefe para pedirme info sobre aborto con pastillas. Se la di. Era para su cuñada. No conocí a la chica pero #JuntasAbortamos"; "Me llamó mi ex con la nueva novia, pq sabía que yo era la única q no los juzgaría. Yo seguía con el corazón roto, pero los ayudé #JuntasAbortamos"; "#JuntasAbortamos Hace unos años, mi abuela nos confesó a mi mamá y a mí que en el año 60 se tuvo que hacer un aborto. Existe desde siempre"; "Cuando aborté era chica, fui con mi compañero. Ni siquiera sabíamos que podía morirme. Me sentí muy sola después, sin nadie que me contuviera. Hoy sería distinto porque #JuntasAbortamos"; "Organizamos una fiesta para que una compañera pudiera pagar su interrupción del embarazo. Organizadas y #JuntasAbortamos". María del Mar Ramón señaló en ese momento: "Es una evidencia irrefutable de la sororidad entre las mujeres y de cómo la generosidad trasciende vínculos y se fortalece entre nosotras, aun cuando somos perfectas desconocidas" y que "ese murmullo silencioso con el que nos hemos garantizado derechos, mientras el Estado nos censura y nos violenta, hoy se puede escuchar a viva voz". Es cierto: a pesar de que en muchos de nuestros Estados latinoamericanos no es o no ha sido legal, siempre se encuentra una manera y esa manera puede pasar por la empatía de mujer a mujer, una empatía que supera muchas barreras porque se basa en la comprensión de una vulnerabilidad compartida, en ese "he podido ser o mañana podría ser yo".

Para poder hacernos amigas de otras mujeres tenemos que empezar por aceptar que a veces odiamos a las mujeres sin razón, porque todas hemos sido expuestas a la misoginia, y tratar de corregirnos. ¿Cómo? En ejercicio de querer y aceptar a nuestras amigas, con el difícil reto de no juzgarlas ni esperar que sean perfectas, con un voto de apoyo fundado en las confidencias y la experiencia compartida. Este es el consejo que me dio Raquel Riba Rossy, más conocida en redes como Lola Vendetta, la noche que nos hicimos amigas: "A las mujeres les enseñamos a ser perfectas y a los hombres a ser valientes"[440]. Entonces terminamos haciendo juicios del tipo: "Muy valiente ella, pero no es perfecta", mientras a los hombres solemos concederles un: "No es perfecto, ¡pero es muy valiente!". Cuando les quitamos de encima a otras mujeres y a nosotras mismas la exigencia de ser perfectas, entendemos que todas las mujeres estamos en un mundo adverso en donde cada una hace lo que puede con lo que tiene, y que lo último que necesitamos entre nosotras son más juicios que nos disciplinen. Porque hay otros tipos de juicios, hay unos que nos ayudan a crecer, a mejorar nuestro trabajo, juicios que vienen desde la comprensión de que cuando gana una ganamos todas, y desde la verdad estratégica de que somos más fuertes unidas.

"Qué habría sido de las mujeres en el patriarcado sin el entramado de mujeres alrededor, a un lado, atrás de una, adelante, guiando el camino, aguantando juntas. ¿Qué sería de nosotras sin nuestras amigas? ¿Qué sería de las mujeres sin el amor de las mujeres?"[441] dice la académica feminista mexicana Marcela Lagarde en su ensayo "Pacto entre mujeres". Lagarde acuña para Latinoamérica el término "sororidad": "La sororidad es una dimensión ética, política y práctica del feminismo contemporáneo. Es una experiencia de las mujeres que conduce a la búsqueda de relaciones positivas y a la alianza existencial y política, cuerpo a cuerpo, subjetividad a subjetividad con otras mujeres, para contribuir con acciones específicas a la eliminación social de todas las formas de opresión y al apoyo mutuo para lograr el poderío genérico de todas y al empoderamiento vital de cada mujer. No se trata de que nos amemos, podemos hacerlo. No se trata de concordar embelesadas por una fe, ni de coincidir en concepciones del mundo cerradas y obligatorias. Se trata de acordar de manera limitada y puntual algunas cosas con cada vez más mujeres. Sumar y

---

440 Tuvimos esta conversación en febrero de 2017 en Barcelona.
441 Lagarde y de los Ríos, 2009.

crear vínculos. Asumir que cada una es un eslabón de encuentro con muchas otras y así de manera sin fin"[442].

Lagarde explica que ese distanciamiento entre nosotras solo sirve para mantener la supremacía masculina. Cita en su ensayo a Celia Amorós: "El pacto entre los hombres que se reconocen interlocutores y sujetos políticos ha implicado la exclusión de las mujeres, y su agenda incluye cómo organizar el mundo, definir hacia dónde vamos y otras delicadezas, así como las formas sutiles y perversas de mantener a las mujeres quietecitas"[443]. Y propone que hagamos un pacto entre mujeres para que no puedan pegarse en la cabeza con un techo de cristal. La amistad y la alianza entre mujeres es política, es nuestra mejor herramienta política. En la misma línea, la feminista estadounidense Roxane Gay, en un ensayo titulado "*How To Be Friends With Another Woman*" ("Como ser amiga de otra mujer"), dice: "Si tú y tus amigas están en el mismo campo profesional, colaboren las unas con las otras sin vergüenza. No es tu culpa que tus amigas sean fantásticas y talentosas. Los hombres se inventaron el nepotismo y prácticamente viven de eso, las mujeres podemos hacer lo mismo"[444].

La colectiva feminista digital Sororidad Radical @SororidadRadical propone el siguiente decálogo para poner la sororidad en práctica:

"1. Las demás mujeres somos nosotras mismas: aprendo, comprendo y respeto el camino de vida de las demás mujeres.

2. Compasión: me permito sentir una profunda compasión hacia las demás mujeres, aún cuando no entiendo su comportamiento o pensar.

3. Perfección: yo no me exijo perfección a mí misma ni a las demás mujeres, la perfección es una trampa del patriarcado para deshumanizarnos.

---

442 Ibíd.
443 Ibíd.
444 Ibíd.

4. Complicidad: me comprometo a ser cómplice de las demás, protejo y respeto sus decisiones, libertades y camino de vida.

5. Hermanarse: mientras más distintos nuestros pensares, más necesito hermanarme con las demás. Querernos en la diversidad es revolucionario.

6. Lideresas: sin jerarquías, con alegría y esperanza. Me permito apoyar y reivindicar el poder y protagonismo de cada mujer en mi vida, incluyéndome a mí misma.

7. Espiral horizontal: me permito relacionarme con las demás mujeres de una manera horizontal sin permitirme verlas superiores o inferiores, todas estamos caminando en la espiral de la existencia.

8. Competencia: trabajo en mí misma y en mis dinámicas con las demás mujeres para eliminar la competencia, los celos y la envidia de mis miradas y acciones.

9. Dignidad y recurso: Recuerdo que las mujeres tenemos una pequeña fracción de los recursos del planeta y por eso me permito a mí y a las demás acceso a los recursos sin sacrificios.

10. Triple estándar: recuerdo que las mujeres estamos sujetas a un triple estándar y al equivocarnos somos penalizadas por las instituciones, por los hombres, y por las mujeres. Yo no participo en el castigo público de las demás mujeres"[445].

Además de la misoginia, otro de los grandes obstáculos que tenemos las mujeres para lograr ser amigas son las múltiples tensiones de poder marcadas por la clase, la raza, la heteronorma, la cisnormatividad y todas esas categorías impuestas para crear desigualdades de poder. La filósofa feminista decolonial María Lugones pregunta: "¿Cómo aprendemos unas de otras? ¿Cómo hacerlo sin hacernos daño, pero con la valentía de retomar el tejido de lo cotidiano que puede revelar profundas traiciones? ¿Cómo entrecruzarnos sin tomar el control? ¿Con quién hacemos este trabajo? Lo teórico es inmedia-

---

445 Ver: https://www.facebook.com/SororidadRadical/posts

tamente práctico. Mi propia vida –las maneras de emplear mi tiempo, de ver, de cultivar una profundidad de duelo– se ve animada por una gran ira y dirigida por el amor que nos enseñan [...]. ¿Cómo practicar unas con otras al involucrarnos en diálogo en la diferencia colonial? ¿Cómo saber que lo estamos haciendo?"[446].

Lugones ensaya una respuesta en colaboración con su amiga, la feminista anglosajona Elizabeth V. Spelman, en el ensayo *"Have We Got a Theory for You! Feminist Theory, Cultural Imperialism and the Demand for 'the Woman's Voice"* ("¡Vaya que tenemos una teoría para ustedes! Teoría feminista, imperialismo cultural y la exigencia por la 'voz de la mujer'"), publicado en 1983. El ensayo arranca diciendo, en voz de Lugones: "La solidaridad requiere reconocer, comprender, respetar y amar lo que nos lleva a llorar en distintas cadencias. El imperialismo cultural desea lo contrario, por eso necesitamos muchas voces. Porque una sola voz nos mata a las dos"[447]. Incluso si queremos establecer un diálogo entre nosotras, tendremos que enfrentarnos a las des-igualdades de poder inherentes a las lenguas y al uso que hacemos de ellas. Las autoras pasan al inglés para hacer la siguiente reflexión: "Este ensayo es el resultado de nuestro diálogo, de nuestro pensar juntas sobre las diferencias entre nosotras las mujeres y cómo estas diferencias son silenciadas. (Pensemos, por ejemplo, en todos los silencios que se conectan al hecho de que este ensayo está escrito en inglés, una lengua prestada para una de nosotras.) En el proceso de hablar y escribir juntas, vimos que las diferencias entre nosotras no nos permiten hablar con una sola voz"[448].

Lugones y Spelman advierten sobre el peligro de hablar de la "voz de la mujer", con ese singular abstracto que la mayoría de las veces termina refiriéndose solo a las mujeres blancas, cis, hetero,

---

446 M. Lugones, 2010, p. 116.
447 M. C. Lugones, Spelman, Lugones, & Spelman, 1983, p. 573. Traducción de la autora.
448 Ibíd.

anglosajonas y de clase media dejando por fuera a todas las demás. Dice Lugones: "Nosotras y ustedes no hablamos el mismo lenguaje: cuando hablamos usamos el lenguaje de ustedes: el lenguaje de su experiencia y de sus teorías. Tratamos de usarlo para comunicar nuestra experiencia del mundo, pero como es su lenguaje y sus teorías, estos son inadecuados para expresar nuestras experiencias, a lo mucho logramos comunicar nuestra experiencia de exclusión. No podemos hablarles de nuestra experiencia en nuestra lengua porque no lo entenderían. Así que la cruda realidad es que nosotras entendemos su lenguaje y que el lugar en donde se hace teoría sobre las mujeres es su espacio, y ambas cosas se combinan de tal manera que al usar su lenguaje necesariamente distorsionamos nuestra experiencia, no solo al contarla en una lengua ajena. Si solo podemos quejarnos de la exclusión, eso es otra forma de permanecer calladas"[449].

Para Lugones y Spelman la única manera de establecer diálogos sinceros y recíprocos entre mujeres diversas, que viven diversas formas de privilegio y opresión y que encarnan diferencias de poder entre unas y otras, es la amistad. Desde un lugar de poder no podemos contar la experiencia de otras mujeres porque esto sería sobrescribirla. Y si bien escuchar, quitarnos de en medio, ceder nuestros espacios, sirve, no podemos realmente recibir la experiencia de las demás si no es desde una amistad sincera: "El único motivo que tiene sentido y que nos une a las dos en esta investigación es la amistad. Un feminismo no imperialista requiere que cada una de nosotras tenga un espacio para articular, interpretar, teorizar y reflexionar sobre las conexiones entre nosotras, sin coerciones, que solo se puede desde la motivación de la amistad. El reto de las mujeres [con mayor privilegio] requiere que estén dispuestas a dedicar gran parte de su vida a escuchar, que se sientan alienadas y ser disruptivas con las ideas que han conectado a su identidad. El provecho personal no me parece un motivo suficiente para darse a esta tarea, porque, cualquiera que sea el beneficio

---

449 Ibíd., p. 575.

que saques de esto, nunca será mayor a lo que obtienes gracias a tus privilegios. No creo que ustedes [las mujeres privilegiadas] tengan la obligación de abandonar su imperialismo, sus afirmaciones universalistas, su reduccionismo de las otras simplemente porque nos hace un daño muy serio"[450]. Lugones apunta a decir que solo desde los vínculos de amistad podemos entablar relaciones con otras mujeres en donde desinteresadamente podamos querer lo mejor para ellas, incluso si implica renunciar a nuestros privilegios.

Desde el interés genuino por la otra que implica la amistad podremos empezar a entender que no hay soluciones "talla única". Dicen Lugones y Spelman: "Una teoría que sea respetuosa con sus sujetas de estudio es una teoría que asume que los cambios que en un contexto se perciben como algo que mejora la calidad de vida de algunas mujeres no son cambios que de hecho generarán bienestar y serán bien recibidos por otras mujeres. Esto no quiere decir que si un grupo de mujeres no ve una situación como opresiva, otras mujeres no puedan decirles que ellas, por el contrario, sí ven opresión, y quizás lo dicen porque tienen muy buenos argumentos. Lo que queremos decir es que no se puede prescribir que la vida será mejor para todas las mujeres si, por ejemplo, se unen a la fuerza laboral asalariadas y dejan de ser amas de casa, o si se libran de todas las creencias religiosas cuyos orígenes sean patriarcales, o si viven en la segregación absoluta de los hombres, etcétera; pues estas prescripciones universalistas serán recibidas como una cachetada por parte de aquellas mujeres cuyas vidas, de hecho, mejorarían si pudiesen pasar más tiempo en la casa, cuya identidad es inseparable de sus creencias religiosas y prácticas culturales (lo cual no quiere decir que estas creencias y prácticas no puedan ser cuestionadas o que sean inamovibles), por parte de aquellas mujeres que tienen vínculos eróticos con los hombres, vínculos que no están dispuestas a cortar en nombre de una visión de 'que es lo mejor' que quizás tiene sentido en otras realidades pero para ellas

---

450 Ibíd., p. 577.

es absurda"[451]. Por eso Lugones y Spelman preguntan: "¿Cuáles son las cosas que precisamos saber sobre las otras, y sobre nosotras mismas, de manera que podamos hablar de una manera que sea inteligente, inteligible, sensible, y útil para sus vidas?".

Por su parte, bell hooks en *All About Love* declara que la amistad entre nosotras no debe seguir siendo considerada una especie de amor de menor jerarquía que el amor sexo-afectivo, y de hecho, los vínculos socio-afectivos sanos y genuinos jamás exigen cortar lazos con nuestras amigas. La amistad es nuestro mayor reconocimiento de la humanidad de otra mujer y por eso el primer paso para dejar de pensarnos desde lo individual y pensarnos como colectivo.

Es urgente también que entendamos la amistad como una forma de familia. El capitalismo de nuestras democracias insiste en que la base de la sociedad es la familia heterosexual, y las condiciones de vida cada vez nos separan físicamente más de nuestra familia extendida. Esto deja en el margen de la sociedad a las personas que no conforman ese tipo de familia, las personas que deciden vivir solas, las parejas del mismo sexo. El modelo tradicional de familia implica que los trabajos de crianza, de cuidado, recaen entonces sobre solo dos adultos, a veces solo uno, y así lograrlo todo es imposible. No hay supermujeres que puedan lograrlo todo solas. Pero se puede lograr con las amigas. Los seres humanos somos todos vulnerables, pero desde las vulnerabilidades podemos crear vínculos de apoyo y empatía. Al final, la meta humana no debe ser la autosuficiencia sino una flexible y funcional interdependencia, en una red que incluya a la familia de sangre y a la familia adoptiva a lo largo de la vida a través de los vínculos de la amistad.

Tengo amigas que han crecido conmigo. Se han ido uniendo a mi camino en las etapas de mi vida y ahí siguen a pesar de las vueltas y las crueldades de la vida. Son las amigas que leen este libro en Google Docs antes de entregarlo a mi editora, porque son mujeres

---

451 Ibíd., p. 579.

que admiro y en quienes confío. Que me conocen en las partes más horribles de mi humanidad y aun así me tienen empatía. Las amigas que, literal y metafóricamente, han bailado conmigo hasta el azul reproche y se han quedado conmigo luego de que se acabara la fiesta. Mis amigas son coautoras de este libro, porque cada página sale de nuestras conversaciones y nuestras necesidades y preguntas. Pensar no debe ser un ejercicio solipsista, se piensa mejor en compañía, y pensar con mis amigas me ha ayudado siempre a afinar mis juicios, sentir con mis amigas me ha mostrado que no estoy sola. Me han enseñado a tener compasión conmigo misma y con otras mujeres y conforman un sistema de apoyo que me cuida y me protege. Ni mi trabajo como periodista ni como activista sería posible sin ellas.

María Cano,
Colombia[1]

---

1   Este texto fue publicado en su primera versión bajo el título "Roja muy roja" en la revista *Cromos*, edición de noviembre de 2018.

❝¡Soy mujer y en mis entrañas tiembla el dolor al pensar que pudiera concebir un hijo que sería un esclavo!" decía María Cano, una de las mujeres más valientes de la historia de Colombia. María fue una dama liberal de Medellín nacida en 1887 y una de las activistas más potentes de toda la historia de Colombia. Luego de la muerte de su padre, María se quedó a vivir con sus dos hermanas mayores en la casa de la familia y empezó a hacer tertulias con los intelectuales de la ciudad. En 1923, María empezó a escribir para *El Correo Liberal* y creó un círculo lector en Medellín para que los y las obreras de la ciudad pudieran acercarse a escuchar, aunque no pudieran leer. Ese primer gesto de acercamiento le permitió conocer a la clase obrera de una forma en que muchas señoritas burguesas jamás hubiesen podido. Cano empezó a dar una lucha por los derechos de las mujeres trabajadoras en especial, como cuenta Gabriela Pinilla en su libro *María Cano. Roja, muy roja*: "Su pelea era en contra de ese mismo gobierno que se llenaba los bolsillos con el producto de la mano de obra femenina pero no permitía que las mujeres tuvieran derechos como ciudadanas, no las dejaba manejar sus bienes o actuar en puestos políticos, a las mujeres pobres, que no tenían bienes que defender ni tiempo o posibilidades para estudiar, les pagaban salarios muy inferiores a los de los hombres y les daban un trato inhumano"[2].

En 1925 María fue nombrada "La flor del trabajo", un reconocimiento que era entre remembranza de las luchas de los y las trabajadoras y reinado de belleza, pero ella aprovechó para hacer que su nombramiento se convirtiera en fuerza política. María empezó a arengar, a dar discursos en público con una elocuencia que fue el motor de arranque del movimiento obrero en Colombia. Cuenta Pinilla que "a mediados de 1926, la Confederación Obrera Nacional quiso que María Cano hiciera una campaña de preparación del Tercer Congreso Obrero que se haría en noviembre de ese año en Bogotá. María debía viajar por diferentes lugares de Colombia haciendo discursos y hablando con los trabajadores. Su primera visita fue al Tolima, y en Ibagué el Concejo Municipal quiso hacerle un homenaje con una copa de champaña en sus salones. Se les olvidó a los concejales que ella no iba a verlos a ellos sino a los obreros y cuando las personalidades asistentes quisieron hacer el brindis, María estalló la copa contra el suelo y salió al balcón del Concejo a arengar a la multitud que estaba afuera. Los obreros la amaron. Les pareció que ese gesto rebelde demostraba la fuerza de su líder"[3]. En noviembre de 1926 en el discurso de clausura del Congreso, cuenta Beatriz Helena Robledo que en el *Diario Nacional* se refirieron a María así: "Tiene María Cano la elocuencia de la catarata, que rumora y golpea, transformando la energía en incandescencia. Habla con prodigiosa facilidad y presenta sus ideas en una serie no interrumpida de imágenes que le prestan verdadero acento tributo a sus apóstrofes demoledores"[4].

---

2   Pinilla, 2017, p. 61.

3   Ibíd.

4   Robledo, 2017, p. 182.

El Partido Socialista Revolucionario hizo evidente la desconexión del Partido Liberal con el pueblo colombiano y en abril 25 de 1928 el presidente Alfonso López Pumarejo dijo en una carta a Nemesio Camacho: "María Cano nos ha colocado a usted y a mí como a los otros liberales de Colombia en una posición muy desairada. Confesémoslo, cándidamente, nosotros los liberales jamás nos habríamos atrevido a llevar al alma del pueblo la inconformidad con la miseria"[5]. Pero como todos los partidos, el Partido Socialista colombiano era machista, y luego de que sus principales dirigentes fueran a la cárcel, fue cooptado por otros mandos, se convirtió en el Partido Comunista y les dio la espalda a sus antiguos líderes, incluida María Cano. En 1929 María fue a la cárcel de mujeres de Medellín acusada por "rebelión", supuestamente por instigar la huelga de las bananeras, cuya represión por parte de la United Fruit Company y el gobierno de Miguel Abadía Méndez dejó un número indeterminado de huelguistas asesinados, en lo que pasó a la historia de Colombia como la "masacre de las bananeras" (1928). Cuando María salió de la cárcel estaba aislada y deprimida y pasó sus últimos días como bibliotecaria en Medellín, guardando un gran silencio, como si esa catarata de palabras, que logró estremecer al pueblo y hacer temblar al gobierno, se hubiese secado.

Pero las palabras son poderosas. En una de esas tardes en que Cano se sentaba a leer, una de esas obreras de la multitud era mi bisabuela. No la vio nunca más, pero unas pocas palabras bastaron para que mi bisabuela pasara de la resignación a la rabia; sus palabras le descubrieron miles de injusticias. Así fue como las palabras de María Cano llegaron hasta mí, y hoy se las regreso llena de agradecimiento escribiendo este texto. A muchas generaciones de mujeres en

---

5   Pinilla, 2017, p. 99.

Colombia las amenazaron con que no fueran a volverse "una María Cano", pero ya es hora de que reclamemos su nombre como un cumplido.

CAPÍTULO 6

Activismo

Feminismos en Latinoamérica: coordenadas mínimas[452]

¿Cuánto hemos avanzado en estos cien años? ¿Hemos construido algo que podamos denominar "feminismo latinoamericano"? Son preguntas amplias y sus respuestas son tan múltiples como los mismos feminismos latinoamericanos.

A continuación les propongo algunas claves para contestarlas desde los feminismos urbanos, blanco-mestizos, que son los que mejor conozco, pero que son apenas una cara de las luchas de las mujeres americanas por su buena vida y bienestar.

Francesca Gargallo, en la conferencia que dio el 8 de marzo de 2012 en la Universidad Autónoma de Tlaxcala, México, resumió los movimientos feministas urbano, blanco-mestizos latinoamericanos en "el lema acuñado a principios de 1980 en Chile por Julieta Kirkwood y Margarita Pisano, 'Democracia en el país, en la casa y en la cama'," que "vincula lo público, lo privado y lo íntimo en las reivindicaciones feministas de todo el continente"[453]. En la misma conferencia, Garga-

---

452 El texto de esta sección fue publicado por primera vez el 23 de febrero de 2016 en la revista *Horizontal*.

453 Gargallo, 2012.

llo hace una crítica a "la tendencia de los feminismos latinoamericanos a pelear hasta obtener derechos, pero relajar después la presión sobre los Estados y bajar la defensa de lo logrado ha sido una constante que hoy tiende a evidenciar sus peligros"[454].

A grandes rasgos, Gargallo caracteriza los feminismos latinoamericanos de la siguiente manera: "Todos se ubican en la reivindicación de un derecho a pensar-se y actuar políticamente sobre la realidad toda desde otro lugar que el de la hegemonía y el dominio, el lugar de las mujeres reivindicadas desde:

a. la resistencia a la desigualdad histórica frente al colectivo masculino con poder;
b. su perspectiva de contraparte del mismo colectivo en una relación desigual pero recíproca entre los sexos (relación de géneros);
c. su reivindicación de equivalencia de los sujetos femenino y masculino en lo jurídico, sin menoscabo de una diferencia sexual positiva"[455].

La idea de "derecho" es central a las luchas de las feministas blancas-urbanas pero es una noción que nace en las sociedades europeas y que en un principio no incluía ni a las mujeres ni a bárbaros o esclavos en tiempos del Imperio romano. Se lucha por derechos en el marco de las democracias, que son sistemas imperfectos, pero son el campo de juego para la mayoría de los Estados. Sin embargo, hay otras vías para alcanzar una buena vida y bienestar que pueden ser igualmente feministas, aunque no compartan la idea de que adquirir derechos sea un objetivo prioritario para sus luchas.

Es importante señalar esto, pues las luchas por el sufragio, y en general las luchas por adquirir derechos para las mujeres, fueron lideradas por mujeres blancas, educadas, que pretendían mejorar su

---

454 Ibíd.
455 Ibíd.

realidad como mujeres burguesas de manera muy específica sin llegar a cuestionar un sistema que desde su raíz excluye a las mujeres racializadas, campesinas, lesbianas, trans y todas las mujeres americanas que habitan las categorías de la periferia.

Gargallo dice: "Por supuesto, las feministas liberales de América Latina, esposas e hijas de políticos, en ocasiones muy confrontadas no solo con el clero sino también con los juristas positivistas que dominaron la escena política de finales del siglo XIX, no pedían para liberarse el fin del mundo capitalista ni la sangre de patrones y maridos. [...] La mayoría de las feministas liberales eran mujeres que querían acceder a la burguesía por sus medios, así que peleaban derechos a la educación, a la igualdad ante la ley y a la ciudadanía plena"[456].

Algunos logros del feminismo urbano latinoamericano

Una enumeración de los logros del feminismo latinoamericano da para una enciclopedia; mencionaré a continuación solo algunos que me interesan de manera subjetiva.

En el barroco latinoamericano se pueden empezar a rastrear textos que defienden la igualdad y derechos de las mujeres. El mejor ejemplo es la "Respuesta a Sor Filotea de la Cruz" que escribe Sor Juana Inés de la Cruz en 1692, en donde defiende el derecho de las mujeres a la educación.

La lucha por el sufragio no comienza sino hasta finales del siglo XIX, "cuando los Estados latinoamericanos estaban en periodo de formación. En 1876, grupos de mujeres liberales en Chile se presentan a votar y logran hacerlo argumentando que la Constitución de 1833 y la Ley Electoral de 1874 decían que podían votar "los chilenos, sin especificar que solo hombres"[457]. Otras dos figuras clave

---

456 Ibíd.
457 Cronología del feminismo nuestroamericano, 2011.

del movimiento feminista panamericano, nacidas ambas a finales del siglo XIX, fueron Paulina Luisi en Uruguay y Bertha Lutz en Brasil, ambas sufragistas.

Nueva Zelanda se convirtió en el primer país en permitir el sufragio a las mujeres en 1893. El primer país de Europa en hacerlo fue Finlandia, en 1906. En América fue Canadá, en 1917, y en América Latina el primer país en aprobarlo fue Ecuador, en 1929. En el estado de Wyoming (no en todo Estados Unidos) se aprobó en 1869 para fomentar la migración femenina.

La constitución colombiana de 1853 era un *mash-up* centro-federalista que establecía que cada provincia tenía una suerte de poder constitucional, por lo que entre 1853 y 1854 surgieron una serie de constituciones provinciales de muy corta vigencia. En 1853, contra toda tendencia, los constituyentes de la provincia de Vélez (hoy sur de Santander) establecieron que todo habitante de la provincia "sin distinción de sexo tendrá entre otros derechos el del sufragio"[458]. La extensión del derecho al sufragio a las mujeres pasó desapercibida y, para un columnista de la época, Juan de Dios Restrepo, la cosa no fue más que una galantería, y confiaba en que "ellas tendrían siempre el buen sentido de no cambiar las dulces y tímidas virtudes que forman su encanto, por nuestras pasiones tan intolerables y odiosas"[459]. No hay claridad sobre si las mujeres llegaron a hacer uso de su derecho al sufragio, aunque los autores de la época dicen que no, por desinterés y desconocimiento político de las mujeres. Las colombianas no volvimos a tener derecho al voto sino hasta 1954, y no pudimos hacerlo efectivo hasta 1957.

En el sur del continente las mujeres empiezan a reunirse y organizarse parar discutir las ideas del feminismo. "En 1907 las uruguayas consiguen el derecho al divorcio. En 1910 se realiza en Buenos Aires el primer Congreso Femenino Internacional, primer encuentro mun-

---

458 Magdala Velásquez Toro, 1995, p. 175.
459 Ibíd., p. 176.

dial de mujeres que tuvo lugar en Nuestra América, con delegadas de todos los países americanos, Europa y Asia. En Brasil, el Partido Femenino Republicano proclama la emancipación de la mujer"[460].

El Primer Congreso Feminista de Yucatán de 1916 es otro hito del feminismo latinoamericano, pues no se presentó ninguna perspectiva "en defensa de la familia a través de la educación femenina" ni se hizo hincapié en el valor de la maternidad. Aunque en ese entonces el país estaba en plena Revolución y era muy mal visto, además de peligroso, que una mujer viajara sola a alguna parte, 617 valientes asistieron y demostraron que las mexicanas estaban perfectamente capacitadas para participar en debates públicos. Sin embargo, las mujeres fueron excluidas de la Constituyente del 17, con el cuento de que en los requisitos fijados en la Constitución de 1857 se decía que para ser diputado se requería ser mexicano (cuando conviene, los pronombres masculinos o neutros nos incluyen a todas, y cuando no, pues no). Con este argumento se le negó la posibilidad de ser diputada a Hermila Galindo, promotora del sufragio universal, de la educación laica y de que las mujeres tuvieran información sobre salud y sus derechos sexuales y reproductivos. En Yucatán se habló de educación laica y de fácil acceso para las mujeres, del derecho al trabajo, de plena ciudadanía y de métodos anticonceptivos. El presidente Carranza, cuya secretaria era Hermila Galindo, instauró algunas reformas que favorecieron a las mujeres, como la igualdad de obligaciones y derechos personales entre la mujer y el hombre dentro del matrimonio, y el derecho de las mujeres casadas a mantener y disponer de sus bienes, a participar en demandas legales y a establecer un domicilio diferente del cónyuge en caso de separación.

En los años veinte las mujeres empiezan a organizarse políticamente. "En 1923 la anarquista boliviana Domitila Pareja co-funda el periódico *La Antorcha* e inicia la sindicalización de los campesinos e

---

460 Cronología del feminismo nuestroamericano, 2011.

indígenas de Bolivia. Ese mismo año se funda el Partido Feminista Nacional en Panamá.

El sufragio se consigue de forma paulatina en toda la región. En 1924 Matilde Hidalgo, en Ecuador, se acerca a sufragar con el apoyo de un movimiento de mujeres de El Oro y lo hace, aunque no había antecedentes de ello en la historia del Ecuador. Su voto es aprobado en 1928. En 1929 las mujeres consiguen plenos derechos políticos en Ecuador, el primer país de América Latina donde el sufragio femenino vuelve universal el sufragio. Luego, en 1932, brasileñas y uruguayas logran el derecho al voto activo y pasivo. Pasan más de diez años y en 1945, tras largos meses de lucha por parte del movimiento de mujeres en Venezuela, se conquista el derecho de las mujeres al voto, pero solo en el ámbito municipal. En 1947 el peronismo establece el sufragio femenino en Argentina, sin consultar a las organizaciones feministas existentes. En julio es aprobada la Constitución de los Estados Unidos de Venezuela, que consagra el derecho al voto universal, directo y secreto para hombres y mujeres. En 1949 las mujeres chilenas consiguen el derecho al voto activo y pasivo. En 1954 las mexicanas consiguen el derecho al voto activo y pasivo. En 1964 inician en América Latina campañas y programas de Planificación Familiar e inicia la difusión de métodos anticonceptivos. Paraguay es el último país latinoamericano en conceder el voto a las mujeres"[461].

Tras el movimiento sufragista menguaron las luchas sindicalistas en las que participaron gran cantidad de mujeres y, después de la Segunda Guerra Mundial, hubo una aparente calma en los feminismos latinoamericanos. "Aparente" porque hubo un auge de escritoras que presentaron de manera crítica los problemas de las mujeres de la región. Hasta las revistas de recetas de cocina y costura sirven para entender por qué y cómo han reclamado las mujeres sus derechos. En América Latina estaba bien visto que las señoritas acomodadas supieran algo de artes y literatura para "cultivar la conversación".

---

461 Ibíd.

Muchas aprovecharon esta ventana para contar la experiencia de las mujeres y de esta manera hacer crítica social y política desde la cultura (como suele pasar). La vida de las mujeres no se contaba en los periódicos, ni en los libros de historia, pero en la literatura hay muchos ejemplos de esas rebeliones privadas de las mujeres. Entre las escritoras latinoamericanas necesarias para conocer estas historias están María Luisa Bombal, Marvel Moreno, Alejandra Pizarnik, Marta Traba, Elena Garro y Rosario Castellanos, y artistas plásticas como Frida Kahlo, Débora Arango y Ana Mendieta. No se puede entender el feminismo latinoamericano sin buscar en las artes y la literatura.

En los setenta el feminismo latinoamericano recobró fuerza política, oponiéndose a los gobiernos autoritarios, y poco a poco volvió a institucionalizarse. También se abrieron espacio otros feminismos importantes como el movimiento lésbico y las políticas de identidad negra e indígena. "En 1976 el Movimiento Nacional de Mujeres (MNM), de México, pide a las autoridades gubernamentales que la interrupción del embarazo sea libre y gratuita, por la voluntad y decisión de la mujer, y practicable en todas las instituciones de salud pública. Además, exige información sobre el uso de anticonceptivos y subsidios para la investigación científica de los mismos, con el fin de no perjudicar la salud de las mujeres y evitar las esterilizaciones forzosas. En 1979 es la Primera Marcha del Orgullo Homosexual en la Ciudad de México, participan el Frente Homosexual de Acción Revolucionaria y Lambda, como grupos mixtos, y Oikabeth como grupo de lesbianas feministas"[462].

Debido a la particular situación política de los países centroamericanos, en la segunda mitad del siglo XX las luchas políticas de las mujeres en esta región se dieron de una forma particular. Explica Gargallo: "Las feministas de América Central, por la peculiar historia de sus países invadidos por aventureros, piratas y bananeras estadounidenses, tenían mucho más contactos y relaciones políticas con los

---

462 Ibíd.

hombres de los partidos nacionalistas, liberales y socialistas de sus países, con los que en ocasiones compartían tribunas, ideas y armas, que las europeas enteramente excluidas de la política masculina, lo cual llevaba a las primeras a verlos –o a verse a sí mismas– como 'complementarios' en su lucha por la liberación nacional y las reivindicaciones feministas, y no siempre como personas con las que enfrentarse para tener acceso a la vida pública… ni siquiera cuando estos les exigían una ideología tradicional acerca de su vida privada"[463]. Muchos de estos movimientos de izquierda eran misóginos y machistas e instrumentalizaron las luchas por la "liberación femenina" para luego dejar a sus compañeras de militancia viendo un chispero.

En Colombia, debido a los casi 60 años de conflicto interno armado, el movimiento de mujeres centró su trabajo en estrategias de construcción de paz. Aun así, cuando comenzaron los diálogos de paz en la Habana entre el gobierno colombiano y las Farc, las mujeres no fueron llamadas a la mesa de negociación, en donde, al menos al comienzo, solo había una mujer como negociadora plenipotenciaria por parte de las Farc, la congresista Victoria Sandino. Sin embargo, gracias al arduo trabajo del movimiento de mujeres, dos años después se creó la Subcomisión de Género y llegaron a la mesa como plenipotenciarias en el equipo del gobierno Nigeria Rentería y María Paulina Riveros. Claudia Mejía, directora de Sisma Mujer, una de las organizaciones feministas colombianas que más ha trabajado el tema del conflicto, lo cuenta así: "El movimiento de mujeres colombiano se cohesiona en la meta de la paz. El movimiento de mujeres y el movimiento feminista incluido dentro del movimiento de mujeres fue uno de los movimientos más preparados para la llegada de la paz de los movimientos que mayores exigencias hizo siempre de que la paz tenía que ser negociada. Inclusive el movimiento feminista colombiano aplazó durante los años de la guerra con las Farc la agenda feminista mundial para concentrarse en la exigibilidad del estado de

463 Gargallo, 2012.

políticas públicas y decisiones en favor de las mujeres víctimas del conflicto armado. Las organizaciones creímos que no alcanzábamos a ver el producto de nuestro trabajo, creímos que la paz iba a ser para después. Así que cuando se inicia el proceso de negociaciones estábamos listas con una práctica histórica, con un marco teórico, soporte del accionar colectivo"[464].

Hacia finales del siglo XX, grupos de activistas feministas encontraron en las ONG una manera de organizarse y de tener incidencia social y legal, y su papel ha sido decisivo para el avance de derechos en toda la región, pero no por eso están exentas de crítica. Según Gabriela Bard y Wigdor Gabriela Artazo: "La crítica que las feministas latinoamericanas hacen a quienes trabajan en ONG parte de un cuestionamiento a la institucionalización de las luchas y a la falta de compromisos con temas que no son susceptibles de incorporarse al plan de trabajo de estos espacios. Se trataría de un feminismo '(...) que ha desechado la organización espontánea de las mujeres, neutralizándola en organismos no gubernamentales, fundaciones, academias, partidos' (Gargallo 2013). Con ello, se ha institucionalizado el descontento para evitar que el movimiento feminista sostenga su autonomía, así como su capacidad de proveerse de medios propios para la vida y el pensamiento (...). Es un feminismo que no construye autonomía sino que pide 'equidad' (Gargallo 2013). Como consecuencia, este feminismo se plegaría a algunas directrices de políticas públicas globales, con un enfoque liberal del bienestar, considerando el capitalismo como el orden social final. En estos debates se cuela el eterno enfrentamiento al interior del feminismo, a partir de lo que para algunas es un falso dilema entre la opción feminista militante y las técnicas del 'género'. Como señala Barrig (1998) se coloca de un lado el activismo y del otro la neutralidad técnica, atravesado por las peleas sobre quienes definen quién es y quién no es feminista. Estas

---

464 Claudia Mejía, directora de Sisma Mujer, en una entrevista realizada por la autora el 20 de noviembre de 2018.

tensiones comenzaron a emerger en el año 1993 con el boom de las ONG y los financiamientos internacionales para programas, becas, políticas de *empoderamiento de mujeres, constitución de lideresas comunitarias, etc*. Frente a lo cual, feministas autonomistas señalan una confrontación entre lo que sería un *paquete técnico feminista* desde el Estado y la cooperación internacional, en oposición a la supuesta radicalidad del movimiento feminista de base"[465].

El surgimiento y la consolidación del movimiento social de mujeres en el continente ha influenciado los procesos de modernización de los Estados: ampliación de cobertura educativa y de los servicios, ingreso de las mujeres al mercado laboral. En 1981 se realiza el Primer Encuentro Feminista Latinoamericano y del Caribe (EFLAC) en Bogotá, Colombia. Los encuentros feministas han servido para impulsar y ganar espacios para fechas importantes del feminismo, como el 8 de marzo, Día de la Mujer Trabajadora; el 28 de mayo, Día de la Acción Internacional por la Salud de la Mujer; el 25 de noviembre, Día Internacional de la No Violencia. Por supuesto, hay muchísimas críticas frente a esta versión institucionalizada y algunas veces estatizada del feminismo. En el Encuetnro de 2002, en Costa Rica, las mujeres trans fueron excluidas del evento pero luego, en México 2008, por fin fue aceptada la participación de las mujeres trans en el EFLAC.

Otros momentos notables fueron la Conferencia Mundial sobre las Mujeres (México, 1975) y la adopción por parte de Naciones Unidas, en 1979, de la CEDAW (Convención sobre la eliminación de todas las formas de discriminación contra la mujer), que brinda un marco sólido de derechos y obligaciones enfocado a orientar los esfuerzos de Estados, donantes, agencias de Naciones Unidas y actores privados ocupados en mejorar la situación de la niña y la mujer. El primer Estado de la región en firmar fue Cuba, y el último, Uruguay.

Hoy en día todos los países de la región han firmado y ratificado o se han adherido a la CEDAW. Sin embargo, no todas las leyes de los

---

465　Bard Wigdor & Artazo, 2017.

países están en línea con la convención, e incluso cuando lo están, no necesariamente se hacen cumplir por los gobiernos. Firmar la CEDAW no garantiza que un Estado cumpla con sus compromisos, pero brinda un marco internacional para que los movimientos feministas puedan conversar con los Estados. "En 1992, durante el mes de julio, se realiza el Primer Encuentro de Mujeres Negras, en República Dominicana. Creación de la Red de Mujeres Afrocaribeñas y Afrolatinoamericanas. En 1994, Convención de Belém do Pará por la cual la OEA reconoce el derecho de las mujeres a una vida libre de violencia, que incluye ser libre de toda forma de discriminación y el derecho a ser educadas libres de patrones estereotipados de comportamiento"[466].

¿Feminismo con gentilicio?

"Nuestra mujer, gracias a Dios, es esencialmente casera, doméstica y es dentro del hogar donde despliega sus buenas y sus malas condiciones. Ahí estriba su fuerza y su gracia. Los que algo, aunque poquísimo, tengamos todavía de latinos, no queremos, no toleramos la mujer politiquera, la mujer de acción, oradora, periodista o redentora del pueblo. Ese tipo de mujer es sajón. No lo criticamos pero no lo tragamos. Preferimos la artista, de aficiones literarias, puramente receptiva, una mujer sensitiva, graciosa, afectuosa, a la terrible demoledora de la injusticia"[467]. Así escribió Armando Solano, representante de la izquierda liberal, en el periódico *El Tiempo*. Era el tono de las discusiones sobre la participación política de las mujeres en Colombia en 1935.

Aunque este argumento es notorio por su tontería, ha permanecido a través de los años: aún hoy se habla de una "mujer latinoamericana" que es "más dulce", "más recatada, de su casa", "monógama

---

466 Cronología del feminismo nuestroamericano, 2011.
467 Velásquez Toro, 1995, p. 207.

porque no le interesa ese libertinaje sexual", "de las que todavía quieren tener hijos". El imaginario de la "mujer latinoamericana" ha sido usado para entorpecer nuestro acceso a los derechos.

Es llamativo que la palabra "machismo" sea una palabra hispánica y casi sin traducción a otros idiomas. La palabra "machismo" se refiere a la estructura patriarcal de nuestras sociedades y nuestras cabezas; y no es exclusivamente "sobre los hombres".

En nuestras culturas (hispánicas, latinoamericanas, latinas) suele haber una celebración de la masculinidad exagerada, que se ejerce, entre otras, en una afirmación del poder y del control. Al respecto hay algunas teorías (ver *Machos, señoras y madonas*, de Melhuus y Stølen[468]): que los hombres indígenas desarrollaron una masculinidad exaltada y una reacción agresiva para compensar haber sentido tan hondamente su impotencia y debilidad durante la conquista y la colonia; o que fue un modelo de masculinidad traída por los españoles, profundamente patriarcales y clavados con ese cuento del "honor", que dependía directamente de la sexualidad de sus madres, hermanas, hijas y esposas.

Detenerse en esto es infructuoso, pues el machismo está en todos lados; la única diferencia es que las hispanoparlantes tenemos el privilegio de la palabra. Y en cualquier caso, la historia de la conquista y la colonia es una historia de esclavitud y abuso sexual a las mujeres, y de despojo, sometimiento y discriminación hacia las mujeres indígenas y afro, lo cual constituye un terreno perfecto para una forma extrema de supremacía masculina encarnada en la Iglesia y el Estado.

Otro concepto útil es el de "marianismo" (ver Evelyn Stevens[469]), que es una especie de contraparte del machismo, una feminidad exagerada que termina de construir el binarismo de género en alto contraste latinoamericano. La maternidad aparece de manera mayoritaria en las representaciones de las mujeres latinoamericanas, y es venerada tanto privada como públicamente. La teatralidad y rimbombancia

---

468 Melhuus & Stølen, 1996.
469 Stevens, 1973.

del Día de las Madres es transversal a la mayoría de, si no en todos, nuestros países.

Esta idealizada madre latinoamericana posee una especie de fuerza espiritual que emerge de una abnegación constante y de una profunda capacidad de sacrificio y negación de sí misma. "La madrecita más linda es la más sacrificada", y todos esos sacrificios le otorgan superioridad moral. Así, hay una veneración de las abuelas, una idealización de la crianza y del parto (para cumplir "el mandato de Dios"), dureza con las hijas y las nueras, y paciencia con los hombres. Con el marianismo se explica esa suerte de "matriarcado machista" que caracteriza a muchas sociedades latinoamericanas.

El marianismo es un problema para el avance de nuestros derechos, pues impide la aceptación cultural de los derechos laborales, sexuales y reproductivos de las mujeres, por ejemplo, del derecho al aborto, respecto del cual estamos muy atrasados en la región. Desde el lente del marianismo el feminismo igualitario se lee como "antifamiliar". Sin embargo, es importante admitir que "las madres" han sido claves para los movimientos sociales latinoamericanos. Históricamente, han sido las que con más fuerza y persistencia han reclamado justicia por los miles de desaparecidos que diversos contextos represivos han dejado en la región. *Mutatis mutandis*, el mismo marianismo ha permitido que la maternidad se convierta en fundamento para la acción política.

El racismo heredado de la colonia separó a las mujeres a partir de categorías ligadas tanto a la clase de procedencia como a la pertenencia étnica: blancas, mestizas, indias y negras no compartían cosmovisiones y apenas unos pocos espacios sociales (la dama blanca tenía una esclava negra y juntas iban al mercado a comprarles a las mujeres indígenas), quizás, aunque de eso no se hablaba; lo único verdaderamente transversal de su experiencia era el maltrato masculino, que, en el caso de las últimas, sumaba la violencia racista a la machista.

El racismo (clasiracismo), en sus muchas y a veces muy sutiles formas, ha sido un obstáculo importante para la cohesión de los feminismos latinoamericanos. El colonialismo europeo ha marcado a América Latina con profundas cicatrices: es una región católica, cristiana, pentecostal, centralista, patriarcal, racista y discriminadora. Para las latinoamericanas es muy difícil deconstruir nuestra occidentalidad, pues hasta los movimientos más liberales y progresistas asociaron el modelo occidental con tecnología y "progreso". Terminamos atrapadas en la ironía de que especialmente el feminismo "blanco" latinoamericano se cree "occidental", cuando resulta "exótico" en el contexto internacional.

Sin duda muchas mujeres de las élites blancas fueron líderes en los debates sobre igualdad, en discusiones acerca de los derechos sexuales y reproductivos, y muchas han roto importantes techos de cristal. Pero también hay una desconexión con otros contextos, y así es como muchas de las superejecutivas latinoamericanas, liberadas de su rol de género, lo logran gracias a que delegan los trabajos "femeninos" a otras mujeres: madres o empleadas domésticas.

Feminismos Latinoamericanos contemporáneos

Según Carmen Teresa García y Magdalena Valdivieso, "tres temas aparecen ahora como cruciales en las agendas del movimiento de mujeres y feministas: luchas y alternativas frente a la globalización neoliberal; militarismo y guerra, y las luchas contra los fundamentalismos de cualquier tipo, que niegan el ejercicio de sus derechos políticos, sexuales, reproductivos y económicos, de muchas maneras"[470].

Y más adelante: "La confluencia de feministas autónomas o vinculadas a organizaciones sociales, redes, articulaciones o universidades; de feministas indígenas, negras, jóvenes, lésbicas, trabajadoras urbanas y rurales, etc., dio paso a múltiples miradas sobre feminismo y democracia que iban desde la propuesta de Epsy Campbell (legisladora de Costa Rica) del ascenso a los puestos en la política como

---

470 García & Valdivieso, 2005.

una herramienta para la redistribución en beneficio de todas y todos (feministas institucionalistas) hasta la propuesta de Ochy Curiel
(2005), que planteaba, por el movimiento lésbico, afrodescendiente
y autónomo, que la democracia es una forma de organización social
que debe ser cuestionada, abolida y cambiada por otras formas de
participación, porque no es la única política posible, ya que nació de la
lógica patriarcal (por lo tanto la propuesta fue la de construir otro
mundo libertario, desde la autonomía, articuladas con otros grupos
sociales y políticos), pasando por la propuesta de democracia radical
o la radicalización del feminismo, que tiene como tarea pendiente
crecer, expandirse y popularizarse radicalizando la vida social, pues
de no ser así, no lo puede hacer en la vida pública. Mientras el feminismo no enfrente la pobreza, no se puede radicalizar; mientras no
enfrente la distribución de la tierra, no se puede radicalizar; mientras
no reivindique el control de las mujeres de sus propios cuerpos, no
se puede radicalizar, como lo señalaba Maria Betânia Ávila, feminista
brasileña (2005)"[471].

Según Francesca Gargallo, entre los pensamientos feministas
latinoamericanos más disruptivos están los que provienen de diversas
concepciones de ser mujeres en las comunidades indígenas, y que
confrontan la idea occidental del individuo como único sujeto de
derecho y de participación política, a la vez que plantean una relación
con los hombres que se sostiene sobre supuestos metafísicos distintos a
los occidentales[472]. Son pensamientos que se enfrentan con el reto de
tener que deconstruir cosmovisiones que muchas veces son machistas,
pero que deben ser conservadas para afirmar una identidad política
y cultural. Estos feminismos hablan sobre la relación materialista
entre tierra, cuerpo, ley e historia, y expresan posiciones claramente
anticolonialistas y anticapitalistas y reivindicaciones del derecho a
una educación plural, todas fundamentales para entendernos como

---

471 Ibíd.
472 Ver capítulo 2.

latinoamericanas. Son feminismos que plantean sistemas de género que no caben dentro del sistema hegemónico: blanco, masculino y europeo.

Dice Gargallo: "Hoy las ecofeministas y las mujeres que actúan desde el Estado o desde la acción directa de la denuncia de los feminicidas, los violadores y los golpeadores de mujeres yendo al frente de sus casas para señalarlos ante los vecinos, establecen un vínculo entre la violencia sexual sistemática y la destrucción ambiental que pasa por la objetivación de la tierra y el cuerpo de las mujeres. Las feministas comunitarias del pueblo xinka en Guatemala hablan de territorio-cuerpo y construyen un nexo indisoluble entre los derechos territoriales de su pueblo y el derecho de las mujeres a su integridad física y sexual y las feministas comunitarias aymara de Bolivia afirman que no es posible ninguna descolonización de América sin una política despatriarcalizadora que involucre a todas las mujeres. Igualmente, las feministas antirracistas negras brasileñas postulan que, entre sistema de clase, violencia sexual y exclusión racista, el punto de encuentro son las narrativas patriarcales que convierten en romance las violaciones de mujeres negras e indias, a la vez que justifican la sumisión de sectores mayoritarios de la población. Las lesbianas feministas reconocen en la construcción de la mujer una finalidad de apropiación del cuerpo para la reproducción del sistema heteronormativo. Eso es, como a principios del siglo XXI, las prácticas y las teorías feministas nuestramericanas se construyen a partir de los cambios que se manifiestan en las relaciones de poder, aprovechando las coyunturas políticas locales para reconocer el valor de la propia experiencia en la formulación de una política general"[473].

Las mujeres latinoamericanas se han destacado como lideresas en los movimientos en defensa de la tierra y el territorio y en la región. Según la CIDH, son las defensoras "más expuestas a asesinatos, ataques, amenazas o a procesos de criminalización por las causas

---

473 Gargallo, 2012.

que defienden o por el contenido de sus reivindicaciones. [...] En Perú, Máxima Acuña, agricultora y defensora ambiental, enfrentó un proceso penal que duró desde 2011 hasta abril de este año [2017], cuando la Corte Suprema de Justicia de Perú consideró que no había lugar a continuar con el juicio por falta de pruebas"[474]. Nada más en 2016, según el informe "Defender la Tierra" de Global Witness, en Latinoamérica fueron asesinados 122 defensores y defensoras de la tierra y el territorio; quizás la más conocida fue Berta Cáceres en Honduras, pero solo en ese año hubo 49 asesinatos en Brasil, 2 en Perú, 37 en Colombia, 11 en Nicaragua, 14 en Honduras, 6 en Guatemala y 3 en México. Las cifras se mantuvieron en 2017 con 116 asesinatos, 46 en Brasil, 32 en Colombia, 15 en México y 8 en Perú. Las defensoras de la tierra y el territorio son mujeres que están en las trincheras, dando la lucha por el derecho a la vida. Entre las defensoras de la región que se han convertido en referentes internacionales están Aura Lolita Chávez Ixcaquic, miembro del Consejo de Pueblos K'iche's, que hoy se encuentra exiliada en el País Vasco por estar amenazada de muerte, y Bettina Cruz (México), mujer zapoteca del pueblo binni'zaa, integrante de la Asamblea de los Pueblos Indígenas del Istmo de Tehuantepec en Defensa de la Tierra y el Territorio - APIIDTT. Cruz ha denunciado las prácticas depredadoras de las grandes empresas multinacionales de la energía eólica que han llegado al Istmo como: Renovalia, Gas Natural Fenosa y Gamesa, EDF, ENEL o Mitsubishi. Articular y respetar el amplio espectro de los feminismos latinoamericanos es un reto obligado para reparar los vicios poscoloniales, además de que puede ayudar a fortalecer y coordinar a los diversos movimientos de la región.

Este fue un recuento sesgado e insuficiente: ni yo conozco toda la historia de los feminismos latinoamericanos, ni podría contarla de manera justa y completa en este libro. De todas formas, ya que uno

---

474 "CIDH urge a proteger a defensoras y defensores de la tierra y el medio ambiente", 2017.

de los grandes problemas de muchas feministas latinoamericanas (yo incluida) es que no conocemos nuestra historia lo suficiente, espero que esta selección arbitraria sirva de rastro para empezar a buscar en Google, en las bibliotecas, en los archivos de prensa, en las memorias de nuestras abuelas. Dejo este texto abierto para que me propongan otras claves de lectura; cada categoría ayuda a completar ese rizoma-caleidoscopio que son los feminismos latinoamericanos.

Feminismo pop

Entiendo por "pop" una estética, un medio y un lenguaje que parten de referencias visuales de lo popular y tienen un impacto masivo. La propuesta del feminismo pop se trata de usar esta estética para hacer que las ideas del feminismo impacten nuestra cultura, se hagan populares, sean apropiadas por las personas de a pie y desde el cambio cultural ayuden a desarmar el patriarcado. El machismo en la cultura popular se combate llevando las ideas del feminismo a esa misma cultura popular.

Richard Dawkins tiene un concepto útil para explicar cómo las ideas se hacen populares en nuestra cultura: "meme". Antes de continuar me gustaría advertir que –para sorpresa de nadie en este punto del libro– Dawkins es un machiprogre que ha dado declaraciones misóginas y cuya teoría sobre el "gen egoísta" es tremendamente cuestionable, pero el concepto de meme fue un gran acierto que se ha hecho tan popular que ya nadie recuerda que se lo inventó Dawkins. En sus inicios un meme fue una unidad de transmisión cultural o de imitación, como una especie de "gen" intangible y conceptual. Los memes se propagan en nuestra cultura a través de difusores como las instituciones, los medios de comunicación, por supuesto las redes sociales o las personas. En la idea original darwinista de Dawkins los memes siguen el mismo comportamiento de los genes. Pero, como muestra su encarnación popularizada, "los memes de internet" (cuyo significado es "imágenes jpg con un mensaje que se hacen virales"), la metáfora necesita ajustes, no todo se explica desde la selección natural. Hoy existen grandes aparatos para difundir memes que son monstruos del capitalismo, como Televisa o Facebook.

Los seres humanos somos animales del lenguaje. Existimos en y por el lenguaje, que termina siendo algo así como la Sustancia spinozista, nada existe fuera de él. Esto quiere decir que las palabras que usamos, las ideas que tenemos, determinan de manera activa lo que entendemos por "mundo" o "realidad". No podemos ver el color rojo ni hablar del color rojo sin las palabras "color" y "rojo". El lenguaje es también el límite del empirismo.

Ante la pregunta ¿cuál es el motor de la flecha?, algunos podrán contestar que es el brazo, el arco, la cuerda, pero en realidad, el motor de la flecha es la diana que espera al final: esa primera idea que hala con fuerza gravitacional a la acción y a la percepción. Por esto, cambiar las palabras o cambiar la cultura, cambia prioridades y comportamientos. Esto quiere decir que las luchas de los derechos humanos son también luchas del lenguaje: cómo hacer que una palabra sea la palabra con la que más personas se refieren a o piensan en algo.

Queda claro entonces que los avances en derechos humanos son primero avances de ideas. La pregunta que tendríamos que hacernos como académicos y como activistas es cómo una idea resulta popular y exitosa, cómo viajan, cómo se mueven las ideas. Esta es una pregunta necesaria, por supuesto, para los feminismos contemporáneos: ¿cómo hacer feminismo hoy? O mejor ¿cómo mover y difundir las ideas feministas en un contexto violento, adverso y machista? ¿Cómo generar esos movimientos conceptuales?

Es vital que las teorías feministas se hagan populares para que cada vez más mujeres puedan acceder a ellas y apropiárselas. Esto tendría que ser un imperativo ético para el ejercicio teórico del feminismo. Las filósofas María Lugones y Elizabeth Spelman dicen: "La teoría no será útil para todas las personas que estén interesadas en hacer resistencia, en generar un cambio, a menos que haya una razón para creer que conocer esa teoría y considerarla acertada servirá para hacer resistencia y generar un cambio. Cuando hacemos teoría y se la ofrecemos a otras, ¿cuál es la relación que asumimos que hay entre dicha teoría y sus conciencias? ¿Esperamos que otras lean teoría, la entiendan, y la crean, de tal manera que la teoría transforme sus conciencias y por consiguiente sus vidas? Si realmente queremos que nuestras teorías hagan una diferencia para bien en la vida de las personas, ¿cómo debemos presentarlas? ¿Creemos que las personas hacen conciencia con solo leer? ¿Solo con leer? Hablarles a las personas a través de la teoría (sea por vías orales o escritas) es una actividad muy específica que siempre depende del contexto. Esto es decir que las personas que hacemos teoría y nuestros métodos y nuestros conceptos constituimos una comunidad de personas que compartimos un campo semántico. Este lenguaje puede ser tan opaco y ajeno a aquellas que no hacen parte de esta comunidad que puede parecer que les estamos hablando en otro idioma. ¿Con qué propósito hacemos teoría y qué efecto esperamos que tengan nuestras prácticas teóricas? Como ha preguntado Helen Longino: ¿Acaso hacer teoría no es más que un ritual de conexión para mujeres y feministas privilegiadas que van a la academia? De nuevo, ¿a quién estamos sirviendo cuando hacemos teoría?"[475].

Pero también es importante notar que cuando un meme llega a una persona, no podemos saber si esta responderá de manera positiva o negativa: es una situación imprevisible, que implica un cruce entre el nuevo meme y todos los memes que componen el universo de esta persona. Dice Wittgenstein que "si digo que A tiene bellos ojos, alguien me pregunta: ¿qué encuentras de bello en los ojos de A? Quizás yo conteste: la forma almendrada, las largas pestañas, los delicados párpados. ¿Qué tienen en común los ojos de A, con las catedrales góticas que encuentro bellas también?".

El ejemplo de Wittgenstein es importante porque lo que nos dice es que hay unos patrones estéticos que acompañan las ideas, que son

---

475 M. C. Lugones et al., 1983, p. 579.

parte de las ideas, y que ayudan o entorpecen su difusión. De estos patrones estéticos se trata el pop. Wittgenstein habla de "juegos del lenguaje" (*language games*), y según el filósofo, la intención es hacer evidente que hablar un lenguaje es una actividad, una forma de vida. Así, el lenguaje es parte de nuestra "historia natural" y ayuda a moldear la experiencia prelingüística e incluso toda experiencia no-lingüística, pues estas experiencias ya están inscritas en un rango de maneras culturalmente establecidas.

Uno de los ejemplos que presenta Wittgenstein es iluminador para explicar cómo se construye el sexismo: si enseñamos a un niño o niña lo que es la experiencia del dolor, la manera en que cada uno entenderá el dolor está determinada por el género. Los hombres o niños son socializados bajo el mandato masculino de que "los hombres no lloran" y esto se convierte en parte de su identidad y en una mediación para lo que entienden por dolor. El dolor, en cambio, en términos de lenguaje, es un campo "privilegiado" para las niñas, que tienen diferentes herramientas lingüísticas para referirse a la experiencia porque de entrada esta experiencia les está permitida. La palabra "dolor" no significa lo mismo para cada uno, porque los "juegos del lenguaje" son diferentes. ¿Qué implica que las mujeres tengamos más herramientas lingüísticas para hablar de la experiencia del dolor? ¿Experimentamos más dolor porque tenemos más lenguaje o tenemos más herramientas del lenguaje porque experimentamos más dolor? Idealmente, si uno deconstruye un juego del lenguaje y muestra sus contradicciones, no necesariamente se rompe el hechizo: aunque la deconstrucción puede cambiar una percepción e incluso un comportamiento, Wittgenstein contempla que partes importantes del ser se mantendrán intactas ante un nuevo conocimiento.

Los feminismos de finales del siglo xx y comienzos del siglo xix han usado con frecuencia la estrategia de apropiarse de insultos, ataques y prejuicios, a través de medios visuales, audiovisuales, a través del lenguaje y de las subculturas. Estas también son formas de renacer del discurso de víctima con el que muchas mujeres se resisten a identificarse, pues sí, las mujeres somos víctimas, pero nadie quiere hablar desde esa posición, quizás conviene tomar una postura crítica frente a lo resbaloso que es el sexismo, el racismo, el clasicismo y otros memes de dominación tejidos en nuestra cultura. Un ejemplo perfecto son las Guerrilla Grrrls, las Riot Grrrls, que con solo suprimir una vocal de la palabra convirtieron un insulto condescendiente en un rugido. Estos referentes que también se enfrentan a la pregunta de si movimientos como los feminismos, que buscan desmontar el patriarcado, pueden existir dentro de su mejor aliado, que es el capitalismo. La primera respuesta es sencilla: el feminismo siempre ha tenido que lidiar con el producto de las subjetividades reconocidas como tales por el capitalismo, algunas de las vetas más poderosas del movimiento de mujeres nacieron de sus entrañas. Pero el capitalismo es un modelo económico de explotación, y en una sociedad kyriarkica las explotadas terminan siendo todas las personas que habitan categorías de opresión. Por eso el feminismo le debe al capitalismo una crítica permanente. Y se mantiene la pregunta: ¿se puede hacer feminismo y resistencia con el lenguaje natural del capitalismo, que es el pop?

Los feminismos urbanos contemporáneos se enmarcan inevitablemente en un capitalismo tardío, con un nivel de globalización en el que la ubicuidad de Coca-Cola es cosa garantizada, pero el mundo de los centros urbanos existe en paralelo con una diversidad de escenarios que no se ajustan a esa definición distópica de lo que llamamos progreso, en donde las pantallas audiovisuales y el sobreestímulo informativo son parte del hábitat, en donde ya se han mercantilizado la rebelión, la revolución y la resistencia como estrategia hegemónica de domesticación. En este contexto, los feminismos contemporáneos con frecuencia recurren a navegar entre lo "popular" y lo "subcultural", y esta negociación implica una reflexión sobre el estilo. En una posmodernidad en donde el medio es el mensaje, en donde los repertorios para la difusión de ideas incluyen los medios visuales, los géneros musicales, las tecnologías, la acción no violenta, el humor y la ironía, la imagen es importante. Pero es inevitable que la mayoría de estas tácticas existan en la ambigüedad, como señala Donna Haraway en su "Manifiesto Cyborg": la construcción de redes es tanto una práctica feminista como una estrategia corporativa de las multinacionales. Esas son las paradojas contemporáneas.

En "The Female Body Wars: Rethinking Feminist Media Politics" ("Las guerras del cuerpo femenino: repensando las políticas de comunicación feminista"), Patricia Zimmerman discute la producción de documentales de bajo costo como estrategia feminista para las activistas de derechos sexuales y reproductivos. Para Zimmerman, el DIY (hazlo tú mismo) es una actitud "punk" que adoptan esos feminismos subculturales contemporáneos para hacer una difusión subversiva de ideas feministas. Muchos optan por animar a mujeres y niñas a "tomar la iniciativa" y crear arte y conocimiento, cambiar su entorno político y cultural, antes que esperar a que alguien lo haga por ellas.

Hace quince años, para hacer *mainstream* un debate sobre feminismo era necesario franquear editores y productores (en su mayoría hombres) para ser publicada en un diario o hacer parte de un debate televisivo. Pero los blogs y las redes sociales, medios que permiten la autopublicación, han permitido una nueva diversidad de voces, particularmente para los feminismos urbanos y de las más jóvenes. Si una historia sobre feminismo se hace viral hoy en redes sociales, inevitablemente llegará a los medios de comunicación. Las redes sociales han creado tribus y burbujas ideológicas, muchas de las cuales reproducen estéticas y estructuras hegemónicas de poder, pero también han tendido puentes entre mujeres y la posibilidad de crear comunidades virtuales de amigas para el apoyo, la empatía, el cuidado colectivo y el activismo feminista.

Por supuesto, la política del hazlo tú mismo tiene fallas importantes, especialmente si se niega la mirada a las desigualdades estructurales entrelazadas en ese "tú", en ese "hazlo", y en ese "tú" que es el "mismo". Si el "hazlo tú mismo" no se cruza con la autoayuda, puede hacer resistencia desde las opciones del consumo. Tener iPhones es sintomático de privilegios en una sociedad de consumo. Consumir esos iPhones para crear mensajes de resistencia de forma independiente es una resistencia. Cada vez que se compra una máscara de Guy Fawkes gana el mercado, pero también se amplía y fortalece una resistencia que existe en los símbolos. La resistencia existe en la paradoja.

Usar las tecnologías además implica una manera particular de articular nuestra conciencia sobre las formas en que viaja la información en nuestros ecosistemas culturales: hay un repertorio de discursos, objetos, ideas, modos, que llevan mensajes en un contexto saturado. Juegos del lenguaje. Los feminismos han tomado dos posturas frente a la tecnología: o bien apropiársela y discutir las barreras entre máquina y mujer (como hace Donna Haraway), o bien otra opción de resistencia ha sido el *low-tech*, creando redes feministas que se registran por debajo del *mainstream*. En ambos casos, estas redes se construyen como una serie de nodos, y una telaraña de experiencias e historias. Hoy más que nunca, la metáfora del rizoma se hace realidad en los grupos de WhatsApp que son canales de información entrelazados con múltiples salidas hacia otros grupos, y las *influencers* son nodos de información encarnados.

Entender estos juegos del lenguaje es vital para las luchas contemporáneas en derechos humanos. Un cambio social real implica llegar al tuétano de una cultura. El machismo es tan difícil de erradicar porque permea todos, todos nuestros marcos conceptuales y toda nuestra estética popular. ¿Qué hacer entonces? ¿Negar la estética popular por ser machista o cambiar e incidir, incluso, usar la estética popular para desmontar mensajes machistas? Ambos caminos son válidos. Las ideas feministas deben traducirse a todos los formatos, lenguajes, espacios, tomar formas tan diversas como las mismas mujeres. Como activista mi opción es la segunda, pues pensamos que el pop, en tanto marco de lenguaje, es anterior, y abarca más que el machismo. Los discursos estéticos son siempre discursos políticos, hablar de lo bello es hablar de lo deseable y hablar de lo deseable es hablar de posturas políticas y éticas. ¿Qué pasa si se cambia lo que entendemos por bello o popular)? Pues la posibilidad (posibilidad porque no podemos prever o controlar los efectos o impactos de las manifestaciones estéticas) de cambiar lo que encontramos deseable, y quizás también nuestros valores éticos y políticos.

¡Somos malas; podemos ser peores!

Algunas ideas para los feminismos urbanos en Latinoamérica

En el cierre del último Encuentro Feminista Latinoamericano y del Caribe en noviembre de 2017 en Uruguay, las mujeres saltaban mientras coreaban "¡Somos malas; podemos ser peores!". Como yo soy colombiana y pertenezco a una generación para la que la protesta social siempre estuvo tremendamente estigmatizada, siempre me maravillo cuando la gente, especialmente las mujeres, se organizan para salir a protestar. Pensé: esta consigna sería imposible gritarla en Colombia, y lo pensé casi en automático. ¿Por qué? ¿Es que en Colombia las mujeres le tenemos miedo a ser malas y en Uruguay no? Quizás. ¿Cuántas conversaciones feministas tuvieron que tener estas mujeres antes de reclamar de manera entusiasta la maldad? ¿Cuántas para que todas las mujeres que estábamos ahí supiéramos de manera clara y distinta que cuando decíamos "mujeres malas" esto significaba "mujeres que desafían al patriarcado", y que "podemos ser peores" quería decir que estábamos orgullosas de ser activistas feministas? ¿Cuántas cosas tenían que pasar al mismo tiempo para que todas pudiéramos gritar eso sintiéndonos seguras? Una cosa era indiscutible: la consigna era empoderadora, liberadora, y era el voto conjunto de toda una comunidad.

Dice bell hooks que "si uno va puerta a puerta preguntándole a cada persona qué piensa de la violencia machista, todos insistirán en que la condenan y que creen que ética y moralmente está mal. Pero si les explicas que solo acabará la violencia machista cuando se cuestione el patriarcado, y que esto significa que no vamos a aceptar la noción de que los hombres deben tener más privilegios y derechos que las mujeres por una diferencia biológica, ahí la gente ya no está tan de acuerdo"[476]. ¿Cómo podemos hacer que las teorías feministas hagan que la gente de forma activa cambie sus comportamientos y cuestione sus privilegios? Tiene que haber algo más que la mera afinidad intelectual. No basta con tener la razón.

Y esto nos lo ha probado con creces la ultraderecha, que avanza, y cada vez adquiere más poder en los gobiernos latinoamericanos, apelando a las emociones más primarias de la gente, como el miedo, y no a su razón. ¿Qué hacemos nosotras para que, además de tener la razón, podamos mover las voluntades y las emociones de la gente de manera que nuestras ideas tengan un efecto político y no se queden en una metafísica torre de marfil?

1. Convertir nuestras vulnerabilidades en una fuerza de cohesión[477]

¿Quiénes protestan? ¿Por qué protestan? ¿Desde dónde y cómo? ¿Quiénes nos faltan? ¿Por qué decimos que ellos nos faltan y no otros? ¿Qué cuerpos tienen derecho a vivir, existir políticamente, y cuáles no? ¿Qué cuerpos merecen ser llorados? ¿Por qué reconocemos a unos y a otros no? Estas son algunas de las preguntas que propone Judith Butler en su conferencia magistral sobre Vulnerabilidad y Resistencia, que ha repetido en varios países y que dictó en México en marzo de 2015.

476　Hooks, 2001, p. 90. Traducción de la autora.

477　Algunos de los párrafos a continuación fueron publicados en su primera versión el 25 de marzo de 2015 en el portal *Sin Embargo*, en la columna titulada "Encarnación, apuntes sobre la conferencia de Judith Butler en el contexto mesoamericano".

Hacer estas preguntas es preguntar por la razón de la protesta. El grito de una protesta masiva es poderoso porque es una demanda que nace de "las carencias", una demanda por la "infraestructura" (las condiciones mínimas para tener una vida que valga la pena vivir, pero también institucionalidad, condiciones básicas de subsistencia, infraestructura física provista desde lo público…) y el pedido por lo habitable. La calle y el espacio público no son lugares neutros que compartimos todos y donde la acción política se da en igualdad de condiciones –como quedó muy claro cuando la administración local usó el zócalo de México como parqueadero exclusivo–. Para que una "movilización" sea posible es necesario primero poderse mover y tiene que haber un espacio que se pueda ocupar. Para que un cuerpo pueda moverse necesita una superficie y necesita un medio que le permita transportarse en esas superficies. Butler señala que no en vano los desaparecidos estudiantes de la escuela de Ayotzinapa estaban recaudando dinero para viajar a Ciudad de México (pedían por las condiciones materiales para su movilización).

De la misma manera, los cuerpos no existen en el vacío, sino que son entidades relacionales, un cuerpo está determinado por su relación con los otros y con el espacio. ¿Quién lo quiere? ¿Quién lo extraña? ¿Quién lo llora? ¿Cómo son las condiciones de donde habita? Un cuerpo también está definido por sus límites; no solo la piel, también los límites de su movimiento y los límites de sus alcances políticos. Todos estos límites van demarcados por las "carencias", y las carencias determinan la vulnerabilidad. De esta manera, la identidad se construye en negativo, viene siendo la declaración de un "otro".

En el mundo contemporáneo, decir "población vulnerable" se ha convertido en un eufemismo para referirnos a las mujeres pobres, las niñas, las ancianas, las mujeres afro, las marginadas, y otras. Uso el plural en femenino pues, si bien estos grupos están compuestos por hombres y mujeres, están altamente feminizados (desde lo semántico y desde la apabullante realidad de que la mayoría de las personas pobres y desprotegidas del mundo son mujeres). En el mundo en que vivimos, uno construido con lógicas patriarcales y neoliberales, la vulnerabilidad es propia de "lo femenino" (de manera simbólica, pero también de manera muy real y tangible).

Es también en una sociedad patriarcal donde se piensan resistencia y vulnerabilidad como opuestos. Una de las razones por las que muchas mujeres son reacias a asumirse feministas es que no quieren reconocerse como "víctimas". Dentro de esa lógica (binaria, patriarcal, ya saben) podemos llegar a creer –como lo explica Butler– que ser vulnerables nos quita la posibilidad de agencia, y claro, todo el mundo prefiere verse a sí misma como "actor", como un sujeto con agencia, y no como un sujeto (a veces objeto) sobre el que las acciones recaen.

Hay entonces algo riesgoso y cierto en reclamar a las mujeres como vulnerables. Decir que las mujeres estamos definidas por nuestras vulnerabilidades puede leerse como que apelamos a una protección patriarcal o paternalista. Sin embargo, más allá de "lo que creemos" o "lo que parezca", es muy real que la vulnerabilidad está repartida de manera desigual y esto hace que algunas poblaciones resulten "injuriables", "desechables", y como resultado no importa que los crímenes en su contra queden en la impunidad, y se asume que no merecen reparación. Esto es parte de lo que sucede con las mujeres y es palpable en la impunidad casi absoluta de los feminicidios en Latinoamérica.

Nuestros cuerpos están inscritos en un contexto de vulnerabilidad, en las familias (y esto es más evidente entre los más pobres) los bienes están escriturados a nombre del hombre, que es quien gana más (o todo el ingreso familiar). A las niñas les dan menos comida que a los niños, les quitan tiempo de juego para que colaboren con el trabajo doméstico, y esta práctica después se traduce en que, aunque las mujeres salgan a trabajar, pagan un impuesto invisible con la doble jornada laboral del trabajo doméstico que realizan en la casa.

Estas desigualdades en los núcleos familiares se traducen en lo profesional y educativo, y por eso las mujeres terminamos aceptando que nos paguen menos que a nuestros colegas hombres. Las mujeres también hemos naturalizado la discriminación. Estas vulnerabilidades no se viven de manera general u homogénea y tienen en su interior una serie de discriminaciones interseccionales que agravan la vivencia de la vulnerabilidad. Ahora, la vulnerabilidad no es una condición irremediable. El truco, como ya lo señalaba Butler en sus textos del siglo xx, está en que no hay nada que sea esencial a un género o un sexo, pues todas estas son construcciones culturales y hacen parte de un *performance* que cada individuo realiza a lo largo de su vida. Por eso, decir que los cuerpos de las mujeres son "vulnerables" no es decir que sus cuerpos son "débiles" (de hecho, los cuerpos de las mujeres son poderosos). Sin embargo, la gran mayoría de las veces, la vulnerabilidad no es una decisión del sujeto. Antes de decidir "quiénes queremos ser" ya somos algo, ya jugamos un papel, y los niños en el patio de las escuelas nos gritan nuestras vulnerabilidades con extrema franqueza: raro, loca, negra, gordo. La identidad es un *performance* que parte de una postura frente a unas condiciones determinadas previamente.

Pero reconocerse vulnerable es también un gesto activo. En ese –poderosísimo– reconocimiento se subvierte el rol de la vulnerabilidad. Lo conceptualmente revolucionario de la propuesta de Butler es que propone la vulnerabilidad como potencia, como fuerza, y que señala que los cuerpos vulnerables pueden ser fuertes al unirse en solidaridad. Al decir, identificarnos con las víctimas se está reconociendo una vulnerabilidad y empatizando con ella, y desde ahí se construye comunidad, tejido social, una sociedad civil unida que al final es la única y verdadera resistencia frente a los grandes poderes y su violencia. Así, la protesta necesita de la vulnerabilidad, una que no sea vergonzante, y es desde la vulnerabilidad desde donde se puede resistir a las estructuras patriarcales.

2. Nuestras emociones son poderosas y políticas

En uno de sus libros recientes, *Emociones políticas: ¿Por qué el amor es importante para la justicia?*, la filósofa Martha Nussbaum habla del papel que juegan las religiones en el manejo de nuestras emociones colectivas. La religión amplía la simpatía, estimula la imaginación, ofrece consuelo. El simple hecho de que las religiones sean capaces de darnos un marco ético para nuestras acciones y de movilizar de manera masiva nuestras emociones debería bastar para entenderlas como fuerzas políticas. Sobra decir que el cristianismo, o mejor dicho, su práctica, es cuestionable de muchas maneras. Además de las muchísimas objeciones que ya conocemos, Nussbaum hace una crítica a esta idea de que la salvación espiritual está "fuera de este mundo", pues si la salvación se encuentra después de la muerte, perdemos la motivación para hacer cambios ya, para hacer política. Esto en teoría, porque la idea de la vida eterna no ha disuadido a los movimientos ultraconservadores que se han montado en los movimientos cristianos y pentecostales para alcanzar poder político.

Nussbaum hace un recorrido por emociones como el miedo (que nos lleva a ceder derechos con tal de sentirnos seguras), el asco (que es el sustento de la discriminación y la exclusión), la vergüenza (que sirve para fiscalizar nuestros comportamientos –para bien y para mal–) y el amor por el otro, por la comunidad, que para Nussbaum es la motivación clave para que en una sociedad haya justicia, de la misma manera que la amistad es la motivación necesaria para poder tener un interés genuino en las otras.

Sobre el miedo Nussbaum dice: "Debido a las tendencias de una intensa atención a uno mismo que se derivan de los orígenes del individuo hasta el punto de que le resulte muy difícil pensar en nada más que no sea él mismo y su círculo más inmediato, al menos, mientras duren la ansiedad o la preocupación intensa, de ahí que toda cultura pública que aspire a fomentar la compasión extendida tenga que pensar también en cómo limitar y orientar adecuadamente el miedo, pues es más que probable que, una vez que este se ponga en marcha, el bien de los demás termine muy probablemente pasando a un remoto segundo plano, confundido con el fondo, invisible"[478].

---

478 Nussbaum, 2014, p. 389.

Y sobre el respeto, ese lugar común que se exige con tanta frecuencia en las discusiones públicas, Nussbaum dice: "El respeto
no es la emoción pública que necesitan las sociedades buenas, o al
menos, no la única. El respeto por sí solo es frío e inerte, insuficiente
para vencer las tendencias negativas que llevan a los seres humanos
a terciarizarse los unos a los otros. El caso niega dignidad humana
fundamental a grupos enteros de personas, que son así caracterizados
como meros animales. Por lo tanto, el respeto anclado únicamente
en la idea de la dignidad humana resulta impotente para incluir a
todos los ciudadanos en términos de igualdad a menos que se nutra
de un engranaje imaginativo de los individuos en la vida de las otras
personas, así como de una íntima comprensión del carácter pleno e
igual de la humanidad de estas. No obstante, la empatía imaginativa
no basta: los sádicos también pueden ser empáticos de ese modo, el
tipo de engranaje imaginativo que precisa la sociedad es el que nutre
el amor. El amor es, pues, importante para la justicia, especialmente
cuando esta justicia es todavía incompleta y aspiracional, como ocurre
en todas las naciones reales, pero incluso lo sería también en una sociedad que hubiera cumplido sus aspiraciones, si es que llegara a existir
alguna, pues esa no dejaría de ser una sociedad de seres humanos"[479].

Con el manoseado valor de la "tolerancia" pasa algo similar
a lo que con frecuencia se les escucha decir a los antiderechos:
que ellos "no comparten" tal o cual forma de existir en el mundo,
pero "la toleran"[480]. Suena muy bonito y bondadoso, ¡cuánta altura
moral! ¡Si la tolerancia al otro es el pilar de la democracia! Y como
esa palabreja, tolerancia, sale en casi todas las cartillas que enseñan
"valores", suena como una excelente solución, muy pacífica tam-

---

479   Ibíd., p. 459.

480   Algunos de los párrafos siguientes fueron publicados en su primera versión
      el 16 de agosto de 2018 en *El Espectador* como parte de la columna titulada
      "Contra la tolerancia".

bién, no tienes que escuchar al otro, no tienes que entenderlo, solo tienes que tolerarlo.

Pero no es lo mismo tolerar la música alta de la vecina fiestera o el llanto de un bebé en un avión que tolerar los discursos de odio, los prejuicios que se convierten en discriminación, o la violencia. A las mujeres nos enseñan desde chiquitas a tolerar todo tipo de violencia en contra nuestra, y luego en la comisaría de familia, con un ojo morado, o quizás en la iglesia, o con nuestra familia, la jueza, el cura y nuestra propia hermana nos dirán que la tolerancia es el valor que puede salvar nuestra vida en familia y con ese consejito nos regresan bien dispuestas a nuestros agresores. Pero no todo en esta vida es tolerable. Dice Martha Nussbaum: "También es un error pensar que, para que una sociedad proteja como es debido el espíritu crítico, esta tenga que ser neutral o poco entusiasta con respecto a sus propios valores centrales. [...] Sería descabellado suponer que Martin Luther King Jr. estaba en contra de la libertad de expresión porque se oponía apasionado al racismo y no incluía en sus alocuciones argumentos proracistas"[481].

Toleramos aquello que nos incomoda pero que no nos hace daño, no nos quita derechos. Si algo nos violenta o nos vulnera como ciudadanos, eso es sencillamente intolerable. La violencia, o la difusión de ideas o argumentos que marginan o deshumanizan a otras personas, no son simples "puntos de vista", son el comienzo de formas de discriminación. Entonces no es lo mismo decir públicamente que "no me gusta la lluvia", porque los derechos de nadie se ven afectados por mis preferencias sobre el clima. Pero si uso mi espacio en un periódico para decir que "no me gusta" un grupo vulnerable que sufre discriminación, ese "no me gusta" tiene consecuencias. Imaginemos por un momento que digo en mi columna de *El Espectador*: "No me gustan los judíos"; si yo dijera algo así, estoy segura de que el periódico, con toda la razón, no publicaría mi columna. Sería mi

---

481 Nussbaum, 2014, p. 471.

opinión (obviamente no lo es), pero es una opinión inaceptable que genera estigmas y violencia. Igualmente grave es decir que "no me gustan los gais", primero porque quién me creo yo para pensar que mis gustos se pueden extender a las preferencias sexo-afectivas de otras personas, y segundo porque la repetición constante de ese "no me gusta su estilo de vida" ha hecho que en Colombia, y el mundo, las personas de la comunidad LGBTIQ tengan menos derechos, sean ciudadanas de segunda categoría. Dice Nussbaum: "Las ideas son reales: orientan nuestras aspiraciones, nuestros planes, nuestros procesos jurídicos y legales"[482].

Cuando las personas homofóbicas dicen en público que "toleran" a las personas de la comunidad LGBTIQ, nos están reafirmando que la diversidad sexual no representa amenaza alguna a sus derechos[483]. Para la comunidad LGBTIQ, en cambio, las personas homofóbicas, y más las que tienen poder económico o una voz pública, sí representan una amenaza a sus derechos, derechos que llevan décadas ganándose a pulso. Tolerar a la comunidad LGBTIQ es más que arrogante, pero tolerar la homofobia es inaceptable éticamente. La homofobia se sobrevive, se resiste, se aguanta, se padece, se vence, pero jamás, jamás se tolera.

Nussbaum propone el amor como motivación ética porque "lo más probable es que todos esos amores que inducen un comportamiento bueno compartan ciertos rasgos: la consideración del objeto de ese amor como un fin en sí mismo, más que como un mero instrumento; el respeto por la dignidad humana de los seres amados; la disposición a limitar los impulsos de la codicia en favor de los seres amados"[484].

Para cultivar las emociones de una sociedad, la alternativa a la religión que propone Nussbaum es el arte, la música, el entretenimien-

---

482 Ibíd., p. 463.
483 Ibíd., p. 462.
484 Ibíd.

to, pues todas estimulan nuestra creatividad y conectan con nuestras emociones. Las conversaciones políticas que se plantean desde lo estético tienen que a la vez conocer, interpelar y cuestionar a la cultura. Y es que la imaginación tiene la función ética de permitirnos empatizar con otras realidades y hasta mejorar la propia. Podríamos pensar en modelos de "masculinidad y feminidad menos rígidos, pero para eso necesitamos ejercitar la imaginación, todas esas figuras que nos piden que pensemos de forma creativa y flexible en nuestra persona y en su encarnación, sin descartar maneras más tradicionales de ser varón o hembra, pero entendiendo que la cultura es más rica cuando la desafiamos y complementamos esas tradiciones"[485].

Además del amor y la imaginación, Nussbaum habla de la importancia del humor, para acercar, comunicar, desestigmatizar, cuestionar el poder y conectar a una comunidad. Dice Nussbaum hablando de John Stuart Mill: "El humor es contextual y cultural, requiere de cierto sentido de la intimidad y de unos antecedentes compartidos, por lo que es imposible que alguien que no se toma la diferencia cultural ni la individualidad en serio tenga sentido del humor o sepa valorarlo. El humor implica normalmente también un sentido de la sorpresa y una pasión subyacente por el desafío y subversión"[486]. Sin sentido del humor no existiría el campo semántico que nos permite gritar juntas que ¡somos malas!, y que ¡podemos ser peores!

"La cultivación de la imaginación por medio del juego artístico es necesaria para que las personas adultas mantengan y amplíen su interés por las otras personas que las rodean, y para que venzan la tendencia inherente en todas las sociedades a la estigmatización y el 'desdoblamiento'"[487]. Amor, humor e imaginación son las herramientas propuestas por Nussbaum para motivar un deseo de justicia, y por lo tanto de feminismo, en una sociedad. ¿Qué acciones y ejer-

---

485 Ibíd., p. 461.
486 Ibíd., p. 87.
487 Ibíd., p. 230.

cicios podemos hacer para cultivar estas emociones desde nuestros feminismos?

3. ¡Encontrémonos en la fiesta!

Una de las cosas más emocionantes que dice Naomi Wolf en *El mito de la belleza* es que "necesitamos que, además del trabajo duro que hacemos con las uñas, haya alegría, irreverencia, celebración"[488]. Las denuncias del feminismo son entre incómodas y aterradoras y tenemos que encontrar una forma de celebrar juntas, de navegar esto juntas para que no nos coma la desesperanza.

Siempre me ha impresionado el efecto que tiene el ritual de la misa, de la "comunión" como base de muchas religiones cristianas. Son rituales que juntan a una comunidad en un mismo espacio, y esta comunidad come junta, bebe junta, canta y baila junta. Si uno hace esto todos los domingos será inevitable generar un sentido de colectivo y de pertenencia. No es una sorpresa entonces que la ultraderecha se haya aprovechado de estas religiones para avanzar sus agendas políticas.

¿Qué podemos hacer nosotras, las agnósticas, las ateas, las que cuestionamos las prácticas patriarcales de las religiones cristianas? ¿Dónde vamos a encontrarnos, dónde vamos a comer y beber, cantar y bailar juntas? Mi propuesta es la siguiente: ¡encontrémonos en la fiesta!

En este punto me imagino que algunas se están preguntado si este va a ser el único capítulo del libro en el que no voy a citar a mi gran favorita, Silvia Federici, y no, la verdad es que me estaba demorando en citarla. En *Calibán y la Bruja,* Federici explica que "Mientras se perseguía el disciplinamiento social, se lanzó un ataque contra todas las formas de sociabilidad y sexualidad colectivas, incluidos los deportes, juegos, danzas, funerales, festivales y otros ritos grupales

---

488 Ibíd., p. 230.

que alguna vez habían servido para crear lazos y solidaridad entre los trabajadores"[489].

De hecho, el solo gesto de que las mujeres se reúnan entre ellas a celebrar siempre ha tenido tal potencial político que se ha estigmatizado para controlar a las mujeres: "También es significativo que, en algunas zonas del norte de Italia, ir al aquelarre se decía 'ir al baile' o 'ir al juego' (al *gioco*), lo que da cuenta de la campaña que la Iglesia y el Estado estaban llevando a cabo en contra de tales pasatiempos. Tal y como señala Ginzburg, 'una vez eliminados (del aquelarre) los mitos y adornos fantásticos, descubrimos una reunión de gente acompañada por danzas y promiscuidad sexual' y debe añadirse de mucha comida y bebida, que con seguridad eran una fantasía común en una época en la que el hambre era una experiencia corriente en Europa. (¡Cuán revelador de la naturaleza de las relaciones de clase en la época de la caza de brujas es que los sueños de cordero asado y cerveza pudieran ser vistos como signos de connivencia diabólica por una burguesía, siempre con el ceño fruncido, bien alimentada y acostumbrada a comer carne!)"[490].

Esto nos obliga a preguntarnos: ¿quién puede celebrar? ¿Cuándo, cómo, dónde, por qué y bajo la vigilancia y los términos de quién? ¿Qué fiestas y qué bailes son estigmatizados o vistos como "peligrosos" y cuáles como aceptables? Veremos que muchas de las respuestas desnudan los sistemas desiguales de poder y explotación que se han denunciado en este libro. Todos los feminismos son luchas políticas por la buena vida de las mujeres y las sociedades; en un mundo que nos discrimina, nos violenta y nos mata, toda celebración es una celebración de la vida.

A las mujeres nos han negado históricamente el derecho al placer, al espacio público, a la noche. Salir juntas a conquistar estos espacios es una acción política, un mensaje al patriarcado y una oportunidad

---

489 Federici, 2010, p.126.
490 Ibíd.

para nosotras, para conocernos mejor y convertirnos en cómplices, descubrir nuestros cuerpos, exorcizar nuestras penas. Las máscaras en los carnavales cumplen la doble función de borrar a los individuos y revelar los deseos más profundos de nuestras identidades. Son dispositivos de la fiesta que nos ayudan a pensarnos, pero sobre todo, sentirnos y vivirnos en colectivo. Celebrar es resistir a la violencia y a la deshumanización, es abrir espacios para conectarnos y organizarnos a partir de nuestras vulnerabilidades, ejercitar la imaginación y el humor para guiar nuestras emociones e irnos juntas de fiesta. Porque las mujeres que luchan se encuentran.

Referencias

¿Qué es el «sexting»? La moda que se extiende entre los jóvenes. (2014). *ABC*. Recuperado de https://www.abc.es/tecnologia/consultorio/20140730/abci-sexting-snapchat-erotismo-sexo-jovenes-video-201407301155.html

#MiPrimerAcoso: la etiqueta que destapó la cloaca de las agresiones sexuales (2016). *Distintas Latitudes*. Recuperado de https://distintaslatitudes.net/miprimeracoso-la-etiqueta-que-destapo-la-cloaca-de-las-agresiones-sexuales

A Independiente Santa Fe no le importa tener presuntos violadores en su equipo. (2017). Recuperado en enero 5, 2019, de https://www.youtube.com/watch?v=I1_TPXtBAww

Aborto con misoprostol autoadministrado: Una guía para las mujeres. (2016). Recuperado de https://iwhc.org/resources/aborto-con-misoprostol-autoadministrado-una-guia-para-mujeres/

Alcaraz, M. F. (2018). *¡Qué sea ley! La lucha de los feminismos por el aborto legal*. Buenos Aires: Editorial Marea.

Amaya, C. G. (2016). Nairo según su hermana Leidy. *El Espectador*. Recuperado de https://www.elespectador.com/deportes/ciclismo/nairo-segun-su-hermana-leidy-articulo-654386

Ambrosino, B. (2017). The Invention of Heterosexuality. Recuperado de http://www.bbc.com/future/story/20170315-the-invention-of-heterosexuality

Ampuero, M. F. (2018). ¿Y ahora cómo follaremos las feministas? *Volcánica*. Recuperado de https://nomada.gt/nosotras/volcanica/y-ahora-como-follaremos-las-feministas/

Angel, A. (2017a). En CDMX menos del 40% de los homicidios de mujeres están reconocidos como feminicidios. *Animal Político*. Recuperado de https://www.animalpolitico.com/2017/05/cdmx-feminicidios-asesinatos-mujeres/

Angel, A. (2017b). Tribunal libera a un joven acusado de violar a una estudiante en Veracruz; no hay prueba de que ella se resistió, dicen. Recuperado en enero 5, 2019, de https://www.animalpolitico.com/2017/09/veracruz-tribunal-violacion-libre/

Aravena, E., Figueroa, P., Mendoza, B., Suárez, R., & Giménez, M. (2015). Las trabajadoras sexuales también somos mujeres trabajadoras. En E. Aravena, L. V. Pereyra, L. J. Sánchez, & J. M. Vaggione (Eds.), *Párate en mi esquina: Aportes para el reconocimiento del trabajo sexual*. Argentina: Editorial Filosofía y Humanidades Universidad Nacional de Córdoba.

Bard Wigdor, G., & Artazo, G. (2017). Pensamiento feminista latinoamericano: reflexiones sobre la colonialidad del saber/poder y la sexualidad. *Cultura y Representaciones Sociales, 11*(22).

Berger, J. (1972). Ways of Seeing. Reino Unido: BBC.

Bertolucci over Maria Schneider. (2013). Recuperado de https://www.youtube.com/watch?v=RMl4xCGcdfA

Blaque, K. (2015, June). Why Rachel Dolezal's Fake 'Transracial' Identity Is Nothing Like Being Transgender – Take It From a Black Trans Woman Who Knows. *Everyday Feminism*. Recuperado de https://everydayfeminism.com/2015/06/rachel-dolezal-not-transracial/

Burgos, A., Hernández, A. M., Herraez, A., Ramos, G., Burgos, L., Zelaya, L., … Arauz, Z. (2014). Travesías para pensar y actuar - Experiencias de autocuidado de defensoras de derechos humanos en Mesoamérica. Recuperado de http://im-defensoras.org/wp-content/uploads/2017/02/223570458-TRAVESIAS-PARA-PENSAR-Y-AC-

TUAR-EXPERIENCIAS-DE-AUTOCUIDADO-DE-DEFENSO-RAS-DE-DERECHOS-HUMANOS-EN-MESOAMERICA.pdf

Burkett, E. (2015). What Makes a Woman? *The New York Times*. Recuperado de https://www.nytimes.com/2015/06/07/opinion/sunday/what-makes-a-woman.html

Cada hora 16 mujeres son víctimas de violencia sexual en Colombia. (2017). *Semana*. Recuperado de https://www.semana.com/Item/ArticleAsync/536737

Caputi, J., & Russell, D. (1990). Femicide: Speaking the Unspeakable. *MS.*, *34*(7). Recuperado de https://www.popline.org/node/381561

Casa La Serena. (2019). Recuperado de https://im-defensoras.org/la-serena/

Cavanagh, S. (2010). *Queering Bathrooms, Gender Sexuality and the Hygienic Imagination*. University of Toronto Press.

CIDH urge a proteger a defensoras y defensores de la tierra y el medio ambiente. (2017). Recuperado de http://www.oas.org/es/cidh/prensa/comunicados/2017/072.asp

Clarke, C. (2009). El lesbianismo: un acto de resistencia. En R. M. M. Jiménez (Ed.), *Manifiestos gays, lesbianos y queer: testimonios de una lucha (1969-1994)*. Icaria.

Cohen, R. (1978). The Clock Is Ticking for the Career Woman. *The Washington Post*. Recuperado de https://www.washingtonpost.com/archive/local/1978/03/16/the-clock-is-ticking-for-the-career-woman/bd566aa8-fd7d-43da-9be9-ad025759d0a4/?utm_term=.46392bc9db4b

Cox, L. (2015). Official Laverne Cox Tumblr. Recuperado en enero 5, 2019, de http://lavernecox.tumblr.com/post/120503412651/on-may-29-2014-the-issue-of-timemagazine

Crenshaw, K. (1989). Demarginalizing the Intersection of Race and Sex : A Black Feminist Critique of Antidiscrimination Doctrine, Feminist Theory and Antiracist Politics. *The University of Chicago Legal*

Forum, *1989*(1), 139–167. Recuperado de http://chicagounbound.
uchicago.edu/uclf/vol1989/iss1/8

Curiel, O. (2009). Descolonizando el Feminismo: Una perspectiva
desde América Latina y el Caribe. En *Primer Coloquio Latinoamericano sobre Praxis y Pensamiento Feminista*. Buenos Aires. Recuperado de
http://www.bdigital.unal.edu.co/39749/

Curiel, O. (2013). *La Nación Heterosexual. Análisis del discurso jurídico
y el régimen heterosexual desde la antropología de la dominación*. Bogotá D.C.:
Brecha Lésbica y en la frontera.

Datos clave sobre el aborto. (2018). Recuperado de https://www.
es.amnesty.org/en-que-estamos/blog/historia/articulo/datos-cla-
ve-sobre-el-aborto/

Davis, A. (2005). *Mujeres, raza y clase*. Madrid: Ediciones Akaj.

De Azúa, F. (2018). Machos. *El País*. Recuperado de https://
elpais.com/elpais/2018/04/30/opinion/1525093815_937388.html

Despentes, V. (2010). *King Kong Theory*. Feminist Press.

Dodson, B. (2013). Porn Wars. En T. Taormino, C. Penley, C.
P. Shimizu, & M. Miller-Young (Eds.), *The Feminist Porn Book: The
Politics of Producing Pleasure*. Feminist Press at the City University of
New York.

Dunson, D. B., Baird, D. D., & Colombo, B. (2004). Increased In-
fertility With Age in Men and Women. *Obstetrics & Gynecology, 103*(1),
51–56. https://doi.org/10.1097/01.AOG.0000100153.24061.45

Durán Núñez, D. (2016). "Un país nunca está listo para la revolución de los derechos": Mónica Roa. *El Espectador*. Recuperado de
https://www.elespectador.com/noticias/judicial/un-pais-nunca-es-
ta-listo-revolucion-de-los-derechos-mon-articulo-626927-0

E.G., R., & D., G. (2012). The Comparative Safety of Legal
Induced Abortion and Childbirth in the United States. *Obstetrics &
Gynecology, 119*(2), 215–219.

El Cerrejón: una mina cada vez más insoportable para sus vecinos. (2017). Recuperado en enero 5, 2019, de http://pacifista.co/
cerrejon-mina-carbon-contaminacion/

El periodista Jenaro Villamil es sacado de la marcha de mujeres en la CdMx; "estaba haciendo mi trabajo", dice. (2017). *Sin Embargo*.

El vergonzoso escándalo del Santa Fe. (2017). *El Espectador*.

Encuesta nacional de uso del tiempo (ENUT). (2017). Recuperado de https://www.dane.gov.co/index.php/estadisticas-por-tema/pobre-za-y-condiciones-de-vida/encuesta-nacional-del-uso-del-tiempo-enut

Espinosa-Miñoso, Y. (2014). Una crítica descolonial a la epistemología feminista crítica. *El Cotidiano*, *29*(184), 7–12. Recuperado de https://www.scribd.com/document/260409544/Una-Critica-Des-colonial-a-La-Epistemologia-Feminista-Critica

Estadísticas a propósito del día internacional de la mujer (8 de marzo). (2018). (18 No. 124). México. Recuperado de http://www.beta.inegi.org.mx/contenidos/saladeprensa/aproposito/2018/mujer2018_Nal.pdf?platform=hootsuite

Falcón, L. (1984). Kate Millet: "El amor ha sido el opio de las mujeres." *El País*. Recuperado de https://elpais.com/diario/1984/05/21/sociedad/453938405_850215.html

Familias colombianas dedican más de 13 horas al trabajo doméstico. (2016). *El Espectador*. Recuperado de https://www.elespectador.com/noticias/nacional/familias-colombianas-dedi-can-mas-de-13-horas-al-trabajo-articulo-649689

Farfán, A. (2018). Habitar el cuerpo enemigo: mestizaje y el no poder nombrarse. Recuperado de http://recodo.sx/habitar-el-cuer-po-enemigo-mestizaje-y-el-no-poder-nombrarse/

Federici, S. (2010). *Calibán y la bruja: Mujeres, cuerpo y acumulación primitiva*. Traficantes de Sueños.

Federici, S. (2013a). ¿Por qué la sexualidad es un trabajo? En *Revolución en punto cero. Trabajo doméstico, reproducción y luchas feministas*. Madrid: Traficantes de Sueños.

Federici, S. (2013b). *Revolución en punto cero: trabajo doméstico, repro-ducción y luchas feministas*. Nueva York: Traficantes de Sueños.

Fine, C. (2010). *Delusions of Gender: How our Minds, Society, and Neurosexism Create Difference*. W.W. Norton & Company.

Flores, V. (2015). Impropio. En E. Aravena, L. V. Pereyra, L. J. Sánchez, & J. M. Vaggione (Eds.), *Párate en mi esquina: Aportes para el reconocimiento del trabajo sexual*. Argentina: Editorial Filosofía y Humanidades Universidad Nacional de Córdoba.

Fortin, J. A., & Meuwese, M. (2013). *Atlantic Biographies: Individuals and Peoples in the Atlantic World*. Boston: Brill.

Frederick, D. A., John, H. K. St., Garcia, J. R., & Lloyd, E. A. (2018). Differences in Orgasm Frequency Among Gay, Lesbian, Bisexual, and Heterosexual Men and Women in a U.S. National Sample. *Archives of Sexual Behavior*, *47*(1), 273–288. https://doi.org/10.1007/s10508-017-0939-z

Freedman, D. H. (1992, June). New Theory on How the Aggressive Egg Attracts Sperm. *Discover Magazine*. Recuperado de http://discovermagazine.com/1992/jun/theaggressiveegg55

García, C. T., & Valdivieso, M. (2005). Una aproximación al Movimiento de Mujeres en América Latina De los grupos de autoconciencia a las redes nacionales y trasnacionales. *Observatorio Social de América Latina*, (18).

Gargallo, F. (2012). Feminismo latinoamericano: una lectura histórica de los aportes a la liberación de las mujeres. En *Conferencia invitada para la mesa conmemorativa del 8 de marzo, Licenciatura en Filosofía de la Facultad de Filosofía y Letras, Universidad Autónoma de Tlaxcala*. Tlaxcala.

Gargallo, F. (2013). *Feminismos desde Abya Yala: Ideas y proposiciones de las mujeres de 607 pueblos en nuestra América*. Universidad Autónoma de la Ciudad de México.

Gray, J., & Tiscornia, A. (1995). *Los hombres son de Marte, las mujeres son de Venus*. HarperLibros.

Gualdrón, Y. (2012). Mujer señalada de ser bruja en un pueblo de Antioquia fue quemada. *El Tiempo*. Recuperado de https://www.eltiempo.com/archivo/documento/CMS-12191850

Guillén, N. (1974). West Indies, Ltd. En *Obra poética: 1920-1972* (pp. 133–171). La Habana: Editorial Arte y Literatura.

Guisado, P., & Ley, M. (2018). La mitad de las muertes violentas de mujeres son por asesinatos machistas. *EL Mundo*. Recuperado de https://www.elmundo.es/espana/2018/02/05/5a773d09468ae-b67038b4641.html

Hacer luz de gas. (2018). Recuperado de https://es.wikipedia.org/wiki/Hacer_luz_de_gas

Herrera Gómez, C. (2017). La honestidad masculina y el amor romántico. *Pikara*. Recuperado de http://www.pikaramagazine.com/2017/06/honestidad-masculina-amor-romantico

Hooks, B. (2001). *All About Love*. HarperCollins.

IM-Defensoras – Iniciativa Mesoamericana de Mujeres Defensoras de Derechos Humanos. (2019). Recuperado en enero 6, 2019, de https://im-defensoras.org/es/

Ivich, A. B. (2017). Esta es mi historia sobre el gordiamor. *Volcánica*. Recuperado de https://nomada.gt/nosotras/volcanica/gordiamor/

Izadi, E., & Ohlheiser, A. (2016). Why you are only now seeing the Stanford sex offender's mugshots. *The Washington Post*. Recuperado de https://www.washingtonpost.com/news/the-intersect/wp/2016/06/06/where-is-stanford-sex-offender-brock-turners-mugshot-here/?noredirect=on&utm_term=.e4ef538aa40b

Juárez, F. (2013). Embarazo no planeado y aborto inducido en México. Recuperado de https://www.guttmacher.org/es/fact-sheet/embarazo-no-planeado-y-aborto-inducido-en-mexico

Kahn, M. (2015). Gloria Steinem Has a New Standard for Consent. *Elle*. Recuperado de https://www.elle.com/culture/career-politics/news/a31638/gloria-steinem-interview-sex-consent/

King, S. (2016). KING: Brock Turner and Cory Batey, two college athletes who raped unconscious women, show how race and privilege affect sentences. *New York Daily News*. Recuperado de https://www.nydailynews.com/news/national/king-brock-turner-cory-batey-show-race-affects-sentencing-article-1.2664945

Kinsey, A. C., Pomeroy, W. B., & Martin, C. E. (1948). *Sexual Behavior in the Human Male*. W. B. Saunders.

Kinsey, A. C., Pomeroy, W. B., Martin, C. E., & Gebhard, P. H. (1953). *Sexual Behavior in the Human Female*. W.B. Saunders.

Lagarde y de los Rios, M. (2009). Pacto entre mujeres: sororidad. *Aportes*, (25).

Lemus, V. (2018). Ciudadanías en verde: el movimiento por la despenalización del aborto abre la posibilidad de una ciudadanía plena para todxs. *Volcánica*. Recuperado de https://nomada.gt/nosotras/volcanica/ciudadanias-en-verde-el-movimiento-por-la-despenaliza-cion-del-aborto-en-argentina-abre-la-posibilidad-de-una-ciudada-nia-plena-para-todxs/

Lind, D. (2015). What we know about false rape allegations. Recuperado en enero 5, 2019, de https://www.vox.com/2015/6/1/8687479/lie-rape-statistics

Lindsay, E. (2016). Men Dump Their Anger Into Women. *Medium*. Recuperado de https://medium.com/@emmalindsay/men-dump-their-anger-into-women-d5b641fa37bc

Los hombres sí son de Marte y las mujeres de Venus. (2014). *Semana*. Recuperado de https://www.semana.com/vida-moderna/ar-ticulo/los-hombres-si-son-de-marte-las-mujeres-de-venus/403482-3

LoSchiavo, C. (2015). Barnard College Announces It Will Begin Accepting Trans Students. Recuperado de https://www.refinery29.com/en-us/2015/06/87960/transgender-policy-barnard-wo-mens-college-essay

Love, S. (2013). A Question of Feminism. En T. Taormino, C. Parreñas Shuimizu, M. Miller-Young, & C. Penley (Eds.), *The Feminist Porn Book: The Politics of Producing Pleasure*. The Feminist Press.

Lugones, M. (2010). Hacia un feminismo descolonial. *Revista Hypatia*, 25(4).

Lugones, M. C., Spelman, E. V., Lugones, M. C., & Spelman, E. V. (1983). Have We Got a Theory for You! Feminist Theory, Cultural Imperialism and the Demand for 'The Woman's Voice'. *Women's Stu-*

dies International Forum, 6(6), 573–581. https://doi.org/10.1016/0277-5395(83)90019-5

Manne, K. (2017). *Down Girl: The Logic of Misogyny*. Oxford University Press.

Maparyan, L. (2012). *The Womanist Idea*. Routledge.

Martin, E. (1991). The Egg and the Sperm: How Science Has Constructed a Romance Based on Stereotypical Male-Female Roles. *Signs*. The University of Chicago Press. https://doi.org/10.2307/3174586

Martínez, W. (2016). El debate por los baños mixtos. *El Espectador*. Recuperado de https://www.elespectador.com/noticias/bogota/el-debate-los-banos-mixtos-articulo-645108

McIntosh, P. (1988). White Privilege and Male Privilege: A Personal Account of Coming to See Correspondences Through Work in Women's Studies (pp. 94–105). Recuperado de http://www.collegeart.org/pdf/diversity/white-privilege-and-male-privilege.pdf

Melhuus, M., & Stølen, K. A. (1996). *Machos, Mistresses, Madonnas: Contesting the Power of Latin American Gender Imagery*. Nueva York: Verso.

Mercado, D. A. (2017). La otra cara de la comuna 13 tras 15 años de la operación Orión. *El Tiempo*. Recuperado de https://www.eltiempo.com/colombia/medellin/la-comuna-13-de-medellin-tras-15-anos-de-la-operacion-orion-141654

Molina Petit, C. (1994). *Dialéctica feminista de la Ilustración*. Anthropos.

Montañés, É. (2017). El peligroso juego de las denuncias de violencia de género falsas. Recuperado en enero 6, 2019, de https://www.abc.es/sociedad/abci-peligroso-juego-denuncias-violencia-genero-falsas-201709100320_noticia.html

Montes, R. (2018). Una violación en grupo conmociona Chile. *El País*. Recuperado de https://elpais.com/internacional/2018/05/01/america/1525199208_623870.html

Moreno Salamanca, N. (2018). ¿Cuáles son los obstáculos en la participación política de las mujeres en Colombia? *La Silla Vacía.* Recuperado de https://lasillavacia.com/silla-llena/red-de-las-mujeres/historia/cuales-son-los-obstaculos-en-la-participacion-politica-de

Nagoski, E. (2015). *Come as You Are: The Surprising New Science that Will Transform Your Sex Life.* Simon & Schuster.

Naughty, M. (2013). My Decadent Decade: Ten Years of Making and Debating Porn for Women. En T. Taormino, C. Parreñas Shuimizu, M. Miller-Young, & C. Penley (Eds.), *The Feminist Porn Book: The Politics of Producing Pleasure.* The Feminist Press.

Ned Katz, J. (2007). *The Invention of Heterosexuality.* Chicago: University of Chicago Press.

Neruda, P. (1974). *Confieso que he vivido.* Editorial Seix Barral.

Nin, A. (1969). *The Diary of Anaïs Nin. Volume 1: 1931-1934.* Mariner Books.

Nussbaum, M. (2014). *Emociones políticas: ¿Por qué el amor es importante para la justicia?* Bogotá D.C.: Planeta.

OMS | Estimaciones mundiales y regionales de la violencia contra la mujer. (2015). *WHO.* Recuperado de https://www.who.int/reproductivehealth/publications/violence/9789241564625/es/

Orenstein, P. (2016). Peggy Orenstein: What young women believe about their own sexual pleasure. Recuperado en enero 6, 2019, de https://www.ted.com/talks/peggy_orenstein_what_young_women_believe_about_their_own_sexual_pleasure

Pappas, S. (2016). Bathrooms, The Weird History of Gender-Segregated. *Live Science.* Recuperado de https://www.livescience.com/54692-why-bathrooms-are-gender-segregated.html

Prada, E., Singh, S., Remez, L., & Villarreal, C. (2011). *Embarazo no deseado y aborto inducido en Colombia: causas y consecuencias.* Recuperado de https://www.guttmacher.org/sites/default/files/report_pdf/embarazo-no-deseado-colombia_1.pdf

Ramírez Boscán, K. (2015). Wayuu Bag: un negocio redondo a costa del patrimonio cultural. Recuperado en enero 5, 2019, de https://www.las2orillas.co/wayuu-bag-asi-se-roban-nuestro-patri-monio-cultural/

Ramón, M. del M. (2018). Huelga por el placer. *Volcánica*. Recuperado de https://nomada.gt/nosotras/volcanica/huelga-por-el-placer/

Rendueles, L. (2018). El primer ataque de "La Manada": 'abusos' a una joven 'inconsciente'. Recuperado en enero 5, 2019, de https://www.elperiodico.com/es/sucesos-y-tribunales/20180501/primer-ataque-manada-abusos-joven-inconsciente-cordoba-6794742

Rich, A. (1980). Compulsory Heterosexuality and Lesbian Existence. *Signs: Journal of Women in Culture and Society*, 5, 631–660.

Rollins, L. M. (2015). Transracial Lives Matter: Rachel Dolezal and the Privilege of Racial Manipulation. Recuperado de http://www.thelostdaughters.com/2015/06/transracial-lives-matter-rachel-dolezal.html?m=1

Royalle, C. (2013). "What's a Nice Girl Like You..." En T. Taormino, C. Parreñas Shuimizu, M. Miller-Young, & C. Penley (Eds.), *The Feminist Porn Book: The Politics of Producing Pleasure*. The Feminist Press.

Rubin, G. (1984). Thinking Sex: Notes for a Radical Theory of the Politics of Sexuality. En C. Vance (Ed.), *Pleasure and Danger*. Routledge & Kegan, Paul.

Sabato, E. (2003). *El Túnel*. Planeta.

Sañudo Taborda, A. (2018). ¡Me harté de ser "estratégica"! *Volcánica*. Recuperado de https://nomada.gt/nosotras/volcanica/me-harte-de-ser-estrategica/

Segal, L. (2015). *Straight Sex: Rethinking the Politics of Pleasure*. Londres: Verso.

Segato, R. (2015a). Cinco debates feministas. Temas para una reflexión divergente sobre la violencia contra las mujeres. En *La guerra contra las mujeres*. Traficantes de Sueños.

Segato, R. (2015b). Introducción. En *La guerra contra las mujeres*. Traficantes de Sueños.

Segato, R. (2015c). La escritura en el cuerpo de las mujeres asesinadas en Ciudad Juárez. En *La guerra contra las mujeres*. Traficantes de Sueños.

Segato, R. (2015d). Nuevas formas de guerra y el cuerpo de las mujeres. En *La guerra contra las mujeres*. Traficantes de Sueños.

Segato, R. (2015e). Patriarcado, del borde al centro. En *La guerra contra las mujeres*. Traficantes de Sueños.

Segunda medición sobre la tolerancia social e institucional de las violencias contra las mujeres. (2015). Bogotá D.C. Recuperado de http://www.equidadmujer.gov.co/ejes/Documents/Segunda-medicion-estudio-tolerancia-violencias-contra-mujeres.pdf

Sietecase, R. (2017). Rita Segato: "La violación es un acto de poder y de dominación." *La Vanguardia*. Recuperado de http://www.lavanguardiadigital.com.ar/index.php/2017/04/14/rita-segato-la-violacion-es-un-acto-de-poder-y-de-dominacion/

Sindicato de Cerrejón iría a huelga por falta de acuerdos laborales. (2018). *El Espectador*. Recuperado de https://www.elespectador.com/noticias/nacional/sindicato-de-cerrejon-iria-huelga-por-falta-de-acuerdos-laborales-articulo-736492

Smith, C., & Attwood, F. (2013). Emotional Thruts and Thrilling Slideshows. En T. Taormino, C. Parreñas Shuimizu, M. Miller-Young, & C. Penley (Eds.), *The Feminist Porn Book: The Politics of Producing Pleasure*. Nueva York: The Feminist Press.

Steinem, G. (1995). If Men Could Menstruate. En *Outrageous acts and everyday rebellions* (p. 406). H. Holt.

Stevens, E. P. (1973). Marianismo: The Other Face of Machismo in Latin America. En A. Pescatello (Ed.), *Female and Male in Latin America*. University of Pittsburgh Press.

Taborda, E. (2016). Los "Bien mi amor." *El Universal*. Recuperado de http://www.eluniversal.com.co/blogs/aldea-de-la-opinion/los-bien-mi-amor

Taormino, T., Penley, C., Shimizu, C. P., & Miller-Young, M. (Eds.). (2013). *The Feminist Porn Book: The Politics of Producing Pleasure*. Feminist Press at the City University of New York.

Tarzibachi, E. (2013). *Cosa de mujeres : Menstruación, género y poder*. Buenos Aires: Sudamericana.

Trabajo doméstico aporta más al PIB que las exportaciones. (2014). *Dinero*. Recuperado de https://www.dinero.com/pais/articulo/economia-del-cuidado-colombia/202849

Trabajo doméstico no remunerado, 23.3% del PIB en 2016; tuvo un valor de 4.6 billones de pesos: Inegi. (2018). *Aristegui Noticias*. Recuperado de https://aristeguinoticias.com/0603/mexico/trabajo-domestico-no-remunerado-23-3-del-pib-en-2016-tuvo-un-valor-de-4-6-billones-de-pesos-inegi/

Twenge, J. M. (2013). How Long Can You Wait to Have a Baby? *The Atlantic*. Recuperado de https://www.theatlantic.com/magazine/archive/2013/07/how-long-can-you-wait-to-have-a-baby/309374/

Uprimny Yepes, R. (2014). Requisas, ¿a discreción? Recuperado de https://www.dejusticia.org/column/requisas-a-discrecion/

Varios autores (2011). Cronología del feminismo nuestroamericano. Recuperado de https://ideasfem.wordpress.com/cronologia/

Velásquez Toro, M. (1995). Aspectos de la condición jurídica de las mujeres. En *Las mujeres en la historia de Colombia. Tomo I: Mujeres, historia y política*. Bogotá D.C.: Editorial Norma.

Velásquez Toro, M. (1995). La República Liberal y la lucha por los derechos civiles y políticos de las mujeres. En *Las mujeres en la historia de Colombia. Tomo I: Mujeres, historia y política*. Bogotá D.C.: Editorial Norma.

Victor, D. (2018). National Geographic Acknowledges Its Racist Past Coverage. *The New York Times*. Recuperado de https://www.nytimes.com/2018/03/13/business/media/national-geographic-race.html

Wade, L. (2015). *Why Don't Men Kick Each Other in the Balls?*

Ward, J. (2013). Queer Feminist Pigs: A Spectator's Manifesta. En T. Taormino, C. Parreñas Shuimizu, M. Miller-Young, & C. Penley (Eds.), *The Feminist Porn Book: The Politics of Producing Pleasure*. The Feminist Press.

Watts, C., & Pilger, D. (2013). Global Estimates of Homicide Risk Related to Intimate Partner Violence. *The Lancet, 382*(9905).

Wayar, M. (2018). *Travesti: Una teoría lo suficientemente buena.* Editorial Muchas Nueces.

Wittig, M. (2006). *El pensamiento heterosexual y otros ensayos.* Barcelona: Egales.

Wolf, N. (2015). *The Beauty Myth: How Images of Beauty Are Used Against Women.* Vintage Classics.

Bibliografía de los perfiles

Anzaldúa, G. E. (1987). *Borderlands/La Frontera: The New Mestiza.* San Francisco: Aunt Lute Books.

Carrasco, A. (2018, enero 26). Las cosas por su nombre. *Página/12.*

Flora, T. (1843). *La unión obrera.*

González, L. (1983). Racismo e sexismo na cultura brasileira. In L. A. Silva, *Movimientos sociais urbanos, minorias e outros estudos* (pp. 223-244). Brasilia: Anpocs.

González, L. (1988). Por um feminismo afrolatinoamericano. *Revista Isis Internacional, 9*, p. 133-141.

Hurtado, R. (2015, Julio 14). *Prudencia Ayala, la primera mujer candidata a la presidencia de la República.* Recobrado de Diputado 85: http://www.diputado85.com/2015/07/prudencia-ayala-la-primera-mujer.html

Monzón, O. V. (2017, agosto 21). *Prudencai Ayala, una mujer terca, imprudente y ridícula.* Recobrado de El Faro: https://elfaro.net/es/201708/ef_academico/20775/Prudencia-Ayala-una-mujer-terca-imprudente-y-rid%C3%ADcula.htm

Pablos, E. T., & Martínez Ortega, J. (2017). La propuesta político'feminista de Hermila Galindo: tensiones, oposiciones y estrategias. *Revista Interdisciplinaria de Estudios de Género de El Colegio de México.* doi:http://dx.doi.org/10.24201/eg.v3i6.143

Pinilla, G. (2017). *María Cano: roja, muy roja.* Bogotá: La silueta.

Robledo, B. E. (2017). *María Cano. La Virgen Roja.* Bogotá: Penguin Random House.

Las mujeres que luchan se encuentran de Catalina Ruiz-Navarro
se terminó de imprimir en octubre de 2019
en los talleres de
Impresora Tauro, S.A. de C.V.
Av. Año de Juárez 343, col. Granjas San Antonio,
Ciudad de México